江苏大学专著出版基金资助出版

公私合作（PPP）法律问题研究

STUDY ON LEGAL ISSUES
OF PUBLIC PRIVATE PARTNERSHIPS（PPP）

邹焕聪 ／ 著

人民出版社

序　一

　　作为发端于 20 世纪 80 年代西方发达国家的公共行政改革模式,公私合作(PPP)已经在世界范围内广泛开展,并成为各国行政改革的主流方案。虽然各国公私合作的实践模式各不相同,适用范围大小不一,法治约束机制各异,但是由于公私合作既能发挥公共部门的禀赋优势,又能激发私人部门的无限潜能,因此公私合作作为提供公共产品和公共服务的新型模式,迄今仍然具有强大的生命力,而公私合作法治化问题研究,对于目前各国而言仍是一个具有挑战性的新型课题。受西方世界行政改革潮流的影响,我国也进行了公私合作的探索和发展之路,从公用事业的市场化改革开始破冰,之后公私合作又不断拓展至包括给付行政和部分秩序行政在内的众多行政领域。然而,毋庸讳言,我国有关公私合作的法律制度供给严重不足,目前仅有地方性法规和政府规章对作为公私合作的模式之一的特许经营等进行了规范,而专门的公私合作(PPP)法尚未出台,这也在很大程度上影响了公私合作优势的充分发挥。与此同时,公私合作事实对我国传统行政法构成了巨大挑战,同时也给传统行政法理论提出了新课题,亟待促进行政法学的新发展,实现我国行政组织法、行政行为法、行政救济法的理论创新。

　　围绕公私合作对传统行政法的挑战与新行政法的能动回应这条主线,焕聪副教授的专著试图寻找公私合作良性运作的法治支撑,并实现行政法学理论的同步发展,应该说具有非常重要的理论价值和实践意义。本书通过对公私合作的行政法问题的深入研究,完成了一幅全景式的公

私合作法治图景。具体来说,本书主要具有以下三大特色:

一是问题意识非常突出。尽管公私合作被引入中国已经有一段时间,政府和社会资本合作实务也在各地如火如荼展开,但是我国对于公私合作的法学研究长期滞后于实践,具有学术价值和社会价值的原创性学术成果尚缺。本书作者秉持敏锐的问题意识,长期聚焦于公私合作法治难题的解决,重在从行政法学的视野思考研究公私合作的深层次问题,运用多种研究方法对公私合作的范畴、基石、主体、行为以及担保进行了开拓性研究,提炼了行政法话题,给出了行政法学的理论命题,形成了体系完善的行政法治方案。本书既注重对国外公私合作法治经验和学说的比较借鉴,又强调对中国特色公私合作模式和机制的构建;既重视公私合作的行政法治原理研究,也强调对我国行政法实践的现实关怀,努力构建能回应实践需求的行政法理论与制度,为解决世界公私合作法治难题贡献了中国方案。

二是学术思想颇有创新。本书基于我国公私合作的本土实践和相关经验的考察分析,发现诸如公共部门与私人部门的角色、职能或责任发生了变化,公私合作行为以及行为形式选择自由等无法纳入传统的行政行为理论,公私合作的三面法律争议无法通过传统行政救济机制得到解决等系列法律难题,而这些问题都无法通过我国传统行政组织法、行政行为法、行政责任法以及行政救济法等传统行政法理论得到完美的阐释,出现了理论困境,亟待加以理论建构或重构。本专著有关公私合作的行政法学研究,从现实问题出发,努力将中外经验上升到一般理论,不仅批判借鉴西方法治发达国家有关公私合作的理论和经验,总结中外公私合作法治化的一般规律和法律机制,进而解决本土法学理论准备不足的难题,而且关切当下中国生动实践,梳理我国公私合作的主要行政法治理论难题,并基于学术自觉和学者使命进行了自主理论创新。难能可贵的是,作者不但在书中驳斥了公私合作与公私合作行为不分的研究现状,重新厘定了国家担保责任的理念和内涵等,而且还抽象出了原生型公私合作主体、次生型公私合作主体、公法消费者等法律概念,首倡了社会合作管制(规制)的理论,提出了公私合作的公法救济担保模式及救济体系,构建了中国特色的担保行政及担保行政法等,并从公私合作基石、公私合作主体、公私合作行为、公私合作担保等宏观方面构建了公私合作法原理的基本框架。

三是研究论证缜密严谨。本书不仅对于公私合作法律问题研究的观点明确、见解深刻,而且从布局谋篇、逻辑层次来看,可以说是论证严密,逻辑性强,颇具功力。虽然本书主题看似较为庞大,涉及公私合作的主体、行为和救济等多个分议题,但是读后感到本书对相关法律问题的论证可谓抽丝剥茧,立体感强,并无碎片化和平面化之不足。同时,本书不是仅依循时代主题转换所选择的行政法主题,而是扎根于本土现实和我国理论的问题意识所形成的具有学术逻辑的公法话题;不是简单引介、移植或套用西方公私合作的既定概念、理论或制度,而是立足于当下中国方兴未艾的政府与社会资本合作实践的基础上,批评吸收西方有关先进经验,具体深入地考察我国实践对于行政法制度安排的影响,因此具有很强的科学性、学术性和严谨性,避免了学术界一度存在的类似"有观点无论证,有讨论无理论,有方法无逻辑"的研究缺憾。

如同任何学术作品难以完美一样,本书也存在一些不足,比如公私合作的主题比较宏大,外文资料相对缺乏,本土论证似可加强,有的观点尚待进一步完善。当然瑕不掩瑜,本书的出版,意味着作者在学术生涯中迈出了重要的步伐,也预示着我国行政法学学者在公私合作的行政法研究上达到了新的水准。

焕聪副教授自从攻读南京大学博士学位以来,便选择公私合作作为长期研究的主题,表现出很好的学术预见力。在中国政法大学从事博士后研究期间,他不仅成功申报了中国博士后基金特别资助项目和面上资助项目,而且刻苦钻研,笔耕不辍,就公私合作法治化主题发表了核心论文多篇,在公私合作法治化研究方面取得了不少有分量的成果,是公私合作行政法学研究的后起之秀。如今,他的博士论文经过多年的修改完善,即将付梓。作为他的博士后合作导师,我期待他不懈努力,争取更大的学术成就!

是为序。

马怀德

中国法学会行政法学研究会会长

中国政法大学副校长

2017 年 12 月

序 二

公私合作(PPP)是公共部门与私人部门合作完成公法任务的新模式,虽然在西方发达国家运作较为成熟,法治化程度相对较高,但是在我国却是方兴未艾,是当下中国行政法理论研究和行政实践操作中的全新课题。显然,无论是在公私合作的基本理论、主体关系、行为形态,还是在公私合作的公私责任分配尤其是行政法规制等方面,公私合作这一新型现象都无法通过传统的行政法理论得到自洽的解释,对行政法理论构成了巨大的挑战,也为我国行政法实践提出了一系列行政法治难题,亟待行政法律学人进行深入的研讨。正是基于对这一论题的敏锐把握和独立思考,焕聪博士不仅在多年前完成了一篇优秀博士学位论文,而且在此后围绕该主题进行了持续深入的研究,现已完成了他的第一本个人专著——《公私合作(PPP)法律问题研究》。值此著作即将由人民出版社出版之际,作为他的博士生导师,我欣然应允为其专著作序,并借此机会介绍这一新作。

第一,研究主题的新拓展。公私合作在西方尤其是大陆法系国家相对起步较早,而在我国却是行政法理论研究和实务运作的新型课题,有许多法律问题值得探讨。该专著从基本范畴分析入手,详细分析了公私合作兴起的现实动因和理论依据,并对公私合作的主体制度、行为形态及行政法的规制手段等进行了十分全面的分析。该书不仅深刻剖析了公私合作的时代价值和现实基础,全景式地构建了公私合作行政法的基本框架,而且运用行政法的基本原理和框架对公私合作的运作图景进行了描述和分析,这对于拓展行政法理论的研究疆域,革新行政法学理论和思想,促进我国行政改革的深入和加快行政法治的建设进程,具有十分重要的参考价值,因此该书选题极具理论价值和现实意义。

第二,研究内容的新构建。该书视野开阔,研究精深,不仅深入回答了何为公私合作、为何要进行公私合作、公私合作法有何主要内容等根本问题,而且重点探讨了如何从公法特别是行政法规范公私合作的主要议题。经由私人部门参与行政任务领域造成公域与私域交错、公法与私法混合等大量现象的分析,该书认为公私合作挑战了传统行政法理论,需要通过回应公私合作中私人主体的行政法义务凸显、政府职责的转型、正当程序的变化以及行政救济机制的变革对传统行政法的挑战,丰富和发展我国的行政主体理论、行政行为及程序理论以及行政救济理论。特别是要立足于私人部门承担行政任务所带来的行政法规制和公共部门在公私合作的角色地位的转换,凸显政府承担私人部门实现公共利益的担保责任这一核心命题,发展经济行政领域的行政法治理论,推进以规范行政权为重心的传统行政法向公私合作法或担保行政法的"新行政法"的转型,因此无论从理论构建上还是制度设计上看,该书的内容和观点都让人耳目一新,极有启发意义。

第三,研究路径的新思考。该书在跨学科的多维学术景观下,综合运用法学、行政学、社会学、经济学等研究方法,使行政法治视野下公私合作的宏观理论背景和微观制度运作得以立体化展现。尤其是,针对公私合作的责任分配和责任阶层、公私合作的担保行政法、公私合作的担保行政救济以及公私合作的国家赔偿制度构建等核心问题进行了国家责任尤其是担保国家理论等国家学、政治学等多学科视角的深入论证,为实现公私合作的法治化提供了可贵的智识支撑。围绕公私合作法治化难题的解决,该书不仅从更为包容、更加综合的研究视角进行了研讨,而且还按照"挑战—回应"的研究路径,系统、深入地分析了公私合作对于行政法理论和制度的挑战与新行政法理论及制度对于公私合作的回应和革新,从而有利于实现公私合作的行政法治理论创新,促进公私合作行政法律制度的建立健全。

　　该著是在其博士学位论文的基础上历经多年修改完成的,全书不仅篇章结构安排适当,说理透彻,而且在基础理论和学术观点方面颇有建树,诸如厘清了公私合作的内涵和外延,发展了公私合作主体的类型、关系及其对组织法治挑战与行政组织法应对机制、公私合作的担保行政法等理论,提出了公私合作及其行为基本模式的新分类、社会合作管制(规制)、公私合作的担保救济模式等新观点或新思想,可谓公私合作(PPP)行政法治领域的研究力作,填补了行政法学研究相关领域的空白。当然,该书也存在一些不足之处,比如演绎式论证较多而实证分析较少,宏观学理探讨较多而微观制度设计较少,西方国家理论和法制对标较多而本土理论创见和经验归纳较少。但是,与该书的学术贡献而言,这些瑕疵或许可以忽略不计。相信作者今后会予以思考并加以完善。

　　焕聪是我指导的第一位博士生,他在攻读博士期间就表现出优秀的学术潜质,在 CSSCI 来源期刊发表了多篇论文,获得过省研究生科研创新计划项目,博士论文被评为南京大学优秀博士学位论文。毕业后在江苏大学工作和在中国政法大学从事行政法学博士后研究期间,持续就公私合作这个主题展开系统研究,发表了多篇有影响力的学术论文,并获得中国法学会、江苏省等多项科研奖励。作为他的博士生导师,对他取得的学术进步感到非常欣慰,祝愿他在行政法学研究之路上高歌前行,取得更加丰硕的科研成果!

　　是为序。

王太高

南京大学法学院副院长、教授、博士生导师

2017 年 12 月

目　录

第一章　公私合作范畴论

第二章　公私合作基石论

第三章　公私合作主体论

第四章　公私合作行为论

第五章　公私合作担保论

导　论

一、问题缘起

如果人们对行政法的研究历史稍加审视,不难发现二十年前甚至十年前的行政法研究主题与当今流行的行政法话语迥然不同甚至有点"不可思议"。行政法研究发展如此之迅速,以至于人们不得不经常思索其问题研究的前瞻性。公私合作法律问题研究也是一样。那么,为什么在行政法多如牛毛的选题中偏爱这个选题? 笔者认为,公私合作步入行政法学研究的视野缘于以下几个方面的需求。

一是公共行政最新变革的迫切需要。行政法学研究往往是与公共行政的最新发展紧密地结合在一起的。在传统公共行政中,公共产品或公共服务由国家垄断提供和生产一直被认为是天经地义的事情,但是自从20 世纪 80 年代全世界掀起了声势浩大的公共行政改革运动,这种状况得以改变。在改革过程中,以"民营化"举措为代表的改革,因其契合了"政府退缩、市场回归"的主旨而备受各国的青睐,并取得了很大的成效。民营化充分发挥了市场机制作用、节省了财政开支、增加了行政效率,因而成为西方各国行政革新的重要手段。受全球化的影响,我国也在诸多公共事业等领域进行了程度不等的民营化改革。但是,国家真正全然放弃行政任务的"完全民营化"仍然属于少数。绝大多数的民营化方案,采取游走在"单纯组织私法化"和"任务完全民营化"两个民营化光谱极点间的模式,例如公权力委托、行政助手、特许经营等模式,因而"任务部分私人化"(即公私协力)现已成为各国立法及实务最普遍采行的民营化模式。①

---

① 詹镇荣:《民营化法与管制革新》,元照出版有限公司 2005 年版,第 3—4 页。

公私合作是在人们吸取自由放任时期的"市场失灵"和福利国家的"政府失灵"的教训之后，通过积极的思考和探索而形成的一种既能发挥政府部门的比较优势，又能发挥民间部门比较优势的、能够更加有效生产和提供公共产品和公共服务的新机制。与此同时，随着社会治理模式的转换，社会组织、私人等私法主体基于合作治理的理念对社会公共事务甚至国家事务进行了良好的管制，这种社会合作管制也对传统的公共行政产生了巨大的冲击。"公共行政既是行政法学者研究的有效对象，也是他们需要保持回应性的事项。"①既然公共行政已经发生了重大的变革——无论它被称为新公共管理还是新公共服务，那么以公共行政为研究对象的行政法也不得不发生相应的改变。

二是法律制度滞后实践的现实呼唤。可以说，公私合作为我们提供了"政府"与"民间"，或者说公共部门与私人部门合作完成公共事务的新愿景。但是，与公私合作日趋升温事实极不相称的是，公私合作的法律制度供给远远落后于相关实践。美国学者 Southard 认为，虽然公私合作风靡全球，但是令人吃惊的是，迄今居然没有健全的法律框架来规范公私合作的运作，即使在美国，一个对公私合作进行授权、管理和指导的整合性法律框架仍然缺乏。② 由于实务中许多公私合作并没有明确的法律、法规和规章进行规定，因此这些公私合作被笔者称之为未型式化公私合作，或任意公私合作。在我国大陆，政府参股、社会合作管制等都是比较典型的未型式化公私合作具体形态。对于这些未型式化公私合作，虽然有的未必需要严格的法律规范，但是对于大多数未型式化公私合作而言，走向法治化道路是它们共同的发展方向，而现今有关法律制度供给却严重不足。即使对于已经初步型式化公私合作而言，法律制度也已经存在不少

---

① ［英］卡罗尔·哈洛、理查德·罗林斯：《法律与行政》，杨伟东等译，商务印书馆2004年版，第76页。

② Katharine Southard, "U.S. Electric Utilities: The First Public-private Partnerships?", Vol.39 *Public Contract Law Journal*(2010), p.399.

漏洞。以特许经营为例，虽然我国《市政公用事业特许经营管理办法》这一部门规章以及不少地方性法规和地方政府规章对特许经营的领域、具体方式、权利义务、政府监管等进行了规定，但是其立法位阶不高、有关制度缺失等，已经成为人们批评法制不健全的众矢之的。由于型式化公私合作往往运用于高权行政、垄断行业以及公用事业等领域，这些事务对人民生活关系极大，必须慎重对待，所以，加大型式化公私合作特别是未型式化公私合作的法律、法规和规章供给力度，已经成为现实的呼唤。"从国外经验来看，完善的法律法规体系是 PPP 项目正常运作并取得成功的有力保障"。[①] 令人欣慰的是，我国有关公私合作立法已经列入全国人大的立法规划，2017 年 7 月国务院法制办、国家发展改革委、财政部起草的《基础设施和公共服务领域政府和社会资本合作条例（征求意见稿）》围绕当前政府和社会资本合作中亟待统一规范的相关问题进行了原则性的规定，有利于为相关领域政府和社会资本合作的实践提供制度依据和法律保障。不仅如此，公私合作还对传统的行政法制度，比如行政组织法、行政行为法、行政程序法、行政救济法等提出了深远的挑战。为了迎接挑战，必须重构原有的行政法律制度，以契合公私合作这种最新混合行政状况。

三是法学理论与时俱进的内在要求。正如有学者所指出的，随着在政府服务领域中出现大量的"民营化"或公私合作现象，许多原系行政机关实施的行为与事业逐渐由私人主体来掌握与运营，由此也引发了许多新问题。[②] 从宏观层次上看，传统的基于公私对抗理念建立的公法体系还能适用当今公私合作的新景象吗？既然公私合作体现了担保国家的理论，那么是否要建构与之适应的担保行政法或公私合作法？如果是，那么这种担保行政法与传统行政法有何区别？如何落实担保责任和担保行政法？等等。从微观层次上看，公私合作打破了公共部门单独完成公共任

[①]　丁保河：《中国 PPP 立法研究》，法律出版社 2016 年版，第 2 页。

[②]　参见［新西兰］迈克尔·塔格特编：《行政法的范围》，金自宁译，中国人民大学出版社 2006 年版，第 2—20 页。

务的局面，那么履行公共任务的私人主体是否还拥有基本权利能力，或者具有如同行政主体的资格？具有何种法律地位？行政组织法应否以及如何调整公私合作主体？公私合作行为对传统的行政行为理论体系、行政行为效力理论、行为法律性质、行政程序、行政救济等方面都构成了哪些巨大的挑战？如何落实担保责任理论，制定出担保行政法规范？担保行政法规范对公私合作有哪些制约作用？公私合作的担保行政如何具体展开？如何基于救济担保理念，重构公私合作的诉讼救济机制以及国家赔偿制度？等等。可以说，这些问题在现有的行政法理论中几乎找不到答案，而这些问题的解决显得如此迫在眉睫，所以革新原有的行政法理论，发展适合公私合作的行政法治理论就成为具有重要意义的话题，也是本书力求加以解决的重要目标之一。

二、研究意义

本书以公私合作为研究对象，以公私合作对传统行政法的挑战与新行政法的能动回应为主线，试图寻找公私合作良性运行的法律制度支撑，并实现相关法学理论的同步革新。具体而言，公私合作法研究具有以下六个方面的重要意义。

第一，公私合作回应了公共行政民主化的潮流，有利于私人部门主体地位的确定。20 世纪后期，行政与民主开始走向融合，公共行政民主化成为当今世界公共行政改革的潮流。在传统的"代议制"制度框架下，国家体制基本可以用"立法追求民主、行政追求效率、司法追求公正"来概括，但是这种制度设计存在着民主的盲区，政治的民主未必能确保行政的民主。为此，民主要进入行政领域，充分表现为公民对行政领域的全方位参与，民主的实现拥有了具体的制度设计。因此，保障公民的参与权、实现行政民主是民主发展的客观要求，从政治民主到行政民主是民主发展的必然逻辑。[①]

---

① 孙学玉、杜万松：《政治民主向行政民主拓展的逻辑与保障》，《中共中央党校学报》2004 年第 3 期。

而公私合作打破了政府对公共事务的垄断,提供了公共部门与私人部门进行良性合作的平台,不仅是公共任务履行过程中的私人部门有序参与的重要形式,而且是私人部门与公共部门进行合作的机制,将传统的公众参与精神推向一个新的高度。这预示着单中心的"统治模式"向多中心的"治理"模式的嬗变,同时也是行政民主化的重要表现。诚如学者所言,作为现代行政法的第三形态,行政法的理念是民主,行政法的任务在授权、控权和服务之外,需致力于促进并保障社会自治和民主参与。① 特别需要注意的是,与传统的公共任务承担方式不同,私人部门虽然从形式上看是私法主体,但是却提供公共任务,这就对我国的行政主体制度构成了严重的挑战,为此需要探讨私人部门的法律地位问题特别是其与公共部门的关系问题等,从而进一步明确公私合作主体的特殊地位和构建功能。

第二,公私合作改变了传统单一的行政活动局面,有利于多种行为形式的灵活选择。传统行政法以行政行为为核心展开其理论体系,凸显国家对个人的干预行政,只要是行政机关等公共权力主体实施的行为,无论是学理还是实务,都习惯于对繁多的行政行为进行精细的分类并分别纳入法治化的轨道,从而为不同种类的行政行为设计出相应的程序规定及救济渠道。但是,随着法治理念的不断变迁,经济社会事务的日益复杂,行政任务由干预行政向给付行政的转变,以前单一的行政行为活动方式显然不能满足现代行政法为实现其任务的需求,行政活动得以扩展,行为方式日趋多元与多样。公私合作行为正是在这样的新背景下采取的新型行为,它具有多种多样的行为形式。从公共部门角度看,公共部门具有有限制的行为形式选择自由,它可能采取传统的行政行为方式,也可能采取纯粹的私法方式,甚至采取行政私法行为的方式或者未型式化的行为方

---

① 江必新:《法治政府的制度逻辑与理性构建》,中国法制出版社 2014 年版,第227 页。

式。尽管公私合作行为对传统的行政行为理论体系、行政行为效力理论、行为法律性质、行政程序、行政救济等方面都构成了严重的挑战，但是公私合作行为的大量兴起不能不促进人们对传统的单一的行政行为概念进行重构，不能不重视多种行为形式选择自由及其引发的有关法治化课题。

第三，公私合作促进了行政法制度的完善，有利于克服公私合作可能带来的弊端。公私合作行为犹如一把双刃剑，既能带来公私合作的双赢，又可能带来危机。程明修教授就曾经指出，公私协力行为存在这样一些危机：(1)法律拘束的相对化。非型式化的协力合作行为虽可以快速达到共识，但是却可能牺牲或者弱化规范的要求。(2)可能忽视第三人的利益。如果双方接触没有透过程序法的保障，便有造成第三人利益未被重视的危险。(3)阻绝审查机制。如果透过一种没有法律屏障的合作关系进行，将丧失透明性。(4)降低效率。本来预期加速程序而比较有效率完成行政任务所采用的非型式化行为，也可能造成合作程序的拖延。①其实，不仅公私合作行为将带来不少的危机，而且尚未被人关注的公私合作主体，比如公私合作公司等次生型公私合作主体履行公共任务时，如果没有完善的法律制度加以约束，那么我们很难想象公私合作主体能在绝大多数情况下自觉自愿地把公共利益作为自身行为的准则。实际上，公私合作主体、公私合作行为都对传统的行政法构成了严重的挑战，提出了重构行政法制度的需求。为了迎接这种需求，在担保行政法新模式引领下，对行政组织法制度、行政行为法制度、行政立法制度、行政执法制度、行政程序制度、公法救济制度等行政法制度加以重构。惟有如此，公私合作才有可能克服危机、破除体制与制度的"瓶颈"，建立健全 PPP 立法，走向合作共治的光明大道。

第四，公私合作契合了混合行政的最新趋势，有利于促进行政法基本

---

① 程明修：《行政行为形式选择自由——以公私协力行为为例》，《月旦法学杂志》2005 年第 120 期。

理念由单纯的控权向服务方向转变。在当今控权型行政法仍然很有市场,它是对国家权力进行控制的法,是纯粹的公法,而今体现合作治理理念的公私合作则促进了大量"公私权力的新混合""新式合作关系"的产生,让人们认识到混合权力或混同行政的存在,这一事实促使人们反思行政法权力内涵的调正以及相应的制度结构问题。"在全球化时代,行政法看上去正在偏离其使公共权力新扩张合法化的作用,转而使公私权力的新混合以及/或者为公共利益目的而运用的私权力合法化。""发展一种新行政法是必要的……它需要使公与私、州与联邦之间的新式合作关系合法化。"①为了发展新行政法,我们必须首先从观念上摒弃传统的控权理念,需要根据公私合作的背景兼顾公共权力的积极有为,充分发挥行政法促进公共福祉的功能。而这种将行政法定位为公共福祉的制度体现,其背后的哲学是:法律并非消极地用来拘束行政机关,而是藉由适当的制度设计,积极地促成公共福祉的增进。②

第五,公私合作彰显了行政过程的重要性,有利于促进公法研究视角从关注结果到过程的转变。有学者曾就公私对立的传统行政法学总结出两大缺陷,一是将研究的重点对准行政法学总论,试图通过构造出一个概念清晰、逻辑自洽的理论体系来解释不同领域的行政法现象;二是将研究的视角局限于行政诉讼,关注各种行政活动在法律上的容许性与范围界限,试图通过事后的司法审查确保行政的合法性,也即传统行政法学研究的另一进路是从行政活动的结果出发"逆流而上"地寻求对公共权力的约束。而这一进路太多地关注了行政活动的下游而忽略了上游和中游。③ 与传统行政行为不同,公私合作行为关注行政活动的全过程,需要

① ［美］阿尔弗雷德·C.阿曼:《新世纪的行政法》,载［新西兰］迈克尔·塔格特编:《行政法的范围》,金自宁译,中国人民大学出版社2006年版,第116、141页。
② 叶俊荣:《行政法案例分析与研究方法》,三民书局股份有限公司1999年版,第9—11页。
③ 章志远:《公用事业特许经营及其政府规制——兼论公私合作背景下行政法学研究之转变》,《法商研究》2007年第2期。

进行阶段性管制。由于许多公私合作行为都涉及异常复杂常态及其变态（比如 BOT 及其变种），都具有丰富多彩的独特个性，行为性质不尽一致，具体形态更是纷繁复杂，抽象而大一统的行政法学理论已经无法合理解释不同种类的公私合作现象，着眼于事后的司法审查难以驱使公共部门选择合适的管制手段实现公共目标，因此国家与私人之间的公私合作行为一改传统的行为结果导向，而转向行为过程导向。美国有学者认为，由于公共服务外包是一项涉及制度、公私部门以及资产等诸多方面的复杂工作，公共服务立约过程需要分为 12 个步骤进行考察：考虑实施合同外包；选择拟外包的服务；进行可行性研究；促进竞争；了解投标意向和资质；规划雇员过渡；准备招标合同细则；进行公关活动；策划管理者参与的竞争；实施公共招标；评估标书和签约；监测、评估和促进合同的履行。[①] 公私合作行为对行为过程的更多关注，必将扩展行政法的疆域，促使行政法学研究视野的转变，从更多地关注行为结果向更多地关注行为过程转换。

第六，公私合作体现了国家担保责任的理念，有利于促进行政法制度由纯粹公法向担保行政法的转变。在传统的行政法制度中，公共任务由行政主体自己负责履行，私人、民间组织等私人部门无法染指，行政主体在一个相对封闭的管道内承担其所有的责任，实际上起着议会机关的"传送带"作用。与之相应的行政法模式以控权为圭臬，但是这种对公共权力进行控制的同时却无法指望积极作为，行政法制度呈现出刚性有余而柔性不足、国家管制过多而公众参与甚少，从总体上看是一种纯粹意义上的公法。如今，在公私合作中，公共部门并不直接提供公共产品或服务，或者由国家与私人合作提供公共产品或服务，或者由私人提供公共产品和服务，但是国家不承担履行责任并非意味着"国家再见"，国家要承

[①] 参见［美］E.S.萨瓦斯：《民营化与 PPP 模式：推动政府和社会资本合作》，周志忍等译，中国人民大学出版社 2015 年版，第 176 页。

担担保责任,担负起由于私人部门无法提供公共产品或公共服务时特定的国家责任。这种在公私部门之间进行责任分配的思想特别是国家要担负担保责任的理论,为新型行政法的产生奠定了坚实的基础。为了落实国家担保责任这个核心理念,需要制定担保行政法规范、实施担保行政和进行救济担保,从而从立法、执法、司法等角度为促进传统行政法向担保行政法的转变打下坚实的基础。

三、研究现状

尽管美国、英国、德国、日本等发达国家对公共行政民营化、公私合作伙伴关系等问题探讨比较多,形成了一批成果,但是专门研究公私合作法治化问题的成果也十分罕见,因此公私合作法律问题研究是一个正在兴起的新兴课题。目前,虽然有多个学科在研究公私合作,比如公共管理学从治理的角度、经济学从融资的角度进行分析等,但是公私合作的法学研究则相对滞后。在美国,萨瓦斯(2015)在其《民营化与 PPP 模式:推动政府和社会资本合作》一书实际上主要论述民营化,而对公私合作伙伴关系论述则一笔带过,并且是从公共管理的角度来研究的。以朱迪·弗里曼为代表的美国学者在私有化议题下涉及有关公私合作的相关问题,其论文集《合作治理与新行政法》在我国大陆翻译出版。在英国,达霖·格里姆赛等人(2016)的《PPP 革命:公共服务中的政府和社会资本合作》论述了 PPP 模式的本质及其为基础设施领域带来的革命性变化,描述了 PPP 项目中政府角色的转变。Marta Andrecka(2014)的"Public-Private Partnership in the Eu Public Procurement Regime"指出了合同授予过程中可能出现的潜在法律挑战,并分析 PPP 裁决框架的放松管制是否有可能解决这些挑战。由于我国法律制度受大陆法系影响更大,德国、日本学者的研究对我国更有直接的借鉴意义。在德国,魏伯乐等人(2006)的《私有化的局限》讨论了各领域私有化的案例及其管制治理,并总结出政府应该完全保持对服务质量的定义和监管权的经验。德国法学界的 Ziekow、Trute、Aßmann、Bonk、Schpper、Voßkuhle 等学者对公私合作或公私协力进行了法学研究,尤其是侧重从担保国家的角度进行研究,对于相关法治完善具有启发意义。值得注意的是,自2005年以来德国也在修订行政程序法,试图在该法对作为公私合作行为之一的合作契约进行规定并引发了不少的讨论。在日本,除了公共管理学在研究之外,米丸恒治(2010)的《私人行政——法的统制的比较研究》、山本隆司(2009)的《日本公私协力之动向与课题》等法学论著对公私协力、私人行政的法律统制问题进行了研究。

在我国台湾地区,公私合作法律问题研究也可谓是一个持续深入研究的新课题,不仅参与研究的学者甚多,而且研究成果颇为可观。程明修(2000)的《经济行政法中"公私协力"行为形式的发展》、詹镇荣(2005)的《民营化法与管制革新》、程明修(2006)的《公私协力行为对建构"行政合作法"之影响》、詹镇荣(2014)的《公私协力与行政合作法》等论著介绍了德国公私协力的理论与制度并构建了行政合作法图景。胡博砚(2009)的《保障国家的概念在德国的发展》、林明昕(2010)的《担保国家与担保行政法》等对德国公私协力的担保国家理论进行了介绍和评论。李建良(1995)的《因执行违规车辆拖吊及其保管所生之国家赔偿责任》、许宗力(2002)的《论行政任务的民营化》、刘淑范(2008)的《行政任务之变迁与"公私合资事业"之发展脉络》、廖元豪(2010)的《政府业务外包后的公共责任问题研究——美国与我国的个案研究》、刘宗德(2015)的《公私协力所生国家赔偿责任归属之研究》等成果对公私合作的国家赔偿、公共责任等具体问题进行了分析。此外,2006年围绕台北"高等行政法院"对于高速公路电子收费系统(ETC)的判决,江嘉琪、李惠宗、陈英钤、詹镇荣、吴志光等学者对公私合作法治问题进行了理论争锋。2009年,我国台湾地区还组织了"公私协力法制国际研讨会",参与研究公私协力的中外学者有德国的Ziekow、日本的米丸恒治和山本隆司、我国台湾地区的詹镇荣、程明修、孙乃翊、廖元豪、林佳和等人。从会议的信息来看,无论是德国、日本等大陆法系国家,还是英美法系国家以及我国台湾地区,公私合作法治化都是一个全新的课题,不仅公私协力本身有许多问题有待探讨,而且它对各自的行政法构成了深远的挑战。2012 年,第十四届海峡两岸行政法学学术研讨会在台湾成功大学举行,会议议题之一便是"合作行政与公私协力"。因此,公私合作法律问题研究在我国台湾地区仍是一个极具理论价值与实践意义的新课题。

在我国大陆,随着公私合作被国家和政府的大力推崇,近年来公私合作的研究日趋升温,现已成为炙手可热的话题。目前,我国行政学、经济学、政治学、社会学等领域学者对公私合作的相关问题进行了研究,比如公私合作制、城市公私伙伴关系、合作治理等类似问题进行了研究,代表性学者有余晖、秦虹、张康之、戴晶斌、孔繁斌、敬乂嘉、王守清、贾康、孙洁等人。随着党中央、国务院以及国家发改委、财政部等部委一系列有关政府与社会资本合作模式(PPP 模式)的政策性文件的出台和推动,我国PPP 模式进入了快速发展阶段。与之相适应,我国法学界对公私合作的研究也日益深入。研究成果主要聚焦于以下几个方面:

一是国外公私合作的理论与制度介绍。李以所(2013)的《德国公私合作制促进法研究》针对公私合作制在德国涉及的多个法律部门进行了分析和研究;何春丽(2015)的《基础设施公私合作(含跨国 PPP)的法律保障》主要介绍了世界银行《1994 年世界发展报告:为发展提供基础设施》和《联合国国际贸易法委员会基础设施 PPP 立法指南》的有关制度和经验;傅宏宇、张秀(2016)的《政府与社会资本合作(PPP)法律问题国别研究》着重选取了在 PPP 制度方面具有先进经验的国家和与我国实际情况相类似的国家的制度重点内容;徐琳(2016)的《法国公私合作(PPP模式)法律问题研究》介绍了法国 PPP 模式合同的类型、解除事由、纠纷解决程序等制度;顾功耘(2017)的《当代主要国家公私合作法》对联合国国际贸易法委员会、欧盟、英法德日等国的法律规则进行了翻译和介绍。

二是公私合作的基本原理研究。以敖双红(2007)的《公共行政民营化法律问题研究》、杨欣(2008)的《民营化的行政法研究》、刘飞(2009)

的《试论民营化对中国行政法制之挑战》、高秦伟(2011)的《私人主体的行政法义务?》、章志远(2014)的《行政任务民营化法制研究》、陈军(2014)的《变化与回应:公私合作的行政法研究》、邹焕聪(2015)的《论调整公私协力的担保行政法——域外经验与中国建构》、胡敏洁(2016)的《论政府购买公共服务合同中的公法责任》等为代表的论著探讨了公私合作给传统行政法带来的挑战与行政法的应对等基本理论问题。而以顾功耘(2016)的《公私合作(PPP)的法律调整与制度保障》、李亢(2017)的《PPP的法律规制——以基础设施特许经营为中心》等为代表的著作则对公私合作的法律规制、法律调整等问题进行了经济法学原理的解读。

三是公私合作的具体制度研究。于安(1998)的《外商投资特许权项目协议(BOT)与行政合同法》、湛中乐和刘书燃(2007)的《PPP协议中的法律问题辨析》、王克稳(2011)的《政府业务委托外包的行政法认识》、李霞(2015)的《行政合同研究——以公私合作为背景》、陈阵香和陈乃新(2015)的《PPP特许经营协议的法律性质》分别对公私合作协议特别是特许经营协议的法律问题进行了分析;陈婉玲(2015)的《基础设施产业PPP模式独立监管研究》、邢会强(2015)的《PPP模式中的政府定位》、周敏(2015)的《治理现代化背景下的行政程序变革与走向——以公私协力为视角》对公私合作的政府规制及其程序进行了探讨;邹焕聪(2014)的《论公私协力的公法救济模式及体系现代化——以担保国家理论为视角》、陈军(2012)的《私人违法行使公权力亦应纳入国家赔偿范围——透过公私合作视角考察》对行政救济、国家赔偿等法制课题进行了研究。

四是公私合作的政策与法律实务操作研究。比如,魏济民(2016)的《中国特色PPP法律实务与案例精选》提供了实操指南和案例;李金升(2016)的《PPP项目落地的法律之道——运作实务与法律分析》针对PPP项目实施过程的关键点和核心点,从合规性视角专题分析相关法律问题;曹珊(2016)的《政府与社会资本合作(PPP)项目法律实务》对PPP模式实践操作重点和难点问题进行了规范性分析;等等。

　　五是公私合作的立法研究。鉴于目前我国公私合作主要以政策性文件进行规制的缺憾，法律缺位问题凸显，学界加大了对公私合作的立法理论、域外经验和中国实践研究。比较典型的论著有：周佑勇（2015）的《公私合作语境下政府购买公共服务现存问题与制度完善》、丁保河（2016）的《中国 PPP 立法研究》、刘尚希和王朝才（2016）的《以共治理念推进PPP 立法》、孙淘和魏济民等（2017）的《法国 PPP 的立法与实践："一带一路"战略下指导中国海外 PPP 项目》、谭静和翟盼盼（2017）的《国内PPP 立法分析》等。

　　总体上看，尽管学界对有关公私合作（公私协力）以及民营化等关联议题进行了研究，为进一步研究打下很好的理论基础，但是现有成果大都集中在国外理论与制度的翻译和介绍上，而结合本国国情进行理论创新和制度构建的成果稍显不足。既有研究对公私合作合同、法律救济以及具体领域公私合作现象关注较多，但是对公私合作主体、公私合作行为、公私合作担保等理论与制度缺乏体系化构建，特别是结合我国行政法理论进行深入论证的成果尚属少见。公私合作的法律事务操作性、政策解读性成果较多，但具有理论深度、理论广度的研究有待加强，结合中国实际的立法论证稍显不足，特别是立足于民商法视角的制度构建研究忽视了其不可或缺的公法研讨。因此，蓬勃发展的公私合作事实亟待从行政法视角进行更为深入系统的研究。

四、进路与创新

　　围绕公私合作对传统行政法的挑战与新行政法的能动回应这条主线，分别对公私合作范畴、公私合作基石、公私合作主体、公私合作行为、公私合作担保进行开拓性研究。公私合作的法律问题研究旨在回答以下问题：第一，何为公私合作；第二，为何要进行公私合作；第三，公私合作法有何主要内容；第四，如何从法治上规范公私合作。具体而言，对于第一个问题，目的在于明确公私合作的内涵和外延，介绍分析公私合作的基本模式，从而将公私合作这一新型机制引入到法学研究中来；对于第二个问题,目的在于全面阐释公私合作法的现实动因、理论基础、法学基础,让人们认识到公私合作作为时代的潮流具有深刻的动因和理论正当性基础;对于第三个问题,目的在于重点阐述公私合作的本体,分别从公私合作主体与公私合作行为两个方面全面揭示公私合作对行政组织法、行政行为法的挑战以及新组织法、新行为法的制度应对,从而为进一步实现公私合作的法治化打下伏笔;对于第四个问题,目的在于批判借鉴国家担保责任理论,从立法、行政、司法等各个角度规范和约束公私合作,从而描绘出一幅完整且明确的公私合作法图景。

基于以上考虑,本书正文共分五章组成,主要内容如下:

第一章公私合作范畴论,具体内容包括公私合作的内涵、公私合作的外延、公私合作的基本模式和公私合作的适用范围。一是在对两大法系国家有关公私合作定义诸说进行评析并在吸收民营化、治理理念基础上提出了本书的界定;探讨了公私合作的主体特征、目的特征、行为特征、责任特征等四大特征。二是从理论上厘清公私合作与民营化、公私合作与行政私法、公私合作与协力行政三者之间的关系,从而进一步明确公私合作的外延。三是通过概述、评价国内外学者有关公私合作基本模式,借鉴国内外先进经验、结合我国实际的基础上,提出了本书有关公私合作的四大基本模式——即民营化型公私合作、公营化型公私合作与治理型公私合作、型式化公私合作与未型式化公私合作、契约型公私合作与非契约型公私合作、组织型公私合作与非组织型公私合作。通过有关公私合作适用范围的典型国家考察,总结出公私合作适用范围具有四个共性规律,即公私合作的适用范围与该国宪法法律的依据息息相关、与该国政策选择度一脉相连、与公共任务的等级紧密相关以及具有随着时代发展而不断扩展的趋势,并且公私合作完全适用于给付行政等领域,而部分适用于秩序行政领域。

第二章公私合作基石论,具体内容包括公私合作的现实动因、理论基础、法学基础。公私合作之所以能在当今蓬勃兴起,不仅是因为全球化推动公私对立走向公私合作的缘故,缘于席卷各国的新公共管理改革促使的因素,而且还由于经济社会转型的促进使然。作为治理理论的最新发展,合作治理为公共行政的范式转换、公私合作的展开提供了管理学理论基础,这体现在它为公私合作主体的兴起、公私合作行为的发展以及公私合作的救济机制等提供理论依据等方面;风险社会理论为公私合作提供了坚实的社会学基础,表现在风险复杂性需要公私部门合作应对和合作监管、程序范式要求公私部门进行民主协商以及风险社会中的"有组织的不负责任"则需要公私部门共担责任等;公共物品区分理论、公共选择理论以及委托—代理理论从不同的视角为公私合作的顺利开展奠定了扎实的经济学理论基础。尽管担保国家理论与合作国家理论在内涵广度、公私部门角色、与法的关系等方面不尽一致,但是精神理念和基本内容大体一致,它们分别从主体、行为、责任等方面为公私合作的开展奠定了法理学基础。由于公私合作不仅与国家保留理论兼容,与国家社会二元论契合,而且它符合法治原则的基本要求,具有民主正当性和基本人权基础,因此,公私合作具有牢靠的宪法学基础。行政法的合作精神和理念为公私合作的开展打下了理念基础,法律保留原则为公私合作的开展提供了行政法基本原则依据,行政组织多元化理论、行为形式选择自由理论、行政过程论等则为公私合作的开展提供了行政组织和行政行为理论支撑,所以,公私合作具有扎实的行政法学基础。

第三章公私合作主体论,具体内容包括公私合作主体的界说、三面关系、次生型公私合作主体的基本权利能力、公私合作主体的挑战与行政组织法的转型。公私合作主体系指参与公私合作关系的公、私部门主体以及因合作产生的派生主体,具有主体构成的多样性、主体角色的复合性、主体目标的合作性、组织法治的突破性四个显著特征。公私合作主体可以划分为原生型主体与次生型主体两大类,前者包括公共部门、私人部门、公法上的消费者,后者涵盖公权力受托人、特许经营者、政府业务承包人、社会合作管制主体以及公私合作公司。以公权力委托为例,围绕公共部门与履行公共任务的私人部门之间的关系、履行公共任务的私人部门与广大公众之间的关系以及公共部门与广大公众的关系，探讨各主体互相之间的权利、义务以及地位。由于次生型公私合作主体从形式上看是私法主体，但却实现公法任务，所以它具有与一般私人组织所不同的基本权利能力，而其基本权利能力的判断基准是"公共任务说"，即以法人活动的"公共任务属性"作为是否承认公私合作公司基本权能力的判断标准。次生型公私合作主体基本权利能力的取得、变更和消灭同样有其特殊性。公私合作主体的兴起，不但对行政组织法的调整界限和调控重心、行政主体的组织形态和组织程序、行政组织法的基本原则与实体性组织规范构成了巨大的挑战，而且助推新行政组织法的产生和成长，即扩展行政组织法的调整范围，根据不同种类进行不同密度的调整；促进行政主体向"公共任务承担体"组织形态的转型，建立健全以行政过程为导向的组织程序；构建组织法治、行政分权与合作、行政民主、组织效能等基本原则，革新行政组织法的实体性组织措施。

第四章公私合作行为论，具体内容包括公私合作行为的主要内涵、行为形式选择自由、类型构造以及其对行政合作法的构建。作为担保国家理念体现的公私合作行为，系指公共部门与私人部门之间为了实现公共任务，平等地进行协商、谈判、合作所形成的所有正式与非正式的行为，具有主体的平等性、目的的公益性、方式的多样性和实质的合作性四大法律特性。公共部门在公私合作中具有在行政行为或者行政契约之间作出选择的自由、在公法形式或是私法形式抑或是行政私法方式之间作出选择的自由以及在型式化行政行为与未型式化行政行为之间作出选择的自由等三大行为形式选择自由，但是这种选择自由必须遵守以下三个条件，即法律法规没有规定甚至容许、行政裁量的合目的限制、行政任务领域的范围限制。作为与公私合作行为存在交叉地带的行为，未型式化行政行为具有空间的裁量性、阶段的过渡性、权力的弱化性、现实的实用性、内容的非法定性。公私合作行为具有特殊的类型构造，其中民营化型公私合作行为、公营化型公私合作行为以及治理型公私合作行为是重点阐述的内容。公私合作行为不仅对传统的行政行为理论体系、行政行为效力理论、行为法律性质等方面都构成了严重的挑战,而且围绕行政法的回应,对行政合作法具有重要的建构功能。

第五章公私合作担保论,具体内容包括公私合作的担保责任、担保行政法规范、担保行政、救济担保。作为担保国家理论的体现,国家责任理论之所以对公私合作具有重要的理论意蕴,缘于其具有诠释公私合作法治担保的功能、诠释公私合作中国家任务的功能、解释公私合作中国家权力正当化的功能。不仅公共部门与私人部门在公私合作中要进行责任分配,而且国家责任要类型化为履行责任、担保责任及承接责任等责任阶层,而国家虽然在其中不承担履行责任,但是却要承担担保责任。担保责任理念为从立法、执法以及司法等方面约束和规范公私合作提供了新思路。作为一种"新行政法",德国担保行政法具有框架立法的特色明显、公私法区分的相对化、阶段性管制规范的凸显以及国家担保责任规则的兴起等基本特征,而在中国,担保行政法与其他行政法并不是非此即彼的关系,其构建应注重在立法框架上,"私行政法"比重提升;在法律性质上,公法与私法功能互补;在规范体系上,"软法"、"硬法"兼施;在规则内容上,行政担保义务为调整重心。作为具体化的国家担保责任,担保行政在规制公私合作中表现为:从主体上看,要对大多数公私合作的规制实现由公共部门一方监管向相对独立的第三方专业规制机构发展;从措施上看,要构建一个以"合作规制"为核心、以多种高权管制为保障的规制体系;从程序上看,公私合作的程序规则要体现私法化、柔性化与合作化的趋势。基于救济担保理念,实现公私合作的公法救济体系现代化的路径选择为:按照修正后的法律关系理论实现全方位的救济,构建对未型式化公私合作的公法救济担保机制,整合基于公私合作行为性质的公私法救济途径,发展与公私合作模式相符的新型行政诉讼种类。公私合作中的国家赔偿有其特殊性,不仅在理念上要落实担保责任理论,在归责原则上实现向公共权力归责原则转变，而且在责任方式上进行公私责任分配，在赔偿程序上也需处理好两个关系。

本书在选题、思想观点以及研究方法上具有创新之处，主要体现在以下几个方面：

一是选题的创新。在我国大陆，公私合作或者政府与社会资本合作（PPP 模式）的法学研究是一块有待开垦的富矿。即使从全世界范围来看，公私合作法律问题研究也是一个全新的课题。而公私合作的法治化如此重要，以至于需要法律学人对公私合作法律问题进行超前研究。对于公私合作法治化研究固然可以在经济法、民商法等学科层面进行，但是公私合作毕竟涉及公共利益，私人部门提供的公共产品和公共服务是本应由政府履行的并以广大公众为给付对象的公共产品和公共服务，公私合作中的特殊权力可能会侵犯当事人以及广大公众的合法权益，因此，公私合作的制度设计主要应该从以控制公共权力为要旨的行政法视野进行推动，而不是仅仅从民商法、经济法方面进行完善，否则更不利于约束相关主体假借"意思自治"的外衣滥用权力，更不利于保护当事人及广大公众的合法权益，也不利于行政法学科话语权的正当发展。当然从行政法视角分析公私合作法律问题，并非意味着可以不吸收公私合作的经济法学、民事法学的研究成果。而且在某种程度上只有立足于法学各学科之间的合作、法学学科与非法学学科的对话，公私合作法治化研究才能更好地获得现实的正当性根基。运用行政法学这门相对年轻的、与时俱进的学科来分析公私合作新型法治课题，不仅能够扩展行政法学研究的疆域，而且能够对公私合作行政法律制度进行前瞻性构建。

二是思想观点的创新。从宏观上看，本书构建了公私合作法原理的基本框架，包括公私合作基石、公私合作主体、公私合作行为、公私合作担保，分别就公私合作对行政组织法、行政行为法、行政程序法、行政救济法的挑战以及新行政法的积极应对等问题进行了开拓性研究。从微观上看，在梳理国内外大量文献的基础上，本书对国内外有关理论进行了理论突破,并结合我国本土实际进行了学术创新。在本书中,笔者不仅对国内外理论进行了批判性分析,比如对公私合作与公私合作行为不分的批判、对担保行政法的批判构建、国家责任理论及政府担保责任的理论厘清、担保行政内涵的重新界定,等等,而且提出了自己一系列原创性的观点和思想,比如提出公私合作基本模式的新分类以及公私合作需与公私合作行为相区分的观点;提倡区分原生型公私合作主体与次生型公私合作主体;首倡社会合作管制(规制)的理论;提出公私合作的公法救济担保模式及机制;主张以担保国家理论分析公私合作的立法、执法、司法制度的构建与完善;等等。力争每一个问题的研究都具有程度不同的创新性是本书努力的目标。

三是研究方法的创新。首先是跨学科研究方法。本书着重立足于行政法学视野,对公私合作相关问题进行深入分析,归纳出公私合作法治化的行政法原理和制度规律,并且分别从管理学、社会学、经济学等学科角度对公私合作的理论基础,从公共管理学解析公私合作主体的现实动因、形成路径等,从国家责任及担保国家理论等国家学、政治学等视角论证公私合作的责任分配、公私合作的行政救济完善等。其次是比较分析的方法。从比较法的视野对两大法系国家有关公私合作的概念、基本模式、适用范围、担保行政法以及其他议题进行了比较分析,并结合我国实际进行了论证,以便为我国相关理论发展和法治完善提供合理借鉴。再次是规范分析法。收集、分析公私合作现有制度的现状与问题,萃取本土规范精华,反思制度与实践的症结及成因,探究公私合作法治的应然方向。最后是专题研究方法。力求把所涉及的每个法律问题都谈透,争取公私合作每个小问题的研究成果既能独立成篇,又与整部书的体系浑然一体。

第一章
公私合作范畴论

··

　　无论人们是否愿意承认，公私合作在当今世界的蓬勃兴起已经成为不争的事实。公私合作的崛起，不仅改变了以往公共任务由公共部门独家垄断的沉闷局面，而且向人们展现了公共部门与私人部门合作完成公共事务的全新愿景。公私合作必将对传统的行政法以及公法产生革命性影响。对于任何一种思想理论来说，内涵是否明确、外延是否界分直接关系到理论本身的科学性和实用性。与此同时，基本模式、适用范围等基本范畴的研究对于公私合作而言至关重要。为此，本章通过分析中外有关公私合作的概念和特征，厘清公私合作与民营化、公私合作与行政私法以及公私合作与协力行政这三者之间的关系，并在分析国内外有关公私合作的基本模式基础上提出本书的基本模式，同时探讨公私合作的适用范围，从而为公私合作的范畴提供一个清晰的框架，并为分析公私合作的法治挑战和行政法的制度应对提供基本前提。

第一节　公私合作的内涵

一、公私合作诸定义之评析

何谓公私合作？由于公私合作是一个跨学科、跨领域的现象，不同的学科对公私合作有着不同的界定，所以这也增加了定义的难度。尽管它大体描述的是公部门与私部门为了实现公共任务而采取的一种合作伙伴关系，但是，公私合作的准确定义特别是它的法学定义还有待深入研究。概念分析是任何科学研究的起点。为了深入研究公私合作及其法治化课题，有必要对国内外有关公私合作的概念进行一个全景式概览，对公私合作的定义进行比较研究。

（一）大陆法系国家有关公私合作定义的分析

在大陆法系的德国，公私合作是最近若干年来兴起的现象和术语，但是面临着缺乏专有名词精确性的难题。随着时间的推移，公私合作已经成为包括德国在内的全球范围内被制度化的一种现象。由于公私合作是一个跨学科的结合性概念，由截然不同的表现形式组合而成，因此，将公私合作导入法学领域，不仅要解决这一既存的概念难题，而且有必要探索由公私合作所引发的相关法律问题。正因为公私合作的定义很难界定，因此它在德国往往被采取了一种并非实质内涵上之密集化界定的做法。而为学界引用较多者是由联邦公私协力项目小组（PPP-Task-Force）与地方自治团体首长联合会所合编手册中的概念："公私协力……旨在藉由公部门与私经济间之长期合作，使公共基础建设案得以获得较目前更有效率之实现。其特色乃在于，以整合现实生活为考虑。藉此，例如一项不动产设施之规划、兴建、营运、资助，以及利用，整体上将达到最佳化之程度。重要之成功准则，乃为立基于适当风险分担之上的合作思维。在此，各个合作伙伴承担其得以最佳支配之风险。"①从这个定义可以看出，德国公私合作大体上指的是公、私部门持续性的合作状态，其旨意不仅是出于财政节省的考虑，而且是为了在风险分担、责任分担上共同承担。这一点对于理解德国公私合作的概念至关重要。公私协力之概念并不具有直接的法律内涵，即使德国制定颁布了《公私伙伴关系加速推动法》之后，仍然维持不变。② 而在另一典型大陆法系国家的日本，山本隆司则将公私协力理解如下：公组织对私主体委以下列事项有关之任务与责任：(1)有关诸利益之衡量或财货、服务分配之决定，或执行、实现此决定；或是(2)为准备公组织作成此决定，或作为公组织不作此决定之替代，收集、形成、提示有关自己利益以外利益之资讯。③ 此种公私合作的理解不能说是对公私合作下了一个定义，而只是对行政过程中的公私合作现象进行了初步的概括，因此人们对公私合作的概念不能局限于此，需要根据时代的发展，不断充实其内涵。

（二）英美法系国家有关公私合作界定的分析

在英美法系国家，表示公部门与私部门的合作情形和状态的词语是 Public Private Partnerships（简称为 PPP），它通常被翻译为"公私合作"、"公私合作伙伴关系"、"公私伙伴关系"、"公私部门的伙伴关系"等。比如有学者认为，公私伙伴关系指公共项目通过私人融资方式进行的特许权类型安排。私营公司通常被授予 PPP 合同，建设和经营本来应该由政府经营的公共设施，比如收费公路、桥梁、博物馆、医院、监狱、港口或公共交通系统等。④

---

① 转引自［德］Jan Ziekow：《从德国宪法与行政法观点论公私协力——挑战与发展》，詹镇荣译，《月旦法学杂志》2010 年第 180 期。

② 刘淑范：《行政任务之变迁与"公私合资事业"之发展脉络》，《"中研院"法学期刊》2008 年第 2 期。

③ ［日］山本隆司：《日本公私协力之动向与课题》，刘宗德译，《月旦法学杂志》2009年第 172 期。

④ See Adrian Brown, "The Impact of the New Procurement Directive on Large Public Infrastructure Projects: Competitive Dialogue or Better the Devil You Know", Vol. 4 *Pub. Procurement L.Rev.* (2003), p.160.

特许经营者被公共部门授予某些权利,通常包括有权向使用公共服务或基础设施的用户收取费用的权利,但是特许经营者也要接受政府对他们服务的管制,通常包括价格规制和经营规制。① 被誉为"民营化大师"的美国萨瓦斯教授认为,我们可以从三种意义上使用公私伙伴关系这一术语:一是指公共和私营部门共同参与生产和提供物品、服务的任何安排,比如合同承包、特许经营、补助等;二是指一些复杂的、多方参与并被民营化了的基础设施项目;三是指企业、社会贤达和地方政府官员为改善城市状况而进行的一种正式合作。在第三种情况下,公司已经超越了其在市场中的通常角色,介入到学校、就业培训、市区复兴、城市开发等领域。政府也不再限于征税员和传统市政服务提供者的角色,变成了一个不动产开发者、商业信贷者等。② 由此可见,萨氏是把公共部门与私人部门共同合作的非正式与正式合作都纳入到"公私伙伴关系"之中,不过把"民营化了的基础设施项目"本身也归为"公私伙伴关系"似乎有点欠妥。美国公私伙伴关系全国理事会是这样定义 PPP 的:"公私伙伴关系是指公共机构(联邦、州和地方)与营利性公司之间的一个协议。通过协议,公私两个部门共享彼此的技术、资产来为公众提供服务和设施带来的收益。"

在英国,该国财政部于 2000 年出版了《公私伙伴关系——政府的举措》,该文件从三个方面解释了何谓公私伙伴关系,即"在国有行业中引入私人部门所有制;鼓励私人投资行动,根据这一计划,公共部门通过合同长期购买商品或服务,利用私人部门的管理技术优势,同时受益于私人的财力支持以巩固公共项目;扩大政府服务的出售范围,从而

---

① John Linarelli, "Private Participation in Public Infrastructure", in *Public Procurement : Global Revolution*, Sue Arrowsmith & Arwel Davies(eds.), Cheltenham: Edward Elgar, 1998, pp. 259-260.

② 参见[美] E.S.萨瓦斯:《民营化与 PPP 模式:推动政府和社会资本合作》,周志忍等译,中国人民大学出版社 2015 年版,第 99—100 页。

利用私人部门的专业技术和财力开发政府资产的商业潜能"①。在澳大利亚,PPP 模式主要是指政府与社会资本方之间就基础设施及相关公共服务的建设、供应、运营、维护等方面进行的合作,由社会资本方对项目全周期负责,政府采购方通过土地许可、资本投资、风险分担、受益分享、服务购买等形式作为条件参与项目合作,涉及的服务须为非政府核心职能的服务。②

由此可见,一般来说,英美法系国家的公私伙伴关系是指公共部门与私人部门为提供公共服务或进行基础设施建设和经营等而建立起来的一种长期合作关系,这种伙伴关系通常需要通过正式的协议比如 PPP 合同来确定。在合作伙伴关系下,公共部门与私人部门发挥各自的优势来提供公共服务,共同分担风险、分享收益,私人部门往往进行融资、建设、经营。公私伙伴关系有许多不同的种类,包括正式合作与非正式合作。英美法系国家对公私合作的定义往往围绕某种具体的公共服务或基础设施项目来进行界定③,其定义的侧重点在于对公私部门的风险分配、私人融资、合作协议、政府角色等,因此,英美法系国家有关公私伙伴关系的定义未必完全适合像我国具有大陆法系传统倾向的国家。

(三)我国台湾地区有关公私合作定义的评价

在我国台湾地区,由于受德国法制和学术的影响,学界一般接受了德国有关公私协力的概念。譬如,程明修教授认为,公私协力是在合作的行政国家中应运而生的概念,它是一种概括描述公部门与私部门为了实现公共任务而采取的一种合作伙伴关系,它可以涵盖以高权形式实现公共

---

① 转引自余晖、秦虹主编:《公私合作制的中国试验》,世纪出版集团、上海人民出版社 2005 年版,第 53 页。

② 傅宏宇、张秀:《政府与社会资本合作(PPP)法律问题国别研究》,中国法制出版社 2016 年版,第 61 页。

③ 比如有学者将公私伙伴关系直接定义为政府机构与私人主体之间的合同关系,私人主体在其中可以更多地参与到公共基础设施的项目中来。See D. Joseph Darr, "Current Trends in Public-private Partnership Laws", Vol.28-*SUM Construction Law*(2008), p.53.

任务以及公共任务的完全民营化这两种极端光谱间的所有其他形态①。又如,詹镇荣教授认为,公私协力,又称"公私合作关系",一般理解为一集合的概念,泛指所有公部门与私部门共同处理事务之情形。并且认为,行为主体必须有隶属于公、私两个不同部门间之权利主体存在;客体是几乎所有国家公权力作用领域②。综合我国台湾地区学者的观点,所谓公私合作就是概括描述公部门与私部门为了实现公共任务而采取的一种合作伙伴关系,不过也有个别学者把公私合作与公私合作行为相混同,但是,由于实际上公私合作不仅包括公私合作行为,而且包括公私合作主体、公私合作责任、公私合作救济等多方面的内容,所以在研究公私合作法律问题时,研究视野不能局限于公私合作行为这一狭小的领域,而应进行更加体系化、全面性的研究。

二、本书对公私合作的界定

正如德国学者Schuppert所言,要将公私合作加以定义的做法无异于用针把"布丁缝合在墙上"③。由于此概念涉及面广,内涵丰富,所以要给公私合作下个精确的定义目前很难做到。本书认为,界定公私合作时,我们要考虑到该定义产生的深刻社会背景,只有把此概念放到公共行政民营化、公共治理等社会背景下,超越民营化概念并吸收治理的理念,才可能进行相对精确的法学定义。笔者认为,所谓"公私合作",也可称之为"公私协力"、"公私协力关系"、"公私协作"、"公私合作制"、"公私伙伴关系"、"公私合作伙伴关系"、"政府与社会资本合作"等,就是指公共部门(即国家、政府及其机关等)与私人部门(纯粹意义上的私法企业、社会组织甚至私人等)为了实现公共任务而采用的各种契约和非契约合作关

---

① 程明修:《公私协力行为对建构"行政合作法"之影响》,《月旦法学杂志》2006年第135期。
② 詹镇荣:《论民营化类型中之"公私协力"》,《月旦法学杂志》2003年第102期。
③ 转引自李以所:《德国公私合作制促进法研究》,中国民主法制出版社2012年版,第9页。

系的总称。无论使用的是哪种称呼和定义,公私合作的英文名称都统一为 Public Private Partnerships(简称为 PPP),因此可以称为公私合作(PPP)。而公私合作(PPP)是一个集合的范畴,既包括正式的合作关系,也涵盖非正式的合作关系。从法学的角度看,不仅要研究那些不具有法律效果的合作关系和状态,而且要关注那些具有法律意义的合作关系和状态。与此同时,与公共管理学以及其他学科意义上对公私合作的研究视角不同,我们要着力研究公私合作的法治化课题,虽然不同学科之间可以互相借鉴。

值得指出的是,公私合作的概念与两大关键词紧密相关:民营化、治理。首先,公私合作与民营化具有密切关系。由于民营化的概念只能概括公私部门共同合作完成任务诸多复杂模式的一部分——诸如类似契约型公私合作的功能民营化,而对于兼具组织私法化特征的混合民营化,则涵盖面不足。在欧盟讨论风潮的影响下,公私合作或公私伙伴关系遂成为时尚的用语,并已经凌驾于功能民营化之上。比较而言,公私协力的意涵更为广泛,满足以作为囊括各种公私合作模式之上位概念,从非形式化之公私会议协商,抑或公私订立合作契约,乃至公私共同设立私法组织,皆为公私伙伴关系之概念所及。① 因此,公私合作是超越功能民营化并强调公私合作互惠的概念。与民营化一样,公私合作也是以类型学为导向的集合概念,难以具有直接的法律内涵。迄今为止,各国对公私合作的概念定义、类型要件、契约内容以及法律效果等根本问题,仍然缺乏法制基础。因此,对公私合作定义的法学界定具有重要意义。其次,公私合作与合作治理紧密相连。西方有学者认为,"本质上,PPP 不是一个行政管理问题,而是一个涉及多方主体长期合作关系和多元利益持续博弈的公

---

① 刘淑范:《行政任务之变迁与"公私合资事业"之发展脉络》,《"中研院"法学期刊》2008 年第 2 期。

共治理问题"。① 在公私合作主体中,不仅公、私部门成为合作伙伴,而且还有社会合作管制主体——即基于社会治理模式转换而转变过来的新型主体。因为社会合作管制主体体现了国家与社会的合作、公共部门与私人部门的合作共治,所以笔者也将它作为公私合作主体的重要主体之一。有关这一点,在本书有关章节中将会详细论述。总而言之,公私合作的概念不仅超越了民营化特别是功能民营化的概念,而且吸收了合作治理的合理因子,从而使公私合作真正成为概括公私部门共同合作完成公共任务的科学概念。

三、公私合作的主要特征

在美国,David W.Gaffey 认为,公私伙伴关系具有以下特征:(1)公私部门之间对拟建项目在不同方面的合作;(2)在公私合作部门之间存在一个相对长期的关系;(3)项目资金的部分或全部来自私营部门;(4)公共部门的关注焦点在于定义这些项目的目标并负责监督这些目标得到遵循,而私人部门的关注焦点是项目设计、完成、实施和融资;(5)风险承担通常由公共部门向私营部门转移。② 虽然这种对公私合作特征的分析有助于我们进一步的思考,但是这种特征的概括主要是基于具体的融资项目而演绎出来的,未必就有普适性。而在法国,PPP 协议具有外包性、整体性、长期性、风险性、有偿性、融资性、行政性。③ 由于公私合作概念本身的复杂性、各国公私合作实务的重点不一以及学者研究视角的不一等,人们对于公私合作的主要特征几乎众说纷纭。

我认为,从法学的角度看,公私合作具有以下主要特征:

---

① [瑞士]芭芭拉·韦伯、[德]汉斯·威廉·阿尔芬:《基础设施投资策略、项目融资与 PPP》,罗桂连、孙世选译,机械工业出版社 2016 年版,第 8 页。

② David W. Gaffey, "Outsourcing Infrastructure: Expanding the Use Of Public-private Partnerships in the United States", Vol.39 *Public Contract Law Journal*(2010), p.3.

③ 参见孙淑、魏济民等:《法国 PPP 的立法与实践:"一带一路"战略下指导中国海外 PPP 项目》,中国政法大学出版社 2017 年版,第 11—12 页。

（一）从主体上看，公私合作的主体包括公共部门与私人部门

公私合作是"公"与"私"的合作，是公共部门与私人部门之间共同处理公共事务的状态，因此，在公私合作中毫无疑问存在着两个不同的主体——公共部门与私人部门。这里所说的公共部门，不仅包括"职权行政主体"（国家行政机关）、"授权行政主体"即法律法规授权的组织——法律法规授权的企事业单位、社会团体、行业协会、基层群众性自治组织等传统意义上的行政主体，而且包括私法形式的行政组织（如国有独资公司）。而私人部门则指除了上述主体之外的所有自然人、企业和社会组织，即"实质意义上的私人部门"。由于在学者的用语中，"公共部门"与"国家"、"政府"、"政府部门"、"政府机关"、"公权力主体"、"行政"等概念往往混同或不加区别使用，而"私人部门"也与"社会"、"社会资本"、"民间"、"民间部门"、"私法主体"、"私权利主体"、"私人主体"、"私人"等概念混同使用，因此，为了使用方便，本书论述对这些词语进行互换使用而不加严格区别。实际上，在公私界限日趋模糊的今天，如何把握公共部门与私人部门的划分标准，也是一个棘手的难题。

必须注意的是，公共部门与私人部门在公私合作中的角色地位不尽一致。一方面，公共部门在公私合作中无疑是合作伙伴，公、私部门立于平等的地位，从事跨领域合作。公共部门不能居高临下，而应该立于平等的地位与私人主体进行一系列合作行动。但与此同时，公共部门或政府机关在公私合作关系中又具有特殊的地位，而且在不同种类的公私合作中其地位可能不尽一致，即使在民营化型公私合作种类中，国家或公共部门也不能放弃其应有的责任，比如制定完善的立法、进行有效的执法和公正的司法等。换言之，公共部门在公私合作中的地位或角色具有两重性，不仅是合作伙伴，而且又扮演立法者、监督者、保证人等角色。正如有学者指出的那样，提出和应用 PPP 的一个重要理论基础就是公共部门的公共服务生产者与提供者职能相分离理论。对于政府来说，向社会公众提

供公共设施和服务是其天职所在，没有选择的机会。而对于采用什么方式来提供社会服务，政府则是可以选择和安排的。在 PPP 中，政府虽然摆脱了生产者的身份，而成为选择生产者的采购人。不过，PPP 只是改变了公共服务的生产方式，并没有改革公共服务的性质。公共服务的提供责任仍然要由政府来承担，这是公私伙伴关系中值得注意的地方。因此，在 PPP 模式中，公共部门至少承担着三重角色的职责和义务：政治责任的承担者、规制的制定与执行者和服务的采购者。① 另一方面，私人部门不再仅仅是理性、自利的寻租者，而是能够为行政效能和行政合法性贡献一己之力的行政资源。比如，公私部门合作提供公共服务意味着公共服务的供应商是一个承担了社会责任的商事经营主体。虽然它本质上仍然是一个民商事主体，营利仍然是它存在的基础和发展的动力，因此，"政府应当保证社会资本获得相应的利益"②，但是，由于所提供的产品或服务的公共属性，私人部门具有公共利益和私人利益的双重身份，而且其私人利益的取得应以公共利益不受损为前提条件。因此，在公私伙伴关系中，私人部门要取得利益就必须受到比从事一般商业活动更多的限制，如服务价格的制定和调整要受到监督、利润率不应过高、相关信息应向公共部门与公众公开等。③ 如果从公私合作关系的角度看，公私合作还涉及"公法上的消费者"等公众主体。以上论述的是笔者主张的"原生型公私合作主体"，实际上公私合作的主体还包括"次生型公私合作主体"，对此，将于本书第三章展开研讨。

（二）从目的上看，公私合作的目的是为了实现公共任务

在德国，公私合作制的目的是为了完成原本能够由国家部门承担的

---

① 余晖、秦虹主编：《公私合作制的中国试验》，世纪出版集团、上海人民出版社 2005 年版，第 82 页。

② 顾功耘主编：《当代主要国家公私合作法》，北京大学出版社 2017 年版，第 1 页。

③ 余晖、秦虹主编：《公私合作制的中国试验》，世纪出版集团、上海人民出版社 2005 年版，第 83—84 页。

公共任务或者为了给一般原本能够由公共部门独立承担的项目实施和服务提供。① 一般而言,根据国家在任务中的角色界定,"任务"一词可以分为公共任务、国家任务和行政任务三个概念。根据德国学者有关观点,公共任务是一个概括性的概念,系指所有国家(含其他公权力主体)必须执行的任务,或需在国家监督与责任范围之下执行的任务,亦即公共任务应针对所指事务领域加以理解,并且任务的执行,能够满足集体需求并直接促进公共利益。举凡废弃物清理、老年照护、劳工政策、消费者保护、海关管制等各式各样及不同生活领域,只要与公益有关者均可涵盖。另外,公共任务并不限于特定主体,亦即不限于国家为公共任务之唯一任务主体。与之相对应的是非公共任务,即那些与公共利益无明确或直接关联的事务领域,如纯属私人利益自主范畴的领域或可由国家视情形自愿承办或加以补充的任务。国家任务是公共任务的下位概念,系指由国家或其所归属的行政主体所履行的公共任务,它根据权力作用的行使又可具体分为立法任务、行政任务和司法任务。由于公共任务并非必由国家作为任务主体,国家承担的公共任务具有某种程度的开放性——更确切地说,国家究竟是自己来实现该任务,或由私人为特定任务的执行,而由国家来担保,均应为政策决定的结果。因此,在公私协力中,公共部门与私人部门共同完成公共任务,并将公共任务、国家任务与行政任务相对区分有机联系,则成为担保国家思想基础的一环。②

德国学者 Josef Isensee 的观点有助于我们进一步了解各种任务之间的关系以及国家与私人间合作完成公共任务的正当性问题。他认为,假设把与实现公益目标相符的活动领域称为公共任务,在自由宪政国家观下的社会、国家关系中,公共任务依其本质不能由国家独占,国家在特定

---

① 参见李以所:《德国公私合作制促进法研究》,中国民主法制出版社 2012 年版,第7 页。

② 转引自许登科:《德国担保国家理论为基础之公私协力法制》,台湾大学博士学位论文,2008 年,第 55—57 页。

角度上涉及的事务领域不需要整个变成国家事务,私部门分担公共任务应为原则而非例外。作为公共任务下位类型的国家任务,其性质取决于实证法的规定,质言之,其为国家根据宪法,或者在宪法划定的界限范围内实际支配的事务领域。相应的,我们可以将行政任务界定为行政部门依据法规范所承担,或者以合法的方式执行的所有事务。① 虽然 Josef Isensee 的观点受到了一些批评,被误以为有先于法律而存在的"自然"公共任务等,但是 Josef Isensee 并未承认有先于法律而存在的"自然"公共任务,也并未以私人承担公共任务为名,将私人纳入国家的范畴,其毋宁更明白强调,私人实现公益的方式不同于国家,在市场经济的体制下,私人被假定得于获利之目的参与经济生活,并藉此促进公益的实现。实际上,反对者批评所隐含的——对于因过度强调私部门与国家共同承担公共任务,可能导致私部门消融于国家之内——疑虑,正好可以支持 Josef Isensee 划分公共任务与国家任务的下列说法:国家任务的概念将使人错失多种多样的行政责任划分形式,并且会掩盖住公部门与私人各种不同程度的互动情况;它对于国家规制程度过度强调,又不足以充分考虑私人的贡献;被纳入规整脉络中的私人不能单纯注重其基本权保障的自由,为达成提供给付的目的,其被课以特殊的公益拘束。② 公私合作旨在实现公共任务(如果有法律规定,则为行政任务)而非实现个人任务等非公共任务,即使是私人部门单独履行公共任务之时也应该遵守目的之底线。

(三)从行为上看,公私合作的行为形式是公私合作行为

在传统的高权行政下,政府习惯于依靠高权进行发号施令,对社会进行统治,政府与公民之间关系不对等,典型的行为模式是自上而下的强制—命令手段和模式。而今,随着政府自上而下的单向度权威统治逐渐被以自下而上的多元合作的网络治理所取代,管制模式也从传统的高权

---

① 转引自陈爱娥:《国家角色变迁下的行政任务》,《月旦法学教室》2003 年第 3 期。
② 转引自陈爱娥:《国家角色变迁下的行政任务》,《月旦法学教室》2003 年第 3 期。

管制模式经由社会自治走向合作管制模式,公共部门的行为模式不再主要依靠高权进行发号施令的统治,而必须由公共部门与私人部门以谈判协商、互动合作的行为方式进行公共治理。这种平等合作的各类行为方式可以称之为"公私合作行为"。公私合作行为这种新型行为的诞生,彰显了"合作国家"的内在要求,体现了合作治理的新理念。由于在公私合作行为中公、私权力融合,公私主体共享权力、共担义务,国家与社会进行"善治",因而此类行为形态具有巨大的生命力。所谓公私合作行为,就是指公共部门与私人部门之间为了实现公共任务,平等地进行协商、谈判、合作所形成的所有型式化与未型式化的行为。它不仅可以涵盖纯粹以高权形式实现公共任务以及公共任务的完全民营化这两种极端光谱间的所有其他形态①,而且还可以包括行政参与到社会事务,比如政府对私人企业的参股,以及笔者所提出的社会合作管制行为等行政与私人共同处理型行为形式;它不仅可以包括传统意义上的公法、私法的契约形式,也选择运用未型式化的行政行为;它不仅可以囊括公法形式或私法形式,而且可以包括行政私法行为方式。公私合作行为的发展,深刻地体现了行为形式选择自由。

　　作为一个集合概念,公私合作行为具有繁杂的具体行为方式,从不同的角度可以分为不同的种类。姑且不论国外纷繁复杂的行为形态,仅就我国台湾地区的理论而言,有学者从部分民营化的观点出发,可以将现行法制与行政实务几种主要的公私协力形态分为行政委托、公民合资事业之经营、公共建设之参与和公私合作管制四大类②。而根据行政与私人

---

　　①　程明修:《行政行为形式选择自由——以公私协力行为为例》,《月旦法学杂志》2005 年第 120 期。

　　②　参见詹镇荣:《论民营化类型中之"公私协力"》,《月旦法学杂志》2003 年第 102 期。需要特别注意的是,台湾学界一般将行政委托分为公权力委托和业务委托(不涉及公权力)两大类,都是将行政任务履行部分借用私人力量的方式来达成,所以它与我国大陆有关"行政委托"(即上级行政机关将某权力交由下级行政机关行使以及互不隶属的一行政主体将行政权力委托给另一行政主体行使)不同,请勿混淆。

在公共基础设施的合作关系中不同角色的扮演，则可以将公私协力划分为"公办公营"、"公办民营"、"民办公营"、"民办民营"等①。这些复杂的行为方式的具体操作机理并不相同，适用领域不尽一致，行为的法律性质也并不统一，加上各类未型式化行为的不断扩展，导致我国传统行政行为法似乎难以招架。尽管公私合作行为不能完全取代传统上的高权手段，但是公私合作行为的蓬勃兴起，毫无疑问将挑战传统的行为法体系以及行政法学体系。但与此同时，尽管公私合作行为种类繁多，机理多元，性质不一，但是这些行为的实质都是公私合作治理，它们有一个相同的英文名字叫作"PPP"，它们将从不同方向，以不同的方式对我国的行政合作法（准确地说应该是公私合作法）的产生和发展起到积极的构建功能和推动作用。总而言之，公私合作行为不仅是合作理念的体现者，而且也是合作制度的促进者；公私合作行为不但可以为公私合作制度的建立和发展奠定基础，而且也能够推动我国行政法模式的进一步转型。

（四）从责任上看，公私合作责任机制是公私部门责任分配和国家担保责任

从风险上看，公私部门在公私合作中是一个风险共同体，亦即伙伴间对于因计划所生风险为合理之分担。在传统的干预行政或给付行政中，由国家自身担负公共产品或公共服务的提供责任，私人并不参与其中。而今随着国家图像向担保国家的转换，担保国家无疑成为公私合作开展的新的理论基础之一。根据担保国家理论，公私合作中，无论公共部门，还是私人部门，都可以作为实现公益的责任主体；国家责任在公共部门与私人部门之间进行了分配。也就是说，公私合作中公共部门与私人部门的责任分配是对公益责任的分配，但是，国家责任在公私部门之间进行分配之后，国家还应当对公共部门与私人部门各自分担的公益部

---

① 程明修：《行政行为形式选择自由——以公私协力行为为例》，《月旦法学杂志》2005 年第 120 期。

分进行整合,特别是要担保私人部分或全部执行公共任务时的公益取向。这就涉及担保国家的核心——国家担保责任。它系指国家虽然承担人民生存需求满足的责任,但并不亲力亲为地提供各该给付,而是交由私人履行,国家则对人民承担其享有与法治国与社会国标准之相关给付的担保责任,并基于此等担保责任,对具体提供给付的私人进行担保监督。① 担保责任不能仅仅停留在理论层面,而应落实到对公私合作的具体制度之中。

具体而言,公私合作中的国家担保责任需要从立法、执法以及司法等各个方面加以落实。首先,建构与公私合作相适应的担保行政法。担保行政法对传统干预行政法、给付行政法的二元论具有极大的挑战功能,公私法在其中不再截然分立,而是在功能上互相补充、体系上互相融合,形成公私法混合规范的局面。同时,要运用"私行政法"对私人部门的所谓自主活动也应该加以公法上的思考,并有必要对其进行特别的规定。此外,在规范形式上,大量使用"软法"达到相同的任务,从而形成了特殊的法律规范结构。其次,对公私合作实施担保行政。作为具体化的国家担保责任,担保行政的主体、措施和程序都要体现这一特色:无论是目前的由原公共部门来监督,还是今后由独立的监管机构去监督,但都体现了国家对公私合作实现公共利益或公共任务的担保角色;管制措施要以"合作规制"为核心、以高权管制为保障;行政活动的程序日趋多样并向柔性化、私法化、加速化与合作化方向发展。最后,要对公私合作实行担保救济。为此需要构建与担保国家、担保责任理念相互适应的司法救济制度和国家赔偿制度。有关公私合作的公私责任具体展开,详见本书相关章节的论述。

---

① 蔡宗珍:《从给付国家到担保国家——以国家对电信基础需求之责任为中心》,《台湾法学杂志》2009 年第 122 期。

第二节　公私合作的外延

如前所述，公私合作系指"公"、"私"部门为了实现公共任务而采用的各种合作关系的总称。由于公私合作往往涉及民营化、行政私法以及协力行政，所以从理论上把公私合作与民营化、公私合作与行政私法、公私合作与协力行政三者之间的关系厘清，不仅能更好地区分公私合作的内涵和外延，而且还能更好地促进公私合作的法学研究和实践发展。

一、公私合作与民营化

现行行政立法中并未出现"民营化"用语，因此，民营化并非是一个具有确定意义的法律概念。加上不同学科的视角不一，民营化难以下个精确的定义。美国学者萨瓦斯认为，它是在产品或服务的生产和财产拥有等方面减少政府的作用，增加社会其他机构作用的行动。从狭义上看，民营化之一种政策，即引进市场激励以取代对经济主体的随意的政治干预，从而改善一个国家的国民经济。① 在德国，Stober 教授认为"民营化意味着把原本由公权力机关提供的产品和服务转变为由私人主体提供或者由私人主体参与提供"②。我国台湾学者许宗力认为，民营化现已经逸脱出公营事业释股的狭隘概念范畴，而扩张适用到一切由民间，或者说私人、私部门参与履行行政任务的现象，若从国家的角度观察，"民营化指涉的则是国家利用或结合民间资源履行行政任务的

---

① ［美］E.S.萨瓦斯：《民营化与 PPP 模式：推动政府和社会资本合作》，周志忍等译，中国人民大学出版社 2015 年版，第 5、11 页。
② 转引自刘飞：《试论民营化对中国行政法制之挑战——民营化浪潮下的行政法思考》，《中国法学》2009 年第 2 期。

现象"。① 我国大陆学者则无意对概念之争作出详细的评述,毕竟"民营化"一词在我国大陆地区尚未走入正式的法律文本中,因而概念使用上并无学理与实务统一或区分的必要。② 虽然对民营化概念的界定不一,是个内涵宽泛的集合概念,甚至有狭义、广义和两种最广义等之分③,但是其核心是更多地依靠民间机构,更少地依赖政府来满足公众的需求,体现了公私合作的实质。

公私合作与民营化共同之处在于:第一,两者概念都是集合性的。虽然民营化更多地泛指行政任务的执行由国家变更到私人的转变过程,但是,民营化与公私合作都是一个集合的概念。第二,两者的行为模式存在相同和交叉之处。美国学者认为的"部分民营化"、德国学者认为的"功能民营化"因为具有公共部门与私部门共同合作履行行政任务的特征,因而成为公私合作的典范。如萨瓦斯在界定广义的公私伙伴关系时认为它是指公共与私营部门共同参与生产和提供物品或服务的任何安排,而合同承包、特许经营、补助等民营化方式即为公私伙伴关系。④ 第三,两者的核心理念大致相同。民营化的核心理念是引入竞争、实现市场化,实现市场化供给公共产品或服务,而这也是公私合作主体部分所坚持的理念。第四,两者的实质相同。民营化的实质就是建立公共部门与私人部门之间的伙伴关系,即"政府和私人部门之间的多样化安排,其结果是部分或传统上由政府承担的公共活动由私人部门来承担"。⑤ 可以说,公私

① 许宗力:《论行政任务之民营化》,载翁岳生教授祝寿论文编辑委员会编:《当代公法新论(中)——翁岳生教授七秩诞辰祝寿论文集》,元照出版有限公司 2002 年版,第 582 页。

② 参见章志远:《行政任务民营化法制研究》,中国政法大学出版社 2014 年版,第 12 页。

③ 参见杨欣:《民营化的行政法研究》,知识产权出版社 2008 年版,第 16—20 页。

④ [美] E.S.萨瓦斯:《民营化与 PPP 模式:推动政府和社会资本合作》,周志忍等译,中国人民大学出版社 2015 年版,第 99 页。

⑤ [美] E.S.萨瓦斯:《民营化与 PPP 模式:推动政府和社会资本合作》,周志忍等译,中国人民大学出版社 2015 年版,第 3 页。

合作的本质与民营化之本质并无二致。

但是,公私合作与民营化存在以下重要的差异:

第一,两者的概念着重点不一。公私合作从行为方式出发(但不限于行为形式),强调国家与私人间的"合作状态";部分民营化则以国家角度为切入点,着重在"私人参与"之行为主体改变。因此,就行政任务非由国家单独自行履行之观点而言,公私合作与部分民营化或功能民营化在概念上并无二异,将公私合作视为部分民营化之描述,应无不妥①。不过,需要注意的是,虽然民营化类型中之"部分民营化"或"功能民营化"因具有公部门与私部门共同合作履行行政任务之特征,而为公私合作之典范,但是,公私合作却不仅仅限于部分或功能民营化,同时民营化中也不是所有类型均属于公私合作的范畴,一般而言,公私合作不包括财产民营化、形式民营化或者组织民营化等。

第二,两者的行为具体模式不同。与功能民营化②相比,公私合作的意蕴更广,是足以作为囊括各种公私合作模式的上位概念。从非形式化的公私会议协商,抑或公私订立合作契约,乃至公私共同设立私法组织,皆为公私合作的概念所及。根据欧盟执行委员会2004年间一份关于公私合作的绿皮书,其中区分"契约型公私合作"及"组织型公私合作"两大类别。前者大致与功能民营化叠合,后者则等同于公私合营。准此而言,公私合作乃是超越功能民营化并强调公私合作互惠的概念。惟除其概念宽广的优势外,公私合作不外乎以类型学为导向的集合概念,亦如民营化,不具有直接的法律内涵。③ 与

① 詹镇荣:《民营化法与管制革新》,元照出版有限公司2005年版,第7—8页。
② 根据民间参与行政任务的强度,民营化可分为功能民营化和实质民营化。所谓功能民营化,系指国家不再负责执行,而转由民间负责或提供,而实质民营化则指在执行阶段借重私人力量的方式完成任务,如行政助手、专家参与和行政委托等。参见许宗力:《论行政任务之民营化》,载翁岳生教授祝寿论文编辑委员会编:《当代公法新论(中)——翁岳生教授七秩诞辰祝寿论文集》,元照出版有限公司2002年版,第585—586页。
③ 刘淑范:《行政任务之变迁与"公私合营事业"之发展脉络》,《"中研院"法学期刊》2008年第2期。

此同时,公私合作还包括实质民营化中的特定种类,比如特许经营等。因此,总的来说,公私合作与功能民营化基本上是重叠关系和超越关系,而与实质民营化则是交集关系和超越关系。

第三,两者的主体角色分配不一。在公私合作、民营化中,都涉及公共部门与私人部门的角色分配问题。公私合作强调公共部门与私人部门之间的"伙伴"、"共同作用"的关系,"合作"是公私合作的根本要素,蕴含公私部门协力解决问题的共同方向;公私合作的运作逻辑,是不论公、私部门,均能在平行的方向上有预期丰硕效果。而此种方式或此种思维方式,均显示出公私合作是国家履行公共任务方式的变迁,在国家任务理解方面具有更深层的意蕴,需要对国家与社会间各自角色进行重新理解。而在民营化中,更多强调的是竞争而不是合作。与此同时,在公私伙伴关系中,无论在何种形式下,政府或者公共部门都发挥着实质性的作用,政府都要对公共服务的生产和提供承担责任,它所强调的仍然是保护和强化公共利益;而在民营化下,政府除了对市场和私人部门进行必要的管制之外,政府的介入和干预是十分有限的。事实上,完全的民营化仅仅是从公共的垄断转变为私人的垄断,而这并非公私合作所要实现的目标。而且,民营化可能导致任务属性的变化,即在政府完全退出某一任务领域,致使该领域丧失"行政"属性,这种改革亦称为"去任务化"或"除任务化"①。这种改革多为矫正过去过度的"国有化"而采用,如以出售为内容的国有企业改革就属于这一类的民营化改革。这种"去任务化"或"除任务化"因失去合作显然与公私合作存在重大区别。

第四,两者的时间状态不一。民营化概念侧重于任务执行主体由国家到私人的转换过程,然而该过程何时终结,尚未属于概念之必然内涵。在实务经验上,民营化历程常可持续数年至十数年之久。而公私协力并

---

① "去任务化"、"除任务化",也称为"除国家任务化"、"除国家化"等,指的是将某一任务从国家任务中除去,亦即国家出于种种考虑,将原有国家承办的任务完全交由民间办理,致使国家的任务属性发生变化,其结果使该领域失去行政属性。

非必然具有持续性，行政机关可能因单次任务短期地借重私人之力加以完成，此亦不失为公私协力之适例。① 也就是说，民营化具有历时性，恒属一种"过程"，而公私合作则未必具历时性，虽然它常常表现为一种"持续状态"。

第五，两者的产生原因不一。公私合作并不必然是民营化的结果，也可能是公营化的产物。正如德国学者 Aßmann 所言，国家与社会合作的形式并不必然是私营化的结果，也可能反过来是公营化趋势的产物。例如产品制造法中验证及认证制度即非全然是来自于传统营利事业监督之撤退，反而是为了因应新的行政服务之需求。为内部管制而加入之监督部门，亦同。因此，此种情形并无一般所谓的国家性质损失，从而亦无需将规范行政任务的一般规定尽可能地运用在合作领域，以资弥补。将合作仅仅局限于私人之参与行政任务，过于片面；合作也可能是因行政之参与社会任务而生。② 这里虽然主要论述的是国家与社会之间的合作，但是它同样适用于国家与私人之间的合作伙伴关系。此外，对于公私合作主体而言，其中不少主体是基于社会治理模式转换而来的，因此，治理也是公私合作特别是公私合作主体产生的重要原因。而民营化的产生原因则一般归结为公共财政资金的突破、新公共管理运动的推动等。

第六，两者的风险与责任不一。民营化的风险往往由公共部门转移到私人，而非公私部门共同承担；在民营化中，私人承担履行责任，政府虽然不承担履行责任，但是要负责政府规制等责任，"政府仍要承担政策说服、规划、目标设定、监督标准拟订以及执行、评估及修订导正等功能"。③公私合作作为公部门在公开征求民间提供物品或服务时，针对公共建设

① 詹镇荣：《论民营化类型中之"公私协力"》，《月旦法学杂志》2003 年第 102 期。

② ［德］Eberhard Schmidt-Aßmann：《行政法总论作为秩序理念——行政法体系建构的基础与任务》，林明锵等译，元照出版有限公司 2009 年版，第 296 页。

③ 詹中原：《民营化政策——公共行政理论与实务之分析》，五南图书出版有限公司1993 年版，第 10—11 页。

之整体规划、兴建营运和财务之运作,由公私部门合作,除了长期地将公共任务转由私人来执行之外,主要还有私人提供服务必须承担执行之风险,并由国家创设机制以控管风险。成功公私合作的关键判断标准,当然在于风险分配。公私合作可能带来诸如市场力量不均衡、信息不对称、公共利益流失、民主正当性掏空等。因此,公私合作的运用,必须对公私部门之间进行风险分配的法律安排。换言之,公私部门在公私协力中成为"风险共同体",亦即伙伴间对于因计划所生风险为合理之分担。从责任分配的角度看,公私伙伴间在公私协力中存在责任分担,私人承担部分或全部之执行责任,而国家则应确保其合秩序之履行,此即为担保责任。①有关这一点,将在后文进行详细论证。

二、公私合作与行政私法

如前所述,所谓"公私合作",也可称之为"公私协力"、"公私协力关系"、"公私合作伙伴关系"、"政府和社会资本合作"等,就是指公共部门(即国家、政府及其机关等)与私人部门(纯粹意义上的私法企业、社会组织甚至私人等)为了实现公共任务而采用的各种契约和非契约合作关系的总称。虽然这种合作关系是一个集合的范畴,既包括正式的合作关系,也涵盖非正式的合作关系。而行政私法,依沃尔夫教授之见,系指"公行政为追求公法上任务规定所赋予之公行政目的(给付目的或引导目的)而成立私法上法律关系,其于形式或内容上,并非以往之'国库活动',故适用特别之行政私法理论。此一领域之特色,为行政主体于其所从事之法律行为并非完全享受私法自治,而受有若干公法上之限制或拘束"②。简言之,行政私法是指行政机关或者法律、法规授权的组织利用私法形式以直接实现行政法目的或者任务的活动。由于行政私法都要通过行为体

---

① ［德］Jan Ziekow:《从德国宪法与行政法观点论公私协力——挑战与发展》,詹镇荣译,《月旦法学杂志》2010 年第 180 期。

② 转引自刘宗德:《行政私法》,载台湾行政法学会主编:《行政法争议问题研究》(上),五南图书出版有限公司 2000 年版,第 201 页。

现出来，因此，一般而言，人们一般所指的行政私法实际上是指行政私法行为。有鉴于此，本书从行为的角度比较公私合作与行政私法的异同。

从表面上看，公私合作与行政私法具有很多相似之处，具体表现在：一是两者的目的都是为了实现公共任务或者公共利益。公私合作与行政私法都是追求公共利益的，而不是追求政府的部门利益，更不是追求官员的个体利益或者单纯追求私人利益（从私人部门考虑，要实现的是私人利益和公共利益的双赢）。二是两者产生的共同原因都是市场经济发展的客观要求。市场经济要求各个市场主体互不隶属、法律地位平等，只有这样，才能依法自主地参与各种民事法律关系。这种平等的思想逐渐渗透到行政法之中，引起了多方面的革新，其中就包括促使公私合作和行政私法的诞生。三是两者的制度都借鉴了私法的方式和制度。比如在公私合作中，社会自我管制、未型式化行为、私法契约都是实现公私合作的主要类型或行为形式，而这些体现了以私法方式实现公共任务的本质，因此，虽然这些行为不能全部归为行政私法行为，有的仅为私法行为，但是许多行为的确可看作行政私法的表现。四是两者的适用范围大体一致。笔者在此主要采用德国学者沃尔夫等人的分类，将行政划分为秩序行政、给付行政、计划行政、可持续发展行政、后备行政和经济行政；并且认为，公私合作可以完全适用于给付行政、可持续行政、后备行政、经济行政，而部分适用于秩序行政、计划行政领域。而在我国，行政私法行为一般不能存在于高权行政领域，而主要适用于给付行政、引导行政、经济行政领域[1]；在德国，干预行政不能以私法方式执行，现在的争议主要存在于给付行政，Rolf Schmidt 依据联邦行政法院的判例认为给付行政领域不禁止行政机构以私法方式活动，在此它原则上有选择权[2]，所以从国内外视野

---

[1]　邹焕聪、生晓燕：《行政私法行为适用限度原论》，《内蒙古农业大学学报》（社会科学版）2007 年第 1 期。

[2]　转引自张青波：《行政主体从事私法活动的公法界限——以德国法为参照》，《环球法律评论》2014 年第 3 期。

看,两者的适用范围存在重合之处。

但是,从深层次上看,公私合作与行政私法存在重要的不同或差异,主要表现在以下方面:

一是法理基础不同。公私合作的法理基础是担保国家和合作国家。所谓担保国家是指国家就公共任务不亲自执行,转而由私人部门执行公共任务时,国家应担保私人部门执行的模式,国家的角色从国家提供向国家促进转变。而合作国家是指国家与私人或社会团体合作的国家模型,其具体特征:主体不仅包括国家,而且包括市场、私人;管制模式是合作管制;法律理性包括目的理性、实质理性;行为形式不仅有型式化行为,而且有非型式化行为,国家任务不再局限履行责任,而是扩展到建议责任、组织责任、担保责任等。① 尽管担保国家和合作国家之间的关系有待厘清,但它们无疑是公私合作开展的重要法理基础。而行政私法的法理基础应该说是行政法的私法化。当今时代,"公法与私法截然分野已经不再,而是走向互相渗透和交融,出现了公法私法化和私法公法化的新趋势,行政私法行为便是公、私法融合在行政法领域的主要产物和突出表现。……行政法私法化涉及行政法学的各个领域(基本原则、主体、法律关系、行为、程序、救济、责任等),其中行政行为的私法化是行政法私法化的主要部分和直观形态。"②

二是概念的侧重点不同。虽然目前学者较多地对公私合作从行为方式进行研究,但是,公私合作不应该仅仅限于行为形式,还应包括主体、程序、责任、救济等多方面的内容,考察国家与私人间的"合作状态"及其引发的一系列法律问题,比如主体、程序、责任、救济等对传统行政法的挑战

---

① 张桐锐:《合作国家》,载翁岳生教授祝寿论文编辑委员会编:《当代公法新论(中)——翁岳生教授七秩诞辰祝寿论文集》,元照出版有限公司 2002 年版,第 578—579页。

② 邹焕聪、杨俊:《解读行政私法行为的功能》,中国人民大学复印报刊资料《宪法学、行政法学》2007 年第 3 期。

及行政法的应对。不过,需要注意的是,行政私法行为侧重于政府行为对私法理念、私法形式的借鉴,主要从行为的角度,扩大行政法的研究视角,探讨行政私法的法治意义及统制原理,考量其行政过程和理论型构,"这样不仅能排除过去行政法理论常带来的权力过剩承认,而且还可以打破由公法体系自身建立的篱笆,即对基于私法形式的新的行政活动领域,也可以进行充分的考察。"①

三是主体及其地位不同。如前所述,公私合作主体包括公共部门与私人部门。公私合作是"公"与"私"的合作,是公共部门与私人部门之间共同处理公共事务的状态,因此,在公私合作中毫无疑问存在着两个不同的主体——公共部门与私人部门。但是,公共部门与私人部门在公私合作中的角色地位不尽一致。公共部门在公私合作中的地位或角色具有两重性,即具有合作伙伴和管制者(立法者、监督者、保证人等)的角色。私人部门虽然它本质上仍然是一个商事主体,具有盈利的动机,但由于所提供的产品或服务的公共属性,私人部门具有公共利益和私人利益的双重身份,而且其私人利益的取得应以公共利益不受损为前提条件。因此,在公私合作中,私人部门进行活动要受到比一般私人所没有的公法规制,如意思自治原则受到限制、服务价格监管、服务信息公开等。而在行政私法中,从主体上说,行政私法的主体仅仅是行政机关或者法律、法规授权的组织,并且具有私法主体与行政主体的双重身份。一般来说,私人主体不是行政私法行为的主体,而是行政相对人;私人主体不是合作伙伴,不像公私合作的私人部门已经承担公共产品的生产和提供。此外,虽然从表面上看,一方主体都是公共部门,但是实际上其地位和作用并不一致。

四是行为模式及性质不同。一方面,两者行为模式表现不同。公私合作的内涵远非局限于行为方式,但是公私合作行为的确是国家与私人

① [日]室井力主编:《日本现代行政法》,吴微译,中国政法大学出版社1995年版,第33页。

合作状态的最佳表现和典型行为。作为一个集合的概念,公私合作行为包括许多具体类型,比如行政委托、特许经营、公共服务外包、行政辅助(行政助手、专家参与)、政府参股、社会合作管制等类型。而行政私法行为则是以私法手段实现行政法目的和任务的行为,它主要包括政府经营、政府采购、政府拍卖、政府补贴以及"行政私法合同"这五大类型。[①]由此,可以看出,公私合作行为与行政私法行为的具体种类是不一样的。另一方面,两者的行为性质不同。公私合作行为的性质具有复杂性,要根据不同的种类进行具体的分析,要根据个案决定,仅就契约而言,它不仅包括行政契约、私法契约,而且包括行政私法契约或者行政私法合同。也就是说,公私合作行为可能是公法性质或者是私法性质抑或是公私法双重性质。而对于行政私法行为的性质,虽然有人认为它具有私法或者公法性质,但现在普遍认为行政私法行为是具有公法、私法的双重性质的行为。[②]这说明,行政私法行为的定性没有公私合作那么复杂,公法、私法双重性质的行为仅仅是公私合作行为性质的一部分。

五是风险与责任不同。公私部门在公私合作中成为"风险共同体",亦即伙伴间对于因计划所生风险为合理之分担。公私合作涉及公共部门与私人部门的责任分配问题。从责任分配的角度看,公私伙伴间在公私协力中存在责任分担,私人承担部分或全部之执行责任,而国家则应确保其合秩序之履行,此即为担保责任。[③]而在行政私法行为中,一般不存在责任分配问题,所有责任一般而言都由行政机关或者法律法规授权的组

---

①　参见邹焕聪:《行政私法行为若干法律问题研究》,苏州大学硕士学位论文,2007年,第17—20页;邹焕聪:《行政私法理论在合同制度中的展开——论行政私法合同的内涵、性质与界分》,《现代法学》2010年第3期。

②　参见王克稳:《经济行政法基本论》,北京大学出版社2004年版,第124—125页;刘志刚:《论服务行政条件下的行政私法行为》,《行政法学研究》2007年第1期;邹焕聪:《论行政私法行为的法律性质——兼及金融危机背景下政府救市行为的分析》,《行政法学研究》2010年第1期。

③　[德]Jan Ziekow:《从德国宪法与行政法观点论公私协力——挑战与发展》,詹镇荣译,《月旦法学杂志》2010年第180期。

织来承担。也就是说,行政机关或者法律法规授权的组织为了实现公共任务,无论是采用传统的公法手段,还是使用新型的私法手段,风险和责任都由行政机关或者法律法规授权的组织承担,并不涉及私人部门。

六是法律适用不同。在公私合作的背景下,公私合作行为囊括了型式化公私合作与未型式化公私合作,既包括行政行为,也包含私法行为,甚至还囊括了公私法双重性质的行为,因此对于这种复杂的集合行为和合作状态,要进行类型化研究,区分不同情况进行法律适用,从而公私合作的行为可能是适用公法,也可能是适用私法,抑或是总体适用私法,但受公法约束。而对于行政私法,因为对行为性质的界定不同,各国关于行政私法的法律适用原理并不一样,但大体上可分为单一适用(即单一适用私法、公法或者普通法)和复合适用这两大原理。而复合适用又可分为两大类:一是总体适用公法、私法,具体包括:总体适用公法、私法,不分优先适用;总体适用私法,但受公法的补充、修正和限制;总体适用公法,补充和超越私法。二是分别适用公法、私法,具体包括:根据行为内容的不同,分别适用公法、私法;按照启动主体的不同,分别适用公法、私法;按照行为阶段的不同,分别适用公法、私法。在我国,行政私法行为应该总体适用私法,但受公法约束。①

七是法律救济不同。在行政私法中,对于兼具公法私法双重性质的行为,应该实行由性质主导的私法、公法二元化救济。坚持公私合作行为中行政私法行为统一法律事实的前提下,具体考察行政私法行为目的行政性和手段私法性之间关系与比重,并由占主导地位的性质决定该争议的诉讼路径——如果其目的行政性占主导地位,应该将由此引发的纠纷纳入行政诉讼;反之,如果手段私法性占主导地位,应该将由此引发的纠纷纳入民事诉讼。如果在目的行政性与手段私法性之间一时无法判断何者占主导地位,那么此时该行为应推定为公权力行为,如对行为发生争议

---

① 王克稳、邹焕聪:《行政私法行为法律适用原理初探》,《东吴法学》2006 年春季卷。

应提起行政诉讼。为了实现诉讼经济,应当允许在提起行政诉讼的同时可以提起民事诉讼,在提起民事诉讼的同时可以附带提起行政诉讼。①在这一点上,尽管公私合作与行政私法对于兼具公法与私法双重性质的行为的救济方面存在共同之处,但是公私合作还可能进行纯粹的私法救济或者公法救济,而对于未型式化公私合作则根据具体情形要进行公法救济担保。不仅如此,公私合作的救济机制呈现出一种私法救济优先、公法担保型的救济模式,在公私法都能救济的情形下尽量通过民事救济解决,如果私法救济无效,则国家要适用公法承担担保救济责任。此外,与行政私法的"线型结构"不同,公私合作的救济机制是"三角(平面)结构",即不仅要对公共部门与履行公共任务的私人部门之间的争议纳入救济的范围,而且要将履行公共任务的私人部门与公众之间的争议以及公共部门与公众之间的争议都纳入救济的范围。

三、公私合作与协力行政

随着社会分工的日益专业化和社会事务管理的复杂化,行政机关独立应对纷繁复杂的社会变化显得捉襟见肘,实现全方位的合作成为时代的潮流。在此情形下,行政机关除了与私人部门进行公私合作或者公私协力之外,还在原有的公法体系内不断借用"内力"和"外力",即借助其他行政机关之间的力量完成行政目标("行政协助")和借助行政相对人的力量完成公法任务(此为"自然人的协力义务"或者"行政相对人的协力")。这种在原有公法范畴内的公共部门之间的合作以及公共部门与行政相对人之间的合作,可以统称为协力行政(或行政协力)②、合作行政等。值得注意的是,由于合作行政、协力行政在我国学界使用非常混乱,

①　王太高、邹焕聪:《论给付行政中行政私法行为的法律约束》,《南京大学法律评论》2008 年春秋合卷。

②　参见陈峰、黄学贤:《协力行政的兴起及其行为形态探析》,《求是学刊》2010 年第 1 期;陈峰:《协力行政的兴起与当代行政法的转型——基于"政府法治论"的视角》,《福建行政学院学报》2017 年第 2 期。

因此需要对此进行专门界定,否则难以开展学术对话。本书界定的协力行政(又称为行政协力)或者合作行政,是指为了实现公共任务,公共部门与特定主体合作而成立的行政法律关系;其外延包括"行政协助",即行政机关借助其他行政机关之间的力量完成行政任务和"自然人的协力义务"或者"行政相对人协力",即借助行政相对人的力量完成公法任务,但是不包括公私合作意义上的所谓"合作行政"①或者所谓的以公众身份的"协力行政"②,也不包括已在我国有一定市场的各级地方政府间的"行政协议"等。从公共行政的视野看,协力行政应很早就产生了,应该说只要有公共行政,它就应该已经出现了。但是,协力行政或合作行政成为行政法关注的对象是相对较晚的事情,成为我国学者普遍关注应该是在 2005 年海峡两岸举行有关当事人协议义务与行政调查制度的学术研讨会之后。

作为合作理念的重要体现,公私合作与协力行政具有重要的相同点。首先,两者都体现了合作、协调、沟通的基本精神。正如有学者所言,"行政对内必须讲求协调、沟通与协助,对外则应力求其决定为人民所接受。是以,在一个民主、多元、现代(专业化)的社会中,行政部门于个案裁决或政策拟定时,须加强与人民之间的沟通与协调。"③无论行政是对内,还是对外,都体现了合作沟通的基本精神。其次,两者主体中都有公共部门,恒定为法律关系主体的一方。如无论是公私合作主体中的"公"的主体一方,还是协力行政主体中,要么是两个行政机关,要么是一个行政机关、一个行政相对人,行政机关等公共部门都是恒定的主体。最后,两者的目的都是为了实现公共利益,实现行政任务或行政法目的。

但是,公私合作与协力行政是不同的两大合作模式,具体说来,两者

---

① 参见宋国:《合作行政的法治化研究》,吉林大学博士学位论文,2009 年,第 22—23 页。

② 参见陈峰:《行政协力行为研究》,《东方法学》2009 年第 4 期。

③ 翁岳生编:《行政法》,中国法制出版社 2002 年版,第 21 页。

具有以下重要的区别：

一是两者的合作主体不同。在公私合作中，私人部门恒定为主体的一方，没有私人部门的合作，就根本谈不上公私合作。而在协力行政中，私人未必是主体的一方：在公共部门之间的行政协助而言，只有请求协力与被请求协力的主体，但都是行政机关等公共部门；而行政相对人的协力中，虽然有私人主体的加入，但它是以行政相对人的身份出现，而不是像在公私合作中那样以私法主体和"公众身份"等身份出现。

二是两者的行为模式不同。虽然公私合作行为与协力行政中的行为都是一个集合的概念，但是两者的区分也是显而易见的。作为公私合作的典型行为，公私合作行为是国家与私人间为了实现公共任务的各种行为。它具体包括许多具体类型，比如行政委托、特许经营、公共服务外包、行政辅助（行政助手、专家参与）、政府参股、社会合作管制等。而协力行政中的行为则主要包括行政协助和行政相对人协力两大类型①，而行政相对人协力又可以划分为命令性协力、指导性协力、协商性协力。命令性协力是指行政主体立于与相对人不对等的地位，通过行使强制权（或以其为基础后盾）直接实现行政管理目的的行为，比如《行政处罚法》第三十七条规定，行政机关在调查或者进行检查时，当事人或者有关人员应当如实回答询问，并协助调查或者检查，不得阻挠。指导性协力指行政主体基于国家法律、政策规定作出的，旨在引导行政相对人自愿协助行政主体采取一定的作为和不作为，以实现行政管理目标的一种行政协力行为。协商性协力是指行政机关与人民就某些观点及事实所作既定的行政目标的非正式行政行为。② 由此可见，无论行为模式还是具体种类，公私合作与协力行政可以说是大相径庭。

三是两者的法律关系及权利义务不同。在公私合作法律关系中，私

---

① 黄学贤：《行政程序中的协力行为研究——基于两岸理论与实践的比较》，《苏州大学学报》（哲学社会科学版）2006 年第 5 期。

② 陈峰、黄学贤：《协力行政的兴起及其行为形态探析》，《求是学刊》2010 年第 1 期。

人主体是否与公共部门签订合同有自由选择的权利,一旦与公共部门签订了合同(无论是行政合同或民事合同抑或是行政私法合同),就受合同条款的约束,否则要承担一定的法律责任;即使没有签订合同,只要公、私部门之间达成了有关合作的其他方式,那么双方都要认真履行。就其法律关系的性质而言,具有复杂性,可能是公法,可能是私法,也可能是行政私法,要根据具体的种类及个案进行分析。而在协力行政关系中,其性质一般认为是公法性质的。行政协助法律关系,是一种内部法律关系,是一种公法性质的关系,自然不待多言;即使在行政相对人协力关系中,其性质也为公法性质,当事人的权利义务根据不同种类相对人的选择不同而不同,比如在命令性行政协力中,对行政协力相对人来说是一种协力义务,不履行将承担法律责任。而对于指导性行政协力和协商性行政协力,协力相对人具有自主选择的权利——如果相对人选择,那么相对人应该履行有关义务,享有行政机关兑现有关利益的权利;如果相对人放弃,那么相对人也不会因为选择放弃而承担任何不利益或者处罚。对此,有学者认为当事人协力义务的范围应该根据一些标准进行认定,值得借鉴。①

四是两者的法律适用不同。由于合作方式和形态的复杂性和多样性,公私合作行为既包括行政行为,也包含私法行为,甚至还囊括了公私法双重性质的行为,因此对于这种复杂的公私合作行为,要根据不同种类和不同个案进行不同的法律适用,从而公私合作适用的法律规则可能是适用公法,也可能是适用私法,抑或是总体适用私法,但受公法约束。而由于协力行政是一种公法性质的行政,是一种纯粹的公法关系,因此,协力行政适用的规则一般而言只是超越了私法的公法规则,尽管民事规则

---

① 如我国台湾地区学者陈爱娥认为,在没有特别法规定的情况下,一般行政程序中当事人协力义务的范围认定应当把握以下标准:第一,当事人承受此等负担的范围限于得以支配、认识者;第二,负担的课予不得逾越期待可能性与比例原则容许的范围;第三,在有法律明文授权的情况下,行政机关不得仅为减轻自身的工作负担而要求当事人协力并使其因此承受不利益。参见陈爱娥:《行政程序制度中之当事人协力义务》,载台湾行政法学会主编:《当事人协力义务/行政调查/国家赔偿》,元照出版有限公司2006年版,第18页。

也可在行政法等公法上适用,但那是在公法意义上的探讨,并不改变协力行政适用公法规则的一般原理。此外,协力行政特别是当事人义务往往在行政程序法中加以讨论,应该受到行政程序法的规制。

五是两者的法律责任不同。在公私合作中,无论公共部门还是私人部门,都涉及对第三人的责任承担问题。虽然公共部门不承担履行责任,但是它要承担公共任务由私人生产和提供之后对第三人的担保责任。假如私人部门提供的公共物品或公共服务不符合合同规定、低于公私合作之前的水准或者导致第三人损害等,那么公共部门不能坐视不管,而应承担由公私合作造成的有关担保责任,比如组织责任、网罗责任等。但是,私人部门也要对第三人或广大公众承担相应的有关责任。公共部门与私人部门在公私合作中已经成为风险共担者。而在协力行政中,一般来说对外并不涉及私人部门的责任,即使私人主体在行政相对人协力中有过错和损害,则存在行政主体等公共部门追查私人主体对公共部门的责任,而不存在私人主体对第三人的责任。由此可以看出,公私合作中的法律责任是对外责任,是对第三人或广大公众的法律责任,而协力行政中的责任是对内责任,是协力行政法律关系主体之间的法律责任。

六是两者的法律救济不同。与协力行政的救济相比,公私合作的法律救济具有多元性、复杂性。首先,与协力行政的救济给付理念不同,公私合作的救济理念是一种被动性、公法担保型、协商合作型救济模式,也就是说争议发生后,在不违反法律法规的情况下,要进行自我协商、自我解决;并优先进行私法救济,若无效,则由国家承担担保救济责任。实际上,这种理念深刻地体现了国家担保责任的理论。其次,与协力的“线型结构”不同,公私合作的救济机制是“三角(平面)结构”,即不仅要将公共部门与履行公共任务的私人部门之间的争议纳入救济的范围,而且要将履行公共任务的私人部门与公众之间的争议以及公共部门与公众之间的争议都纳入救济的范围。最后,与协力行政进行单一的公法救济不同,公私合作的法律救济要根据公私合作的具体种类和具体性质,进行诉讼救济渠道分流：如果是私法性质的公私合作，则提起民事诉讼；如果是公法性质的公私合作，则要提起行政诉讼；如果是公法、私法双重性质的诉讼，则要具体考察行政私法行为目的行政性和手段私法性之间的关系和比重，并由占主导地位的性质决定该争议的诉讼路径。因此，从法律救济上说，两者具有重大的差异。

第三节　公私合作的基本模式

公私合作的基本模式，也可称之为公私合作的基本模型、公私合作的基本类型、公私合作的主要种类等。公私合作基本模式的研究，有助于认识公私合作的各种形态，有助于了解公私合作现象的本质，也有助于实务界根据具体情况选择合适的公私合作类型进行相应的活动。由于公私合作的本质在于充分发挥政府部门与民间部门、或者政府与社会资本各自的禀赋优势进行良性合作，所以只要符合这一本质的各种形式均可加以利用，而国内外发展出多种制度安排和基本模式。为此，本节首先从比较法视野介绍了国外有关公私合作的基本模式和我国台湾地区有关公私合作的基本种类，并在借鉴国内外先进经验、结合我国大陆实际的基础上提出了本书有关公私合作的四大基本模式或主要类型。

一、域外公私合作基本模式诸说之概览

由于各国具体情况不同，加上学者们的研究视野不一，因此人们对公私合作的基本模式，可谓众说纷纭、莫衷一是。本书主要对德国、日本、英国、美国以及加拿大等国家学者有关公私合作基本种类的描述进行梳理总结，以期更好地认识公私合作基本模式的多样性、复杂性。

（一）德国

在合作国家图像下，公私部门具有各种合作模式。根据学者视角的

不同,公私合作可以分为不同的基本类型。比如,德国 Jan Ziekow 教授认为,公私协力可分为承购者模式(Erwerbermodell)、贷款模式(Leasingmodell)、出租模式(Vermietungsmodell)、所有人模式(Inhabermodell)、委外模式(Contractingmodell)、特许模式(Konzessionsmodell)、公司模式(Gesellschaftsmodell)等7种基本模型。① 德国另一名学者则对公私伙伴关系模式分为委托管理模式、承包管理模式、特许经营模式、租赁模式、参组模式或者合作模式等5种模式。② Peter J.Tettinger 教授认为,根据公、私部门因合作所形成的内外部法律关系角度,公私合作可以区分为以下8种。③

一是经营管理模式(Betriebsführungsmodell)。经营管理人在契约基础上,以公行政主体的名义与费用,经营国家之设施。经营管理人仅从行政主体处获取相当之报酬,经营风险由行政主体自行承担。在外部关系上,经营管理人系为行政主体提供公共服务,其自身并不与设施利用人间产生直接之法律关系。

二是经营者模型(Betriebermodell)。此模式赋予私部门更大之参与空间,亦即经营者在市场竞争条件下,自负其责地提供所有规划与新建设施,以及修缮现存设施所必要之服务与措施,并且承接之后的经营与管理。经济上之风险由经营者自行承担。至于"经营者—国家—设施利用人"间之法律关系,原则上与前述经营管理者之费用,视为他人服务之对价,算入行政主体之规费中。

三是经营委托模型(Betriebsüberlassungsmodell)。此系介于上述两种模型之间的一种中间形态。但是相较于第一种,这种模型在营运上有更多的形成自由空间,并且有较多之个别外部效力行为之授权。

---

① 参见[德]Jan Ziekow:《从德国宪法与行政法观点论公私协力——挑战与发展》,詹镇荣译,《月旦法学杂志》2010 年第 180 期。

② 参见[德]汉斯·J.沃尔夫、奥托·巴霍夫、罗尔夫·施托贝尔:《行政法》(第一卷),高家伟译,商务印书馆 2002 年版,第 456—458 页。

③ 詹镇荣:《论民营化类型中之"公私协力"》,《月旦法学杂志》2003 年第 102 期。

四是短期经营者模型(Kurzzeit-Betriebermodell)。这是第二种模型的修正模型,系指相关设施由经营者兴建完成,并且在营运初期阶段承接经营任务。所谓的 BOT(Build-Operate-Transfer)的模式即为著名的一种适例。这种模型具有其他模型的优点,例如财务由私人承担,修正的计划管理以及可以避免设施建造的困难。这种模型常见之于高科技设施的使用,但是相对地具有营建费用高昂的缺点。因此在这种模型中,必须审慎评估企业的营运收益、设施的利用期限以及租税的财政状况。

五是经理模型(Managementmodell)。这种模型强调的只是将计划管理中特定功能移转给第三人。换言之,整体经营事项被区分为数个部分,而分别委托外包。其优点在于可以获取高度特殊的经验,而其缺点则在于可能会发生无法预测的利益勾结。

六是咨询模型(Beratungsmodell)。顾名思义,这种模式指的是在设施的规划、兴建与运营的决定与控制阶段中,私人之参与仅限于提供具体的建议与咨询。

七是发展模型(Entwicklungsmodell)。这种模型用于大型都市建设及建筑法意义下的具体区域的整合性开放,并不限于单一特定的任务委托。其目的在于为大型计划提供广泛的、个案化的特殊解决方案。

八是合作模型(Kooperationsmodell)。这也是上述第二种模型即营运者模型的修正模式,公行政主体(特别是地方自治团体)事实上也参与营运,是一种"部分功能民营化"的类型。它不同于第二种模型之处即在于营运主体已非单纯私人,而是加入公行政主体的混合企业。其结合是以公司法上之规定为基础。而公行政主体在此对于企业营运有相当的影响力。长期以来这种公私协力的行为模式便与一些特殊的公司法问题连结,而在"行政公司法"(Verwaltungsgesellschaftsrecht)的概念下被讨论。①

---

① 程明修:《行政法之行为与法律关系理论》,新学林出版股份有限公司 2005 年版,第 265 页。

上面列举的八种基本公私合作模式中,尤其又以"经营者模型"、"合作模式"两种在德国行政事务中最被广泛采行。然而,上述各种公私合作类型毕竟属于行政实务发展后之个案归纳产物。虽然说明了公私部门在任务履行时之各种合作密度可能性,具参考价值,但由于欠缺一般客观、抽象之判断与区分基准,对于公私协力之法体系形成恐助益有限。Peter J.Tettinger 曾经指出:公私协力由于种类之多样性,致使行政法学面临全新的挑战,而且此等挑战几难以组织法——例如行政受托人与行政上的助手——以及行为法之传统理论加以克服。这就要求行政法学要及时迎接这种挑战并实现转型。

（二）日本

日本学界往往根据不同的标准对公私合作基本模式进行划分。比如,山冈义典以非营利组织与政府关系的不同,分为以非营利组织为主,政府为辅的"补助、助成"形态,或是以政府为主,非营利组织为辅的"委托"模式,或者是非营利组织与政府共同合作的"共同举办活动"形态。在协力过程中,双方究竟采取何种协力形态,则视个案的内容而采取不同的关系模式。① 又如,宫协淳认为有关公共服务的供给可以分为"完全委托民间执行"、"以委托民间为主的执行"、"由民间与政府共同分担"、"以政府为主的执行"、"完全由政府执行"五种形态。而除了"完全委托民间执行"、"完全由政府执行"外,其余三种做法均可以视为公私合作的形态。同时,根据组织的活动模式将其整理为"协力型"、"垂直控制型"、"市场型"等三种,其中"协力型"又可以根据设施与经营主体的不同,而再细分为"公设民营"、"民设公营"、"业务委托"、"PFI"、"共有土地活用"、"一体准备"、"机能分担"等多种类型,显示出公私协力概念在日本并非停留在抽象的理论阶段,而已经成为实际的操作方式而

---

① 转引自林淑馨:《日本地方政府与非营利组织协力关系之分析:以横滨市和箕面市为例》,《行政暨政策学报》2007 年第 45 期。

广为活用。①　而日本学者山本隆司则从资讯处理—决定—执行、实现的过程或层面来划分公私合作（公私协力），是一种比较新的、特殊的分类办法。

一是执行、实现层面的公私协力，包括 PFI、指定管理人、市场化测试、社会福祉服务的给付等。（1）PFI 是由 1999 年制定且陆续修正的"关于促进利用民间资金等准备公共设施等之法律"（PFI 法）规定的公私协力模式之一。PFI 法规定了实行 PFI 的基本理念和实行 PFI 的阶段性程序，并规定了对该被选定的民间事业者贷予行政财产等优惠措施。（2）指定管理人是 2003 年修订的地方自治法所新规定的一项制度，其适用范围限于管理地方公共团体所设置之公共设施，其特征有：废止地方公共团体委托管理公共设施之民间法人、团体所应具备的要件；地方公共团体采用所谓"指定"的行政处分，指定管理公共设施的民间法人、团体；承认受指定的法人、团体（即指定管理人），可以作成与调整设施利益有关之行政处分（设施使用许可等）。（3）市场化测试是根据"关于导入竞争以改革公共服务的法律"而规定的制度，根据选定的公共服务，行政机关先订立"实施要领"后，进行行政机关本身亦参与的官民竞争投标，或其不参与的民间竞争投标。民间事业得标时，行政机关与该事业者签订委托实施公共服务之契约，而且投标对象的公共服务不包括行政处分。（4）社会福祉服务的给付是 1997 年以后社会福祉基础构造改革的产物。改革的重点在于，行政机关依受领人申请决定服务给付必要性的法律关系，与个别受领人所选定经行政机关"指定"的服务事业者、与其签订契约及实际受领服务的法律关系，明确区别二者关系，进而，有关后者，期冀使多样民间事业者加入市场，让受领人本身选择事业者。②　对于以 PFI 法为典

---

①　转引自林淑馨：《日本型公私协力之理论与实务：北海道与志木市的个案分析》，《公共行政学报》2009 年第 32 期。

②　参见［日］山本隆司：《日本公私协力之动向与课题》，刘宗德译，《月旦法学杂志》2009 年第 172 期。

型的执行、实现层面的公私合作,在我国有学者翻译成为"事业层面的公私协力"。①

　　二是决定层面的公私协力——基准适合性的检查与证明。主要介绍了检查并证明机器等物品符合安全性技术标准的制度,其中涉及两项制度:指定法人制度和登录机关制度。所谓指定法人制度是在物品安全性检查和证明中,可以由公益法人(该法人在法律或事实上业务独占或地区独占也被允许)来进行,而行政机关的监督甚为严格,法人选任或解任理事必须经过行政机关的认可。自 1998 年后,多数指定法人制度转变为登录机关制度。民间事业者如果具备一定条件,即能取得行政机关的登录,业务的地区独占也遭否定。取得登录者并非以公益法人为限,营利法人也可取得。行政机关的监督,则因废止理事选任、解任或业务规程之认可制度等,仅剩最低限度之监督机制(如《消费生活用制品安全法》中检查婴幼儿床标准适合性之国内登录检查机关)。② 就法律性质而言,该登录具有规范法律地位的效力,因而指定机关或登录机关所作出的判断,可认定为行政处分;当然,也有不具行政处分效力的行为。③

　　三是资讯处理层面的公私协力——为准备具有法效果之决定所为资讯处理层面的公私协力和替代具有法效果决定之资讯处理层面的公私协力。(1)前者主要是指在决定前层面,公组织作成具有法效果的决定时,将这些准备的任务与责任委托私主体。比如 2002 年修正的《都市计划法》规定,土地所有人、造镇的 NPO 或建筑相关事业者,经取得土地所有人等相关人三分之二以上同意后,得提出都市计划案。地方公共团体决定都市计划时,应提交都市计划审议会谈论后,决定是否采择。(2)后者是指虽然公组织承认,私主体有任务与责任收集、形成及提示公益的信

---

　　①　参见孙铭宗:《论日本公私协力的变革与动向》,《浙江学刊》2015 年第 4 期。
　　②　参见[日]山本隆司:《日本公私协力之动向与课题》,刘宗德译,《月旦法学杂志》2009 年第 172 期。
　　③　参见孙铭宗:《论日本公私协力的变革与动向》,《浙江学刊》2015 年第 4 期。

息,但是也有公组织仅参考私主体整理的信息,而不为积极决定的情形。公组织考量私主体任务与责任而保留规制,即以私主体之任务与责任替代规制的情形。比如,2006 年制定的金融商品交易法规定,经内阁总理大臣认可或认定的"认可金融商品交易业协会"或"认定金融商品交易业协会",得对违反法令或协会规程、规则等会员作出处分,或对投资人之陈情及纠纷进行斡旋。虽不限于事业者团体,该法亦规定,经内阁总理大臣认定之"认定投资人保护团体",得规划投资人保护方针或处理陈情及进行斡旋。因行政指导而事业者团体从事所谓自主规制之例,不胜枚举。①

(三)英国、美国

在英国,公私合作模式包括比较极端的私有化形式(即将所有权和风险全部转移给私营部门)、常规的采购模式(即政府同私营部门签订合同由私营部门提供特定服务)、相对单一的外包类合作关系(即凭借短期或中期合同提供服务)、长期的私人融资合作,如 PFI 等。② 在美国,GAO 在总结美国政府所使用的各种类型的公私伙伴关系(PPP)的基础上将与建筑和设施有关的 PPP 概括为建设—拥有—运营、建设—转让—营运或建设—营运—转让、购买—建设—营运、服务合同(包括运营与维护合同和营运、维护与管理合同)、设计—建设—营运、开发商融资、促进使用的租赁、租赁—开发—营运或建设—开发—营运、租赁—购买、出售—回租、免税租赁与承包共 12 种类型。③ 而根据美国公私伙伴关系全国理事会的分类,公私合作大体可以分为 10 多种:O&M (Operations and Mainte-nance)、OMM (Operations, Maintenance & Management)、DB (Design-

---

① 参见[日]山本隆司:《日本公私协力之动向与课题》,刘宗德译,《月旦法学杂志》2009 年第 172 期。

② 参见顾功耘主编:《当代主要国家公私合作法》,北京大学出版社 2017 年版,第 306 页。

③ 参见余晖、秦虹主编:《公私合作制的中国试验》,世纪出版集团、上海人民出版社 2005 年版,第 53 页。

Build）、DBM（Design-Build-Maintain）、DBO（Design-Build-Operate）、DBOM（Design-Build-Operate-Maintain）、DBFOM（Design-Build-Finance-Operate-Maintain）、DBFOMT（Design-Build-Finance-Operate-Maintain-Transfer）、BOT（Build-Operate-Transfer）、BOO（Build-Own-Operate）、BBO（Buy-Build-Operate）、Developer Finance、EUL（Enhanced Use Leasing or Underutilized Asset）、LDO or BDO（Lease-Develop-Operate or Build-Develop-Operate）、Lease/Purchase、Sale/Leaseback、Tax-Exempt Lease。美国公私伙伴关系全国理事会的分类比较全面，但大部分也局限于公共基础设施，而且大多数可以归为 BOT 及其变种类别之中。从这些纷繁复杂的公私合作具体种类中，研究公私合作的难度窥见一斑。

（四）加拿大

根据加拿大工业部的分类方式，按照公共部门与私人部门转移的风险从大到小排列，将公私伙伴关系可以分为 10 种主要类型：(1)营运与维护（Operation and Maintenance）；(2)设计—建设（Design-Build）；(3)承包经营（Turnkey Operation）；(4)公共基础设施的扩建（Wrap Around Addition）；(5)租赁—购买（Lease Purchase）；(6)临时的私有化（Temporary Privatization）；(7)租赁—开发—运营（或者购买—开发—营运）（Lease-Develop-Operation or Buy-Develop-Operation）；(8)建设—转让—运营（Build-Transfer-Operate）；(9)建设—拥有—运营—转让（Build-Own-Operate-Transfer）；(10)建设—拥有—运营（Build-Own-Operate）。[①]

二、我国公私合作基本模式研究之评说

在我国台湾地区法学界，詹镇荣教授对公私合作类型有独到的研究，他将公私协力划分为行政委托、公民合资事业之经营、公共建设之参与和

---

① 转引自余晖、秦虹主编：《公私合作制的中国试验》，世纪出版集团、上海人民出版社 2005 年版，第 53—57 页。

公私合作管制四大类①。其中,行政委托系指国家在保留行政任务权限以及任务责任的前提下,仅将实际履行部分以借用私人力量的方式予以达成的情形。一般学说将行政委托分为公权力委托(行政机关为执行特定行政事务,将公共权力授权由公部门以外的私人或者团体行使)和业务委托(即为不涉及公权力行使的单纯行政业务的委托,又可被称为"委托外包"、"委外"、"签约外包"等)两大类。公民合资事业之经营,又称为"公民合资事业"、"公民合营事业",系指政府与人民公共参与一事业,并经营特定之业务,相对于德国的"混合经济事业"。具体可分下列三种:一是政府与人民共同设立一新的合资事业。二是政府参与民营事业投资,也包括政府直接投资或由公营事业转投资两种情形。三是政府将现有的公营事业资金一部分移转民间,构成政府与私人共同投资经营状态,即公营事业民营化。公共建设之参与系指公共部门与私人部门共同参与基础设施的规划、兴建与经营等事项上的一种公私协力。而根据行政与私人不同角色,公共建设之参与可以进一步划分为"公办公营"、"公办民营"、"民办公营"、"民办民营"等。而公私合作管制,这里主要是指社会自我管制,系指"个人或团体以居于非国家之地位,尤其是在自由市场之中,藉由组织化的形式自愿承接国家之管制任务;而国家对此等任务之执行享有具体的利益,并且对该社会组织施以促进和实质上之影响措施"。

在我国大陆地区,关注和研究公私合作是十分新近的事情,公私合作的模式探讨大多照搬美英的公私伙伴关系的具体类型或者沿用我国台湾地区学者的分类方法,并无多少创新之处。余晖、秦虹等人认为公私合作的模式通常是指公共部门与私人部门为提供公共服务(主要是公用性基础设施建设)而建立起来的一种长期合作伙伴关系,这种关系通常要通过正式的协议来确立。在伙伴关系下,公共部门与私人部门互相取长补

---

① 参见詹镇荣:《论民营化类型中之"公私协力"》,《月旦法学杂志》2003年第102期。

短,共担风险、共享收益。公私伙伴关系的形式非常灵活,包括特许经营、设立合资企业、合同承包、管理者收购、管理合同、国有企业的股权转让或对私人开发项目提供政府补贴等方式。① 高家伟教授基于煤炭行业的实践,认为我国公私合作的类型包括:公务委托、公务授权、公务特许、公务外包、联合开发等五大种类②。但专门研究的学者极少,迄今只有极少数博士论文涉及公私合作,认为合作行政中采取的主要模式有特许经营、合同外包、行政委托、行政助手、专家参与、补助等;或者认为公私合作的种类包括行政委托、公私合营、公共建设参与、公私合作规制。③ 但是这种分类基本沿用了我国台湾地区学者的分类,实际上把民营化的具体模式等同于公私合作的具体模式;这种分类具有实用性和功利性,公私合作的具体模式大多基于公共基础设施建设项目、公用事业及少数特定行业;而且这种分类没有涉及所有或者大部分公私合作种类,因此,我国既有的分类缺陷是不言而喻的,必须寻找更科学的公私合作划分标准及划分种类。当然这是一个艰巨的任务,特别是在法学研究非常薄弱而各学科之间对公私合作很少具有共同话语的时候更为如此。

随着近年来城镇化的推进和体制改革的推动,在党和政府的大力推行下,公私合作新一轮热潮涌起。2014 年,财政部、国家发改委先后出台相关政策性文件,推进公私合作发展。根据财政部《政府和社会资本合作模式操作指南(试行)》(财金〔2014〕113 号)指出,"项目运作方式主要包括委托运营、管理合同、建设—运营—移交、建设—拥有—运营、转让—运营—移交和改建—运营—移交等"等 6 种模式。各模式的含义如下:

---

① 参见余晖、秦虹主编:《公私合作制的中国试验》,世纪出版集团、上海人民出版社 2005 年版,第 37 页。

② 高家伟:《论中国大陆煤炭能源监管中的公私伙伴关系》,《月旦法学杂志》2009 年第 174 期。

③ 宋国:《合作行政的法治化研究》,吉林大学博士学位论文,2009 年,第 29—36 页;陈军:《变化与回应:公私合作的行政法研究》,中国政法大学出版社 2014 年版,第 19—22 页。

委托运营(Operations & Maintenance,O&M),是指政府将存量公共资产的运营维护职责委托给社会资本或项目公司,社会资本或项目公司不负责用户服务的政府和社会资本合作项目运作方式。政府保留资产所有权,只向社会资本或项目公司支付委托运营费。合同期限一般不超过8年。

管理合同(Management Contract,MC),是指政府将存量公共资产的运营、维护及用户服务职责授权给社会资本或项目公司的项目运作方式。政府保留资产所有权,只向社会资本或项目公司支付管理费。管理合同通常作为转让—运营—移交的过渡方式,合同期限一般不超过3年。

建设—运营—移交(Build-Operate-Transfer,BOT),是指由社会资本或项目公司承担新建项目设计、融资、建造、运营、维护和用户服务职责,合同期满后项目资产及相关权利等移交给政府的项目运作方式。合同期限一般为20—30年。

建设—拥有—运营(Build-Own-Operate,BOO),由BOT方式演变而来,二者区别主要是BOO方式下社会资本或项目公司拥有项目所有权,但必须在合同中注明保证公益性的约束条款,一般不涉及项目期满移交。

转让—运营—移交(Transfer-Operate-Transfer,TOT),是指政府将存量资产所有权有偿转让给社会资本或项目公司,并由其负责运营、维护和用户服务,合同期满后资产及其所有权等移交给政府的项目运作方式。合同期限一般为20—30年。

改建—运营—移交(Rehabilitate-Operate-Transfer,ROT),是指政府在TOT模式的基础上,增加改扩建内容的项目运作方式。合同期限一般为20—30年。

继财政部的《操作指南》发出不久,国家发展改革委于同年发布了《关于开展政府和社会资本合作的指导意见》(发改投资〔2014〕2724

号),其中明确规定:

关于经营性项目。对于具有明确的收费基础,并且经营收费能够完全覆盖投资成本的项目,可通过政府授予特许经营权,采用建设—运营—移交(BOT)、建设—拥有—运营—移交(BOOT)等模式推进。要依法放开相关项目的建设、运营市场,积极推动自然垄断行业逐步实行特许经营。

关于准经营性项目。对于经营收费不足以覆盖投资成本、需政府补贴部分资金或资源的项目,可通过政府授予特许经营权附加部分补贴或直接投资参股等措施,采用建设—运营—移交(BOT)、建设—拥有—运营(BOO)等模式推进。要建立投资、补贴与价格的协同机制,为投资者获得合理回报积极创造条件。

关于非经营性项目。对于缺乏"使用者付费"基础、主要依靠"政府付费"回收投资成本的项目,可通过政府购买服务,采用建设—拥有—运营(BOO)、委托运营等市场化模式推进。要合理确定购买内容,把有限的资金用在刀刃上,切实提高资金使用效益。

综上所述,我国公私合作的模式不仅吸收了国外相关经验,而且也汲取了本土精华,基本形成了一个谱系,具有多样性和复杂性,需要政府与社会资本双方针对具体项目寻找最为合适的 PPP 模式。而 PPP 模式是一个不断发展、进化的过程,需要经过法治提炼,尽早为国家统一立法寻找到公私合作模式的完整分类。

三、公私合作基本模式之我见

在对公私合作基本模式进行划分时,我们必须考虑以下因素:一是要借鉴各国有关公私合作分类的良好经验。虽然各国有关公私合作的具体模式或种类千差万别,但是有关基本理念是基本一致的,特别是针对基础公共设施方面的公私合作基本模式非常相似,各国趋同现象比较明显。他山之石,可以攻玉,借鉴国外良好的分类方法以为我所用,这也是本书不厌其烦地介绍国外有关分类的原因所在。二是既要结合本国实际情况又要适当超前。由于各国都是基于本国国情对公私合作进行分类，而且即使同一国家的学者由于研究视角的不同，其分类往往不尽相同，所以分类需具有本土意识，能真正契合中国的国情，具有实践意义，同时又能适当超前，具有理论意义。三是要能够囊括公私合作所有的至少大多数的模式。虽然公私合作在公共基础设施领域运用比较多，但理论探讨不能仅仅局限于此，而应涵盖大多数乃至所有的公私合作类型。四是要进行法学意义的分类。目前，相对于公私合作法学研究严重滞后状况，诸如经济学、公共管理学、财政学、建筑学等其他学科对公私合作的研究却较为精深，但是由于视角不一，其他学科的模式未必全部能够拿来为法学研究所用，而应结合自身学科的特点进行真正的法学分类。基于以上因素的考虑，根据不同的分类标准，笔者将公私合作划分为以下四大基本模式，即民营化型公私合作、公营化型公私合作与治理型公私合作、型式化公私合作与未型式化公私合作、契约型公私合作与非契约型公私合作、组织型公私合作与非组织型公私合作。

（一）民营化型公私合作、公营化型公私合作与治理型公私合作

根据公私合作的动因和表现，公私合作可以划分为民营化型公私合作（即私人参与行政任务型公私合作）、公营化型公私合作（行政参与社会任务型公私合作）及治理型公私合作（行政私人共同处理型）三大类型。这种分类的意义主要在于关注民营化型公私合作这些典型的公私合作形态的同时，也不应该忽视其他类型的公私合作形态及其对行政法的挑战和新行政法的应对。

所谓民营化型公私合作，又可称之为私人参与行政任务型公私合作，指的是公民、社会组织等私人部门参与到原本由公共部门执行的行政任务中而实施的各种合作关系和状态。由于这种公私合作与民营化存在紧密的关系，不少学者认为功能民营化下的各类形式是公私合作的典型模式，因此功能民营化下的各种模式经过转化均可归为民营化型公私合作。实务中，行政委托、特许经营、公共服务外包、行政辅助（行政助手、专家

参与)等都可以归为这一类公私合作。① 其中,行政委托,又称为公权力委托,是指公共部门依法将某一方面的行政职权委托给公部门以外之私人或团体行使,并且后者能以自己的名义对外作出行政行为。它是私人参与行政程度最强的一种公私合作形式,必须有法律明文规定或者法律依据。特许经营,是指政府依照法律、法规的规定,通过法定程序授予国内外的企业甚至个人在一定期限和范围内对某项公共产品或服务进行经营,提供公共产品或者公共服务的活动。它包括 BOT(Build-Operate-Transfer)及其各种变种、TOT(Transfer-Operate-Transfer)、O&M(Operation and Maintenance)、委托经营等具体方式。这是我国实务中最为广泛运用的公私合作形式,也是法治化水平最高的公私合作模式。公共服务外包,指公共部门与私人部门订立契约,将公共服务的业务委托给私人部门办理的公私合作模式。它相对于我国台湾地区学者论述的"业务委托",在行政事务上又常称为"委托外包"、"委外"、"签约外包"或"公办民营"。其行为性质是行政私法行为。行政辅助或者私人辅助行政,系指受公共部门的指示,私人在特定范围内进行辅助公共部门处理公共事务的活动。它大体包括行政助手、专家参与两大具体类型,在其中,私人部门不能以自己的名义作出决定,与第三人之间不发生法律关系。民营化型公私合作或私人参与行政任务型公私合作,体现了私人参与行政不同程度的参与,实质是公私合作。本书对传统意义的民营化语境的有关模式进行了转换,并在此基础上进行了重构,民营化型公私合作是公私合作中最为重要的组成部分。

---

① 如前文所述,美国公私伙伴关系全国理事会在对公共基础设施的公私合作分类中,其中 O&M、DBFOM、BOT、BOO 等公私合作类型、德国 Jan Ziekow 教授的特许模式、沃尔夫等人的特许经营模式、日本的 PFI 等就属于特许经营。其他模式也可以在国外分类中找到类似的做法,限于篇幅,不再列举。其实,我国台湾地区学者所划分的公办公营、公办民营、民办民营等实际上也分别归类到本书界定的行政委托、特许经营、公共服务外包种类之中。应该说,民营化型公私合作是世界范围内最为典型的公私合作类型,也是各国具有较多共性的公私合作形态。

所谓公营化型公私合作,又可称之为行政参与社会任务型公私合作,指的是公共部门参与私人企业的投资或由公营事业转投资的公私合作关系或状态。作为担保国家和合作国家的体现,公私合作不仅是民营化的结果,也可能是公营化趋势的产物。将合作仅局限于私人之参与行政任务,过于片面;合作也可能是因行政之参与社会任务而生。① 正是基于推动公私合作的动因考虑,笔者将公营化型公私合作作为公私合作的重要模式和有待发展的领域,并依据对私法组建的企业的政府参股可以认定为公营化型公私合作的典型表现形式。但是,并非对所有的私人或民间企业,只要有政府参股就认定为公营化型公私合作。政府参股成立公营化型公私合作,需要满足以下条件:一是政府参股企业所承担的事务要符合社会事务的范畴;二是与单纯追逐盈利的私人企业不同,政府参股企业所实现的目标是实现公共利益与私人利益的双赢;三是政府在参股企业中的优先权必须得到保障,通过法规规定或行政特权的行使得以实现。虽然这些私人企业原本是根据私法建立的一般企业,但由于政府或公共部门的投资参与和经营介入,所以政府参股也成为公私合作的重要方式。目前,以政府参股为代表的公营化型公私合作或行政参与社会任务型公私合作及其行为并未完全型式化,也未必具有法律法规进行规范。由于受民营化的影响,人们普遍认为私有化、市场化是今后公共行政及国有企业的发展方向,因此作为公营化的公私合作受到人们的冷遇;殊不知私有化也有局限,公私合作不仅可以在民营化语境中得以大力展开,同时也可以在公营化中得以施展拳脚。因此,这种公私合作有待进一步发展。

所谓治理型公私合作,又可称之为行政私人共同处理型公私合作,指的是社会组织、个人等社会主体基于合作治理理念而对国家或社会公共事务形成各种合作关系和状态。根据我国台湾地区学者詹镇荣的看法,

---

① [德]Eberhard Schmidt-Aßmann:《行政法总论作为秩序理念——行政法体系建构的基础与任务》,林明锵等译,元照出版有限公司2009年版,第296页。

按照现代瘦身国家不仅通过民营化手段减轻公共服务本身的负担,而且对于在社会法治国中必须"国家保留"的保障与管制责任领域,国家亦与私人共同合作,将部分公益责任分配给私人,由其自行或委托第三人履行,以缓解国家管制任务的负荷,进而节省因高管制密度所需投入之人事、资金与时间等行政资源。① 治理型公私合作或行政私人共同处理型公私合作行为的典型形态是所谓的"社会自我管制"。德国教授 Udo Di Fabio 认为,社会自我管制系指"个人或团体以居于非国家之地位,尤其是在自由市场之中,藉由组织化的形式自愿承接国家之管制任务;而国家对此等任务之执行享有具体的利益,并且对该社会组织施以促进和实质上之影响措施"②。英国学者认为:"自我管制是管制主体自己制定管制措施以便达到某些目标并对实施这些措施负有监督全部责任的一种管制框架。"③也就是说,社会自我管制是社会主体自我设计、自我执行的管制框架,具有主体的民间性、管制措施的自治性等特点。但是,社会自我管制概念有使人误解为单纯的解除管制、不受国家规制的弊端,实际上即使在国外,有学者后来提出了"受国家规制"之社会自我管制的概念,只是他们把社会自我管制纳入国家高权管制责任分配的体系,并非适当。正是基于社会自我管制概念的缺陷,特别是根据当今社会治理的发展趋势——合作治理的最新理念,本书决定使用"社会合作管制"这一新型的术语。与社会自我管制相比,社会合作管制在理念上更高、主体上更广、措施上更复杂、范围上更大。所谓"社会合作管制",是指社会组织、个人等社会主体本着合作社会的理念,就社会公共事务或国家事务在自我设权、自我服务、自我协调、自我监督、自我约束的基础上,平等地与国家或

---

① 参见詹镇荣:《论民营化类型中之"公私协力"》,《月旦法学杂志》2003 年第102 期。

② 转引自詹镇荣:《论民营化类型中之"公私协力"》,《月旦法学杂志》2003 年第102 期。

③ Carmen Palzer,"European Provisions for the Establishment of Co-Regulation Frameworks",Vol.13–FALL *Media L.& Pol'y*(2003),p.8.

政府进行合作共治的一种管制模式和行为方式。① 因此,社会合作管制既可以是一种管制模式,也可以是一种公私合作及其行为的基本模式,但是,除非本书特别明确指出,社会合作管制一般被界定为公私合作基本种类之一或公私合作行为方式之一。

(二)型式化公私合作与未型式化公私合作

根据公私合作是否具有法律依据,公私合作可以划分为型式化公私合作与未型式化公私合作。这种分类的重要意义在于关注未型式化公私合作的发展,促进行为形式选择自由的研究以及推动未型式化公私合作的研究和法治化。

所谓型式化公私合作,或法定公私合作,是指已有法律、法规、规章对公私合作的内容、形式、程序、救济等进行详细规定的一种公私合作关系。这里的"法律"是从广义上而言的,包括法律、法规和规章。在公私合作主要模式中,行政委托(公权力委托)、特许经营等都可以说是型式化公私合作的典型形态。比如,在行政委托即公权力委托中,由于涉及传统意义上的高权行政权的运用和国家任务权限主体行使的民主正当性,所以公权力委托要遵循法律保留原则的拘束,其前提必须是法律明文规定或者法律依据。又如,在特许经营中,授予国内外的企业甚至个人在一定期限和范围内对某项公共产品或服务进行经营,也必须依照法律、法规的规定。我国有关《市政公用事业特许经营管理办法》部门规章以及不少地方性法规和地方政府规章对特许经营的领域、具体方式、权利义务、政府监管等进行了详细的规定。据此,正如前文在论述国外有关公私合作模式所提到的,虽然以 BOT 为代表的特许经营在国外有很多形式,但一国到底要采用哪种模式,则需要根据具体的法律、法规、规章的规定。在我国,特许经营大体上可以采用 BOT(建设—经营—转让)及其变种、TOT

---

① 参见邹焕聪:《社会合作管制:模式界定、兴起缘由与正当性基础》,《江苏大学学报(社会科学版)》2013 年第 1 期。

（转让—经营—转让）、O&M（营运与维护）、委托经营等。型式化公私合作存在于高权行政、垄断行业以及公用事业等领域，由于这些事务对人民生活关系极大，必须慎重对待，所以公私合作应该要有严格的法律、法规和规章的依据。

所谓未型式化公私合作，或任意公私合作，也就无明确法律、法规和规章规定的公私合作关系，它既包括尚无固定模式的合作方式，也有实务中已具备一定模式，但尚未被法治化的合作模式。其中既包括无法定内容的合作模式，也涵盖无拘束力行为的合作模式①；既包括无法定程序的合作模式，又囊括无法定救济的合作模式等。未型式化公私合作发展的原因主要在于：一方面为避免因国家任务的膨胀而受到过度膨胀的法规范拘束；另一方面为了弹性因应层出不穷的新型态国家任务的需要。在各国，虽然并无严格的法律依据进行规范，但是实务中实际上存在着大量的尚未法治化的公私合作。在我国台湾地区，行政机关与私人间亦可基于相互利益而订立无法律效果的行为，即所谓非正式行政行为或未型式化行政行为，以取代法律、行政处分、行政契约等。② 在我国大陆，政府参股、社会合作管制等都是比较典型的未型式化公私合作具体形态，但公共服务外包未必需要法律依据，因此到底是否属于未型式化公私合作，还存在疑问。另外，为了因应逐渐扩张的国家任务，将管制任务予以分散，亦即采取"分散地脉络管制"，成为理论上的建议。亦即国家必须放弃上对下的阶层式管制结构，以多中心、分散地沟通模式，将国家管制局限在社

---

① 凡行政行为具有不确定之拘束力者，亦即行政行为之拘束意思及其规范范围不明确者，例如：不具型式之协议、公布、推荐、指示、行政机关有意识的容忍等，都属于未型式化之行政行为。参见林明锵：《论型式化之行政行为与未型式化之行政行为》，载翁岳生教授祝寿论文集委员会：《当代公法理论——翁岳生教授六秩诞辰祝寿论文集》，月旦出版社有限公司 1993 年版，第 346—355 页；许宗力：《双方行政行为——以非正式协商、协议与行政契约为中心》，载廖义男教授六秩诞辰祝寿论文集编辑委员会：《新世纪经济法制之建构与挑战——廖义男教授六秩诞辰祝寿论文集》，元照出版有限公司 2002 年版，第 259—266 页。

② 翁岳生主编：《行政法》（下），中国法制出版社 2002 年版，第 901 页。

会次级系统之周边条件领域,经由各系统间"结构性的联结"与"启发性的互动"作交互影响①。从而,国家除了采取传统行政高权之管制模式,进而以"合作管制"(kooperative Regulierung)模式,将部分之国家管制责任分配予私人与社会,以提升管制目的之有效达成,并减轻国家执行管制法律时之负担②。此时,国家可能将管制任务下放予社会或私人,亦可能采取私法方式履行国家任务,亦即涉及公法与私法行政行为之选择自由。在德国,实际上是以社会自我管制为典型形式。德国教授 Udo Di Fabio 认为,社会自我管制系指"个人或团体以居于非国家之地位,尤其是在自由市场之中,藉由组织化的形式自愿承接国家之管制任务;而国家对此等任务之执行享有具体的利益,并且对该社会组织施以促进和实质上之影响措施"③。但是,笔者基于社会治理模式与管制的关系,认为社会自我管制是在社会自治理念主导下的合作模式;行政高权管制是参与治理下的主导模式。随着参与治理、社会自治模式分别被合作治理模式所替代,今后在合作治理主导下的管制模式无疑将走向合作管制特别是社会合作管制的康庄大道。为了体现当代合作国家、合作社会的精神,彰显公私合作的内涵,笔者首先提出了"社会合作管制"的概念,以取代社会自我管制。社会自我管制与社会合作管制有许多相同之处,前者可以说是后者的基础和主要部分,后者是前者的扬弃和发展,但两者存在如下区别:一是社会合作管制比社会自我管制的理念更高,更能表达"合作治理"、"公私合作"的意涵;二是社会合作管制的主体比社会自我管制的主体更广,不仅包括社会主体,还包括国家或政府;三是社会合作管制措施比社会自我管制措施更复杂,不仅包括社会主体的自治性措施,而且包括国家介入

---

① 张桐锐:《合作国家》,载翁岳生教授祝寿论文编辑委员会编:《当代公法新论(中)——翁岳生教授七秩诞辰祝寿论文集》,元照出版有限公司 2002 年版,第 573 页。

② 詹镇荣:《论民营化类型中之"公私协力"》,《月旦法学杂志》2003 年第 102 期。

③ 转引自詹镇荣:《论民营化类型中之"公私协力"》,《月旦法学杂志》2003 年第 102 期。

时政府强制性与非强制性措施;四是社会合作管制比社会自我管制的范围更大,不仅适用社会自治领域,而且更多的领域都能展开,并具有不断扩展的趋势。这种未型式化的行政、私人共同处理型公私合作对我国的法制提出了严重的挑战。

(三)契约型公私合作与非契约型公私合作

根据公私合作之间是否采取契约形式,公私合作可以划分为契约型公私合作与非契约型公私合作。这种分类的意义在于突出契约行政对公法的挑战及其公法回应以及探讨契约国家的作用机理。

所谓契约型公私合作,是指公共部门与私人部门为了达到实现公共任务的目的,以协议方式为基础确定彼此之间权利义务的公私合作。契约型公私合作,在德国又称为"合作契约"、"公私合作契约"等,它大体又可以划分为三大具体种类:一是行政契约型公私合作,即公、私部门以行政契约方式确定的公私合作关系。在我国,行政委托可以归为这一类公私合作。行政委托(相当于我国台湾地区学者认为的"公权力委托"),一般以合同方式明确委托的事项、权限、期限、双方的权利义务、法律责任等内容,契约在行政委托中处于核心的地位。二是私法契约型公私合作,即公、私部门以私法合同方式确定的公私合作关系。一般认为,行政助手、专家参与等公私协力可以说是其典型形态[1]。三是行政私法契约型公私合作,也即公、私部门以"行政私法合同"[2]方式确定的公私合作伙伴关系,在特许经营、公共服务外包两者公私合作中表现突出。特许经营,是指政府依照法律、法规的规定,通过法定程序授予国内外的企业甚至个人在一定期限和范围内对某项公共产品或服务进行经营,提供公共产品或者公共服务的活动。特许经营往往采取契约的方式即特许经营契约来实

---

[1] 有学者在讨论民营化时,也将行政助手、专家参与视为民事合同性质的功能民营化方式。参见杨欣:《民营化的行政法研究》,知识产权出版社 2008 年版,第 160 页。

[2] 参见邹焕聪:《行政私法理论在合同制度中的展开——论行政私法合同的内涵、性质与界分》,《现代法学》2010 年第 3 期。

现公法目的,虽然具有一般民事合同的特性,但与此同时,它具有不少公法上的性质,其中一个重要的表现是协议双方的意思自治受到了限制,表现在经营期限不能超过法定期限,如《贵州省市政公用事业特许经营管理办法》第 8 条规定,BOT、TOT 的经营期限最长不超过 30 年,委托经营的经营期限最长不超过 8 年;再如《北京市城市基础设施特许经营条例》第 17 条规定,政府承诺的内容受到限制,政府不承诺商业风险分担、固定投资回报率及法律、法规禁止的其他事项。公共服务外包,相当于我国台湾地区学者认为的"业务委托"、"公办民营"等,指公共部门与私人部门订立契约,将公共服务的业务委托给私人部门办理的公私合作。公共服务外包虽然形式上采用的是私法合同,但所要完成的是公法上的任务,因此属于"行政私法合同"性质的合同,是一种行政私法契约型公私合作。

所谓非契约型公私合作,系指为了达到实现公共任务的目的,公共部门与私人部门并不以协议方式为基础确定彼此之间的权利义务的公私合作。根据欧盟执行委员会 2004 年间一份关于公私合作的绿皮书,其中区分"契约型公私合作"及"组织型公私合作"两大类别。前者大致与功能民营化叠合,后者则等同于公私合营。准此而言,公私合作乃是超越功能民营化并强调公私合作互惠的概念。惟除其概念宽广的优势外,公私合作不外乎以类型学为导向的集合概念,亦如民营化,不具有直接的法律内涵。① 不过,从严格意义上说,与契约型公私合作相对应的未必是组织型公私合作,还有其他诸如德国学者所说的社会合作管制等合作模式。因此,本书认为契约型公私合作的对应模式是非契约型公私合作。也就是说,非契约型公私合作不仅包括组织型公私合作,也即类似美英国家更为应用地成立地方性联合开发机构这种公私合作组织和我国台湾地区学者

---

① 刘淑范:《行政任务之变迁与"公私合营事业"之发展脉络》,《"中研院"法学期刊》2008 年第 2 期。

所论述的公民合资事业之经营(又称"公民合资事业"、"公民合营事业"),而且涵盖了德国学者的"国家规制的社会合作管制"①或本书所主张的社会合作管制。

(四)组织型公私合作与非组织型公私合作

根据公私合作是否建立专门的组织机构,公私合作可以划分为组织型公私合作与非组织型公私合作。这种分类的意义在于有利于避免以往只关注公私合作行为,甚至将公私合作混同于公私合作行为的弊病,从而专门研究组织型公私合作对行政组织法的挑战与行政法的应对机制。

所谓组织型公私合作,系指公共部门与私人部门为了实现公共任务的目的,成立特定的公私合作组织而进行的公私合作。如前所述,德国 Jan Ziekow 教授有关"公司模式"(任务系由公部门参与之公司合营公司所执行)、Peter J.Tettinger 教授有关"合作模型"(营运主体已非单纯私人而加入公行政主体的混合企业)、沃尔夫、巴霍夫、施托贝尔有关"参组模式"(公共行政部门为了执行特定任务与私人合作建立公司)等均可以归入到组织型公私合作中。在德国,由政府拥有全部或部分股权企业称之为公共企业,公共企业最重要的特征是公共产权,不仅包括百分之百产权公有的纯公共企业,而且包括与私有股权合股的混合企业。② 由于这种"混合企业"所承担的事务是社会事务,实现的目标是实现公共利益与私人利益的双赢,因此这种"混合企业"也可以称为"混合经济事业"。在美英国家,为了促进公私双方形成伙伴关系,专门成立了地方性联合开发机构,如成立联合投资公司或城市开发公司等。美国巴尔的摩经济开发公司就是一个影响深远的地方性公私伙伴组织;英国在撒切尔夫人执政期间,也积极推动成立地方性城市开发公司,藉此整合公司部门的优势,公

---

① 詹镇荣:《德国法中的"社会自我管制"机制初探》,《政大法学评论》2004 年第 78 期。笔者认为,社会自我管制既是一种管制模式,又是一种行为类型、公私合作类型。
② 参见李新春、王跃生:《联邦德国的公共企业及其管理》,《经济科学》1996 年第 1 期。

共解决城市尤其是旧城区的衰败问题。① 这里虽然涉及的领域主要是城市开发等，但实际上这种组织型公私合作具有普遍的意义。在我国台湾地区，为了推进公私协力，政府与人民公共参与一事业，并经营特定之业务，其中就包括政府与人民共同设定一个新的公民合资事业以及政府以参股等方式到既有私人企业之中②。无论公共部门与私人部门资本占事业总资本多少比例，只要由政府与人民作为事业的投资人，实际上该事业就属于公私合作的情形。这种组织型公私合作，我国台湾地区学者又称为"公民合资事业之经营"（或者"公民合资事业"、"公民合营事业"），但也有人认为是"公私合营"，不过由于"公私合营"在我国特定历史时期实际上是对民族资本企业的社会主义改造方法，并非真正意义的国家和私人资本家的合作经营。

所谓非组织型公私合作，系指为了实现公共任务，公共部门与私人部门并不以成立特定的公私合作组织这种组织机构而进行的公私合作。这类公私合作模式在各国都是基本的公私合作形态。笔者认为，它大体上可以包括两大块：一是各国有关民营化语境下民营化方式特别是功能民营化模式转换而来的公私合作。比如前文所述的契约型公私合作，即行政委托、行政助手、专家参与、以 BOT 及其繁杂变种为典型的特许经营、公共服务外包等都属于非组织型公私合作。二是笔者主张的社会合作管制。由于社会合作管制是社会组织、个人等私人或社会主体基于合作国家和合作社会的理念，在社会自治的基础上对社会公共事务或国家事务平等地与国家或政府进行合作共治，一般而言，并不专门采用组织型的方式推行公私合作。虽然其管制主体主要是社会组织等，但就其本质而言，这些组织是本来存在的社会组织，与非组织型公私合作所要求的公共部

---

① 转引自戴晶斌编：《现代城市公私伙伴关系概论》，上海交通大学出版社 2008 年版，第 18 页。

② 参见詹镇荣：《论民营化类型中之"公私协力"》，《月旦法学杂志》2003 年第102 期。

门介入到组织机构中不可同日而语。

第四节　公私合作的适用范围

公私合作犹如一把双刃剑，既可能实现双赢，又可能带来危机。可以说，在不适当的领地恣意推行公私合作的新模式，可能会带来诸如危及公平正义、忽视公众利益、模糊政府责任等系列负能量。因此，如何约束公私合作的适用范围就成为不可绕过的重要法治话题，特别在我国相关法律制度缺失的情形下，如何借鉴国外公私合作适用范围的有益经验，总结出可资我国效法的一般行政法治规律等，成为促进公私合作法治发展的重要环节。

一、公私合作适用范围的典型国家考察

作为公私部门合作完成行政任务的模式，公私合作来自于西方国家的新公共管理改革运动。从国际经验看，PPP 既可以适用于大型基础设施建设项目和桥梁建设，又可以运用于教育政策与监狱管理。[①] 西方国家对民营化、公私合作等具有较为成熟的法治经验，但是这些国家相关法治经验的借鉴离不开应有评判态度的秉持。

（一）法国：政府核心公务保留

在法国，公务这个概念在行政法上占有重要的地位。公务的核心特征在于公共利益是行政主体之所以创设公务的直接目的，即当行政主体认为如果不从事某种活动，公共利益的需要就不能满足或不能充分满足，从而决定承担某种活动时，这种活动就成为"公务"。即使被认定为公

---

① See Graeme Hodge & Carsten Greve(eds.) ,*The Challenge of Public - Private Partnerships*: *Learning from International Experience*, Cheltenham and Northampton: Edward Elgar, 2005, p.16.

务,但也并不意味着只能适用同样的法律,更不意味着公私合作的适用范围和密度完全一致。当代公务类型主要有四种:行政公务、工商业公务、社会公务和职业公务。其中,行政公务作为一种传统的公务实施方式,原则上适用同一的公法规则,适用私法规则是例外;主要通过自己的结构来进行,所以形式意义上的公务与实质意义上的公务互相符合。① 起初在行政公务适用公私合作可以说是特例,比如少数公务由行政主体特许私人实施。行政公务的实施方式主要是由行政机关直接管理或设立公务法人管理,但进入 20 世纪以来,行政公务也可以采用特许制度,例如在土地的整理和开发事务中,医疗事业中已经出现了特许制度。② 而其余三种公务属于新兴的公务类型,兼备公私法活动的特点,是一个公法和私法混合的领域。这些公务要么在管理方式的基本精神上与公私合作模式中的特许经营、公民合资事业之经营、公权力委托等几乎如出一辙(如工商业公务),要么在公私法交融上与公私合作相互契合(如社会公务),因而,从理论上适用公私合作是不成问题的。

尽管总体上探讨公务是否完全适用的学者并不多见,但是亦有学者从本质上不得缔结契约的领域来对此进行分析——既然行政任务委外的载体是契约,那么不得缔结契约的领域即为不得委外的领域。"有些特定领域,本质上与契约之性质不相容,若以契约的方式转移至私人时,将被视为是职权的抛弃,故不得以契约方式来实现。法国判例将租税权、警察权及命令权视为是与契约不相容的领域;严格而言,此三项权力皆属公权力的一部分,其实就是国家主权的化身……警察权是以管制为主要内容,以强制力为手段,其目的无非是要确保公共秩序与公共安全。此项职

---

① 形式意义上的公务,也称为机构意义上的公务,指处理行政主体公共事务的机构,是包括人员和物质在内的一种组织;实质意义上的公务,也称为功能意义上的公务,是指行政主体为了直接满足公共利益的需要而从事的活动,以及私人在行政主体控制之下,为了完成行政主体所规定的目的而从事的满足公共利益需要的活动。参见王名扬:《法国行政法》,北京大学出版社 2007 年版,第 380 页。

② 王名扬:《法国行政法》,北京大学出版社 2007 年版,第 393、407 页。

权向来被视为是国家的核心任务,不得转移由私人代为行使"①。有学者认为,法国 PPP 模式中的公私合作领域和范围,大致分为特殊行业项目、委托公务合同、临时占有许可、合伙合同等几大部分②。最近在法国 PPP 法规中载明了根据各行业的不同特性选择相适应的 PPP 模式,该项法规适用中央政府以及各地方政府和部门,包括不动产管理、警察、宪兵、司法、公共教育、公共卫生、公益救援、高科技、公共交通、公共能源、大众用水/水处理、城市垃圾处理。这说明,即使是传统的政府核心公务也存在变迁的可能性。

（二）日本：公共领域扩展适用

由于社会经济全球化的发展,中央与地方财政状况的日益艰难和民众需求的多样化,如何提供最有效的公共服务则成为公共部门所面临的课题。因此,相对于传统行政服务是由公部门提供的做法,一种以"金钱的价值审计"为基础的思考模式(亦即如何将有限的财源有效使用以发挥最大效果),则成为公共部门在从事公共建设或提供公共服务的重要考量基础。此时,公部门如能与民间部门或非营利组织合作被认为是可以考虑尝试的一项途径。在公共领域与民间领域之间的中间领域,亦即同时具有公共性和收益性的共同领域,则由政府部门和民间部门共同出资所组成的第三部门作为事业主体来进行服务的供给,此乃传统日本公私协力的做法③。

然而,由于公私部门在权职划分上的不明确,以及公私合作的实施结果容易使得原本收益性较高的领域因政府介入而降低利润,甚至原来收益性较低的公共领域,也因此无法发挥该领域的特性,致使传统公私合作

---

① 陈淳文:《公法契约与私法契约之划分——法国法制概述》,载台湾行政法学会主编:《行政契约与新行政法》,元照出版有限公司 2002 年版,第 140—141 页。
② 参见徐琳:《法国公私合作(PPP 模式)法律问题研究》,《行政法学研究》2016 年第 3 期。
③ 参见林淑馨:《日本型公私协力之理论与实务:北海道与志木市的个案分析》,《公共行政学报》2009 年第 32 期。

的做法在目标的达成上受到相当限制。基于此,一种以 PFI(即民间资金主导公共建设)为中心的新形态的公私合作模式逐渐取代传统的公私合作模式。如果比较两者的差异,日本传统公私合作的范围局限于中间领域,而新的公私合作范围不仅适用于中间领域,还扩展到公共性较强、收益性较低的公共领域。"此种变化除了意味公共服务供给范围的扩展之外,还代表政府部门对于公共性保障的认知已经有了很大的转变,愿意开放公共性较强的领域让民间业者或非营利组织,甚至地方居民等多元行动主体加入,并与之共同协力的实质意蕴。"①总之,如果把日本的公私合作范围划分为公共领域、中间领域和民间领域三大块,那么传统的公私合作适用范围主要适用于中间领域,而随着时代的发展,新的公私合作适用范围则扩展到公共领域。日本公私合作适用范围的转移和扩展,实际上验证了一个普遍的规律,即公私合作适用范围随着人们对其认识的不断深化,有不断扩展的时代趋势。今后,随着委托私人行使公权力的持续增加,"权力作用私化"的现象在立法、司法及行政三个国家权力中均可能发生②,私人行使公权力固然有其宪法上限制,例外情形委托私人行使公权力时,不但须对其予以各种法律统制,且因其公共性之故,更需要统制架构。③ 可以说,在日本委托私人行使公权力的发展已呈现多样性,公私合作的适用范围值得高度关注。2015 年日本修改的《关于利用民间资金促进公共设施完善的法律》第 2 条规定,本法中所谓"公共设施"是指下列设施:(1)公路、铁路、港湾、机场、河流、公园、自来水管道、下水道、工业水道等公共设施。(2)政府办公用房、宿舍等公用设施。(3)租赁住宅以及教育文化设施、废弃物处理设施、医疗设施、社会福利设施、矫正保护

---

① 林淑馨:《日本型公私协力之理论与实务:北海道与志木市的个案分析》,《公共行政学报》2009 年第 32 期。

② 参见[日]山本隆司:《日本公私协力之动向与课题》,刘宗德译,载台湾政治大学法学院公法中心编:《全球化下之管制行政法》,元照出版有限公司 2011 年版,第 309 页。

③ [日]米丸恒治:《公私协力与私人行使权力》,刘宗德译,载台湾政治大学法学院公法中心编:《全球化下之管制行政法》,元照出版有限公司 2011 年版,第 371 页。

设施、停车场、地下街等公益设施。(4)信息通信设施、供热设施、新能源设施、循环利用设施、观光设施以及研究设施。(5)船舶、飞机等的运送设施以及人工卫星。(6)类似前述各项所列设施而由政令规定的设施。①由此可见,仅在公共设施领域,日本公私合作的范围也是非常广泛的。

(三)美国:本质上政府的职能标准

作为市场化程度最高的国家,美国政府公共服务外包(outsourcing)作为公私合作最为重要的表现形式,实际历时已久。政府不仅将一般的辅助性、服务性的职能外包给私人部门,而且将许多关键性职能外包给私人,甚至涉及政府核心职能,比如监狱、国防等事务的外包。这一"过度"的政府职能外包引发了政府及公众的忧虑,关于何种职能可以交由私人履行、何种职能应该由政府保留,再次成为问题的焦点。针对过度外包的问题,美国发展出"本质上政府职能"这一术语,并将其作为法律和政策的限制和识别标准。有关"本质上政府的职能"的法律框架,由一系列法律文件组成,包括1998年的《联邦政府活动目录改革法》、预算与管理办公室的 A—76 号通知"商业活动的履行"、《联邦采购条例》、联邦采购政策办公室的第92—1号函"本质上政府的职能",尤其是预算与管理办公室所属的政府采购政策办公室的第11—01号函"本质上政府与关键职能的履行"。第11—01号函于2011年9月12日发布,旨在对本质上政府的职能以及与履行职能密切相关的关键性职能进行界定。其核心内容是确立了本质上政府职能的两个新标准:"职能性质",只要涉及美国主权的行使,就属于本质上政府职能的范畴,因为具有"独特的统治性质",而不论涉及的裁量类型或程度;"行使裁量"标准,禁止行政机关外包行使裁量的情形是,政府需要在两个或以上的行动进程中进行选择,而决定没有受到现有政策、程序、指示、命令以及其他导则的限制或指引:首先就整

---

① 参见顾功耘主编:《当代主要国家公私合作法》,北京大学出版社2017年版,第417页。

体政策或行动方向,确定可接受的决定或行为的具体范围;同时裁量权的行使受到行政机关官员的最终批准或日常监督。[①] 同时还对本质上政府的职能以及关键性职能进行了列举。列举的本质上政府的职能有直接进行犯罪调查;指挥军队,尤其是领导正在进行战斗、战斗支持或战斗服务支持的军事人员;战斗;进行外交以及确定外交政策;确定行政机关的政策,诸如确定规制的内容与适用;预算政策、导则和策略的确定;确定联邦项目优先顺序或者预算请求等24项。一般而言,这些本质上政府职能的服务,是政府政策及法律宣示的公私合作"禁区",尽管实际中这些所谓的"禁区"往往被突破。

二、公私合作适用范围的一般理论

由于受国情、政策、历史等多种因素制约,公私合作适用的具体范围几乎是一个"变数",所以要寻找到一个为各国所普遍适用的适用范围,难度无疑很大,但是,根据行政法学的一般原理,仍然可以为公私合作适用范围找到一些具有共性的规律。

(一)公私合作的适用范围与该国宪法、法律的依据息息相关

如果说公私合作的客体是公共行政事务,那么到底哪些事务可归结为公共行政事务,则与该国的宪法、法律的规定息息相通。"公共行政是以行政的方式处理公共事务的活动"、"公共"意味着"范围不确定的人群"[②],因此,公共事务是超越政治共同体成员个体的、共同的、一般的事务。不同的国家对公共事务的界定不尽相同,且其范围也并非一成不变。某一特定的国家、特定地区内的人们对当地何种事务属于公共事务可能有较为统一、明确的认识,但不同国家、不同地区的人们对公共事务的认识,则因各国政治体制、行政体制、教育系统、社会等级、经济技术、民族传

---

① 参见毕洪海:《本质上政府的职能》,《行政法学研究》2015年第1期。

② [德]汉斯·J.沃尔夫、奥托·巴霍夫、罗尔夫·施托贝尔:《行政法》(第一卷),高家伟译,商务印书馆2002年版,第22页。

统、宗教信仰等因素的不同而有所差异。① 而且，公共事务也并非当然地成为行政事务，只有国家运用其物理强制力纳入自己行政管辖范围内的公共事务才能够称之为公共行政事务。② 因此，从静态的角度而言，行政所涉及的公共事务与国家的实定法规范密切相关；换言之，一个国家可以通过立法确定行政的边界，即哪些事务属于行政，哪些事务不属于行政。随着现代国家行政给付功能的扩大，公共行政所涉及的公共事务涵盖国家立法部门授权国家行政部门管理的与国家利益和社会利益相关的所有事务，一般包括政治、经济、文化、教育、科学、财政、卫生、体育、外交、邮政、交通、民族事务、国防、治安等各个方面。③ 反之，如果一国内有关事务没有宪法和法律的依据，那么这些事务难以说是公共行政事务或者国家任务，从而要成为公私合作广为适用的领域，无疑存在法律上的障碍。为此，要确认和扩大公私合作的适用范围，最关键的是要从宪法加上确认，并在立法上进行修正和完善，以便提供明确的、可预期的法治化保障。

从相反的角度看，如果法律、法规对公私合作的适用明确表示反对，那么毫无疑问不能违反法律、法规的规定而采行公私合作。比如在美国，有些州通过两种方式来限制公私伙伴关系，一是对项目设置数量限制，二是对每个项目需要经过国会立法的批准。④ 这实际上涉及法律保留这一重要问题。有学者论道，"国家行政任务之核心内容为何，及其是否专属于行政主体方可遂行，向来并未存有先验之假设；而多将行政需求究应由谁来担当之问题，基于因当时国家政治、经济、社会、文化环境、时空背景之差异，委由当时之政治性判断加以确定；而某项公共任务是否确属公权力主体之特殊任务，必须依据特定时空背景下之具体法秩序，亦即宪法以

---

① 参见邓生庆、吴军主编：《公共行政学》，四川人民出版社 2000 年版，第 5 页。

② 参见詹镇荣：《国家任务》，《月旦法学教室》2003 年第 3 期；陈爱娥：《国家角色变迁下的行政任务》，《月旦法学教室》2003 年第 3 期。

③ 参见宋国：《合作行政的法治化研究》，吉林大学博士学位论文，2009 年，第 24 页。

④ R.David Walker，"Enabling the Privatizing of Toll Roads：A Public-private Partnership Model for New Jersey"，Vol.6 *Rutgers J.L.& Pub.Pol'y*（2009），p.263.

及所有合宪性规范之规定来决定"。① 这说明公私合作适用范围的确定并不是一个简单的问题,不仅要考虑所谓的"政治性判断",更要符合"宪法以及所有合宪性规范之规定",遵循合法行政原则的要求。

(二)公私合作的适用范围与该国政策选择度一脉相连

一方面,从主体上看,国家对于公共任务到底由自己履行还是私人部门履行具有政策决定权。根据国家保留理论,除了核心国家任务保留于国家之外,国家任务是否应由自己承办或私人来执行具有开放性。也即国家任务到底是国家自己来执行还是由民间执行或国家与民间共同来执行,不全然是执行宪法的结果,而是政策决定的结果。如果将公共任务交由私人或与私人合作完成,那么公私合作无疑能够适用该公共任务领域。另一方面,从方式上看,国家对于公共任务的实行方式也具有政策决定权。将任务分配为行政任务,原则上并非表示行政机关必须就行政任务以自己资源手段采取一定的方式和密度为履行,因此,行政手段不必是高权方式,更不一定必须使用公法上行为或组织形式,而在法规范秩序内具有一定形成和选择自由。尽管依据德国基本法,国家应保障人民之基本自由权利、维护和平、内政和国防安全等均是不变的国家目的,并且纵使国家采取上述任务不再由国家亲自执行之决定,也不改变该决定之国家行为性质,而应受到基本法之拘束,因此上述事务领域之任务实现,不必然由国家自己承担公共任务之执行,也不限于一定方式之国家任务实现方式,均无疑问。一般而言,如果一国倾向于采用与私人部门合作完成公共任务,那么该国公私合作的适用范围则越大,反之,其适用范围则越小。可以说,在既定条件下,公私合作的适用范围与该国政策选择度成正比关系。

进而言之,公私合作的适用范围实际上体现了担保国家的理念,是政策制定与担保执行任务模式的展开。担保国家的理念和运作,并非意味

---

① 陈爱娥:《公营事业民营化之合法性与合理性》,《月旦法学杂志》1998 年第 36 期。

着国家已经在社会福利政策上退缩或放弃其应有的角色与责任，而是尊重市场法则与对民间资源的利用，进而以公部门和私部门之间合作机制选择与安排达成和确保公共任务。一方面，国家在合作中要提供框架和游戏规则；另一方面，要根据任务背景、事实条件以及政策需要，与私人部门进行协商、谈判，与更多的私人部门进行多方面的合作。因此，执行任务由谁执行以及如何执行，很大程度上是政策决定和选择的结果，公私合作的概念和运作正是这种制度选择的表现。

（三）公私合作的适用范围与公共任务的等级紧密相关

如果根据公共任务等级的不同，我们可以发现公私合作适用范围等级实际上也并不一致，这实质上体现了适当性原则的要求。它要求公共任务或行政任务实现公私合作时，应当正确行使自由裁量权，公共部门选择的公私合作范围必须与实现公共服务、保障人权的目的相互一致，合乎比例。只要私人参与公共任务执行的领域，有利于实现行政法的目的，或者说公私合作适用范围的广度和程度对于保障公民权利来说是适当的，都是适合推行公私合作的领地。以我国台湾地区高雄市实施垃圾清运民营化为例，市政府为防止业者发生劳资纠纷，而使收垃圾的作业停顿，乃决定实施民营化的行政区域不超过一半，以便政府得保持一定人力，随时支援青黄不接区域的垃圾清运，必要时并收回国家自己经营。① 又如，日本在其国铁民营化的改革中，为保障偏远地区或亏损路线使用者的交通权，并没有将其彻底的民营化，而是将部分欲废除的偏远线路改由第三部门铁路来营运，从而确保公民享有具有公共利益性质的基本服务。② 虽然从总体上看，各国公私合作完全适用于给付行政等领域，而部分适用于

---

① 参见许宗力：《论行政任务民营化》，载翁岳生教授祝寿论文编辑委员会编：《当代公法新论(中)——翁岳生教授七秩诞辰祝寿论文集》，元照出版有限公司 2002 年版，第 595 页。

② 参见林淑馨：《日本型公私协力理论与事务》，巨流图书股份有限公司 2010 年版，第 94—97 页。

秩序行政领域,但是,基于保障人权的基本要求,对于秩序行政领域的公私合作仍需持谨慎态度,禁止对公民的基本权利造成过度之侵害,即使对于给付行政领域的公私合作,也不可实现完全的公私合作,国家或政府需要根据对公民权利分配的影响实现密度不同的公私合作,同时也不排除政府自身仍然成为给付行政的主体,只是政府在公私合作中的角色也从之前的"给付主体"日益变迁到"保障给付的主体"。

公共行政乃至于公共任务,尽管分析视角不同,学界对此也仁者见仁、智者见智,但是两者在很大程度上是重合的,在公私合作的适用范围都应当受到适当性原则的约束。如果将公共任务进行广义的理解,那么根据国家介入的程度可以将公共任务划分为不同的等级。我国有学者将公共任务划分为六个等级,其中前四个等级并非国家任务,第五等级具有国家与私人任务双重性质,第六等级才是国家任务,并且认为当能够通过较低等级的方式来完成公共任务时,国家通常不得首先选择较高一级方式,体现了国家辅助性原则。① 笔者认为,这种对公共任务进行等级划分的做法有益于深化认识;并且认为根据公私部门在公共任务中的角色不同,可以将公共任务大体上分为以下五个等级:第一等级是国家"退隐"、私人完成的公共任务。私人部门通常愿意和有能力完成公共任务,国家只须作出框架性规定进行保障而无需其他任何方式的介入,从而完全将任务留给私人去完成。它近似于完全民营化的领域。第二等级是国家规划监督、私人履行的公共任务。由于涉及公共利益,国家往往要对公共任务进行规划,并对私人履行公共任务的情况进行监督。第三等级是国家协助、监督私人完成的公共任务。国家通过提供人才和物质等方面的支持来协助社会个体或团体完成公共任务并对履行任务的过程进行监督,对结果进行审查。第四等级是狭义公私合作的公共任务。私人部门无法完全胜任某一具有重大公共利益的任务,而国家又不必完全接管该任务,

① 参见陈征:《公共任务与国家任务》,《学术交流》2010 年第 4 期。

尤其出于减轻财政负担等因素的考虑,国家选择与私人部门建立某种合作伙伴关系,这种合作的模式被称为公私合作制。第五等级是国家保留的公共任务。国家可能亲自从事该项任务,比如边防、税收;也可能通过契约或其他形式将该任务委托给受其控制和约束的私法主体来完成。本书认为公私合作绝非局限于第四等级的狭义公私合作的公共任务,实际上不仅在第一等级即国家"退隐"、私人完成的公共任务可以使用公私合作的特定形态,而且在第五等级即国家保留的公共任务中,也存在诸如公权力委托私人行使等公私合作特定模式的可能性。但是,根据适当性原则的要求,公共任务的不同等级,确实在很大程度上决定了公私合作具体模式的使用。

(四)公私合作的适用范围具有随着时代发展而不断扩展的趋势

行政本身是一个历史变迁的话题,在此过程中,行政与立法、司法的关系、行政与整个社会、政治、经济等次体系之间的总体关系,也将发生相应的变迁。特别是随着"自由法治国"转为"社会法治国"时所衍生的行政任务变迁,我们不仅需要关注"法律释义学"的细腻操作,以求法律适用的安定性,而且要考量变迁中的经济社会条件与行政法的动态发展,尤其是要考虑政策形成的领域。如果我们把行政划分为公权力行政与私经济行政,那么毫无疑问,私经济行政是公私合作孕育和生长的主要"沃土",也是人们对公私合作适用范围争议最小的领域。在行政任务变迁的背景下,国家保障的"生存照顾"日益成为透过市场自由竞争方式而提供的私经济活动。国家对从事涉及人民生存照顾的私经济活动,通过引导、管制以及监督等各种措施,以确保人民生存所需的相关物质与服务得以同由自己提供一般,亦能够由私企业普及、无差别待遇、价格合理,且质与量兼顾地提供。① 随着时代的发展,除了私经济行政之外,在传统国家垄断的公权力行政领域也出现了公私合作的新景象,即使在公安警察行

---

① 詹镇荣:《民营化法与管制革新》,元照出版有限公司 2005 年版,第 277 页。

政及其他诸如行政强制等干涉行政中也出现了类似治安承包、公权力委托、辅警、私代履行人①等公私合作方式适用的实例。

　　与此相适应，如果我们把行政划分为干预行政与给付行政，那么，干预行政是公私合作适用范围相对较窄的领域，而给付行政无疑是公私合作适用的主要和首选领域。由于干预行政被视为本质上属于国家的任务，过去人们往往认为由国家垄断，一般不适用公私合作。但是随着警察国家—夜警国家(或自由国家)—社会法治国家的历史演变，不仅干预行政不再拘泥于国家垄断行政事务，日益注重私人的参与，而且给付行政更是发生了重大的变化：从起初国家只维持社会治安、保障社会安宁的职能，到国家积极作为，保障国民生活，促进社会福利，扩展到"从摇篮到坟墓"的整个领域，直到现今国家又从给付主体向保障给付主体的转变，主张引入非政府部门的力量(市场或志愿部门)来补足、合作履行甚至代替政府部门的社会福利角色。在国家承担保障责任的给付行政背景下，政府运用市场手段，寄望社会广泛参与已经成为给付行政困难解套的重要手段，其中公共部门与私人部门的合作履行公共任务得以日益广泛的发展。② 实际上，作为提供人民给付、服务或给予其他利益的行政作用，给付行政可以划分为许多种类，诸如实施各种社会保险，提供社会救助，兴办公共设施，普及文化建设，提供职业训练，环境维护，提供经济辅助，实施行政指导等③。而有关给付行政的实施方式，国家或者行政机关具有较大的选择自由，可以由自己来实施，也可由私人来实施，或者与私人进

---

①　参见邹焕聪：《"私代履行人"的理论定位及规范建议》，《行政法学研究》2013年第1期；邹焕聪：《我国辅警的理论悖论及其消解——从我国首部辅警地方政府规章切入》，《学术论坛》2012年第11期。

②　黄学贤、陈峰：《试论实现给付行政任务的公私协力行为》，《南京大学法律评论》2008年春秋合卷。

③　参见翁岳生编：《行政法2000》(上)，中国法制出版社2002年版，第30页。但从这些列举的具体领域来看，有些领域在德国实际上可以归为其他类型，比如环境维护可以分别归为可持续行政的范畴。参见[德]汉斯·J.沃尔夫、奥托·巴霍夫、罗尔夫·施托贝尔：《行政法》(第一卷)，高家伟译，商务印书馆2002年版，第34页。

行合作的方式来实施。可以说，除了法律、法规另有规定以外，给付行政是公私合作完全适用的领域。

三、公私合作适用的具体领域

如果说前述典型国家考察是为了了解各国公私合作适用范围的"个性"的话，那么接下来要考察的是各国公私合作具体适用领域的"共性"。毫无疑问，公私合作的适用领域是公共行政，而且"因为经济活动的复杂多变使得公私合作制适用范围非常宽泛"①，但是是否所有的公共行政领域都能适用公私合作呢？回答是否定的。由于行政的多样性、多义性及复杂性，虽经学界长期的努力，但迄今仍未有通说的定义出现，无论是消极说、积极说、综合说还是特征描述说都无法准确界定②。德国学者 E. Forsthoff 甚至在其所著的《行政法学总论》一书中，开宗明义指出："行政只能加以描述，而无法予以定义。"由于受到 E.Forsthoff 上述名言的影响，晚近行政法学者大多采取消极说而以特征描述说为补充，不再对行政加以积极定义。我国台湾地区学者以特征描述的做法，从各个不同的角度，观察行政的内容与特色，认为行政具有以下特征：一是行政是广泛、多样、复杂且不断形成社会生活的国家作用——行政性与整体性。二是行政是追求利益的国家作用；行政是积极主动的国家作用；行政应受法的支配——合法性与合目的性之兼顾；行政的运作应注重配合及沟通；行政系作出具体决定的国家作用。③ 只有把握了上述特征，才能因应行政本质

---

① 李以所：《德国公私合作制促进法研究》，中国民主法制出版社 2012 年版，第 7 页。

② 持消极说的学者如 Otto Mayer 等人认为行政乃是除了立法及司法以外，国家或其他公权力主体的行为。持积极说的学者如 Fleiner/Gerstner 认为行政乃是实现公益的国家行为。持综合说的学者如 K.Stern 对行政的定义，系先从"消极"的观点，将国家作用中的立法行为、政府行为、引导国家的计划行为、军事国防行为及司法行为等排除于行政概念之外；其次再从"积极"的观点，将行政界定为执行权的机关及其所属特定权利主体，在法律的拘束之下，本于既定的目标，基于自我责任而以具体措施持续地处理公共任务者。持特征描述说的学者如 Ernst Forsthoff 认为行政具有形成的功能，这种形成作用并非以追求个案的合目的性与适当性为已足，尚需顾及分配正义与交换正义之法的要求。转引自翁岳生编：《行政法 2000》（上），中国法制出版社 2002 年版，第 3—8 页。

③ 翁岳生编：《行政法 2000》（上），中国法制出版社 2002 年版，第 13—21 页。

上的多样性和复杂性。不过这种抽象的描述仍然难以解决公私合作的适用领域问题,有待于对其具体领域进行逐一的剖析。

目前中外行政法学界对行政的分类几乎是五花八门、莫衷一是,可以说尚未取得比较一致的看法。譬如,德国学者沃尔夫等从行政的内容和活动方式为标准将行政划分为秩序行政、给付行政、计划行政、可持续发展行政、后备行政和经济行政。① 韩国学者金熙东认为,根据目的的不同,行政可以划分为秩序行政、给付行政、诱导行政、计划行政、公课行政、需求行政等多种类型。② 如果采用德国学者沃尔夫等人的分类,将行政划分为秩序行政、给付行政、计划行政、可持续发展行政、后备行政和经济行政的话,那么,公私合作可以说是完全适用于给付行政、可持续行政、后备行政、经济行政,而部分适用于秩序行政、计划行政领域。

(一)公私合作全部适用的行政领域

1.给付行政

在德国,给付行政是指为共同体成员提供或改善生活条件,通过给付生活条件,通过给付直接或间接协助或者追求利益的行为。另外,还包括以间接方式建设公共设施、提供服务或与行政机关合作的机会、共同执行行政任务等,具体包括:(1)基础设施行政,即通过各种设施,为共同体成员整体提供工业技术文明的基础发展条件,例如交通、通讯、能源、教育等;(2)担保给付行政,即为了实现共同福祉,以管制、参与或者监督等形式为设施提供各种保障;(3)社会行政,即为共同体成员个人提供预防性的生存保险,尤其是社会保险、社会保障和社会救助;(4)促进行政(刺激行政),即为了实现特定的商业、经济、社会、环境或者文化的政策目标,采取措施改善特定生活领域的结构,如提供补贴刺激经济增长;(5)信息

① 参见[德]汉斯·J.沃尔夫、奥托·巴霍夫、罗尔夫·施托贝尔:《行政法》(第一卷),高家伟译,商务印书馆2002年版,第29页。

② [韩]金东熙:《行政法Ⅰ》(第9版),赵峰译,中国人民大学出版社2008年版,第13页。

行政,即通过提供设施、数据和其他知识促进或减缓交流、行政活动和决策过程,提高行政的透明度,构筑"信息社会"。① 在日本,给付行政一般是指设置、管理道路、公园,设置、运营社会福利设施,进行生活保护,给予个人及公众便利和利益的行政,目的在于确保文化的、健康的生活,其兴起原因在于社会保障领域的扩大和个人生活对于国家、地方公共团体的依存性的增加等。② 在韩国,给付行政是指为了积极地提高国民的福利而进行的授益性行政作用,包括交通、通信设施,生活必需服务,文化、教育服务,保健、福利设施的提供活动等"供给行政";公共补助、社会保险、社会福利活动等"社会保障行政"以及资金的助成、交付,青少年保护、培养,知识、技术的提供等"造成行政"三个方面。③ 笔者认为,鉴于给付行政各自的特点,基础设施行政或供给行政是目前公私合作广泛展开的主要领域和典型领域;担保给付行政因是公共行政私有化或民营化的表现,无疑具有公私合作适用的广阔空间;社会行政或社会保障行政、促进行政、信息行政、造成行政等将是将来公共部门与私人部门合作的重点和有待发展的领域。日本学者也曾经针对德国的设施行政,认为其中许多行政活动与民间活动存在竞合,两者之间界限的设定往往因时代不同而有所差异。④

2. 可持续行政

与生存照顾行政的区别是,可持续行政是面向未来及后代的发展和基本生活条件的预防性保护。可持续行政是未来保障行政,强调谨慎原则和可持续发展原则,不着眼于对个人的具体给付,因此是对传统的危险

---

① 参见[德]汉斯·J.沃尔夫、奥托·巴霍夫、罗尔夫·施托贝尔:《行政法》(第一卷),高家伟译,商务印书馆2002年版,第31—33页。

② 参见[日]盐野宏:《行政法》,杨建顺译,法律出版社1999年版,第9页。

③ 参见[韩]金东熙:《行政法Ⅰ》(第9版),赵峰译,中国人民大学出版社2008年版,第13—14页。

④ 参见[日]大桥洋一:《行政法学的结构性变革》,吕艳滨译,中国人民大学出版社2008年版,第168页。

排除行政模式的超越。它包括:(1)环境保护行政。为保护基本的自然生存条件,采取与现行技术相应的技术措施,避免和减少环境负担,实施环境适宜性审查。生态行政制度应当实行尽可能高的环境标准。(2)文化保护行政。指保护重要的文化财产和文物。① 罗尔夫·施托贝尔教授发展了这一思想,认为环境保护着眼于环境承受能力、可持续发展和生态企业,应可被经济辅助所涵盖,而经济辅助是公共体和国家的任务,是服务行政和善待行政。② 笔者认为,由于可持续行政涉及每一个人及子孙后代的切身利益,关涉法益面尤为广泛,国家或政府往往在专业知识及有关能力不足,广泛地借助私人的智力、财力、物力来实现可持续行政已经成为各国优先考虑和重点实行公私合作的行政领域。

3. 后备行政

后备行政指提供为执行行政任务所必需的人员和物质手段(家务行政),行政机关像消费者那样筹备必需品。具体而言是行政领导机关(政府、首长办公室)、预算和财务行政、采购行政(公共采购)、共产管理、设施管理、信息和数据处理行政、法律顾问。不过德国的这一分类在我国台湾地区似乎大体可以归为辅助行政及行为的范畴。所谓辅助行政行为,系指以私法方式辅助行政的行为,即行政机关以私法方式获致日常行政活动所需的物质或人力,例如与人民签订私法契约等。此种行为的特点在于,其并非直接达成行政目的,而系以间接的方式,辅助行政目的的完成。例如新设机构成立时,为筹置办公处所,而以私法方式购买土地,发包与承建办公大楼,并购置办公桌椅、文具及相关设备,同时将日后大楼清洁及安全维护事项外包厂商处理等。行政机关于从事此类行为时,其与人民系立于相同的地位,均受私法相关规定的规范,若有争议,应由普

---

① [德]汉斯·J.沃尔夫、奥托·巴霍夫、罗尔夫·施托贝尔:《行政法》(第一卷),高家伟译,商务印书馆2002年版,第33—34页。

② [德]罗尔夫·施托贝尔:《经济宪法与经济行政法》,谢立斌译,商务印书馆2008年版,第469页。

通法院管辖。① 由于后备行政或辅助行政系私经济行政范畴,适用公私合作或完全民营化都应该不存在法律障碍,可以全部适用。

4. 经济行政

经济行政指以营利或者非营利的方式参与经济生活,行政机关像生产和服务企业那样活动,主要是经营活动和公企业活动。笔者认为,德国的这一经济行政分类在我国台湾地区实际上可归为行政营利行为领域。所谓行政营利行为,系指国家以私法方式参与社会上的经济活动,其主要目的在于增进国库收入,有时并肩负执行国家政策的任务。它实际上可以分成两种形态:一是由国家或行政主体以内部机关或单位直接从事营利行为,例如我国台湾地区烟酒公卖局所为烟酒的销售行为;二是国家或行政主体依特别法或公司法等规定,投资设立公司而从事营利行为,例如设立公营银行、钢铁公司、石油公司、造船公司、糖业公司等。国家从事这种行为时,以获利为目的,因此它与私人企业并无不同,故应受私法及经济法的拘束,例如民法、公司法、证券交易法或公平交易法等。② 经济行政或行政营利行为领域作为私经济行政(与公权力行政相对应)领域之一,适用公私合作各种形态应不存在重要争议。

(二)公私合作部分适用的行政领域

1. 秩序行政

所谓秩序行政指形成共同体秩序、依法规制相对人追求其利益的活动,其中特别是干涉公民个人自由的侵害行政,如许可保留、命令、即时强制等,具体而言包括狭义的警察行政、安全行政和秩序行政、监控行政(指特定领域的危险排除活动,如建筑监控和经济监控)、税务行政(指筹集为共同体机构执行其任务所需要的金钱手段的活动,如营业税、关税、规费、收费、特别税等)、引导行政(指为实现特定的经济目标对特定的行

---

① 翁岳生编:《行政法 2000》(上),中国法制出版社 2002 年版,第 25 页。
② 参见翁岳生编:《行政法 2000》(上),中国法制出版社 2002 年版,第 25—26 页。

政领域进行直接的调控)、监督行政(指对下级或独立的行政主体进行专业或法律监督)。① 日本学者也将规制行政作为与给付行政相对应的行政,是指通过限制私人的权利、自由,以实现其目的的行政活动。② 一般而言,由于这些行政直接关系到公民的权利义务,因此保留给国家行使为常态,但并不意味着秩序行政就一律排除私人的介入或者与私人进行合作,即使在秩序行政的核心领域现今也出现了民营化的趋势,比如当下热议的治安承包、监狱的民营化以及长期以来在封闭空间内对船长、飞机机长行使警察权的授权等,都说明在传统由国家保留的领域也出现了公私合作的新景象,虽然私人因素和成分在其中表现不等并且普遍比较弱。同时,对于那些可能发生给付效果的秩序行政,往往需要公民的合作,因此也有公私合作适用的空间。

需要特别指出的是,经济监督虽然属于秩序行政的一环,但是其经济监督行政在当今时代日显重要。而在经济监督行政领域,公私合作多种形式均能适应。比如在德国,人们批评传统的经济监督制度,认为它费用太高,其管理太官僚主义,太僵硬,过多局限于要求和禁止。为此,改进的方案是"精简型国家"或者主张自我管理优先于国家等级管理的"积极国家"模式,其要点在于促进私人的积极性和自我管制,体现了合作原则和公私伙伴关系。比如资产负债会计师从事法律规定的企业年审,根据《公共会计师法》第 57a 条以下的规定,对于这些人员,由其外面的同行按照同级评审程序,进行方法和制度方面的质量检查。③ 这一重大转折引发了许多放松管制的举措,开发了国家和企业之间进行合作的许多形式。这些合作形式包括由私人来完成经济监督任务,将监督任务重新转

---

① 参见[德]汉斯·J.沃尔夫、奥托·巴霍夫、罗尔夫·施托贝尔:《行政法》(第一卷),高家伟译,商务印书馆 2002 年版,第 30—31 页。

② 参见[日]盐野宏:《行政法》,杨建顺译,法律出版社 1999 年版,第 9 页。

③ 参见[德]罗尔夫·施托贝尔:《经济宪法与经济行政法》,谢立斌译,商务印书馆 2008 年版,第 452—453 页。

移到经营层面等。具体而言,在德国通过私人来完成经济监督任务大体有三种方式:(1)私人参与国家经济监督和进行功能私有化和行政委托,比如,由专家检查需要监督的设备或许可的设备等。(2)认证与环境宣示。根据欧共体设定的标准,认证由独立的审查所进行。作为审查实验室或者认证机构,这些审查所在特定的任务领域有权从事审查,能够发放证明(CE 标记)。这些审查所的许可按照 DIN EN 45003,或者《产品仪器安全法》第 11 条和第 17 条规定的认证程序进行,在该程序中审查许可的前提是否满足(专业知识、可靠性等)。认证意味着有关能力得到证明,被国家正式承认。(3)服务领域的德国规范研究所(DIN)规范。参照技术规范,德国规范研究所制定越来越多调整服务行业的资格和质量的 DIN 规范。这些规则的优点在于其被广泛接受,有可能被国际化,使得有时候不再需要制定相应的法律规范。①

2. 计划行政

计划行政是依赖当今社会的多个部门,在其目的、内容、功能等方面,以多种形态存在的行政行为形式。由于形式内容的多样性,很难对其定义,可暂且将其定义为比较、衡量相关部门的一切相关权利、利益,具体地研究相关事项后所行使的计划性形成作用。② 它是确定未来的发展方向,不针对具体的事件和执行,而是确定普遍的框架,预先决定未来的行政措施。为此需要综合权衡和协调目标冲突,具体而言包括土地规划行政、城市规划行政、行业规划行政和环境规划行政。但由于计划的多样性,行政所需要的资源和能力的不充分性,私人拥有技术的先进性,计划的制定和实施无疑需要通过公私部门的合力来进行,专家参与等公私合作方式无疑能够在计划行政的特定领域适用。但是,需要注意的是,并非

---

① 参见[德]罗尔夫·施托贝尔:《经济宪法与经济行政法》,谢立斌译,商务印书馆 2008 年版,第 454—456 页。

② [韩]金东熙:《行政法Ⅰ》(第 9 版),赵峰译,中国人民大学出版社 2008 年版,第 14 页。

所有的计划行政都能适用公私合作，也不是所有的公私合作形态都能适用计划行政。

作为发轫于西方公共行政改革浪潮中的新型模式，公私合作在西方典型国家经历了相对长的历程，也积累了一定的法治经验。当然，任何国外法治经验都需要结合本土国情加以批判吸收。法国的政府核心公务保留、日本的公共领域扩展适用、美国的本质上政府的职能标准为人们深入认识公私合作的适用范围提供了个性的经验，当然各国公私合作的具体适用领域存在着"共性"规律。从比较行政法的视野分析，只有超越个性，把握规律，总结启示，才能实现我国公私合作适用范围的制度化和法治化。

第二章
公私合作基石论

....

虽然公私合作已在实践中大力推行,但是这并不意味着公私合作的理论基础已经无懈可击。"基础不牢,地动山摇。"事实上,公私合作只有建立在坚实的理论与实践基石之上,才能获得人们的普遍支持。从现实动因来看,公私合作之所以能在当今蓬勃兴起,不仅是因为全球化推动公私对立走向公私合作的缘故,是缘于席卷各国的新公共管理改革促使的因素,而且还由于经济社会转型的促进使然。从理论基础上看,作为治理理论的最新发展,合作治理为公共行政的范式转换、公私合作的展开提供了管理学理论基础,这体现在它为公私合作主体的兴起、公私合作行为的发展以及公私合作的救济机制提供理论依据等方面;风险社会理论为公私合作提供了坚实的社会学基础,表现在风险复杂性需要公私部门合作应对和合作监管、程序范式要求公私部门进行民主协商以及风险社会中的"有组织的不负责任"则需要公私部门共担责任等;公共物品区分理论、公共选择理论以及委托—代理理论从不同的视角为公私合作的顺利开展奠定了扎实的经济学理论基础。从法学基础上看,担保国家理论分别从主体、行为、责任等方面为公私合作的开展奠定了法理学基础;由于公私合作不仅与国家保留理论兼容,与国家社会二元论契合,而且它符合法治原则的基本要求,具有民主正当性和基本人权基础,因此公私合作具有牢靠的宪法学基础;行政法的合作精神和理念、法律保留原则、行政组织多元化理论、行为形式选择自由理论、行政过程论等则为公私合作提供了行政法观念、基本原则、行政主体及行政行为等理论支撑,所以公私合作具有扎实的行政法学基础。

第一节　公私合作的现实动因

任何事情都不是凭空而生的,世间万物都有其产生和发展的社会背景和深刻动因。公私合作的产生和兴起也是如此。虽然不能完全否定在高权时代存在公私部门进行合作的可能性,但是当时公私合作的广度和深度无疑是无法相提并论的。如今,公私合作已在包括我国在内的全世界范围内长成犹如枝繁叶茂的"参天大树"。那么,到底什么是公私合作诞生和发展的现实基点?究竟是什么动因推动着公私合作得以在各国广为运用?遵循着这些思路,本书认为公私合作的现实动因主要是全球化的推动、新公共管理改革使然以及经济社会转型的推进。

一、全球化的推动

自从 20 世纪 60 年代中叶以后的经济全球化、80 年代末期的科技全球化、90 年代以来的政治全球化甚至"法律全球化"以来,全球化经历了一个不断演进的过程。21 世纪可谓是全球化的世纪。全球化在影响广度上已经扩及世界各国和地区,在影响深度上也涵盖了政治、经济、文化等各个层面和领域。不管人们是否赞同全球化,但是它正以一种非常诡异的形式运行,让赞成或反对全球化的力量,都不得不"全球化"了。所谓全球化,可以被诠释为各种社会关系及处置措施等空间性组织的转变,而产生跨区域的行为、互动与权力运作等交流与网络的过程,这一过程将不断演化,而无休止。①

　　全球化经历了由以经济与科技为主的全球化向政治与法律全球化的演进脉络,并表现出四个主要的特征:主权概念的侵蚀、时空象限的模糊、身份认同的纷杂和强势弱势的激化。② 也就是说,在全球化语境下,不仅国家、政府及国际组织,而且企业、非政府组织、非营利组织、社区甚至个人都是全球化体系的重要参与分子,虽然全球化并不意味着国家的消失或国家疆域的完全退让;通讯传播科技及网络的发展,人们可跨越时空之限制,造就全球性议题。身份的认同常由于职业、工作性质、生活方式及价值观念而产生,而不再根植于国籍、种族或语言等因素;南北差距的现象逐渐激化,贫富不均更加恶化。在全球化时代,传统以国家主权疆界划分的全球秩序已逐渐被打破,各种领域、角色甚至是时空参考象限都经历被穿越与模糊化的考验。此种全球化过程,对于传统上依附国家主权行政形式的行政法领域已经产生了巨大的冲击与深远的影响。

　　全球化持续深化及扩大,导致各国国家之公共政策及政府行为将更具全球化之意蕴,相关的议题和行动都可能通过信息传播至全世界,并可能在世界各地产生影响。以公共部门与私人部门进行合作的重要方式——BOT 为例,公私合作就是首先在英、日等发达国家首先推行并随着全球化的深化而扩展到发展中国家等世界各地。英国是推动公私合作政策的代表之一。1987 年英法海底隧道方案经国会通过,成为世界著名 BOT 案。1992 年秋,英国提出并大力推行 PFI（Private Finance

---

　　① 吴英明、张其禄:《全球化下的公共管理》,翰芦图书出版有限公司 2005 年版,第 182—183 页。

　　② 张文贞:《面对全球化——台湾行政法发展的契机与挑战》,载翁岳生教授祝寿论文编辑委员会编:《当代公法新论(中)——翁岳生教授七秩诞辰祝寿论文集》,元照出版有限公司 2002 年版,第 11—14 页。

Initiative),即民间部门以多种方式,把民间资金、管理技术和管理理念全面引入到传统的政府公共项目,重点是公共基础设施领域的项目,以期在相当程度上克服传统模式中高投入与低效率、资源高消耗与服务低质量等一系列弊病。① 这种集融资、建设与运营为一体的新模式一经推出,便受到英国政府以及世界众多发达国家的推崇。比如,1997 年日本全国建设业和日本团体联合会等民间团体开始讨论如何利用民间资本,1998 年PFI 模式被正式引入日本并在基础设施的建设和改善方面发挥了重要作用。此后,英国 PFI 得到进一步发展和深化,虽然后来放弃了 PFI 的"通用评估规则",引入了 PPP 的概念,并在 1999 年成立了英国合作伙伴关系组。自撒切尔、梅杰、布莱尔等历届政府的不懈推动,英国一直保持对PPP 项目的重视,不定期发布相关指导性文件。法国政府于 2004 年通过2004—559 号法令,在很大程度上吸纳了英国 PFI 模式的经验,具有 PPP协议涵盖项目各阶段、私企根据协议履行情况取酬、各方分担风险、私企提供短期融资等四大特点,除了最后一项特点的依据是法国《公共市场法典》的原则之外,前三项特点与英国 PFI 相似。② 作为公私合作的典型模式,BOT 虽然开始首先分布在发达国家地区,但是随着全球化的影响,已经扩展至包括我国在内的世界绝大多数国家和地区。英法海底隧道、澳大利亚雪梨过港隧道、马来西亚高速公路、泰国第二高速公路、我国香港特区西区海底隧道、我国台湾地区的南北高速铁路、中国大陆的沙角电厂等,都是 BOT 方式在全球普及的实例。

从理论上说,全球化在多个方面对公私合作产生了巨大的推动作用。具体而言,表现在以下几个方面:一是从权力的角度看,全球化促进了传统的高权向混合权力的发展。传统上,权力由国家垄断,行政权的行使要

---

① 杜静、仲伟俊、李启明:《私人主动融资(PFI)模式在公共项目中的应用》,东南大学出版社 2014 年版,第 9 页。

② 孙淘、魏济民等:《法国 PPP 的立法与实践:"一带一路"战略下指导中国海外 PPP项目》,中国政法大学出版社 2017 年版,第 10 页。

依法行政,严格按照法律的要求行事。但是,如今全球化对国家主权的侵蚀,使得全球性及区域性的非官方性、民间性的组织大量兴起,对地域、跨国、国家的财经贸易等相关议题具有决策权。无论是作为传统的国家及公共部门,还是私人或其他部门,都更加重视民主、参与、透明,公开有关政策的内容,让有关利益团体能充分认知决策的"全球利益联结",甚至有机会进行对话、辩论。在此过程中,私人部门不再是单纯的客体,而是参与到权力行使中的一员,成为权力伙伴。二是从主体上看,全球化推进了公私对立走向公私合作。全球化对于行使权力的重大影响是模糊了公共部门与私人部门壁垒分明的界限,公共部门、科技专家与民间团体的角色定位越趋流动,法律规范、具体决策与实际执行的程序也不再如往常一般地直线进行。① 在此情况下,政府业务委托民间办理、进行公私合作的情形与日俱增。可以说,全球化的发展,将造成公部门缩小而私部门逐渐扩展的现象。三是从手段上看,全球化促进"命令式管制"向"伙伴化协商"转换。在全球化的过程中,传统公共部门的优势逐渐丧失,行政机关必须依赖私部门,甚至是区域或跨国的政策连接组织的配合,才能完整实践行政决定的内容,满足决策需要,政府部门与私人部门必须放弃一味的"命令式管制",注重"伙伴化协商",从而营造公私部门伙伴化关系,追求彼此的互利与双赢。

由此可见,全球化不仅是一种全球性的时代潮流,使得局限在当地发展的公私合作方式也随之扩展到世界各地,而且是一种新型的推动剂,促进传统的行政高权向混合权力的发展,推进公私对立走向公私合作,促进"命令式管制"向"伙伴化协商"转换。所有这些都为公共部门与私人部门合作完成行政任务,也即本书意义上的公私合作,提供了深刻的时代背景和外在动力。

---

① 张文贞:《面对全球化——台湾行政法发展的契机与挑战》,载翁岳生教授祝寿论文编辑委员会编:《当代公法新论(中)——翁岳生教授七秩诞辰祝寿论文集》,元照出版有限公司 2002 年版,第 20 页。

二、新公共管理改革的推进

20 世纪 80 年代以来,伴随着全球化、信息化与知识经济时代的到来,西方各国掀起了一场以新公共管理为代表的行政改革运动,这场改革从西方发源并逐步席卷到整个世界,形成了一股声势浩大的行政改革浪潮。这场以新公共管理为导向的行政改革运动以其主张在弹性化市场机制基础上,采用商业管理主义的理论、技术和方法对公共部门进行全方位的改革和再造而著称于世,成为公共部门尤其是政府管理改革的新举措。

新公共管理运动最初起源于盎格鲁-撒克逊国家的英国、美国、澳大利亚和新西兰,后来逐渐扩大到其他发达国家乃至全世界。总的来看,撒克逊传统国家较为激进,改革的力度也较大,成效也较明显,而欧洲大陆国家的改革则相对较为温和,成效也要差一些。在新公共管理改革中,涌现了比较著名的行政改革方案——包括英国的下一步行动方案(The Next Steps)和合作政府改革、美国的政府再造(Reinventing Government)、加拿大的公共服务 2000 计划(Public Service 2000)、欧洲共同体会员国倡导的公共服务革新、新西兰的财政与人事改革、澳大利亚的财政管理改进计划等。

在英国,行政改革的一个重要内容是实行以公共服务的市场化为核心的民营化改革:一是国有企业的私有化。自从 1979 年撒切尔夫人上台以来,通过股份化、拍卖甚至赠送等方式,把英国电信公司、英国石油公司、英国燃气公司、英国航空公司、英国飞机制造公司等通讯、交通、能源等产业的大型国有企业,全部实现了私有化。二是签约外包制的运用。三是鼓励私人投资行动(Private Finance Initiative,PFI)。在该行动中,公共部门与民间供应商签订长期服务合同,由供应商投入资金,投资建设、经营管理有关的公共服务项目,其目的在于充分发挥私人部门的管理技术优势和资金实力,来改善有关公共服务的建设、营运和服务质量。2000年,英国成立了公私伙伴合作关系组织——伙伴英国,专门服务于公共部门的 PFI 项目,保障公私部门的 PFI 项目合作过程中,共担风险,共享收益。此外,撒切尔夫人上台后的各届政府一直致力于政府管理结构和管理模式的改革,从 1979 年开启的以管理绩效评审为核心内容的"累纳评审"到 1988 年开始实施的"下一步行动"改革,英国保守党运用一整套商业管理模式,重塑了英国政府管理结构和模式。① 这些改革以效率为主要取向,在一定程度上达到了目标,但是也存在着一些弊端。英国新公共管理运动固然降低了公共服务提供的成本,提高了效率,但是在公共服务提供中大量采用私有化、外包以及竞争等手段使得政府能力空心化;与此同时,强化分权以及大量设立执行局让本来根据功能划分的组织格局更为碎片化。1997 年工党领袖布莱尔上台,针对保守党执政时期过分强调公共服务提供过程中的竞争,忽视了公共治理主体之间的有效合作和协调,从而带来碎片化的制度结构的弊端,提出了"合作政府"或"协同政府"的新思路。② 据英国国家审计办公室 2001 年提交的一个报告中明确指出,所谓合作政府是指将一些公共的、私人以及自愿组织联合起来,实现跨越组织边界进行工作以达到一个共同的目标。③ 1999 年出版的《现代化政府》白皮书确定了改革的目标是打造一个更加注重结果导向、顾客导向、合作并有效的信息化政府,以此超越以往在预算、目标、机构管理和责任机制方面过多的功能导向,转向包容性与整合性突出的合作取向,鼓励在政府外部与非政府组织和私营机构之间的合作。④ 这就为英国实务中各类公私合作方式的兴起提供了基础条件和现实动因。

　　与英国政府大规模出售国有企业不同,美国公共行政改革的主要形

---

① 赵成根:《新公共管理改革:不断塑造新的平衡》,北京大学出版社 2007 年版,第2—3 页。

② 参见解亚红:《"协同政府":新公共管理改革的新阶段》,《中国行政管理》2004 年第 5 期。

③ 曾令发:《合作政府——后新公共管理时代英国政府改革模式探析》,《国家行政学院学报》2008 年第 2 期。

④ 陈天祥:《新公共管理:政府再造的理论与实践》,中国人民大学出版社 2007 年版,第 108 页。

式是公共产品和公共服务的签约外包。在联邦层次,许多联邦政府部门的数据处理、饮食服务、房屋维护、保安等辅助性服务,通过签订平等、互惠的合同,外包给私人供应商。在州和地方政府层次,签约外包的范围进一步扩大到垃圾处理、街道清扫、急救车服务、公园维护等众多公共服务领域。据统计,服务外包是美国最常见的民营化方式,美国最常见的 64 项市政服务中,平均有 23% 以合同方式外包给私营部门。① 当然在实现公共管理市场化的同时,美国还对政府管理体制进行了改革。克林顿政府上台以后,开展了大规模的重塑政府改革运动,试图运用企业管理的理念和模式,来重塑政府的结构和模式,通过贯彻顾客导向、绩效导向、战略导向和结果控制等原则,通过精简机构、裁减政府雇员、放松政府管制、引入竞争机制和推行绩效管理等具体的改革措施,力求创造一个成本更低、效率更高的政府。通过公共服务的市场化、重塑政府等举措,美国的新公共管理改革突出表现在引进了私营部门的市场化方法,对美国政府运作产生了深远的影响。

英国、美国等国的新公共管理改革反映了 20 世纪 80 年代以来西方主流的行政改革潮流和趋势,但是这并不意味着世界只有一种改革模式。由于各国的历史发展路径、文化传统不同,政治结构、经济发展水平、社会结构、主流的意识形态和价值观念状况、社会政治力量对比等因素的差异,以及领导人的执政理念和选取趣向不同等诸多变量的影响,各国新公共管理改革各具特色,形成了多元化模式。但是,无论如何,新公共管理改革具有一些共同的特征,具有相同的核心主题,而这些共同之处对公私伙伴关系或公私合作的发展具有重要的意义。

一是实施绩效化改革。针对官僚制模式的困境,新公共管理要求改革官僚制的弊病,以更加有效率的方式进行公共行政。新公共管理重视

① [美]E.S.萨瓦斯:《民营化与 PPP 模式:推动政府和社会资本合作》,周志忍等译,中国人民大学出版社 2015 年版,第 122—123 页。

绩效化改革,注重"重塑政府"来实现传统公共行政所不能实现之目的。英国的公民宪章运动以及美国的《戈尔报告》,都是绩效改革的表现。绩效改革更加注重公私部门的竞争,注重顾客导向和市场检验,注重引进外部市场和公众评价主体。这为私人部门参与行政、促进公私部门的合作打下基础。实际上,竞争与合作是一个事情的两面,具有相互转化的趋向。无论是市场还是合作,私人部门的能力都在公共管理改革中得到了极大的重视和实际的发挥,预示着公私合作发展的可能性。

二是进行分权化改革。纵观各国分权的实践,分权主要包括政府系统内部的分权和政府系统内部与外部之间的分权。其中政府系统内部与外部之间的分权实际上是一个国家或政府还权于社会的过程,实现由国家统治向社会自治的转变。在传统的行政模式下,政府扮演了更多的统治者、监督者、控制者的角色,而服务者的角色则一定程度上被淡化,由此导致公民对政府的不满日甚。为此,新公共管理强调回应性、顾客参与和授权。即新公共管理强调对顾客的回应性,倡导顾客导向和服务导向的基本价值,政府不再是高高在上、自我服务的机构,而是把需要服务的公民视为政府公共部门的"顾客",要以顾客的满意度作为政府运行的最大使命;重视顾客(公民)参与,实现管理的民主化、公开化;重视授权社区,推行公共服务的社区化,将公共服务和管理的权限下放给社会的基本单元:社区、家庭、志愿者组织等,让他们自我服务、自我管理。正如奥斯本、盖布勒所言:"他们关心的中心并不是简单提供公共服务,而且也向公营、私人和志愿服务各部分提供催化剂,使之行动起来来解决自己社区的问题。"[1]

三是推行公共服务市场化改革。作为西方行政改革核心主题的公共服务市场化,其基本思路是在公共服务领域打破政府垄断,引入市场竞争机制,将原有由政府承担的部分公共职能推向市场,通过充分的市场化资

---

[1] [美]戴维·奥斯本、特德·盖布勒:《改革政府——企业精神如何改革着公营部门》,上海市政协编译室、东方编译所编译,上海译文出版社 1996 年版,第 21 页。

源配置作用而达到有效改善与提升公共服务的目的。公共服务市场化具有以市场竞争打破政府垄断、决策与执行分开、市场检验与顾客导向、公共服务与市场机制的有机融合等四大特征。① 西方国家在探索市场机制和公共职能有效结合的市场化过程中，形成了各具特色的多种公共服务市场化形式。比如萨瓦斯认为把公共服务的市场化归纳为十种形式：(1)政府服务；(2)政府出售；(3)政府间协议；(4)合同承包；(5)特许经营；(6)政府补助；(7)凭单制；(8)自由市场；(9)志愿服务；(10)自我服务。② 在各国的改革实践中，借用私人部门的优势，建立 PPP 模式是改善公共服务的重要举措。通过这种公私合作伙伴关系，发挥公私两个部门在管理、技术、资金等方面的优势，在各自目标中寻找共识，相互合作，共同提供服务，共同担任社会责任，从而更好地满足公众的需求。公共服务的市场化，不仅使市场重新回归到自由市场状态下的功能领域，而且还扩张到它原先不曾涉足的功能领域——公共产品和公共服务的供给领域。

由此可见，"新公共管理"可以从多个角度解读，它既是一种新的实践模式，一种新的公共管理模式，指的是当代西方公共行政领域持续进行的改革运动，又是一种全新的管理理论，一种试图取代传统公共行政学的管理理论。尽管新公共管理理论受到诸如新公共服务理论的质疑，比如政府的重要作用不是"掌舵"，而是在于帮助公民表达和实现他们的共同利益；政府不仅要回应顾客的需求，而且要关注建设政府与公民之间的、公民与公民之间的信任与合作关系等，③但是，新公共管理仍然是迄今行

---

① 程样国、韩艺：《西方公共服务市场化的启示与反思》，《江西社会科学》2004 年第 4 期。

② [美] E.S.萨瓦斯：《民营化与 PPP 模式：推动政府和社会资本合作》，周志忍等译，中国人民大学出版社 2015 年版，第 66 页。

③ 具体而言，新公共服务理论提出了七大原则或理念：服务而非掌舵、公共利益是目标而非副产品、战略地思考、民主地行动、服务于公民而不是顾客、责任并不简单、重视人而不只是生产率、重视公民权胜过重视企业家精神。参见[美]珍妮特·邓哈特、罗伯特·邓哈特：《新公共服务：服务，而不是掌舵》，丁煌译，中国人民大学出版社 2004 年版，第 43—44 页。

政改革中的主流理论。新公共管理理论根植于实践,但又将指导包括公私合作实践的不断发展。

受新公共管理改革的影响,我国在进行经济、政治体制改革的同时,实施了政府管理模式的改革,提出了"政企分开"、"简政放权"等与建立社会主义市场经济体制相适应的改革目标。我国基础设施和公共服务已经开启了市场化改革,政府与私人部门的关系发生了变化。政府部门不仅在自身范围内借鉴了私营部门的管理经验和技术,而且不断调整政府与民间的关系,增强公私部门之间的合作,越来越多的公共产品和公共服务通过市场化机制等方式来提供。大量的非政府组织、私人公司甚至个人等都实际提供着传统由政府垄断提供的公共服务,由此政府垄断公共事务的局面不复存在,政府逐渐由公共服务的提供者、生产者转为合作者、监督者。特别是随着中共十八届三中全会决定允许社会资本通过特许经营等方式参与城市基础设施投资和运营以及国务院、财政部、发改委等部门出台了一系列鼓励政府与社会资本合作的政策文件,并且 PPP 相关立法也在紧锣密鼓地进行之中,诸多公私合作模式——如特许经营、政府购买公共服务、辅警等行政助手在全国各地实践中得到迅速推行,并在法治中得到发展。① 据发改委公告显示,2015 年 5 月间该委发布的 PPP 项目共计 1043 个,总投资 1.97 万亿元,项目范围涵盖水利设施、市政设施、交通设施、公共服务、资源环境等多个领域。2016 年财政部 PPP 中心公布,当年 6 月底全国 PPP 入该中心项目为 9285 个项目,涉及能源、交通、水利、生态环境、片区开发等 19 个行业,总投资额 10.6 万亿元。大多数公私合作实践都取得了良好的效果,既降低了公共服务成本,又提高了公共服务的质量和效率,还在很大程度上推动了政府职能的转变,提升了广大公众的幸福感和获得感。随着以新公共管理理念为指导的公共行政

---

① 邹焕聪:《我国辅警的理论悖论及其消解——从我国首部辅警地方政府规章切入》,《学术论坛》2012 年第 11 期。

改革的进一步推动,我国公私合作必将得到进一步发展,具有更加广阔的生长空间。

三、经济社会转型的促进

面临经济发展无法满足日益增长的公共基础设施等公共产品的巨大需求,各国实行特许经营制度的直接和现实动因均出于政府缓解财政压力,其次企业追求稳定回报和市场份额驱使许多企业家加入到公共基础设施建设和运营中来,但是我国特许经营等 PPP 模式不再单纯是引入社会资本,还将提供公共服务效率作为主要目标。[①] 这很好地解释了作为公私合作重要模式的特许经营兴起的动因。如果从深层次上看,经济社会转型更是推动公私合作发展的根本动因。自从党的十七大提出要在发展经济的基础上,更加注重社会建设以来,社会建设获得发展新格局。党的十九大进一步提出,紧扣我国社会主要矛盾变化,统筹推进经济建设、政治建设、文化建设、社会建设、生态文明建设。因此,新时代背景下的社会转型不仅是经济、政治、文化、生态的转型,而且是社会自身的转型。由于经济转型涉及社会生产力、生产关系的社会变革,因此在整个转型中无疑具有基础性的作用。而经济转型与社会转型可以并称为经济社会转型。尽管不忽视政治、文化、生态转型的重要价值,但是经济社会转型对于公私合作的产生和发展更具有重要意义,是更为根本的动因。可以说,以经济市场化、社会合作化为特色的经济社会转型为公私合作的产生和发展奠定了深刻的动因。

其一,经济市场化为私人部门的发展壮大、参与公共事务的合作奠定经济基础。

在我国,社会转型的重要表现之一是实现社会主义市场经济体制。而我国经济体制改革的过程,可以说是逐步放开个体、私营经济等非国有

[①] 李允:《PPP 的法律规制——以基础设施特许经营为中心》,法律出版社 2017 年版,第3—8 页。

经济发展的过程。市场经济的发展内在地要求政府必须淡化和退出某些
公共领域,对诸多公共领域可以引进市场化来解决公共产品的生产与供
给。尤其是在加入 WTO 后,民间资本与外资参与公共服务已成必然趋
势。"公有制为主体,多种所有制经济共同发展"是我国社会主义初级阶
段的一项基本经济制度。个体、私营经济等非公有制经济是社会主义市
场经济的重要组成部分,它们将与公有制经济共同发展、互相促进,并呈
现出相互融合交错的发展格局。事实上,无论是什么样的所有制形式,也
无论是什么样的实现方式,只要符合"三个有利于",都应该鼓励和支持
其发展,并为它们创建一个公平竞争的制度环境。自改革开放以来特别
是实现社会主义市场经济以来,我国非国有经济已经取得了举世瞩目的
成绩,并开始成为支撑我国经济增长的主力军。在一定意义上说,非国有
部门的崛起是市场化改革的必然结果。

　　与非国有部门财力雄厚相伴的是政府日益增长的财政拮据。在美
国,政客选举的承诺和广大民众的诉求共同导致了福利项目的激增。取
消或减少政府活动对其受益者来说当然不受欢迎,增加税收与借贷同样
会受到民众的抑制,因此,政府可以选择的道路只有两条:提高生产率或
寻求合作伙伴①。在我国,由于财政投资不足,基础设施等公共产品和公
共服务供给严重不足,而政府投资的减少,意味着直接生产和经营单位福
利的降低以及低效率问题的出现。结果,政府不但无力投资公共基础设
施建设等公共产品或公共服务,而且补偿该领域的政策性和经营性亏损
也已力不从心。特别是随着新型城镇化成为国家战略,城镇化建设需要
巨额资金,传统的以银行信贷为主的融资模式不可持续,地方政府发债又
受到多种因素制约,于是 PPP 模式成为应对城镇化进程融资需求的主要
法宝。仅以教育的经费保障而言,即使在经济比较发达的上海,人均公共

---

① 〔美〕E.S.萨瓦斯:《民营化与 PPP 模式:推动政府和社会资本合作》,周志忍等译,
中国人民大学出版社 2015 年版,第 5 页。

教育经费也低于发展中国家的平均水平,不到亚洲国家水平的一半,约为发达国家的二十分之一。如何解决教育经费短缺,加大普及义务教育的力度,满足人民日益增长的教育需求?于是,鼓励多渠道、多形式社会集资办学和民间办学,改变国家包办教育的做法就成为解决制约教育发展瓶颈的主要途径之一。随着时代发展与社会进步,公众的政治参与意识不断提升,加上私人部门财力的增长以及生活方式的转变,社会公众日益呈现多元化的需求并越来越注重公共产品和服务的质量。而我国政府财政能力决定了我国公共产品和公共服务的提供难以满足人们的公共需求,由此产生了供需之间的矛盾。为了解决这种矛盾,必须充分利用私人部门的雄厚财力、管理技巧等各种资源来解套。也正是从这种意义上说,国内学者往往把民营化的现实动因归结为解决国家财政困境。[①] 实际上,我国民间资本十分充足,我国20%的人掌握了80%的社会财富,这为实施公私部门的合作打下了资金基础。据报道,2009年国家下达的保障性住房建设计划,需要地方配套1183亿元,难以落实,有的省份2008年安排的廉租房建设项目,至今尚未全部落实配套资金,有不少市县政府将落实保障性住房配套资金寄希望于银行发放政策性长期贷款[②]。而在保障性住房建设过程中,可以大力引入类似"建设—运营—转让"的BOT模式,出售部分的建设和运营权,由民间资本来进行先期的投入,允许民间资本运行期间获得相应的回报,等到运行一定期限后,再转让于政府来营运。不仅如此,实际上在大多数公共事务领域,都可以引入私人资本实施特许经营、政府业务外包以及其他公私合作模式。由此可见,只有在市场经济转型的推动下,我国个体、私营经济等私人部门才能获得长足的发

---

① 参见杨欣:《民营化的行政法研究》,知识产权出版社2008年版,第30页;刘飞:《试论民营化对中国行政法制之挑战——民营化浪潮下的行政法思考》,《中国法学》2009年第2期。

② 王亦君:《保障性住房建设完成率不到三成　配套资金是难题》,《中国青年报》2009年10月29日。

展,拥有丰裕的资金。而私人部门财力的增长可以缓解国家财政资金投入不足的困境,为私人部门进入公共产品和公共服务的生产和提供,推动公私伙伴关系的发展奠定坚实的经济基础。

其二,社会合作化为促进社会组织与政府的协力提供了坚实的社会动力。

建设和谐社会,加强社会建设,是党和政府的既定目标,也是我国一直实施的生动实践。和谐社会的建设,需要正确处理好政府与市场、政府与社会之间的关系,促进以社会组织为重点的社会建设,加强政府与社会组织之间的合作,从而有效配置社会资源、加强社会协调、化解社会矛盾。一般而言,非政府组织、社会团体等社会组织是社会的重要构成要素。而社会组织与政府之间的关系在很大程度上代表着社会与国家的关系。由于各国政权性质、法律制度、分权程度、发展程度、宗教传统等不同,政府与社会组织的关系错综复杂、差别较大。大致可归纳为四种类型:一是对立的关系;二是不与政府发生关系;三是对政府的依赖关系;四是合作关系。① 在多数国家,政府同社会组织之间的关系主要表现为较为稳定的合作关系,共同致力于社会经济发展活动。各国政府大都承认社团组织在社会、经济发展中的积极作用及其存在的正当性。② 与此同时,国际社会也着手同社团组织进行合作与对话,建立其合作伙伴关系。如 1992 年联合国环境与发展大会通过的《21 世纪议程》要求:各国政府与非政府组织要建立其有效的对话机制,以便在可持续发展过程中发挥各自的独特作用;各国政府应该欢迎对非政府组织在可持续发展过程中的表现进行监督和评估。

我国传统上是一个国家主导社会的国度,国家强大而社会弱小,国家

---

① 参见吴忠泽:《发达国家非政府组织管理制度》,时事出版社 2001 年版,第 57—58 页。

② 黎波:《当代中国社会利益结构变化对政治发展的影响》,兰州大学出版社 2007 年版,第 227—228 页。

通过各种渠道控制着社会。新中国成立后直到改革开放前,国家强大、社会弱小,个人依托单位、社会依托国家。但是,随着改革开放和市场经济的推进,我国国家—社会的关系呈现出新的发展态势。特别是在当今社会转型期,社会转型本身就是社会与国家关系的调整和转变过程。由于受计划经济的影响,政府习惯于对社会进行管制,控制、对抗的思维仍有市场。按照中共中央、国务院印发《法治政府建设实施纲要(2015—2020年)》对公共服务"实行政府和社会资本合作模式"的解释和《国民经济和社会发展第十三个五年规划纲要》有关"进一步放宽基础设施、公用事业等领域的市场准入限制,采取特许经营、政府购买服务等政府和社会合作模式,鼓励社会资本参与投资建设运营"的要求,我国政府正在由管制型政府向合作型政府转变,由政府本位、官本位向社会本位、民本位体制转变。在这一转变过程中,政府自上而下对国家—社会关系进行调整,促进政社关系的和谐化、合作化发展。实际上,《中共中央关于加强党的执政能力建设的决定》在要求深入研究社会管理规律,完善社会管理体系和政策法规,整合社会资源的基础上,第一次提出了要建立健全党委领导、政府负责、社会协同、公众参与的社会管理格局,分别明确了党委领导核心的地位、政府社会管理的职能、社会组织协同的功能和公民广泛参与的作用。这说明我国党和政府早已认识到作为社会的重要组成部分——社会组织的优势与作用,并着眼于社会的"协同",建立政府与社会组织的合作伙伴关系。国家或政府之所以重视非政府组织等社会组织在公共事务中的协同或合作,是因为非政府组织有许多优势与独特的作用,比如它能贴近基层,有相当的专业技能和创新能力,处理问题客观公正、方式多样、手段灵活等。于是,政府将许多行业管理职能和监督职能交给行业协会、商会等非政府组织办理。

与此同时,我国的社会组织自改革开放以来得到不断的发展,功能作用日益彰显。根据民政部发布的《2016 年社会服务发展统计公报》显示,截至 2016 年年底,全国共有社会组织 70.2 万个,比上年增长 6.0%。但是由于社会组织的准入门槛高和统计困难等,社会组织的实际数字应更大。根据有关学者的估计,我国社会组织的数字是300万个左右,估计最多的高达800多万个。我国这些数量巨大、种类繁多、各具特色的社会组织对完善市场经济体制、转变政府职能、扩大公民参与、推进基层民主、推动政务公开、改善社会管理、促进公益事业等方面发挥着越来越重要的作用。以被誉为"真正的民间商会"的温州商会①为例,温州商会在治理实践中对开展行业统计、行检行评、参与行业发展规划的制定、发展行业公益事业等多项超企业、超行业的社会或国家事务进行了良好的管制。据调查表明,温州商会较常发挥的行业规制职能主要有开展行业维权行动、应对反倾销诉讼和建设行业品牌等;参与的社会领域管理则主要有安全生产建设、环境治理、劳资关系协调以及社会公益事业等。三分之二强的商会会员企业对商会履行职能持很好和较好的评价,可以证明商会不仅参与了公共事务治理,而且有较好的治理绩效。②

尽管我国民间组织中绝大多数由政府创建,或者挂靠某一党政机关以及组织的主要经费依赖财政拨款,所以目前民间组织从总体上说是政府主导型民间组织,私法公益组织还有待发展,自治性、独立性远低于西方国家,但是,这一颇具中国特色的社会组织,决定了社会自我管制的有限性以及私人部门与国家合作管制事务的内在需求。其实,即使有些民间性较强的组织在自我管制的基础上也需与政府合作,才能更好地取得预期的治理成效。而诸如温州商会的民间组织之所以在管制事务方面取得成功,其中重要的原因就是民间组织主动与政府进行合作治理以及取得政府的承认和支持。可以说,我国社会组织与政府之间的合作决定了

① 据有关统计,温州商会约有300多家,基本上是由民间自发产生的,是实行自我管理、自我服务的组织。参见陈剩勇、汪锦军、马斌:《组织化、自主治理与民主——浙江温州民间商会研究》,中国社会科学出版社2004年版,第81、104页等。
② 参见王诗宗:《治理理论及其中国适用性》,浙江大学出版社2009年版,第175—176页。

社会合作管制的产生和兴起,社会组织与政府合作关系的凸显为治理型公私合作特别是社会合作管制的兴起提供了深刻的社会动因。为此,今后要进一步加强社会建设,大力发展社会组织,促进政府与社会组织的合作和谐。而社会组织与政府的和谐化、合作化,意味着社会治理结构从单一的政府统治模式发展到多元的复合治理模式,也是"社会"领域从"国家"分离又合作的过程。在这一过程中,社会组织自我组织、自我管制、自我服务等能力得到培养,多方合作的素养得到提升,从而为社会组织等私人部门实现与公共部门的合作,促进公私合作的产生和发展奠定了社会基础。随着政府与社会合作关系的进一步发展,公私合作的现实土壤必将更加深厚。

第二节　公私合作的理论基础

公私合作可以从不同的学科角度进行解读,但是不同学科视野下的公私合作往往形成一个封闭的知识空间,不利于不同学科之间的对话。为此,要打破学科界限,进行知识整合,为公私合作这一新现象提供复合性、跨学科的理论根据。可以认为,合作治理、风险社会和公共物品区分理论等从不同角度为公私合作分别提供公共管理学理论基础、社会学基础以及经济学基础。虽然与下文所述的公私合作的法学基础相比,这些跨学科的理论更多地显示出一种"法外基础"的色彩,但是正是这些理论从不同角度为公私合作提供了法学基础的思想来源;如果在此基础上进一步进行理论创新,公私合作的法学基础可以明确为"担保论"或者"合作论"。无论如何,上述不同的学科理论资源为公私合作提供了坚实的法学之外的理论基础。

一、合作治理理论

"治理"概念被西方政治学家和经济学家赋予了新的含义,其涵盖的范围远远超出了传统的经典意义,并在许多国家的政治、行政和社会管理改革中得到广泛的应用。在关于"治理"的各种定义中,全球治理委员会的定义具有很大的代表性和权威性。该委员会于 1995 年发表了一份题为《我们的全球伙伴关系》的研究报告,并在该报告中对"治理"作出了如下界定:治理是各种公共的或私人的个人和机构管理其共同事务的诸多方式的总和。它是使相互冲突的或不同的利益得以调和并且采取联合行动的持续过程。它既包括有权迫使人们服从的正式制度和规则,也包括各种人们同意或以符合其利益的非正式制度安排。它有如下几个特征:治理不是一整套规则,也不是一种活动,而是一个过程;治理过程的基础不是控制,而是协调;治理既涉及公共部门,还包括私人部门;治理不是一种正式的制度,而是持续的互动。① 治理具有许多具体的模式,比如多中心治理、网络化治理等。在此主要论及公共领域治理理论的最新发展趋势——合作治理理论及其对公私合作的重要理论基础作用。

合作治理理论正在形成和兴起之中,人们对合作治理的概念也莫衷一是。有的学者认为,合作治理是多元治理主体的共同治理,是政府与社会自治力量合作进行的治理。② 有的学者认为,它是对以公私合作为基础提供公共服务与秩序的治理过程与形态的概括,是对现代国家的公共部门与其他部门之间的关系的重大调整。③ 有的学者认为,合作治理是多中心治理最浓缩的表达,在大多数语境中,多中心治理指称的主要是合

---

① 参见全球治理委员会:《我们的全球伙伴关系》,牛津大学出版社 1995 年版,第 23 页。

② 参见张康之:《行政伦理的观念与视野》,中国人民大学出版社 2008 年版,第 345、347 页。

③ 参见敬乂嘉:《合作治理——再造公共服务的逻辑》,天津人民出版社 2009 年版,第 3 页。

作治理。① 尽管如此,可以肯定的是,作为一种新的治理模式,合作治理不仅吸收了传统治理的精华,而且对许多方面进行了创新发展。合作治理具有以下主要内容和基本特征:

一是治理主体的多元性。传统上人们认为政府是唯一的权力中心,公共行政的管理权应由行政部门来掌握。治理理论对传统的国家和政府权威提出挑战,它认为政府并不是国家唯一的权力中心,各种公共的和私人的机构只要其行使的权力得到了公众的认可,就都可能成为在各个不同层面上的权力中心。② 这一传统的治理观点被合作治理理论得以传承和发展。合作治理认为,按照治理权威和资源的来源,治理的基本模式有政府治理、自治理和合作治理。当治理资源来自政府或其他具有国家权威的公共主体时,属于政府治理。当该治理资源来自非国家的治理主体例如企业、非营利组织或社区团体时,属于自治理。而当治理资源是上述两种资源的结合,并存在资源在合作者之间分享时,即构成合作治理。③也就是说,合作治理是公共主体与非国家之间合作进行良性治理,反映了非国家的治理主体以各种方式加入到公共秩序与公共服务的提供中来。

二是治理权力的伙伴性。与传统公共行政的我令你从、权力为政府所垄断不同,合作治理实现国家权力向社会的回归,充分体现了多中心治理的特色,促进了线形向网络化权力关系结构的生成。网络化结构意味着政府与其他主体之间从自上而下的等级制向平行组织之间互动转变、从命令和控制向谈判和协商转变、从对立向合作转变。合作治理在公私部门之间形成了各种权力伙伴关系,包括横向的权力关系、纵向的权力关系以及网络化的权力关系。由于存在着权力依赖关系,公共管理过程便

---

① 参见孔繁斌:《公共性的再生产——多中心治理的合作机制建构》,江苏人民出版社 2008 年版,第 57 页。

② 参见[英]格里·斯托克:《作为理论的治理:五个论点》,《国际社会科学杂志》(中文版)1999 年第 2 期。

③ 敬乂嘉:《合作治理——再造公共服务的逻辑》,天津人民出版社 2009 年版,第173 页。

成为一种互动的过程。公私部门共同行使权力以及公私部门之间的伙伴关系,促使政府等公共部门改变行为策略和行为方式,更多地体现协商合作以及谈判的精神,具体手段也不限于政府的发号施令或运用权威,而更多地体现为柔性的合作行为等。

三是治理机制的复合性。在合作治理的视野下,治理机制具有复合性、复杂性。由于合作治理在某种程度上可以被视为以社会为中心的治理,私人部门以及社会组织等必将在治理体系中占据重要的角色。多元化主体之间的权力依赖和合作伙伴关系,以及协商、谈判和交易,必然形成一种自主自治的网络。这种网络体系与传统的单一等级制式的协调方式有着本质的区别,也与依靠"看不见的手"来进行操纵的市场机制不同。它是由参与公共行政的各个群体,为了获取他人的支持和帮助而放弃自己的部分权利,依靠自己的优势和资源,通过对话以增进理解,树立共同目标并相互信任,建立短期、中期和长期的合作,相互鼓励并共同承担风险,最终建立一种公共行政的治理共同体。这种共同体的特征不再是监督,而是自主合作;不再是集权,而是权力在纵向和横向上的同时分散;不再追求一致性和普遍性,而是追求多元化和多样性基础之上的共同利益。[1]

从以上合作治理的基本理论可以看出,合作治理是现代治理走向精细和复杂的最新阶段,其"本质是建立在市场原则、公共利益和认同基础上的合作"[2]。本书认为,合作治理理论精髓与公私合作理念一脉相承,合作治理可以说是公私合作的管理学理论基础,为公共行政的范式转换、公私合作的展开提供了正当性基础或理论依据。具体而言,表现在以下方面:

---

[1] 参见[英]格里·斯托克:《作为理论的治理:五个论点》,《国际社会科学杂志》(中文版)1999 年第 2 期。

[2] 车峰:《我国公共服务领域政府与 NGO 合作机制研究》,中央民族大学出版社 2013 年版,第 24 页。

（一）从主体上看，合作治理理论为公私合作主体的兴起奠定理论基础

合作治理主体的复合性启示人们，要完成行政任务，必须善于利用各方的力量，不仅要使用传统的公共部门的力量——当然其行使权力的方式目的可能将发生改变，而且要结合私人部门之资源来完成。于是，私营企业、志愿性机构甚至个人等愈来愈多地参与公共行政领域，过去几乎全然属于政府的责任，现在却由公私部门来共同分担。放眼全球，政府业务外包、公权力委托、特许经营等方式几乎在全世界流行。与此同时，合作治理意味着政府单主体、单中心的否定，蕴含着多主体、多中心的生成。合作治理在一定意义上可以看作是以社会为中心的治理，社会组织已经成为"自组织"[①]，按照组织逻辑和运行机制进行治理和自治自律。但是，"自组织"并非完美无缺，一旦信任与合作机制出现危机，则需要"他组织"即国家或政府的介入。也就是说，合作治理的主体首先为社会组织等"自组织"，只有在"自组织"失灵、具有与国家合作需要之时，国家才以管制主体的面目出现，不过国家或政府在其中的角色是合作伙伴，可能扮演倡导者、主持人、支持者、经纪人、框架规制的提供人、直接参加者等多重角色[②]。这就为本书民营化路径和治理路径的公私合作的形成和发展奠定了深刻的理论基础。

（二）从行为上看，合作治理理论为公私合作行为的发展打下理论根基

在合作治理下，网络化权力结构提出了建构与这种相互依赖、相互协商、相互合作的多维权力结构相适应的公私合作机制的要求。仅就行为

[①] 一般而言，自组织系统是一个系统无需外界特定指令而自发或自主地从无序走向有序，形成结构性系统的过程。参见吴彤：《自组织方法论研究》，清华大学出版社 2000 年版，第 7—8 页。

[②] See Eva Lievens, Jos Dumortier, Patrick S. Ryan, "The Co-Protection of Minors in New Media: A European Approach to Co-Regulation", Vol. 10 *U. C. Davis J. Juv. L. & Pol'y* (2006), p. 115.

而言,当今时代的人们处于由陌生人组成的稠密网络结构中,而这种稠密网络结构决定了人们之间的交往关系是信任的关系,而且网络结构打破了信息的边界,使交往行为系统成为一个无边界的信息系统,促使合作行为的普遍化。"只有当组织以及人们之间存在着信任关系,才会引起自愿合作的行为。……信任的在场,可以使交往关系成为相互理解、互相尊重的关系,并能生成共同行动的合作行为"①。信任是合作的前提,而合作又进一步增强信任。在合作理性的统摄下,合作行为模式产生并成为主导行为模式。这种合作行为模式不同于国家居于管制者地位对管制对象为"外部式"的"他律"措施或行为。大体而言,它包括公共部门与公共部门之间的合作行为、国家与私人之间的合作行为以及私人之间自律管理公共事务的行为等。但是,国家与私人之间的合作行为无疑是合作治理中最为重要的行为类型之一,也是公私合作行为的重要内涵之一。

(三)从责任救济上看,合作治理理论为公私合作的救济机制提供理论依据

合作治理是一个分担共同责任的治理结构,不同的治理主体在其中实现社会公共服务或产品的公共认知的意愿,承担最优化的公共职责。一方面,责任具有复合性。在合作治理的责任中,不仅包括私人部门滥用社会权力应承担违法责任,而且包括国家机关或授权组织违法行使权力应依法承担责任,而且从根本上说,国家或政府机关是最终的责任担保人。另一方面,责任具有多样性,即指责任形式、责任追究机制以及责任渊源的多样性:责任形式不仅包括科层制下的国家补偿、赔偿、行政处分等,而且包括社会自治组织对会员身份的惩罚和体现在合作行为的道德责任等;责任追究机制的多样性,包括国家层面的制度化责任追究机制方式,更包含了社会层面复杂的责任追究方式;责任渊源的多样性,包括法定的责任,但更多的是意定的责任甚至伦理责任。而合作治理下的救济

---

① 张康之:《行政伦理的观念与视野》,中国人民大学出版社 2008 年版,第234页。

制度是一种合作型救济,它在主体、途径、方式多方面展开——从解决主体上看,不仅包括传统国家或政府机关实施的救济,而且扩展到社会组织依法进行的救济;从救济途径上看,不仅包括行政复议、行政诉讼、行政赔偿等,还应将自我调解、民事仲裁等多种途径包括在内;从救济方式上看,不仅包括法律法规规定的责令履行责任、赔偿、补偿等正式机制,还包括自我协商、谈判、谴责、公布等非正式机制。可以说,合作治理有关责任思想及理论为公私合作的责任制度及救济机制的完善提供了坚实的理论基础。

总而言之,合作治理理论重构了与传统公共行政学相对应的新公共管理模式,不再是传统公共行政的"政府模式"或"统治模式",而更多地体现在"社会的公共行政"。不仅如此,作为公共管理和公共行政改革的新举措,合作治理主张在政府中引入市场或竞争机制,开发非政府组织和个人在公共事务治理方面的能力,建立公私合作伙伴关系,实行公私共治。公共部门将不再是公共事务的唯一治理者,公共事务的治理将更多依赖于社会与市场力量的参与合作,形成网络化的多元治理格局;治理的手段也不局限于传统的高权手段方式,而更多地使用合同等契约型手段;治理机制也更多体现在多元化主体之间的权力依赖、合作伙伴关系以及自主自治的网络。而所有这些,都与公私合作紧密相关,因为公私合作在很大程度上是从政府高权部门转移到社会部门、私人部门,不同部门相互依赖,彼此形成伙伴关系。在公私合作下,私人部门可以更好地为广大公众提供公共产品或公共服务。可以说,合作治理为公私合作的顺利开展提供了宝贵的思想资源和理论支持。

二、风险社会理论

不管人们是否承认,随着全球化的推动,当今世界似乎正在进入一个乌尔里希·贝克所预设的"风险社会"。风险社会不再是一个理论假说,而是真真切切地被当今世界一些重大事件所证实。与工业社会相比,社会中的风险具有实质上的区别,其主要特征表现如下:一是风险的人为制造性。现代风险的特征是内生性的,不是外加的;是人为的,是我们自己在作决策的时候,在行为选择的时候,尤其是我们在追求经济发展的进程当中,自己给自己制造的。① 二是风险的无限延展性。原本特定地点、特定时间、特定人群的风险往往跨越国界、超越时间、超越人群,成为普遍性甚至全球性的风险。三是风险的技术复杂性。当今社会的许多风险藉由高度的技术复杂性,只有凭借高度复杂的技术知识或精确的技术手段,才能了解其风险性,作出相应的对策。"原子弹逻辑"是典型的科技悖论案例。承受原子武器之害的不是在战场上冲杀的军人,而是无辜的平民百姓,而且不分妇女和儿童。四是风险的难以应对性。正如贝克所指出的,由现代科学技术飞速发展带来的各种可能风险如化学污染、核辐射、转基因组织等在一定程度上已经超越了人类思维所能达到的范围,对这些风险的防范和治理已经具备了人类意识所无法企及的特征。②

那么我国有没有进入风险社会? 如果进入风险社会,有哪些不同于其他国家的独有特征? 笔者认为,一度认为还相当遥远的现代风险已经纷纷登场,我国已经基本具备风险社会的典型特征。与此同时,由于受我国人口基数大、科学文化素质普遍较低、社会转型、全球化影响以及公私合作的意愿薄弱等因素影响,我国风险社会具有自身的特点。贝克就曾指出,在中国,它所具有的一个特征也导致了其与西方社会的一大区别,这就是"压缩的现代化"。这种现代化既加强了风险的生产,又没有给风险的制度化预期和管理留下时间。③ 由此,我国的风险社会具有以下主要特征:一是风险来源的多元性。中国既存在贝克所划分的历史阶段风险,即前工业社会的风险(自然风险)、工业社会的风险(保险风险)、风险社会的风险等,也包括吉登斯划分的外部风险和人为风险。从空间上看,

---

① 徐显明:《风险社会中的法律变迁》,《法制日报》2010 年 6 月 23 日。

② [德]乌尔里希·贝克:《风险社会》,何博闻译,译林出版社 2004 年版,第 2 页。

③ [德]贝克、邓正来、沈国麟:《风险社会与中国——与德国社会学家乌尔里希·贝克的对话》,《社会性研究》2010 年第 5 期。

既有来自本土的风险，也有来自全球性的风险，往往全球与本土风险同时重组。二是风险性质的复合性。中国的社会转型是一种双重转型，既是发展方式的转型也是社会结构的转型，由此引发的一系列转型风险也可以说是一种复合型的风险。三是风险应对的单一性。我国目前的风险应对机制主要依赖于各级政府的行政设置，而这些部门各自为政，独立行事，它们应对比较单一的救灾救援情况尚游刃有余，但面对大范围、较复杂的风险事态就显得捉襟见肘了。实际上，风险对每一个人都产生了威胁，而个人和社会的应对能力现在几乎还处于休眠状态，更不用说政府与民间的合作应对了。

风险社会的来临，从根本上改变了人类的生存境况，也势必改变人们应对风险的模式。面对风险社会，单一的政府监管模式显然力不从心，需要政府与社会，公共部门与私人部门同心协力，合作应对风险和危机。这就需要建立一种可预期的公私合作机制，搭建一个容纳各方意见，进行协商、合作的制度平台。只有公私部门合作，风险社会的风险才更有被有效防范和成功处理。而我国风险社会具有风险来源的多元性、风险性质的复合性、风险应对的单一性等特征，更显示出实行主体多元、合作互补的复合式风险治理机制的紧迫性。

（一）风险社会的风险复杂性需要公共部门与私人部门合作应对

为了应对风险社会中的各类风险，传统的单一的、以政府为中心的主体显然力不从心。面对风险，以往的政府和专家系统围绕存在何种风险、如何进行风险决策甚至是否存在风险等问题经常发生分歧，可以说仅依靠政府的力量难以做到风险应对的高效、协调和灵活。要成功治理风险，就要改变公共部门与私人部门互相对立的局面，否则沿着19世纪以来的治理理念，来治理21世纪所面对的风险和不确定性，难免顾此失彼，风险丛生。为此，在治理体系中，公众、企业、非营利组织等也应该致力于治理的改善。政府在培育多元文化和多元治理主体参与方面负有不可推卸的责任。在多元主体参与下，治理体系将试图扭转主客体地位的固化传统，改变主体的主导性以及客体的附属性地位,取而代之的将是公私部门广泛合作推动下的协同治理,也即"联盟治理体系"的实现。① 有学者则认为,PPP 项目模式作为一种全程参与、收益共享、风险共担的共治关系,从宏观层面是公共风险的多元共治关系。公共服务的背后是社会个体无法解决的公共风险,合作提供公共服务,也就是共同治理风险,并形成制度安排。② 为此,公共部门应该有所作为,促进私人部门积极参与到公共服务或公共产品提供中来,实现公私部门之间的资源、知识、经验的联盟治理或合作治理。当然,政府在共治之中具有独特的地位,能对私人部门的行为产生引领示范功能,实现多元主体合作共治。总之,在强调政府特殊作用的同时,还应增强政治过程的透明度,拓展民主对话的范围,广泛动员民间社会力量,扩大风险管理的参与主体。只有形成一个公私合作应对的良好局面,风险社会中的诸多风险才有可能更好地被成功治理。

(二)风险社会的成功治理内在要求公私部门的合作监管

正如拉什所言:"始料不及的风险和危险将不再是由工业社会的物质化生产过程中所产生的风险和危险,而是从信息领域、从生物技术领域、从通讯和软件领域产生出新的风险和危险。"③因此,贝克认为:"在新的风险社会中,应该建立起双向沟通的'双向合作风险治理'模式,在政府、企业、社区、非营利组织之间构筑起共同治理风险的网络联系和信任联系,建立起资源、信息交流与互补的民族内部平台,在各民族之间突破国界构筑起共同的治理风险的国际网络(如预警灾害通报)和国际间的

---

① 杨华锋、郑洪灵:《论风险社会治理体系中的协同关系》,《辽宁行政学院学报》2010 年第 7 期。
② 刘尚希、王朝才等:《以共治理念推进 PPP 立法》,中国财政经济出版社 2016 年版,第 4 页。
③ [英]斯科特·拉什:《风险社会与风险文化》,王武龙译,《马克思主义与现实》2002 年第 4 期。

信任关系。"①也就是说,面对无所不在的风险,单独的行政机关、专家和公众都无法很好处理和解决问题,一个主体多元、合作互补的"双向合作风险治理"模式应该成为风险治理的必然选择和核心机制。具体而言,一方面,行政机关无疑是规制风险的重要力量,规制方式应该由仅仅从风险应对向风险防范转移,同时充分发挥"专家理性",利用风险管理专家的专门知识帮助行政机关准确认识风险和应对风险。另一方面,鉴于政府规制的失灵,要实现"多元治理主体之间的合作互补关系"②。在政府与社会之间,需要构筑起共同治理风险的关系,建立起资源、信息交流与互补的平台。而公私合作就是这样一个资金、智力、信息交流与互补的平台,不仅如此,公私合作还将公共部门与私人部门的关系常态化、契约化,同时又不失协商修正的可能性,因此,可以说,风险社会为公私部门合作治理风险提供了难得的机遇。在社会与社会之间,需要发挥社会各方的力量,即实现社会自我规制。政府对风险的规制仅凭借设定一定的标准值的方式是难以奏效的,必须向社会自我规制的方向上转变。从实效上讲,社会内部即公民之间、公民与社会组织之间以及社会组织与社会组织之间的沟通、对话和交流更容易达成共识,采取行动,也更容易动员社会各方面的力量,从而也更具有效率和效果,一个自我规制的社会一定是一个开放的社会、生动活泼的社会、繁荣富强的社会。从规范层面上讲,社会的自我规制更能体现民主和自由的价值目标。如果说,古希腊的城邦共和国是通过直接民主实现"积极自由",自启蒙以来的现代社会通过间接民主(代议制民主)实现"消极自由",那么,在风险社会则是通过"对话民主"实现使人的能量可以充分发挥的发展的自由。③ 当然,这并不是说

---

① 薛晓源、刘国良:《全球风险世界:现在与未来——德国著名社会学家、风险社会理论创始人乌尔里希·贝克教授访谈录》,《马克思主义与现实》2005 年第 1 期。

② 吴雷、杨解君:《风险社会下的政府监管制度建设》,《南京工业大学学报》(社会科学版)2010 年第 1 期。

③ 李海平:《风险社会背景下行政法重构的初步构想》,《行政与法》2004 年第 2 期。

完全依赖社会自我规制而解除行政规制,实际上社会自我规制与政府规制之间也存在合作关系。有关这一点,本书将在后面的章节中进一步展开。

(三)风险社会的程序范式要求公私部门进行民主协商

在风险社会中,危机应对需要一种新的程序范式来释放议会民主的内在压力。正如阿赫特贝格指出,超越议会民主的政治模式是一种协商民主政治。吉登斯也认为,应对风险需要一种科学家、政府与外行人士广泛参与的协商程序。他指出,"在产生风险决策的每一个步骤上,都需要有一定的协商程序,这一程序通常必须有专家、政府和外行人士参加,许多风险情形的复杂性通常意味着协商的范围必须是非常大的。"① 协商民主是以公共利益为目标,公民通过广泛的公共讨论,各方意见互相交流、理解和妥协,寻求并达成大家都可以接受的方案或决策。协商的前提是承认社会利益多元化的现实,不同利益主体之间存在着差异和分歧。因此,协商民主的过程也就是一个反映多元价值,鼓励参与和对话,促进共识的过程,而不是将自己的观点强加于人。这个民主方式有助于将个体偏好与公共利益联系起来,探索风险社会的应对办法。风险社会打破了专家系统的垄断。关于风险,不存在什么专家。风险治理更加需要所有利益相关者(stakeholder)的参与(而不限于政治家、律师、评论家、技术官僚与其他精英)以及共同的决策,从封闭的规制转变为更为开放的责任体制。② 实际上,面对风险,合理地运用民主理念,吸收更多的民众与国家互动参与其中,有助于从整体上为抵抗风险社会提供多元的渠道和途径。与此同时,风险社会呼唤着合作和团结,更呼唤着公民参与。这些行动方式与民主理念的有机结合有助于最大化确定性、最小化风险性。③

---

① [德]乌尔里希·贝克、[英]安东尼·吉登斯、[英]斯科特·拉什:《自反性现代化——现代社会秩序中的政治、传统与美学》,赵文书译,商务印书馆 2001 年版,第 235 页。

② 肖巍:《风险社会中的协商机制》,《学术界》2007 年第 2 期。

③ 杨春福:《风险社会的法理解读》,《法制与社会发展》2011 年第 6 期。

总之,风险社会中的民主协商需求各方特别是私人部门的参与和合作。只有实现协商民主,人类才能从容应对风险社会。

(四)风险社会中的风险分配逻辑悖论要求国家与社会共同应对风险

尽管社会风险分配与社会财富分配极为相似,两者之间还是存在着逻辑悖论。这具体体现在:一方面,社会风险分配将财富集中到上层,而将风险留给底层。具体来说,在目前的金字塔型的社会分层结构中,财富流动的方向是由下自上的,而社会风险则显示出完全逆向地自上而下流动,最终形成"财富在上层聚集,而风险在下层聚集"①的分配状态。究其原因,财富和地位可以购买安全和免除风险的特权,而教育和对信息的关注也可以开启处理与规避风险的可能性。于是,中国社会中占据这一特权的少数精英统治集团在制造了风险之后逃避了对风险进行管理的责任,而仅仅将社会风险转嫁给为数众多的缺乏抵御社会风险资本的弱势群体,致使他们必须承担数量大、种类多、复杂交叉的各种社会风险。②另一方面,社会风险分配暗含着一种能够打破阶级和民族边界的"回飞棒效应",即许多社会风险是没有职业、阶层、种族之分,一旦出现,将不再局限于发生地,而是以一种"平均化分布"的方式影响到社会中的所有成员,包括穷人与富人、制造者与受害者。现代风险不嫌贫爱富,也不问是非曲直,早晚都会影响到那些曾经制造或从中获益的人。就像当污染成为普遍时,花再多的钱也买不到安全的食品;一旦发生泄漏,化学烟雾也将不会顾及身份地位而"民主"地扩散③。从这个意义上讲,社会风险分配的最终态势包含了更多的平等涵义。在全球性风险的推动下,这种等级式的阶级分配逻辑会被打乱,从发展趋势来看,随着风险的扩大会出

---

① [德]乌尔里希·贝克:《风险社会》,何博闻译,译林出版社 2004 年版,第 36 页。

② 夏玉珍、吴娅丹:《中国正步入风险社会》,《甘肃社会科学》2007 年第 1 期。

③ [德]乌尔里希·贝克:《从工业社会到风险社会》,王武龙译,《马克思主义与现实》2003 年第 3 期。

现风险分布平均化的局面。但在世界风险社会的行进过程中,社会风险的不平等状态还是在大范围内占据了主导地位。

风险社会中这一风险分配逻辑要求社会中无论是上层还是下层、无论是公共部门还是私人部门都要结盟共同应对。一方面,"财富在上层聚集,而风险在下层聚集"的机制说明下层首先处于社会分层结构底层位置的人将会遭遇最高强度的风险环境,面临物质和精神的种种危机。出于分配正义的考虑,国家及政府有关部门要出台住房、医疗、教育、就业等有关民生保障措施,对社会风险进行的再次分配,旨在实现风险的共担和权利的共享。另一方面,风险社会中的风险分布平均化内涵要求淡化阶级、身份、民族的界限,要求国家与社会、各个阶层、各个部门共同来应对。也就是说,在风险社会中,个人结成了一个风险公共应对体,只有放弃等级式的地位,以"风险受害者的无阶级社会"的精神来共同面对风险,才有可能共同渡过难关。而所有这一切,实际上只有通过公私合作才能完成任务。公私部门原本作为两个相对面,在风险社会中共同的无一例外的风险与威胁面前,尤其需要同舟共济、精诚合作,而"合理分配风险是 PPP 项目合同的重要目的,同时风险控制力强的一方承担相应风险是基本原则"[1],因此这就要求公共部门肩负特殊使命的同时,也需要公私部门之间合理分配包括 PPP 在内的各类复杂社会风险。

(五)风险社会的"有组织地不负责任"客观上需要公私部门共同担当责任

面对连绵不断的各类风险,人们不禁要问:谁应当承担风险责任? 国家与社会该怎样担当起各自的责任? 对于风险责任问题,贝克提出了风险社会理论中另一个核心概念:"有组织地不负责任"。他认为我们正生活在一个"有组织地不负责任"的社会之中,公司、政策制定者和专家结

---

[1] 顾功耘主编:《公私合作(PPP)的法律调整与制度保障》,北京大学出版社 2016 年版,第 255 页。

成的联盟制造了当代社会中的危险然后又建立一套话语体系来推卸责任。这样一来，他们把自己制造的风险转嫁到了其他无辜的民众头上，而且更可怕的是在大规模的社会风险（如核风险、化学风险、基因技术风险、生态风险等）中，连这些决策制定者自身也不可避免地遭遇到毁灭性风险的巨大威胁，这就成了涉及人类生存与发展本体意义上的威胁。"有组织地不负责任"实际上反映了近代工业社会治理形态在风险社会中面临的困境。这种"有组织地不负责任"体现在两个方面：一是尽管现代社会的制度高度发达，但是他们在风险社会来临的时候却无法有效应对，难以承担起事前预防和事后解决的责任；二是就人类环境来说，无法准确界定几个世纪以来环境破坏的责任主体。各种治理主体反而利用法律和科学为其辩护。[1] 标准的细化，制度的明确带来的却是责任主体的多元化，造成实际中的责任缺失和主体虚位。所以贝克尖锐地指出，尽管"风险穿着数字和公式的外衣"，但因果关系的预设已经在根本上受到了动摇，科学传统上对理性的垄断因之被打破了。同时，能够应对风险的自然科学和人文科学尚未获得发展，现有专家理性和日常理性、科学理性和社会理性都不足以提供行之有效的对策，科学和理性都面对着穷途末路。

但是这样说并不是制度完全无法应对风险，我们需要做的是要革新理念并在力所能及的范围内加以制度完善。一方面，进行责任理念方面更新和完善。在公的层面，权力的拥有者必须充分承担和履行其责任，将责任理念贯穿于权力运行的始终，风险社会是一个具有高度偶然性的社会。这种高度偶然性的社会必然要求责任理念在公权力机关的价值理念中占据核心地位；在个体层面而言，与传统的权利义务理念不同的是，风险社会要求个人在享受权利承担义务的同时，应当履行其责任，将责任理念贯穿于其公共生活与私人生活的过程之中。[2] 只有公、私部门共同将

---

[1] 陈家刚：《风险社会与协商民主》，《马克思主义与现实》2006年第3期。
[2] 杨春福：《风险社会的法理解读》，《法制与社会发展》2011年第6期。

责任理念贯穿于行为之中,视风险责任是全社会共同的责任,才有可能促进公私合作的不断发展。另一方面,进行制度创新,明确责任,防止"有组织地不负责任"。在其中,公私合作作为公共部门与私人部门应对风险社会中各类风险的新型方式,将协商、合作、参与的精神贯彻始终,实际上体现了各方有效分担责任的精髓。各方的协商和合作使行为主体能够在对话过程中明确自身与他人的责任,明确促进公共利益的政策建议来自各方的共识。因此,公民有责任维护并促进公共利益,更好地确定支持特定政策的机构、政党和组织。参与协商过程的公民承担着一系列的特定责任:(1)提供理由说服协商过程中所有其他参与者的责任;(2)对其他作为理由和观点的理由与观点作出回应的责任;(3)根据协商过程提出的观点和理由修正各种建议以实现共同接受的建议的责任。① 风险社会中的任何危机,都可以把责任归结给个人、团体、政府及其他的相关组织,他们都应该为其所作所为承担相应的后果,并成为一个责任共同体。由此,我们也可看出,公私合作不失为应对风险社会各类风险的有效制度安排,并在应对风险中获得无限发展生机。

总而言之,风险社会理论向我们展示了风险社会与公私合作的内在紧密关系:从风险的复杂性上看,风险社会需要公共部门与私人部门合作应对各类风险;从规制上看,风险社会要求公私部门的"双向合作风险治理"模式;从程序范式上看,风险社会要求公私部门进行民主协商,注重私人部门的参与和合作;从风险分配逻辑悖论上看,风险社会要求无论是上层还是下层、无论是公共部门还是私人部门都要结盟共同应对风险;从责任上看,风险社会要求公私部门共同担当责任,防止"有组织地不负责任"。正是基于上述理由的考量,我们可以说风险社会力量是公私部门开展良性合作的重要理论基础之一。

---

① Maurizio Passerin D'entrèves (eds.), *Democracy as Public Deliberation: New Perspectives*. Manchester: Manchester University Press, 2002, pp.90-92.

三、公共物品、公共选择及委托—代理理论

尽管我国公私合作在实务中得以大力推行,同时也有公共行政改革的理论根据,但是其经济学理论依据目前尚无精深的研究,而"如果要深入研究 PPP 问题,还需要从产生的微观机理或经济逻辑着手"[1]。本书认为,公共物品区分理论、公共选择理论以及委托—代理理论从不同的视角为公私合作的开展奠定了扎实的经济学基础。

(一)公共物品区分理论为公私合作的开展提供了关键的经济学依据

只有准确了解公共物品的分类及混合公共物品的主要特质,深入把握公共物品生产与提供可以而且应当分开的理念,才能更深入把握为什么传统的公共物品要开放给私人投资、经营,从而实现公、私部门之间的良性合作。

1. 公共物品分类理念为私人部门参与公私合作打下了观念基础

按照经济学的通说,公共物品,具体包括公共产品和公共服务,就是那些在消费上同时具有非排他性和非竞争性两大特征的产品或服务,比如国防、灯塔是被经常列举的典型公共物品,但经济学这一定义仅限于"纯公共物品",它与完全由市场决定的"纯私人物品"相对应。对于诸如国防、灯塔等"纯公共物品"来说,它既不易于排他,又具备竞争性,因此大家公认它既不能由私人来提供,也不应由私人来提供。[2] 从这个角度看,在"纯公共物品"以及"纯私人物品"领域一般而言是无法采行公私合作的,但是在现实生活中,纯公共物品是很少的,大量存在的是介于公共物品与私人物品之间的物品,即准公共物品或混合公共物品。混合公共物品包括俱乐部产品、共同资源两类,它们或者是在消费上具有非竞争性,但是却可以轻易排他的俱乐部产品,如那些可以收费的公路桥、公共

---

① 刘尚希、王朝才等:《以共治理念推进 PPP 立法》,中国财政经济出版社 2016 年版,第 59 页。

② 黄恒学主编:《公共经济学》(第二版),北京大学出版社 2009 年版,第 94 页。

游泳池、电影院、图书馆、电力等；或者是在消费上具有竞争性却无法有效排他的共同资源，比如公共渔场、牧场、地下水、地下石油等。这些混合公共产品，一般具有"拥挤"的特点，即当消费者的数量增加到一定值时，每增加一个人，将减少原有消费者的效用。准公共物品或混合公共物品可以说既非纯公共物品，又非纯私人物品；既具有私人物品的特性，又具有公共物品的特性，它实际上是介于公共物品与私人物品之间的物品。比如教育这种物品，由于它让受教育者增长才干，所以它具有竞争性和排斥性，同时它促使社会生产率提高，所以它又具有非竞争性和非排斥性。

　　公共物品的分类以及混合公共物品的特质为探讨公共物品的供给方式提供了前提。以萨缪尔森为代表的福利经济学派认为，由于公共物品具有非排他性和非竞争性特征，如果通过市场方式提供公共物品，将无法实现排他或排他的成本很高，并且在规模经济上缺乏效率，因此，由政府提供公共物品比由市场来提供具有更高的效率。20 世纪六七十年代以后，福利国家出现危机，一批新自由主义经济学家开始怀疑政府作为公共物品唯一供给者的合理性，如德姆塞茨、戈尔丁、布鲁贝克尔和科斯等，他们从理论和经验方面论证了公共物品私人提供的可能性。为了避免混合公共物品出现拥挤现象，有时可以通过收费的行为实现供给，并可以通过一些排他性的技术吸引私人投资来解决这类物品的供给问题，如高速公路等。这就为公共部门与私人部门进行合作打开了理论之门，实际上不少公私合作模式如 PFI 等方式最初就是为了吸引私人投资而不断发展出来的。因此，混合公共物品的公共物品与私人物品的双重性质，决定了它可以采取政府与市场相结合的方式，可以将它开放给私人投资、经营，并实现公私部门之间的良性合作。

　　2. 公共物品的提供与生产区分的理论为公私合作奠定了坚实的经济学基石

　　值得指出的是，公共部门要提供某种产品或服务也并不一定意味着必须由公共部门来生产该产品或服务。对政府公共服务来说，区分该项服务是由政府提供还是由政府自身生产某项物品是很有必要的。例如对废物回收来说，有些社区是自己生产这项服务，即由公共部门主管购买垃圾车，雇佣工人，安排日程；而在另外一些社区，由政府提供这项服务，它往往雇佣私人企业来做这项工作。又如，路网的建设维护与运输服务的提供、通讯网络的建设与信息服务和互联网通讯、电力的生产与电网输送，均可将这些物品的生产与提供分开进行。即使是纯粹的公共物品，也存在生产与供给的不同环节，在生产环节实行民营化，按照市场规则办事，有利于提高其效率和节省成本，政府完全可以通过采购的形式获得这些产品，由政府付费，然后提供给社会公众。由于竞争的存在，从而可以减少政府直接生产该类产品的费用，提供效率。① 总之，提供一项产品或服务和生产一项产品或服务之间的区别是深刻的，这些分开和竞争为私人资本进入相关领域创造了条件，从而为公私合作的展开提供了前提基础。应该说，公共物品的生产与提供分开理念是整个公私合作、民营化概念的核心，给出了政府所应扮演的角色的前景。如果我们考察诸多公共产品，可以发现政府在本质上说是一个安排者或者提供者，而政府往往不一定是该项公共物品的生产者。

　　一般而言，对于具有俱乐部产品或私人物品性质的产品或服务，公共部门可以采取减少或不生产的方式，主要通过政府撤资（出售、无偿赠与、清算）和政府淡出（民间补缺、撤出、放松规制）的形式实现。② 而对于那些由政府安排的物品，公共部门有权在直接生产与间接生产（其实是物品提供）中作出选择——对于俱乐部物品和私人物品中涉及自然垄断和公益性的服务项目，政府可以直接或间接生产；对于纯公共物品和共同资源则可以直接生产。在选择生产与提供之间，首先应该进行官僚成

---

① 陈天祥：《新公共管理：政府再造的理论与实践》，中国人民大学出版社 2007 年版，第 108 页。

② 参见［美］E.S.萨瓦斯：《民营化与 PPP 模式：推动政府和社会资本合作》，周志忍等译，中国人民大学出版社 2015 年版，第 121—131 页。

本、交易成本的分析比较。在市场化改革中,在直接生产中,可以采取免费供给、用者付费、内部市场三种方式;在间接生产或物品提供中,则可采取政府间协议、合同外包、特许经营、补助、凭单等。实现合同外包、特许经营等制度安排无疑会吸引市场主体加入到生产者中来,从而形成政府与民间合作的局面,公私合作大有用武之地。

正如经济学理论指出的,单纯依靠市场或政府都无法实现资源的优化配置,而是需要两者有机结合。政府提供公共服务的优势是可以保证服务的充分和公平供给,但劣势是难以实现资源的有效配置;而市场的优势则是可以保证资源配置的效率,劣势是难以保证公共服务的公平和消除外部效应。可以说,公私合作是一种能实现政府和市场功能的混合互补优势和比较优势的制度安排。政府须在不放弃政府制定公共政策的责任、发挥"掌舵"作用的前提下,通过引进市场机制调动社会一切可以利用的资源来提高政府供给公共服务的能力,从而使政府决策和亲自供给公共服务的模式逐步转变为政府决策后由以市场机制为杠杆调动多种组织在竞争中完成公共服务生产的供给模式。① 这样,市场进入了公共服务的供给领域,发挥了比较优势,同时政府不一定完全退出公共服务的生产领域,一些纯公共物品的领域仍需公共部门供给,但是具体供给方式发生了改变。总之,在实现社会主义市场经济背景下,公共物品生产与提供是可以而且应当分开的,这种理念恰恰道出了整个公私合作展开的核心和关键所在。

（二）公共选择理论为治理政府失灵、开展公私合作打下了坚实的经济学基础

公共选择理论是旨在将市场制度中人类行为与政治制度中的政府行为纳入同一分析的轨道,即"经济人"模式,从而修正传统经济学把政治

---

① [美]戴维·奥斯本、特德·盖布勒:《改革政府——企业精神如何改革着公营部门》,上海市政协编译室、东方编译所编译,上海译文出版社 1996 年版,第 24 页。

制度置于经济分析之外的理论缺陷的一种新公共经济理论。它对选民通过政治选票在政治市场上如何运作以及后果、政府的行为特性等政治问题进行经济学研究,及对非市场的集体选择(即政府选择)进行研究。可以说,公共选择理论的具体思想为我们开展公私合作活动提供了理论正当性。

1. "经济人"假设为私人部门监督公共部门、进行合作提供了前提条件

公共选择理论的基本特点是以"经济人"的假定为理论前提,探讨在政治领域中"经济人"行为是怎样决定和支配集体行为,特别是对政府行为的集体选择所起到的制约作用。公共选择理论的代表人物之一缪勒说过:"公共选择理论可以定义为非市场决策的研究,或简单地定义为将经济学应用到政治学。……公共选择所使用的是经济学的方法,它的基本假定就是'经济人'假定,即人是自利的,理性效用最大化者。"①基于"经济人"这一假设,政府组织及其官员与一般人同样具有相同的利己动机,是个人效用最大化的追逐者,是理性的"经济人";而并不像人们以前所说的那样充满公益心。在公共选择理论看来,政治舞台是一个经济学意义上的市场,供方是政府、政治家、官僚和党派,需方是公众、选民和纳税人。他们的活动无论多么复杂和相异,其行为都遵循着一个共同的效用最大准则,即选民总是把选票投给那些能给他们带来最大利益的人;政治家或官员则总是对那些最能满足自己利益的议案报以青睐。既然政府官员与市场上从事经济活动的个人具有相同的经济理性特点,那么他们也就受到大棒与胡萝卜原理的制约,可能会以权谋私,以损害公共利益为代价谋取个人的利益。

为了最大限度地限制自利和贪欲行为的存在,除了提高政治家和官

---

① Dennis C.Mueller, *public Choice II*, Cambridge:Cambridge University Press, 1989, pp. 1-2.

员的思想道德素质,树立执政为民的信念之外,最为重要的是要通过良好的宪法、规则体系对政治家和官员的行为进行制约,要通过不断地完善法律、法规等正式制度来约束公务员的行为,引导公权力行使者在顾及私利的同时实现公共利益。在民主政治体制下,制约和监督的力量必须来源于普通民众或选民,这也是保证"政治市场"能像经济市场那样合理有效运行的最根本因素。在承认其合理的自利动机的基础上制订施行方案和步骤,以限制"经济人"行为的消极效应,最大限度地利用"经济人"行为的积极效应。既然公共部门与私人主体一样,既不是完美的天使,也不是万恶的魔鬼,这为私人主体监督公共部门、实现公私部门之间的公私合作破除了道德的神话——因为公共部门不是单纯追求公共利益的主体,也是追求自身利益的最大化的"经济人",那么私人部门完全能与公共部门进行合作、提供公共服务,从而在实现自身利益最大化的同时实现公共利益。

2. 政府失灵理论为揭示公共部门的不足打下了坚实的理论基础

正如布坎南所说,"市场的缺陷并不是把问题交给政府去处理的充分条件","政府的缺陷至少和市场一样严重"①。在这种情形下会出现所谓的"政府失败"即政府失灵,它是指个人对公共物品的需求在现代民主政治中得不到很好满足,公共部门在提供公共物品时趋于浪费和滥用资源,致使公共支出规模过大或者效率降低,预算上出现偏差,国家或政府的活动并不像应该的那样"有效"。在布坎南看来,政府作为公共利益的代言人,其作用是弥补市场的不足,并使所作决策的社会效应比政府干预以前更高,否则,政府的存在就无任何经济意义。但政府决策往往不符合这一目标,有些政府的作用恰恰相反,它们削弱而不是改善了社会福

---

① [美]詹姆斯·M.布坎南:《自由、市场和国家》,北京经济学院出版社1998年版,第56页。

利。① 因为政府是由人组成,政府的行为规则是由人制定,政府的行为也需要人去决策,而这些人都不可避免地带有"经济人"的特征。因此没有理由把政府看作超凡至圣的超级机器,没有理由认为政府总是集体利益的代表和反映。因此,那种一旦发现市场有缺陷就认为任何国家干预都是合理的观点是片面的。

这种政府失灵主要表现为:政府政策的低效率、政府机构的低效率以及政府的寻租活动。公共选择的"政府失败"说明:一是政府并非解决任何问题的灵丹妙药,政府并不一定从公共利益的概念来考虑问题,因此,政府垄断公共事务不再具有完全的正当性。二是要在政府机构之间引入竞争机制,借鉴私人企业的精神来完成任务;要重构公共部门之间的激励机构,用最小化的成本策略取代最大化本部门预算规模的策略。三是要着力避免政府失灵、市场失灵两者之短,关键是要将政府之长与市场之长结合起来,建立公共部门与私人部门之间的合作协力。

3. 政府失灵的防范主张为公私合作提供了理论依据

公共选择理论家虽然对西方国家现行的政治制度和安排进行了深入批评,但他们并未对追求自我利益的理性个人在实现"公共利益"方面完全丧失信心,并提出了一些防范措施。布坎南为此提出了避免"政府失败"的一项根本措施,即改造现有的民主政体。为此,一方面,要重视宪法、宪法选择和对规则的选择,要对政府的财政过程尤其是公共支出加以约束,等等;另一方面,要用市场力量改善政府的功能和效率,以克服非市场缺陷及"政府失败"。他们认为,以往人们只注重用政府来改善市场的作用,却忽视了相反方法——用市场的力量来改善政府的作用。他们提出了如何用市场力量改善政府功能,提高政府工作效率的具体措施。一是在行政管理体制内部建立竞争机构,可以消除政府低效率。例如,可以

① 王慎之主编:《西方经济思想库》(第3卷),经济科学出版社1997年版,第316—317页。

设置两个或两个以上的机构来提供相同的公共物品或服务,使这些机构之间展开竞争并按照招投标的方法选取"报价"最低的机构。二是引进刺激动因。即在政府机构内部建立激励机制,使政府官员树立利润观念,允许政府部门对节省成本的财政剩余拥有自主处置权。三是更多地采用由私营企业承担公费事业的政策,即更多地依赖于市场机制来生产某些公共物品或公共服务。

公共选择理论启示人们,在需要政府提供公共产品及服务的场合,应鼓励和引导其他私人主体进入,并与之竞争和合作,在那些确系不宜由市场主体进入的公共产品供给领域,也应尽可能由多家公共部门提供,而这就为公私合作的发展提供了理论依据。由于公私伙伴关系(或公私合作)强调弹性、创新与企业性,着重在政府部门引进企业精神,并要求其对组织结构及流程进行再造,必然能够推动政府部门简化组织层次,精简组织流程,进而增进政府部门的弹性。同时,公私伙伴关系赋予私营部门参与公共事务的更多机会,引导民间部门、团体或非营利组织共同参与公共物品和服务的提供,这样能够缩小公众需求和政府供给之间的差距①。从这种意义上说,公私合作是解决政府失灵现象的有效路径之一。

(三)委托—代理理论为公私合作的展开奠定了扎实的经济学基石

在新制度经济学视野中,所谓委托—代理理论是指委托人委托代理人代其从事某种活动,代理人的活动将会影响委托人的利益,而且代理人的活动最后引起的责任(或损失)将由委托人来承担。在这种关系中,如果委托人和代理人之间的目标函数是一致的,那么就不会有任何问题的存在,但是,实际中委托人和代理人却有不同的目标和利益。由于代理人和委托人都是追求自身利益最大化的人,加上信息不对称,以及委托人难以对代理人的行为进行监督等,所以代理人和委托人的利益易于发生冲

---

① 戴晶斌编:《现代城市公私伙伴关系概论》,上海交通大学出版社 2008 年版,第13—14 页。

突,两者的关系十分复杂。委托—代理理论的重要内容之一就是关注如何选择代理人,确定最优的签订合同形式,找到谈判、说明和监督合同的最满意方式,以防止代理问题的出现或者出现代理问题后最大限度地进行防范。

1. 委托—代理机制为打破政府垄断、实现公私合作奠定了正当性基础

传统的公共事务一般由国家或者政府垄断生产和提供,国家通过建立国有企业甚至直接提供公共产品或者服务,但是,根据委托代理理论,国家通过委托官员,而上级官员又委托下级官员或委托国企经营者,形成了层次复杂的委托代理关系。代理人和委托人利益往往发生冲突,特别是在信息不完备、不对称以及委托人难以监督代理人行为的情形下,代理人损害委托人利益的情况比比皆是。因此,如何选择一个最优的代理人,实现双方利益的双赢就成为关键。实际上,委托—代理理论主张在公共事务领域引入代理人理念,把公共服务领域推向市场,打破政府垄断,从而为公共事务的市场化改革提供了正当性基础。一方面,由于公民的利益是分散的,很难整合成公众一致的诉求,加上没有利润动机的驱使,因此政府容易对公众利益无动于衷,甚至作出有损公众利益的行为。为了避免此类现象的发生,就必须尽量减少公共部门中的代理人问题。通常的做法是公共部门通过合作尽可能多地对外签订合同,将原本属于公共部门的代理转化为私人部门的代理,以期取得更好的成效。其中原因就在于,市场化的主要内容是明确所有权,实行了市场化的企业的委托人,原则上是作为所有者的股东。股东的目标与委托人的目标存在一致性,为解决委托人层面代理问题找到一条道路。改革开放以来,政府将诸多公共事务委托给私营部门,与私营部门签订相关契约的形式来实现公共服务的供给。私营部门通过签约外包、特许经营、行政委托等方式进入公共服务市场,取得生产公共物品和服务的资格。政府通过建立服务质量标准、价格控制、标尺参照等措施来规范市场,推动竞争。可以说,委托代

理理论为私人部门进入公共产品的生产提供服务、实行公共事务的公私合作起到了推动作用。

2. 层次性理论为缩短公私合作的委托—代理链条提供了理论根据

一般认为,委托—代理关系存在于任何包含有两个或者两人以上的组织和合作努力之中。只要一个人依赖另外一个人的行动,那么委托—代理关系便产生了,采取行动的一方为代理人,受影响的一方为委托人。需要注意的是,在科层组织中,每一位个体(除了最末端的之外)一般既是委托人又是代理人。① 因此,众多的委托代理关系几乎可以铺就一条漫长的链条——广大公众或选择是最初的委托人,委托政治家进行统治(第一层次的委托—代理关系);政治家作为委托人,又委托政府官员进行管理(第二层次的委托—代理关系);上级政府官员又作为委托人,再委托给下级政府官员管理(第三层次的委托—代理关系);……如此漫长的链条,导致严重的信息不对称、信息费用过高、监督成本过大。在这种公共权力的结构性关系中,当各级代理人抱有隐瞒信息的动机时,委托人为了解真实信息必将付出高昂的信息费用,而且由于代理链条过长而无法进行有效的监督。与此相反,在公私合作中,只有两层意义上的委托代理关系,即公众与政府部门之间,公众是委托人,而政府部门是代理人;而在公共部门与私人部门之间,政府部门又成为委托人,私人部门成为代理人。公私合作中这种清晰的委托代理关系,不仅为解决传统管理模式中的委托—代理链过长而导致信息不对称畸重、监督成本过高等问题提供了理论基础,而且为解释公共部门与私人部门进行合作正当性提供了理论依据。

3. 委托—代理理论的解决机制为分析公私合作的道德风险、逆向选择问题提供了理论基础

委托代理理论认为,在委托代理关系中,面临着隐藏信息的逆向选择

① 国彦兵编:《新制度经济学》,立信会计出版社 2006 年版,第 243 页。

和隐藏行动的道德风险两大问题。一是逆向选择问题。它通常是指在信息不对称的状态下，接受合约的一方一般拥有"私人信息"，并且利用另一方信息缺乏的特点而对对方不利，从而使博弈或交易的过程偏离信息缺乏者的愿望，因此它是代理人在签约之前隐瞒信息的一种机会主义行为。二是道德风险。它通常指交易合同达成后，从事交易的一方在最大限度地增进自身效用时作出不利于另一方的行为。由于信息不对称和不完全的合同使代理人的道德风险屡见不鲜，损害委托人的利益。为了解决这些难题，委托代理理论认为一个最优的激励合同发生，即在给定代理人努力不可测的情况下，至少要满足两个基本条件：参与约束和激励相容约束。换言之，参与约束即指合同必须对代理人有吸引力，使得代理人参加合同至少比不参加合同要"有利可图"；激励相容约束即委托人想要得到的结果要符合代理人的利益，或者说委托人为实现自身效用最大化而要求代理人的能力程度也要有利于实现代理人自身的效用最大化。委托代理理论对代理问题的解决机制启示人们，要解决或减少公共部门的代理问题，必须采取以下多种途径，其中对公私合作具有重要价值的方法主要有：一是要缩小政府规模，将一些公共服务合同外包。一般而言，由于产权界定较清晰，作为委托人的产权代表具有较强的利润激励，监督主体到位，加上市场竞争的作用，交易双方的信息较为透明，委托人能更好地实施对代理人的监督。通过合同外包，公共部门把委托代理问题转移到私人部门而减轻了自身的委托代理问题，从而达到公共资源更有效配置的目的。二是建立激励约束机制。在法治建设中，不仅要实现行政主体与行政相对人之间的沟通、交流、合作，尽量减少信息不对称，而且要建立公共部门与私人部门的合作机制。也就是说，不仅私人部门要积极参与到公共部门的公共产品和服务之中，消除委托人的"理性无知"，而且还要建立公、私部门之间的合作制度平台，构建公共部门与私人部门合作的激励约束机制，从而为公私合作的不断开展提供了理论根据。

综上所述，公共物品的分类理念以及公共物品的提供与生产区分理论为公私合作奠定了经济学基石。公共选择理论中的"经济人"假设为公私部门合作提供了前提条件,政府失灵及其防范理论为公私合作提供了理论依据。委托—代理机制说明打破政府垄断、实现公私合作的正当性,委托—代理关系的层次性表明缩短公私合作有关链条的必要性,而其解决机制则进一步为分析公私合作中的道德风险、逆向选择问题提供了理论根据。可以说,公共物品区分理论、公共选择理论以及委托—代理理论分别为公私合作奠定了深刻的经济学基础。

第三节　公私合作的法学基础

自从 20 世纪 90 年代以来,公私合作不仅从蓬勃发展的实践中得到了政府及公众的推崇,而且从经济学、社会学、政治学、管理学等诸多学科领域获得了较多的"合理性"和"正当性"论证,但是,从法治的角度看,这些都是"法外基础",并不具有真正意义上的法理基础和法学正当性。为了推动公私合作的合法健康持续发展,我们亟需寻找公私合作的法学基础。由于担保国家理论为公私合作的主体、行为、责任等制度提供了理论支撑,所以它为公私合作的开展奠定了坚实的法理学基础。由于公私合作不仅与国家保留理论兼容,与国家社会二元论契合,而且它符合法治原则的基本要求,具有民主正当性和基本人权基础,因此,公私合作具有牢靠的宪法学基础。行政法的合作精神和理念为公私合作的开展打下了理念基础,法律保留原则为公私合作的开展提供了行政法基本原则依据,行政组织多元化理论、行为形式选择自由理论、行政过程论等则为公私合作的开展提供了行政组织和行政行为理论支撑,所以,公私合作具有扎实的行政法学基础。公私合作只有建立在深厚的法学根基之上,它才不仅不会因为正当性问题而导致失败,而且还将在法治视野下不断发展和日臻完善。

一、公私合作的法理基础

首先必须指出的,虽然担保国家理论可以在政治学以及国家学下进行探讨,但是由于政治学、国家学与公法学特别是法哲学之间存在着密切的关系,因此担保国家理论完全可以作为公私合作的法理基础。将担保国家理论引入到法理学特别是公法理论之中,对于推动公私合作的不断发展具有异乎寻常的意义。

(一)担保国家理论概述

与传统公共行政由政府垄断不同,公私合作系公私部门合作治理原有公共部门履行的公共任务,这对传统公法调整国家行政的状况构成巨大的挑战,需要寻找新的理论"地图",探究公法背后的政治理论及国家理论新图像。诚如英国学者马丁·洛克林所言,"考察公法与政治理论之间的关系有助于在公法领域挑战教条式的客观主义并且激发一种健康的、批判性的研究精神"[1],要实现对公私合作这种"公私混合行政"的公法约束,毫无疑问应该考察公法协力公法规制蕴含的政治理论。在这方面,德国担保国家理论可谓是密切联系公私合作治理的最优分析工具。所谓"担保国家",系指国家就公共任务不亲自执行,转而由私人部门执行公共任务时由国家担保私人部门执行的国家模式。它是探讨国家角色、责任与任务而形成的国家模型。有别于传统由国家自己担任公共任务的执行者之角色,担保国家系指国家就公共任务,如基础建设或公共服务之提供,不亲自执行,转而与私部门共同承办公共任务,但此共同承办,并非就任务之执行彼此分工,而是国家不再优先以其原有科层化行政运作为模式,改采取宽广之任务理解,且以"私部门执行公共任务,国家担保私部门执行"之模式,确保任务可以顺利完成。[2] 由此,国家角色转变

---

① [英]马丁·洛克林:《公法与政治理论》,郑戈译,商务印书馆 2013 年版,第49 页。

② 参见许登科:《德国担保国家理论为基础之公私协力法制》,台湾大学博士学位论文,2008 年,第 40 页。

为担保者的角色,以担保公益或公共任务实现的功能适当的框架与条件,或者说,国家从"提供者"到"促进者"的角色转变,并呈现担保国家的任务。可以说,担保国家图像为我们分析公私合作中的国家与私人、或者说公共部门与私人部门之间的关系提供了新的背景和基础。从责任或角色的角度分析,担保国家是一个运用国家责任理论并以责任要素(责任分担与责任层级化)为核心的国家。责任分配是对公益责任的分配,是对国家与私人各自对公益实现的责任,这对于国家界定国家与私人的角色,而且整合两者的角色与功能具有重要意义;同时这也在一定程度上改变了私人地位。担保国家还以实现责任、保障责任和承接责任等不同责任类型①来诠释国家之角色、任务与功能,并藉以诠释国家权力行使的正当化。其中,国家担保责任具有特殊的地位,为各类责任的上位概念,对于完善国家责任和促进公私合作具有重要的意义。德国学者认为,公私伙伴间之责任分担/共同,系指私人承担部分或全部之执行责任,而国家则应确保其合秩序之履行,此即为担保责任。② 也就是说,国家或公共部门在公私合作中不再承担履行责任,而是承担确保私人履行公共服务时的公益担保责任。这一国家担保责任的思想是担保国家理论最为核心之所在,需要落实到包括公私合作立法、执法和司法等法治各环节。

(二)担保国家理论与合作国家理论的异同

担保国家理论与合作国家理论两者存在着紧密的关系,区分两者并不是一件容易的事情,以至于有些学者将两者加以混同,并不严格加以区别。所谓"合作国家",其要点包括主体上不再强调国家的中心地位,而毋宁是分散的、多中心的任务实现结构,对主体的反省也不限于国家方面,也包括私人方面,而私人方面也不限于市场,而应包括传统的非形式

---

① 参见胡博砚:《保障国家的概念在德国的发展》,《玄奘法律学报》2009 年第 11 期。

② [德]Jan Ziekow:《从德国宪法与行政法观点论公私协力——挑战与发展》,詹镇荣译,《月旦法学杂志》2010 年第 180 期。

部门与所谓的"第三部门"①;在规制模式上形成分散脉络式的管制;在法律理性上是目的模式系的问题或任务思维;在典型模式行政行为形式上是合意式的行政行为;在国家任务上有担保责任等各种任务形态。实际上,如果将合作国家中的"合作"进行广义上的理解,那么合作国家可以认为等同于担保国家。担保国家理论与合作国家理论的内在联系具体表现如下:

一是两者都是现代国家的国家模型。从历史的角度划分,国家模型可以分为干预国家、警察国家、自由法治国家、社会法治国家等不同的模式,它们的产生都有特定的社会背景。比如干预国家主要是国家主动并且以干预的手段介入到社会领域,是适合当时政治、经济、社会领域变化而产生的。如今,随着时代的发展,担保国家逐渐形成,其原因主要在于全球化与民营化。全球化把发达国家和地区有关实行市场化政策理念与框架推向世界各地,导致私人参与到行政的现象普遍发生;而民营化则推动国家把原属其垄断的公共事务与私人共同合作完成或者转由私人提供,并推动国家任务和管制思维的发展,由此国家从提供人民基本生存照顾的社会福利国家转变为担保国家。而合作国家也是基于民营化、全球化的推动,并分别从国家的管制手段、国家任务的实现这两个角度观察现代国家面临的课题、国家与社会关系的转变所得出的国家模型。也就是说,担保国家与合作国家都是基于民营化等因素的推动,对国家任务、管制理念方式的改变而形成国家图像,都是现代国家的最新发展模式。

二是两者的基本思维是一致的。合作国家的思维理性是法律理性,是"目的模式"下之问题或任务思维,亦即结果取向的思维所支配,可以说是"实质理性"。② 与形式理性围绕决定的作出完全取决于形式化标准

---

① 张桐锐:《合作国家》,载翁岳生教授祝寿论文编辑委员会编:《当代公法新论(中)——翁岳生教授七秩诞辰祝寿论文集》,元照出版有限公司 2002 年版,第 578 页。

② 张桐锐:《合作国家》,载翁岳生教授祝寿论文编辑委员会编:《当代公法新论(中)——翁岳生教授七秩诞辰祝寿论文集》,元照出版有限公司 2002 年版,第 578 页。

不同,实质理性是未来取向的,更加关注目的,至于手段则由决定者来决定。这种思维方式在担保国家中同样存在,不局限于形式化标准,决定者被赋予了更多的决定权,体现了任务取向的思维。

三是两者的责任分配理念相同。无论担保国家还是合作国家,它们都以责任分配和责任阶层为核心概念。担保国家仍然以国家与社会二元区分和国家任务理论为基础,它是鉴于国家与社会关系的改变,国家不再亲自执行公共任务,但国家仍然确保公共任务的履行,所以要重新诠释和确定国家任务,并将其发展为国家责任的思维。而合作国家中的责任也不再局限于履行责任,而是有各种可能的责任形态,如建议责任、组织责任、担保责任等,其中担保责任暗示着国家负最后的责任。由此可见担保国家和合作国家之间关系的密切程度。

此外,担保国家与合作国家都指出了私人部门一方作为合作伙伴的地位,共同理念都同样产生责任不明确与责任混淆问题,有民主和法治国原则被轻忽的危险,等等。

但是,担保国家理论与合作国家理论之间存在以下区别:

其一,两者的内涵广度不同。担保国家理论比合作国家理论的内涵更广,因为合作国家的"合作",也是担保国家概念的要素和法制建立的原则和制度。可以说,担保国家理论可谓是合作国家理论的上位概念,是一个比合作国家更为广泛的概念,它不仅强调国家与社会(私人部门)的合作,而且也强调国家应有担保的责任和任务,并且在德国具有明确的宪法规定关联。有学者认为,担保国家一方面在结果上确保公共任务被有效履行,另外一方面也因借用了民间私人力量,产生"官民合作",增强私部门的活动,创造出双赢的附加价值。[1]

其二,两者公私部门的角色不一。由于合作国家的"合作"概念用

---

[1]　林明昕:《担保国家与担保行政法——从 2008 年金融风暴与毒奶粉事件谈国家的角色》,载吴庚教授七秩华诞祝寿论文集编辑委员会主编:《政治思潮与国家法学——吴庚教授七秩华诞祝寿论文集》,元照出版有限公司 2010 年版,第 579 页。

语,并不能表示出国家与社会的关系如何,以及国家在何种情形、如何与社会部门以合作方式实现公共任务,甚至有人会误解合作国家为公共部门与私人部门分担任务的执行。也就是说,"合作"是一个有待具体化的概念,而这种具体化表现为以不同的责任类型在公共部门与私人部门之间进行分配。在担保国家中,强调私人执行公共任务时,国家负有担保责任,国家是担保者,国家任务在于担保私人执行公共任务可以基于公益合法地完成。相对于私人(社会部门),担保国家之责任与任务在于"担保"。但是,"担保"并不是"给付",也不是"执行"任务。国家担保责任成为界定国家任务的框架,并且伴随着民营化、民间参与公共任务等模式运作的过程来调控。总之,担保国家不仅改变了国家与私人在公共任务上的理解——国家任务仅限于担保而不在于任务的执行或者给付,而且特别指出了国家不仅是合作伙伴,它还是担保者、促进者。而这一点,在合作国家中,国家的担保者、促进者的角色往往被忽略。这是将担保国家与合作国家加以区分的最深刻的原因。

其三,两者与法的关系不同。从域外经验看,合作国家中的合作,仅为法律原则而非宪法原则。而在担保国家中,除了更强调国家的担保功能与任务以外,担保国家引导和建立出任务担保与执行行政之新国家行政模式,均可找到宪法上之基础。德国《基本法》第 87f 法典型地反映了"担保国家"理念,并为执政者在施政过程中贯彻应用担保国家理念提供了坚实的宪法基础,因为它明确规定,在邮政和电信领域自由化的过程中,国家必须承负担保的责任。

由此可见,正因为担保国家与合作国家存在着非常紧密的关系,所以人们常常容易将两者混同适用,甚至如果将合作国家中的"合作"进行广义上解释,那么两者实际上几乎可以说是一回事。但是,基于两者的内涵广度不同、与法的关系不同特别是公私部门的角色不一,所以为了不使民主正当性、公共责任丧失,明确国家的担保责任,有必要将担保国家与合作国家进行适当的区分。但是,毫无疑问,合作国家的精神理念和基本内容应该是担保国家的核心组成部分。

（三）以担保国家理论为公私合作的法理基础

虽然目前担保国家理论与行政法以及公私合作法的关系研究有待进一步展开，但是，以担保国家理论为指导，必将促进公私合作向纵深发展，担保国家理论是公私合作顺利开展的坚实理论基础。

首先，从主体上来看，"担保国家"理念作为一种务实且"温和"的国家模式选择，既非国家全面退出的私有化，亦非国家全面介入的国有化。在这种理念的框架下，借助适当的制度安排，可以按照符合民众意愿的质量和数量标准由多元主体来履行公共任务，在这个过程中，国家仅保留其必要的担保责任。① 担保国家理论与合作国家一样，也认为国家不再是过去以自己执行公共任务的国家角色，国家将公共任务有关事项开放由市场竞争，或许可由私人为全部或部分之办理，抑或由国家和私人间建立合作关系之方式来办理。担保国家强调要善用私人的专业、技术以及管理能力来解决问题，问题解决模式并非由国家来决定，而是和私人进行协商，因此担保国家又可以被称为协商国家。由此可见，无论是担保国家还是合作国家，有关主体的理念特别是其中国家作为担保者、促进者、协商者或合作者的角色定位，实际上为公私合作的主体制度奠定了坚实的基础。实际上，公私合作主体中许多问题，比如公私合作主体的基本界定、法律地位、次生型公私合作主体的基本权利能力、对行政组织法的挑战等问题都要从担保国家理论寻找问题的答案。

其次，从行为上来看，担保国家的行为具有复杂性，不仅包括公法行为，也包括私人行为；既包括型式化行为，又囊括了未型式化行为。而作为合作国家典型行为的合意式行政行为在担保国家中也占据重要地位。不仅如此，行为理性更多地体现为实质理性，是目的模式下的任务思维方式，采取结果取向的思维。可以说，担保国家的行为理念为公私合作行为

---

① 参见李以所：《德国"担保国家"理念评介》，《国外理论动态》2012 年第 7 期。

的开展提供了依据。公私合作行为,是指公共部门与私人部门之间为了实现公共任务,平等地进行协商、谈判、合作所形成的所有型式化与未型式化行为。公私合作行为涉及其行为特征、公共部门有无行为形式选择自由及其限度问题、对传统行政行为法的挑战等系列重大问题,而这些问题的解决都要运用担保国家的新理念。

最后,从责任约束[①]上看,担保国家是一个运用国家责任理论并以责任要素(责任分担与责任层级化)为核心的国家。通过国家责任这一概念,可以很好地对公私合作中公共部门与私人部门合作实现公共任务时,界定国家所应承担的责任、任务与角色。不仅如此,正如德国学者指出的那样,责任分担与责任层级化两项要素,乃共同组成担保国家构想的核心;此等具有介乎于社会国与新自由主义内涵之间,在秩序政策上未决性质之构想,乃较不涉及政策上之典范,毋宁应是关涉为因应任务之执行,如何在国家与社会间位移,所提出之整合性分析框架。[②] 责任分配是对公益责任的分配,是对国家与私人各自对公益实现的责任,这对于国家界定国家与私人的角色,而且整合两者的角色与功能具有重要意义;同时这也在一定程度上改变了私人地位。担保国家还以实现责任、保障责任和承接责任等不同责任类型来诠释国家之角色、任务与功能,并藉以诠释国家权力行使的正当化。担保责任具有特殊的地位,为各类责任的上位概念,对于完善国家责任具有重要的意义。担保责任的思想需要我们从立法、执法以及司法等各个方面加以落实。为了使公私合作向正常轨道运行,有必要建立担保行政法,即以国家负担保责任,以责任分配为前提,并以管制之自我管制为概念的管制立法;落实担保行政要求,进行阶段性管制;以及对司法权进行正确定位,为公私合作提供适合的司法救济。

---

① 此处的责任是从广义上来说,大体包括了立法责任、行政责任以及司法责任等,特此说明。

② [德]Jan Ziekow:《从德国宪法与行政法观点论公私协力——挑战与发展》,詹镇荣译,《月旦法学杂志》2010 年第 180 期。

二、公私合作的宪法学基础

宪法是国家的根本法,是一切国家机关、社会团体及公民个人的最高行为准则。在美国,公私合作的制度、运作必须符合宪法及宪法原则的要求,惟有如此,公私合作才能被称之为"合宪"、"合法"。[①] 在我国,宪法的作用是规定国家的根本制度和根本任务、公民的基本权利和义务以及国家生活的基本原则,对国家任务、执行的主体、执行行为可否社会化并未直接涉及,但是宪法有关条文如第 19 条第 4 款、第 21 条第 1 款、第 45 条第 1 款以及第 2 条第 3 款等规定,明显具有允许社会主体参与的解释空间。[②] 为此,政府与民间的合作是否为宪法及宪法原则所容许、公私合作是否存在宪法及宪法原则禁止私人进入的行政领域、有关法律对公私合作提出了何种要求以及通过怎样的配套制度设计保障宪法原则所体现的价值以及法律要求不致因公私合作而遭受损失,甚至通过公私合作法律制度构建为广大公众提供更好的公共产品和公共服务等,就成为推动我国公私合作进一步发展所必须解决的重大理论与实践课题。

公共部门与私人部门为了更好地实现公共任务,在任务选择上不再采取"全有或全无"的解决模式,而是可以在任务全部民营化与纯粹国家单独执行行政任务之间进行广泛的公私合作模式的选择。然而,如果国家或民间要享受公私合作所带来的双赢成效,那么首先必须考虑的是要通过宪法学的检验,亦即公私合作必须具备宪法上的容许性。我国台湾地区学者陈爱娥曾就国家委托民间从事行政事务应足以达到宪法上民主原则及法治国的要求进行论述,认为这些要求包括:1.使行政必须受国民所定公益标准控制的民主原则;2.使行政决定透明、行政责任归属清晰的

---

① 美国学者为此曾经提出通过删除华盛顿州的宪法第三条第 3、5 款的规定来使公私协力全部合法化,不过这种建议比较极端。See Nike Beermann, "Legal Mechanisms of Public-private Partnerships: Promoting Economic development or Benefiting Corporate Welfare?", Vol.23 *Seattle U.L.Rev.* (1999), p.205.

② 江必新:《法治政府的制度逻辑与理性构建》,中国法制出版社 2014 年版,第 234 页。

法治国原则;3.合理有效率地从事行政事务。① 也就是说,公私合作新模式无论怎样新颖,但它并非法外活动,同样必须接受宪法的检验和制约,应该具有宪法容许性。

（一）公私合作与国家保留理论兼容

公私合作的发展,首先碰到的一个宪法理论难题是它是否与"国家保留"主张"兼容"? 所谓"国家保留"的主张,是指国家任务必须保留给国家,不容由私人来取代或参与这些特定任务的履行。应该说,国家任务是大陆法系国家宪法与行政法规范和理论的前提之一,与宪法价值息息相关。国家任务的上位概念是公共任务,根据德国 Hans Peters 的解释,公共任务被定义为攸关公众或公众对其实现存有利益的所有事务,而国家任务则是指在合宪性之下,通过实定法规范赋予国家执行权限的公共任务。② 这种被赋予国家执行权限的公共任务一般而言不可轻易放弃履行,私人部门无法参与和合作。国家保留理论似乎成为公私合作的障碍。为了推动公私合作的进一步发展,有必要正确理解国家保留理论以及对公私合作与国家保留的关系进行深入探讨。

第一,国家保留的领域并非铁板一块,国家保留的密度不一。即使保留给国家的任务,也可进一步划分为"任意性国家任务"与"义务性国家任务"。区分两者的依据是宪法所提供的成文或不成文的标准。对于"任意性国家任务"而言,国家可以"去任务化"而由私人部门履行,但对于"义务性国家任务",一般保留给国家履行(但也有例外,见下文)。具体而言,从国家对武力的垄断,可以推知任何以武力为后盾的国家任务,如国防、外交、公共安全、社会秩序的维护、紧急危难的避免等,均属义务性国家任务;从国家的基本权保护义务也可以推知,保护人民基本权免于受自然界或第三人的侵害,亦属国家的义务任务之一;另外,举办国家义

---

① 陈爱娥:《政府业务委托民间办理的法律规制——公私部门合作法治的建构》,《月旦法学教室》2003 年第 8 期。

② 转引自詹镇荣:《国家任务》,《月旦法学教室》2003 年第 3 期。

务教育、维持人民生存、民生福利国家社会正义的维护、隐含于基本国策中的给付与保护义务等,也属义务性国家任务,不能放弃。① 有学者指出,虽然宪法并未限制政府将业务委托民间经营,但经由宪法条文的演绎,凡属高度秩序性、安全性的国家任务,例如公职人员的选务、狱政、国家安全与两岸事务的执行,应可以排除于委托民间经营的范畴。② 但是,如果对任务的履行加以目的性观察,即使由私人提供与国家义务教育、维持人民生存、民生福利有关的给付,只要国家对其进行适度的监督而能够使得任务的功能与目的得以实现,那么公私合作也并不导致国家责任的"放弃",其不过是将国家的"履行责任"转为"担保责任"而已。

第二,国家任务的"全面管辖权"并不会导致手段上的"单独管辖权"。也就是说,即使一旦国家将特定任务的执行责任通过实定法自揽于身时,亦不当然意味着国家必须自己履行。国家保留的主张仅反对,国家放弃其应负的义务,而并没有对国家如何履行其义务设限。这不仅在不涉及公权力行使的行政任务如此,即使对涉及国家权力独占的"绝对的国家任务"亦有适用。比如在给付行政领域采取公办民营或民办民营模式固无疑义,即使在干预或其他高权行政范畴,例如警察行政与司法矫正行政,只要未涉及物理上强制力的行使,亦并不排除私部门参与经营与管理;甚至在有法律法规的授权下,亦可例外容许私人以行政受托人身份行使强制力。正如德国学者指出的,"私人仅能例外地而不是常态地,亦不能是大范围地被赋予高权权能之行使。关于何种任务,在何种范围内可由私人行使之问题,应由立法者决定之"。③ 国家任务仅禁止任务本身的全部"去国家化",并不从根本上排除私人参与和合作的可能性。

① 参见陈爱娥:《国家角色变迁下的行政任务》,《月旦法学教室》2003 年第 3 期。

② 参见黄锦堂:《行政组织法之基本问题》,载翁岳生编:《行政法 2000》(上),中国法制出版社 2002 年版,第 298 页。

③ [德]Jan Ziekow:《从德国宪法与行政法观点论公私协力——挑战与发展》,詹镇荣译,《月旦法学杂志》2010 年第 180 期。

第三，"国家保留"的主张，仅反对特定国家任务的"全有全无"式的转移，而并未直接反对所有领域的公私合作。但是，公私部门合作完成国家任务这一现象日益普遍，不免使得公私之间的界限日趋模糊，国家与私人之间的任务、功能与责任日益难分。因此，纵然公私合作已成为许多国家的发展趋势，但人们仍对这种私人参与和合作表现出了极为谨慎的态度，认为国防、治安、刑罚、行政罚等国家不可放弃之核心领域国家核心任务不能"全有全无"式的转移。但可以根据国家任务进行更具体、细致的划分，可从该领域中分离出与物理强制力无涉的部分，将国家高权任务进行部分而不是全部转移民间合作，那么将这些领域的任务履行移转于民间也未尝不可。比如在我国监狱事务的公私合作中，国家当然不可能把所有业务外包给私人部门，绝对不可将武装保卫等任务也将转移给私人部门，但是至少部分监狱业务可以交于私人完成。

总之，公私合作与"国家保留"并不矛盾，虽然有些核心的义务性国家任务将保留给国家行使，但绝大多数领域均容许私人部门参与到所谓的"国家保留"领域，实现政府与民间的不同程度的合作，只不过不同领域所适用的公私合作模式不同，官民合作的具体程度不一。

（二）公私合作与国家社会二元论契合

国家与社会二元论虽然最早起源于欧洲18世纪"专制国家"时期，历经数世纪以来国家形态的转变，然而至今仍然为现代自由民主国家宪法规范框架的基础。那么，公私合作这种公共部门与私人部门合作完成公共任务是否将造成国家与社会二元论的终结，从而需要改变宪法学的根据？

诚然，公私合作的确造成了国家与社会之间的功能区分模糊化。在当今时代，"权力—自由"已不再是"国家—社会"关系的当然对应，因为一方面，自由权行使的特质与手段已为国家履行公共任务时普遍获得引借；而另外一方面，统治权领域之公益取向亦要求逐步地转移至基本权主体身上。D.Grimm指出，此种国家与社会间的混合现象并非宪法建制之根据。其虽然因结构上之理由不得不在国家现实中存在,却也留下了诸多的宪法缺失。他进一步提出呼吁,凡投身于公私协力机制之人,必须将宪法朝着国家社会混合方向调校。① 姑且不论"宪法调校"为何,宪法理论上的国家社会二元论虽然为人民自由权与国家权力拘束性不可或缺的基本命题,但是实践宪法已为公私合作留下空间,并藉由民主原则与基本权侵害正当性要求等机制维系国家与社会之原有基本功能领域,在此意义上,公私合作虽然使国家社会二元论相对化,但其本质仍未遭到破坏。

不过值得注意的是,虽然承认国家与社会的二元区分是现代宪法的根据之一,但是在不同的国家它的具体内容及表现形式不尽一致,而且即使在同一国家,随着时代的发展,其内容和形式也不尽相同。如果在国家与社会关系以张力和对抗为主导的时代,"西方的社会主导模式造就了西方的法律是社会的法律,是社会控制国家的工具,我国的国家主导模式导致了我国的法律是国家的法律,是国家控制社会的工具"②,那么随着国家与社会关系的对抗、紧张关系的消退,融合、合作治理关系的加强,公私合作的内容必将成为国家与社会关系的重要内容,与此相适应的是,建立在原有基础之上的公私对抗型法治模式必将被公私合作型法治模式所取代。也正是基于国家与社会关系的转变,有学者提出了"合作国家"的图像——从国家的管制手段、国家任务的实现两个角度观察现代国家面临的课题。其基本思想和特点是:实现任务的主体不限于国家,也包括私人;管制模式是立于国家与其他主体对等的多中心结构;法律理性为实质理性,重视政治系统对其他社会次级系统的运作逻辑的尊重;典型的行政行为是合意式行政行为;国家任务具有多种责任形态等③。合作国家理

① 转引自詹镇荣:《论民营化类型中之"公私协力"》,《月旦法学杂志》2003 年第102 期。

② 周永坤:《社会的法律与国家的法律——从国家与社会的关系看中西法律的差异》,《法商研究》2003 年第 2 期。

③ 参见张桐锐:《合作国家》,载翁岳生教授祝寿论文编辑委员会编:《当代公法新论(中)——翁岳生教授七秩诞辰祝寿论文集》,元照出版有限公司 2002 年版,第 577—578 页。

论能使我们重新认识国家与社会二元论的相对性以及内容发展性,同时也将在实务中为推动公私合作的蓬勃发展寻找到一个重要的理论支点。

(三)公私合作具有民主正当性基础

无数历史事实证明,除非立法者本人受到人民的约束——或者就是人民自己,他们并不会自动制定符合公共利益的立法,而不为自己的私利服务;只有民主才能保证发展法治符合人民的普遍利益——至少是多数人的利益。因此,现代国家普遍接受了民主原则,人民直接或间接成为管理其自身事务的立法者。[①] 由于现代社会的复杂性,人民一般不直接参与国家政策的制定("直接民主"),而是把这些事务委托给由他们选举出来的机关和代表来行使,并通过政治选举的压力等机制对代表们所制定的法律产生影响("间接民主")。也就是说,民主原则实质上是一种全体国民拥有国家主权的组织原则,任何行使国家权力的机关或代表,不论直接或间接,在宪法规范下,均可溯及人民制定的宪法或依据宪法制定的法律的授权或至少有直接或间接民意基础的行政机关监督,方具有民主正当性基础。

根据民主原则,所有国家权力的行使,无论系干预性质的单方高权行为或事实上之给付行为,亦无论是公法行为或是私法行为,最终皆需溯及自全体国民之意志,亦即必须是由国民所出。[②] 公私合作作为国家与私人共同合作执行行政任务的形式,自然也不例外,也应具备民主正当性。虽然大部分公私合作适用于给付行政领域,并且有的公私合作未涉及公权力的行使或只涉及弱权力的运用,但是它们仍然需要具备民主正当性基础。

那么,判断公私合作是否具有充分民主正当性基础的标准是什么呢?一般认为可以从人事、事务内容等不同标准进行判断。从人事或主体上

---

① 张千帆主编:《宪法学》,法律出版社 2004 年版,第 37 页。
② 詹镇荣:《论民营化类型中之"公私协力"》,《月旦法学杂志》2003 年第 102 期。

看,公私合作主体中的私人主体并非由具有直接民主或间接民主正当性的机关首长加以委任,更不是由人民直接或间接选择产生,似乎不具有人事上的民主正当性。不过单纯从执行行政任务的私人不具有人事上的民主正当性,并不意味着违反了民主原则。判断公私合作是否符合民主要求,其主要基准并非上述各正当性形式标准皆须具备,而是在于国民对于国家权力之行使是否享有充分的影响力,亦即国家权力的行使是否具有足够的"正当性水准"。如果行政任务执行的内容仍可溯及国民意志并确保其影响力者,则也与民主正当性基础相符。行政任务执行的内容正当性主要体现在行政行为受法律约束以及受上级机关之指挥监督两个方面。前者在于尊重民意之直接体现,即法律,而后者则在于确保对国会负责之行政主体的最后决定权。① 正如有学者指出的那样,只要公权力主体对承担该事务的私人保有相应于该任务政治重要性之适当监督,即已满足民主原则之要求。② 总之,公私合作并不违反现行宪法与法律秩序,公私部门合作完成行政任务仅意味着政府角色的改变,从行政任务的直接执行者向事务监督者、担保者角色的转变,但并不意味着行政机关不负任何责任,所以,公私合作这种新型方式完全符合宪法中的民主原则。

（四）公私合作符合法治原则的要求

在公私合作过程中,公共部门有可能将风险责任转嫁到私人部门,国家公权力可能会侵害到私人的合法权益,私人部门单独或合作行使公权力也可能侵害第三人的合法权益,因此,公私合作亦应遵循法治原则或法治国原则。法治国家原则本身对于行政任务是否由国家以己手完成,或可借助私人协助之问题,并不关切。法治国家原则并不禁止责任分配之本身,其所要求者仅为当国家将部分任务执行责任分配予私人,而有可能造成责任丧失或影响其他法律地位时,则应以法治国所要求之形式为之,

---

① 詹镇荣:《民营化法与管制革新》,元照出版有限公司2005年版,第24页。

② 陈爱娥:《国家角色变迁下的行政任务》,《月旦法学教室》2003年第3期。

并遵守一定界限。① 具体而言,法治原则要求依法行政,依法行政包括法律优先和法律保留。对公私合作来说,法律优先要求公私合作所形成的公部门与私部门之间法律关系以及对第三人的法律关系皆不得与宪法和上位法相抵触,这一点应无疑义。但是有疑问的是,公私合作执行行政任务是否需要法律的明文依据,亦即是否有法律保留原则的适用? 对此,需要根据不同的合作类型进行判断,对此本书还将在后文中进行进一步阐述。

法治原则要求公私合作符合法治的基本要求,如可预见性、中立性、救济性等。法治原则要求公私合作中,必须在相关法之中明确规定私部门的任务与权限藉此使公私部门的责任透明化,并使私人部门行为具有可预见性。公私合作中因私部门参与行政任务的执行,若未能清楚划定公私部门的权限分配,将影响公权力行为的可预见性,混淆公部门和私部门的责任分配。为落实法治国原则的要求,在法定义务承担的情况下,必须在相关法律明确规定私部门行使的权限,藉此使公私部门的责任分配透明化,并使其行为具有可预见性。法治原则要保障人民的基本权利,而私人具有追逐私利的倾向,如何落实法治原则,使私人行使权力保持中立,法治原则必须面对,在法定义务承担的情形,因为是法律赋予私人执行行政任务的义务而使其行使公权力,若能在法律中明确规定私人执行任务的要件与方式,应足以保障私人执行任务的中立性。例如在相关法律或公私部门签订之合作契约中,明确规定,受托人执行任务之方式及要件,以及建构其他确保其中立性的制度设计(例如利益回避条款)②。法治国家要求人民权利受到损害时,国家应有相应的救济管道,否则实体法上的权利也将丧失价值。即使在私人参与执行警察任务等高权行政领域,一般认为尚不违反权力分立、法安定性、权利救济管道保障等法治国

---

① 詹镇荣:《民营化法与管制革新》,元照出版有限公司 2005 年版,第 27 页。
② 陈爱娥:《国家角色变迁下的行政任务》,《月旦法学教室》2003 年第 3 期。

原则的要求,具有原理宪法基础。① 总之,公私合作总体上符合法治国原则的实质要求,法治原则为公私合作的发展打下了坚实的基础。

(五)公私合作具有基本人权基础

基本权利是每个人作为人应当享有的基本权利,这种权利在现代社会一般都由宪法来规定并保障。基本权利的侵害来源不仅来自于国家,而且也可能来自于私人及社会。因此,基本权利的首要功能也就在于公民及私人部门以基本权利预防、"对抗"国家公权力,防止公民的生命、自由与财产受到公权力的可能侵害,从而维护个人免受国家恣意干涉的空间。这种"防御权"功能是公民基本权利的一项权能,指公民得要求国家不侵犯基本权利所保障的利益,当国家侵犯该利益时,公民得直接依据基本权利的规定请求停止侵害。② 然而,当今进入一个变动不居和风险丛生的时期,侵害公民基本权利的来源也更加复杂多样。公共权力的民营化、公私合作现象大量产生,私人部门不仅是纯粹的民事主体,它们也共同或者独立行使着大小不一的公共权力,而理论上任何行使公共权力的主体均有可能侵犯第三人的权利,因此,有必要考察公私合作有无违反宪法基本权利。

具体而言,公私合作中涉及人权的第一个问题是:私人是否参与公私合作这一命题是否属于基本权利的范畴? 或者说,私人部门是否有不参与公私合作的权利? 在公私合作中,由于私人主体系以基本权主体身份,自愿地透过契约签订或其他方式与国家产生合作关系,因此,是否参与公私合作是属于私人自由权利行使的范畴。正如 F.Ossenbühl 所言,基本权之保障原则并不在于赋予人民得对"扰人的行政协助"本身加以防止,而是当国家提出要约时,人民甚至可通过基本权之行使参与其事。③ 私人

---

① 章志远:《行政任务民营化法制研究》,中国政法大学出版社 2014 年版,第 63 页。
② 张翔:《论基本权利的防御权功能》,《法学家》2005 年第 2 期。
③ 转引自詹镇荣:《论民营化类型中之"公私协力"》,《月旦法学杂志》2003 年第102 期。

部门依照参与行为的性质，可能涉及权利主要为财产权利、职业自由以及一般的行动自由等。反之，国家若以其他手段"引诱"、"迫使"私人部门与其发生合作关系，或者对合作伙伴设置不合理的资格或条件，那么可能构成违反基本权利的侵害。但是，何为"不合理"的资格或条件，要根据法律、法规而定。公私合作中涉及基本人权的第二个问题是：如何确保公私合作过程中第三人的基本权利免遭影响或侵害？在公私协力关系中，虽然私人部门如何执行业务通常双方有协议的空间，但是其中私人利益与公共利益往往容易产生冲突现象，比如在公民合资公司中，民股股东之私益与公司之公益目的如何调适，即生问题。[1] 为此，国家或公共部门一方面具有任务责任以及公益确保责任，另一方面基于基本权保护义务，须确保第三人的基本权免于因公私合作而遭受到影响或侵害，所以通常在公私合作契约中或另订法令规定限制与监督的措施，将私人部门行为的纯粹营利目的在一定程度上朝公益取向修正和发展。当然国家或公共部门对参与公私合作的私人部门基本权的干预，必须具备宪法上的正当性事由，才属合宪。

综上所述，我国宪法、宪法学对国家现实与社会发展具有高度的承受与调试力，基本上就行政任务执行方式采取中立与开放的立场，容许国家与民间采取公私合作的手段。公私合作不仅与国家保留理论兼容，与国家社会二元论契合，而且它符合法治原则的基本要求，具有民主正当性和基本人权基础，因此，可以说，公私合作的开展具有牢靠的宪法学基础。

三、公私合作的行政法学基础

当今时代公私合作的不断发展，向行政法学提出了许多法治化课题，其中最为基础的、也最为关键的问题是公私合作是否具有行政法学基础？在我国，建立在公私对立基础之上的传统行政法学往往将公共权力部门视为公民权益的最大侵害者，因而将行政法的使命聚焦于对公共权力的

---

① 詹镇荣：《基本权能力与释宪申请能力》，《法学讲座》2002年第5期。

严密防范,同时将私人视为行政的"客体",因此私人应有的地位并未真正得到重视。因此,从表面上看,似乎行政法难以解释公私合作这种新的景象。但是,随着公共行政的变迁,行政法学作为与时代紧密相连的法学理论也在与时俱进,试图建构各种理论以容许公私合作这种新行政实践的发展。当下各种"新行政法"的建构就是行政法学不断创新的最新实例,"新行政法"还被有关学者纳入了行政法教科书之中。① 尽管行政机关选择与私营主体和其他市场主体协商合意,采取模拟市场和订立私法形式的契约方式,共同承担基础设施提供的公共管理职责,在行政法上具备合法性基础②,但是公私合作的行政法学基础话题仍然值得进一步探究。笔者认为,行政法的合作精神和理念为公私合作的开展打下了行政法理念基础;法律保留原则为公私合作的开展提供了行政法基本原则依据;行政组织理论、行政行为形式论、行政过程论等则为公私合作的开展奠定了坚实的行政法理论基础。

(一)公私合作与行政法合作理念

在传统行政法理念中,国家与公民、行政主体与行政相对人之间的关系是命令—服从、权力—控制的关系。而今随着时代的发展,社会结构的转型,行政法的理念也发生了嬗变。在当今国家、社会、公民三者关系较以往任何时期都更加复杂的时代,如果没有合作的精神和理念,那么很难想象,行政法能不断适应社会的发展、保持其活力。为此,合作首先表现在行政主体与行政相对人之间进行着合作。行政主体对相对人的合作是通过为相对人提供服务来实现的,相对人对行政主体的合作则主要表现为配合和参与,因此法的现代精神即合作在行政法中就具体表现为行政主体与行政相对人之间的服务与合作的信任关系。现代行政法倡导的服

---

① "新行政法"的"新"主要体现在调整范围的新、调整方式的新以及法源形式的新。参见姜明安、余凌云主编:《行政法》,科学出版社2010年版,第12—15页。

② 李亢:《PPP的法律规制——以基础设施特许经营为中心》,法律出版社2017年版,第72页。

务与合作精神的形成,意味着公共利益与个人利益关系的一致,意味着政府与公众之间的互相信任、支持和尊重。① 行政主体与行政相对人之间的合作关系,相对于传统行政主体与行政相对人的紧张对抗关系无疑具有巨大意义。

不仅如此,合作理念还表现为公共部门与私人部门之间,两者的关系并不等同于行政主体与行政相对人的关系。正如有学者所指出的,"无论如何对公共行政和私营行政进行比较,人们总是有一个印象:认为它们是互相对立的,各自属于一个独立的、性质截然不同的领域。实际上,公共行政的许多工具是通过为数众多的私人团体和个人的协作完成的。'私营'和'公共'之间的界限现在确实已变得模糊不清,人们难以说清政府的界限在哪里终止而私营企业的界限又从哪里开始。……政府与私人企业之间的关系也应当是一种合作伙伴关系"②。这就涉及本书所要论述的主题即公私伙伴关系即公私合作。也就是说,现代行政法已经不再以公共部门与私人部门的对抗为圭臬,而是以开放的姿态开始接纳公私部门的合作关系、接受公私部门的合作理念甚至精神。而要进行公私合作,需要公共部门提供良好服务。实际上,我国政府已经把服务型政府作为建设的目标之一,服务型政府的建设必将进一步彰显合作的精神;而对于广大的私人部门而言,他们需要广泛地参与到行政事务的提供之中才可能进行良性的合作。

行政法理念由对抗向合作的转变,为公私合作的产生和发展奠定了理念基础。由于合作理念的彰显,政府部门不能再单独垄断公共事务,而与私人部门一起对公共事务平等地进行合作治理,以满足公民或顾客的多样化需求,实现公共利益的目标;并且要将此种精神对行政法运行机制进行脱胎换骨的再造,这必然导致行政目标、行政主体、行政方式等多方

---

① 叶必丰:《行政法的人文精神》,法律出版社 2005 年版,第 134 页。
② [美]尼格罗等:《公共行政学简明教程》,郭晓来等译,中共中央党校出版社 1997 年版,第 11 页。

面的变化。与此同时,合作理念的倡导,也导致私人部门原有客体地位的改变,而成为公共部门的权力伙伴,成为公共产品和公共服务的生产者和提供者。总之,行政法合作理念的凸显,已经充分显示了当代社会的时代主题,为公共部门与私人部门的合作打下坚实的理念基础。

(二)公私合作与法律保留原则依据

如果法律已经就行政机关亲自履行某一行政事务作出明确规定时,行政机关当然不得公然地违反法律而采行公私合作措施。然而,如果法律没有作出明确规定的领域,公私合作能否推行呢? 对此问题的回答涉及公私合作与依法行政原则特别是法律保留原则的关系问题,或是说公私合作如何接受法律保留原则的约束从而获得正当性基础。

法律保留指的是行政机关只有在取得法律的授权时才能实施相应的行为,法律保留是积极意义的依法行政原则。相比之下,法律保留原则的要求远比法律优先原则严格:前者只是消极地禁止违反现行法律,而后者则是积极地要求行政活动具有法律依据。在法律出现缺位时,前者并不禁止行政活动,而后者则排除任何行政活动。① 鉴于法律优先原则自身功能的有限性(当缺乏法律规定时,该原则即显得无能为力)及其无限制、无条件地适用于一切行政领域已为世所公认,因此,体现"行为有据"的法律保留原则在行政法治主义的实现中具有更为重要的意义,应当被视为依法行政的特有原则。

关于法律保留原则是否及于全部或部分行政领域,行政法学界存在较大分歧,先后出现过"侵害保留说"、"全部保留说"、"重要事项保留说"、"机关功能说"等各种不同的学说。"侵害保留说"认为,法律保留原则仅适用于行政机关侵害行政相对人的权利自由或课予其义务的情形之下,至于给付行政则不需要法律授权;"全部保留说"认为,包括侵害行政

---

① 〔德〕哈特穆特·毛雷尔:《行政法学总论》,高家伟译,法律出版社 2000 年版,第104 页。

和给付行政在内的所有行政活动都应当具有法律依据；"重要事项保留说"认为，不仅干涉人民自由权利的行政领域应适用法律保留原则，而且在给付行政或者涉及人民基本权利的实现与行使，以及涉及公共利益尤其是影响共同生活的"重要的基本决定"，都应当有法律依据；"机关功能说"认为，所谓重要的概念往往空洞而无内容，在具体情形中还必须寻求合理的界限，宜采取"符合功能之机关结构"标准，即国家之决定应依照机关之组织、编制、功能与程序方式观察，由具备最优良条件的机关为之。① 上述各种学说自有其优点，但同时又存在固有的缺陷。若采取"侵害保留说"则有可能使得大量的给付行政活动游离于法律保留的控制范围之外，这样难免会有损及法治国的民主原则和公共利益的顾虑。然而，若采取"全部保留说"，因其主张将所有的行政活动置于法律保留的制约下，势必会导致行政活动的僵化和无效率。行政机关如果无法律规定就不能实施任何活动，就不能灵活地应付多样化的行政需要，也将丧失行政机关基于独立的判断与责任以及综合性地管理与推进公共事务的权限、责任。"重要事项保留说"虽然用一个抽象、宽泛、富有弹性的"重要性"概念将事务分为若干层级，其解释力可涵盖所有行政领域，也可保证其灵活性，但同时也存在着模糊性。"机关功能说"虽然试图弥补重要事项保留说的空洞性，但其提出的"尽可能正确"标准似乎与"重要性"标准并无二致，甚至令人更加难以把握。但相比而言，"重要事项保留说"由于克服了干预保留和全部保留的缺点，指出了思考的方向，得到了实务界的普遍认同，因而是相对更好的解释理论。而受规范人范围的大小、影响作用的持久程度、财政影响的大小、公共争议性的强弱、现状变革幅度的大小等可作为判断基本权和公共事务的重要性标准。②

接下来的问题是，法律保留是否完全适用于公私合作的所有领域和

---

① 参见翁岳生：《行政法 2000》(上)，中国法制出版社 2002 年版，第 180—183 页。

② 参见许宗力：《法与国家权力》，月旦出版社股份有限公司 1993 年版，第 187—192 页。

模式？对于此问题的探讨,涉及重要事项的判断,而上述基本权重要性标准和公共事务重要性标准不仅仅取决于事务本身的特质,而更多的是取决于与该项事务相关联的活动方式。因此,在公私合作中可参照上述标准,将事务的性质与具体的合作模式及公私合作的法律实现手段相结合,以确定公私合作中法律保留的适用范围。比如,对于公权力委托,学界一般认为应该适用法律保留,因为这既涉及法治国家权限移转到制度性保留,亦同时涉及基本权侵害之干预保留。大概对于受托人而言,国家委托其行使公权力常属一种额外行为的附加,有时甚至是新的义务之课予;对第三人而言,则必须忍受本非属国家行政主体之人或团体的公权力行使,对两者的基本权皆具重大影响,故从基本权保障角度需有法律之依据始得委托私人行使公权力。[1] 至于不涉及公权力行使的其他行政委托,如公共设施的公办民营情形,因涉及公有财产设备之提供私人使用,有一定程度之公共事务重要性,且为避免受托人公器私用或利益输送之疑虑,因此学者主张仍有法律保留之适用。[2] 又如,特许经营的项目如涉及诸如城市供水、供气、供热、污水处理、垃圾处理等民生给养事务,由于这些公用事业涉及公民的基本生存保障,属于准公共产品,具有较强的公共性,因此,即使基于效率等因素的考虑,采取公私合作方式,也必须有明确的法律依据,并且这类法律在制定时,应有保障普及服务的相应条款,否则,就是对宪法保障公民基本人权的职权的放弃,会产生宪法上的容许性问题。基础公共设施的特许经营由于涉及最基本的民生给养等而须有法律保留原则的适用,所以,在我国大陆,仅有建设部 2004 年通过的《市政公用事业特许经营管理办法》这一部门规章显然法治化不足,需要进一步提升立法位阶。

---

① 詹镇荣:《论民营化类型中之"公私协力"》,《月旦法学杂志》2003 年第 102 期。
② 许宗力:《论行政任务之民营化》,载翁岳生教授祝寿论文编辑委员会编:《当代公法新论(中)——翁岳生教授七秩诞辰祝寿论文集》,元照出版有限公司 2002 年版,第 598 页。

至于公私合作种类中的行政助手,其功能仅止于非独立性地辅佐行政机关行使公权力,要接受行政机关的指挥监督与指示,没有法定权限,行政机关仍为最终决定者与责任承担者,①对相对人权益的影响较不直接,故无需法律授权,可由行政机关自行决定。而公私合作中的专家参与,指的是政府将特定事务全权委托民间专家作出独立决定,此后再根据民间专家的决定以政府的名义作出最后的决定。但专家的决定不是最终的决定,同时专家与公民间也不存在直接的法律关系。实际上在我国,在涉及民生专业技术领域、环境保护特别是在政府重大决策时要委托专家作出有关决定,已经成为地方性法规和政府规章的法定要求。由于不涉及基本权和公共事务重要性判断,因此即使在没有法律规定的情况下,专家参与也可由行政机关裁量。

值得注意的是,形成公私合作的法律手段亦可成为判断是否适用法律保留原则的一种判断基准。如果合作的形成是通过行政立法、行政处分等强制性的法律手段,因将义务课予私人的行为方式,会构成对公民基本权利与自由的干预,因此,基于对公民基本权利保护的需要,该公私合作的决定应受法律保留的约束。反之,如果合作通过契约等手段,基于双方的合意而形成,那么,在这种情形下,私人的参与可视为出于本人自愿。这时,应该进一步对事务的特性加以观察,再结合所选择的合作模式判断法律保留的适用与否。②

除适用范围外,法律保留原则涉及的另一个问题是对"法律"的理解,即法律仅指议会制定的法,还是包括行政机关制定的行政法规? 这关系到哪个部门拥有公私合作的决策权或决定权? 其实从依据范围上看,法律保留原则中的"法律"不仅包括议会制定的法律,而且还包括行政机关经过授权所制定的行政法规及规章。当然这在公私合作的不同形式上

---

① 黄锦堂:《行政契约法主要适用问题之研究》,载台湾行政法学会主编:《行政契约与新行政法》,元照出版有限公司 2002 年版,第 42 页。

② 宋国:《合作行政的法治化研究》,吉林大学博士学位论文,2009 年,第 70 页。

表现不同,特许经营、公权力委托私人行使等,由于涉及基本人权或者说对当事人权利影响极大,所以应当由全国人大及其常委会予以法律保留;由于非权力性质的委托对相对人基本权利影响有限,因此行政机关对此可享有一定程度上的决定权,原则上可通过法律、法规、规章的方式即可;而行政助手和专家参与则可由行政机关自由裁量。目前,我国大陆尚无公私合作的专门"法律",财政部、国家发改委、民政部等部门出台了系列通知、指导意见等政策文件,湖南、山西、深圳市等地出台了有关市政公用事业特许经营条例等地方性法规以及地方政府规章。因此,从应然的角度看,只有地方政府法规和政府规章的情况下,难以推动诸如特许经营等重大公私合作模式的深入进行,因此适时制定全国性的法律已经成为当务之急。在试验性立法的基础上,我国应当在时机成熟时,根据公私合作公共性强弱以及事务领域性质的不同等作出不同立法层次上的选择。与此同时,在保留密度上,法律保留原则对公私合作的要求一般而言不仅包括组织法规范,而且也包括行为法规范,如在公权力委托这类公私合作中的法律保留的依据就是如此。一般来说,组织法规范应当在行政活动的所有领域都存在,而行为法规范主要存在于干涉行政领域及部分重要的给付行政领域①。就合同外包来说,因其同样涉及公共服务的提供,对民众的权益影响较大,因而应当适用相对法律保留原则。但与公共性更强的公私合作(比如公权力委托)相比,这类方式应当更为宽松。也就是说,只要存在行政组织法依据,即便没有明确的行为法根据,行政机关也可以自主决定推行。

由此可见,由于公私合作的复杂性,其接受法律保留的范围、层次以及密度等都不一样,需要结合具体情况进行具体分析,但是,无论如何,公私合作的开展符合依法行政原则要求,具有法治依据。随着时代的发展,行政法已经具有足够的开放性、包容性,通过理论改革、制度创新,从而容

---

① 章志远:《公共行政民营化的行政法思考》,《政治与法律》2005 年第 5 期。

许和促进公私合作的蓬勃发展。

（三）公私合作与行政组织、行政行为理论基础

在传统的行政法中，行政主体是行政组织法的一个核心概念，通过行政主体的理论演绎，将行政机关和法律、法规授权组织纳入了行政主体的范围。不过，实际中许多社会组织和个人，虽然尚未得到法律、法规的授权，但是却行使公共权力。既然行政法是有关公共行政的法，而不仅仅是有关国家行政的法，非政府的社会组织虽然不属于国家行政的主体，但属于社会公行政的主体；其进行的社会公共事务的管理活动，虽然不属于国家行政的范畴，但是属于公共行政的范畴，因此，非政府组织的社会公共组织自然应该成为行政法研究的正常课题。我们不应该还戴上国家行政这副眼镜来看非政府的公共组织是不是国家行政的主体，其管理活动有没有法律、法规的授权，并就其是否是行政法的调整范围对象，行政法学该不该对其进行研究而作不休的争论。[①] 非政府组织承担公共任务，实际上体现了当今行政改革中的主体多元化现象。为此，行政法不仅要调整国家行政，更要调整社会公行政。行政法要通过行政法的规则设置和理论体系建构适应行政改革的需要，保障社会公行政在法治的轨道上健康运作，促使国家行政与社会公行政之间保持必要的张力，防止国家对社会公行政的侵蚀和违法与不当干预，又抑制社会公共行政产生的负面效应，并在两者之间求得平衡。[②] 可以说，行政组织法调整范围的不断扩大，已经为私人部门行使公共权力提供了可能。当然，公私合作主体的多元性、复杂性，的确对行政组织法构成了严峻的挑战，尽管从另外的角度看，它也为行政组织法的进一步转型创造了条件。

从行政行为理论上看，基于法治行政的"行政行为形式论"无疑是公

---

① 石佑启：《公共行政改革与行政法学范式的转变》，载罗豪才主编：《行政法论丛》2001 年第 4 卷，第 120—121 页。

② 石佑启：《论公共行政与行政法学范式的转换》，北京大学出版社 2003 年版，第 135 页。

私合作行为展开的前提基础。行政行为形式论将所有行政活动可能的样态以不同的行为形式的分析予以概念化、类型化，并提出法的要求与赋予具体的法律效果。随着公私合作的开展，越来越多的行政任务需要公私部门合作完成，行政行为方式日益多元化、柔性化、合作化，行政行为形式论逐渐丧失了"独占鳌头"的地位，尽管有学者主张法律形式学说仍是要求行政机关基于功能考虑，应使用法律上特别予以确认的行为方式，但它并未发展成为一般的"法律形式保留"①。不过，在德国，由"行政行为形式论"发展到"行政行为形式选择自由理论"似乎成为趋势。它是指只要法秩序未禁止运用此等法律形式，行政部门得选择私法的组织与行为形式完成行政任务②。当然，其具体含义有待于进一步研究，但是无疑为公私合作及其行为的多元性、复杂性奠定了理论基石。在我国，所谓"新行政法"理论的崛起，特别是其中新调整方式理念为我国公私合作行为的兴起提供了正当性基础。所谓"调整方式的新"主要是指行政法所确立的行政管理方式从管制到自治、从命令—服从到协商—参与、从刚性管理到柔性指导的转化。这一"新"主要表现为多个方面，比如行政行为从单方性到广泛公众参与的转变；行政命令越来越多地为行政契约所取代，可通过契约的形式由私人承包；政府越来越多地与 NGO、NPO 等社会自治组织合作，通过与社会自治组织互动而达成行政目标；公权力主体更多地综合运用行政法、民法、商法、经济法、社会法乃至各种软法的手段解决公共治理中的各种复杂问题。③ 这些新的行为调整方式打破了传统的行政行为形式理论，对包括公私合作行为在内的新行政活动具有强大的解释力。尽管"新行政法"有待日后检验，但是该理论无疑对当下公私合作起

---

① ［德］施密特·阿斯曼：《秩序理念下的行政法体系建构》，林明锵等译，北京大学出版社 2012 年版，第 326—327 页。

② 陈爱娥：《行政上所运用契约之法律归属——实务对理论的挑战》，载台湾行政法学会主编：《行政契约与新行政法》，元照出版有限公司 2002 年版，第 86 页。

③ 参见姜明安：《全球化时代的"新行政法"》，《法学杂志》2009 年第 10 期。

到指导作用。与此同时，为了完整再现公私合作活动的多样性、过程性，旨在对动态的行政活动进行全面分析的"行政过程论"逐渐成为时代新宠。一般而言，"行政过程，系指在宪法下，行政权为达成其行政目的，所得利用之法令上、惯例上一切手段所构成之一连串手续上之连锁"①，换言之，行政过程是行政主体为达成行政法目的所采取一系列法定与非法定行为所形成的全过程。由于行政过程论扩充了行政法学的理论，不再基于"瞬间掠影"认知的单一片段的行政行为，而是全面考察各种行为的动态过程，因而行政过程论为公私合作过程中的各种行为形式加以全面、动态考察提供了很好的法理基础。

总而言之，从理念上看，行政法的合作理念为公私合作的发展奠定了理念基础；从原则上看，法律保留原则为公私合作的开展提供了行政法基本原则根基；从主体和行为上看，行政组织多元化理论、行政行为形式论、行为形式选择自由理论、行政过程论则为公私合作的开展提供了行政组织和行政行为理论支撑，因此，可以说公私合作的兴起具有扎实的行政法学基础。

---

① 杨建顺：《日本行政法通论》，中国法制出版社 1998 年版，第 122 页。

第三章
公私合作主体论

....

　　作为公共部门与私人部门进行合作的状态,公私合作不仅表现在行为上的合作,而且体现为组织化的合作。对于公私合作,任何局限于公私合作行为领域的研究而不考察公私合作主体等更为广泛的研究领域,无疑将有碍于对公私合作进行整体和科学的研讨。甚至可以说,公私合作对行政法的影响首先就表现在公私合作主体及其对行政组织法的挑战。那么究竟什么是公私合作主体? 它有哪些形成路径? 它具有哪些特征和种类? 公私合作主体之间有何特殊的关系地位? 履行公共任务的次生型公私合作主体具有如同私法组织的基本权利能力吗? 其判断基准为何? 公私合作主体对传统的行政组织法构成了哪些严重的挑战? 新行政组织法如何应对这种挑战? 等等。为了解决这些主要问题,本章将以公私合作主体的理论界说、公私合作主体的三边关系、公私合作主体的基本权利能力、公私合作主体的挑战与行政组织法的转型这四大课题逐一展开。

第一节　公私合作主体界说

在传统的行政组织法中,行政主体成为学界研究的重心;而在公私合作中,要研究主体,首先碰到的主体关键词却是公共部门、私人部门、公众;其次,人们还将可能遇到类似"次生型公私合作主体"、"公法消费者"等一系列新的概念。可以说,从形成路径来看,公私合作主体主要是基于民营化的路径和社会治理的路径转换而来,前者以公私合作公司为典型,后者则以社会合作管制主体为代表。虽然各方主体形成路径不尽相同,但是公私合作主体本身却具有特定的内涵,可以作为一个法学术语,用以指称参与公私合作关系的公私双方主体以及由此产生的派生主体。

公私合作主体由公共部门、私人部门、公法消费者、公私合营事业、公权力受托人、特许经营者以及社会合作管制主体等组成,因而具有主体构成的多样性;公私合作主体不仅公私部门的角色不同,而且那些因为公私协力而成立或转换而来的公私合作主体,其角色也不同于原先的公共部门和私人部门,因而具有主体角色的复合性;公私合作的主体虽然来自"五湖四海",看似具有宽泛、松散的特点,但是实际上各主体是为了一个共同的合作目标,因而公私合作主体具有主体目标的合作性;原有的行政主体理论以及行政组织法理论无法容纳公私合作主体的复杂性质,因而公私合作主体具有组织法治的突破性。公私合作主体特别是次生型公私合作主体虽然形式上都采用了有限责任公司或股份公司的私法组织形式,目的不仅具有营利的目的,而且还有实现特定公益的目的,国家等公共部门都具有特殊的权力,从而它与私法形式的行政组织存在着类似之处,但是,由于两者的产生背景不同、两者的构成主体不一、两者的资金来源不同以及两者的合作重点不一等,所以不能将次生型公私合作主体与私法形式的行政组织加以混淆。如果从不同的角度进行划分,公私合作主体可以分为不同的种类,其中最为重要的分类是原生型公私合作主体和次生型公私合作主体,前者包括公共部门、私人部门以及公众(特别是公法消费者),后者则囊括了公权力受托人、特许经营者、政府业务外包人、社会合作管制主体以及公私合作公司。而次生型公私合作主体无论是对传统行政主体理论的挑战,还是对新行政组织法的建构,都具有重要的意义,因此它成为本书着重加以关注和研讨的重要课题。

一、公私合作主体的形成路径

需要特别说明的是,所谓公私合作主体的形成路径实际上主要是除了原有公共部门、私人部门之外的其他主体(即次生型的公私合作主体)为了实现公私合作而形成的路径。因此,对于原生型的公私合作主体而言,本书将不予以考察。按照背景的不同和动因不一,公私合作主体的形成路径大体上可以分为两条路径:一是民营化的路径,这也是最为重要的路径,是公权力受托人、公私合作公司等主体的形成路径;二是社会治理的路径,这一路径适用于社会合作管制主体。

(一)民营化的形成路径

民营化路径对于次生型公私合作主体的形成非常重要。以前学界一般只对契约型公私合作中讨论较多,而对于组织型公私合作一般不加探讨,因此,研究次生型公私合作主体的民营化形成路径,对于我们进一步把握组织型公私合作主体的运作机理和促进次生型公私合作主体发展,具有重要的意义。下面将从德国以及我国台湾地区有关公私合营事业的发展历程为例说明其形成路径。

1. 民营化背景下德国公私合营事业的发展

为了共同合作达成行政任务,公共部门与私人部门已经发展出各种复杂的模式,从行政委托到行政助手,从合同外包到特许经营,这些已经充分展示了公私合作模式的灵活性和复杂性。但与此同时,这些模式面对日新月异的社会实践,又显得不敷因应。即使是 20 世纪 90 年代提出功能民营化概念,它也只能涵盖以契约为基础的合作模式,而诸如公私合资公司等组织型公私合作却无法归入到功能民营化的范畴。可以说,公私合营事业超越于前述各种合作模式,不仅是基于私法或公法契约之公私合作关系,而且系以私法组织之共同结合方式。而采用这种组织化的公私合作模式,不仅有利于引进民间的各种资源,而且公共部门也不放弃亲自履行行政任务,从而更有利于保持公、私部门之间的长期合作。

从民营化的类型来看,公私合营事业属于不纯正或部分的功能民营化,是兼含组织私法化和功能民营化两者性质的混合民营化类型。相对于纯粹的公设私法人,公部门对于公私合营事业的控制力,势必随着私人参与程度而相对减少;然而较之功能民营化中其他以契约为基础的公私合作关系,难以避免契约协商机制所导致的法律不确定性,公私合营事业则可替公部门另开启私法组织及法律上可资运用的影响可能性,并将公益政策贯彻于任务执行之中。自 20 世纪 90 年代以来,德国公私合营事业的运用得到广泛的拓展。除了环境保护设施、都市发展以及传统的电力瓦斯供应事业以外,诸如下水道工程设施、机场等基础设施建设、地方大众运输、学校医院等生存照顾领域,均可见公私合营事业活跃其中。公私合营事业更是一度被冠为"合作模式"的名称,并被视为"极富前景之模式"。而德国公私合营事业之所以能历久弥新,蓬勃发展,是因为长期以来地方自治团体与私人设立公私合营事业,抑或委托此等事业执行特定行政任务,均视之为"自家业务"、"内部业务",并不构成政府采购行为,故无政府采购法及招标程序的适用,亦可免除采购争讼的羁绊。但是,如从其他竞争私人的立场来看,却对此种"自家业务"的合法性屡生疑虑。2005 年,欧盟法院就"哈勒市"一案的判决实际上全然否定自家业务或自家采购用之于公私合营事业的可能性,只要是公私合营事业,因为有私人的参与和合作,都应该适用政府采购法等公法规则。① 自此,公私合营事业原先享有的采购招标程序豁免权消逝,但是作为由于民营化路径转换而来的公私合作主体之一,其合作模式颇具吸引力,而作为超越传统民营化而生成的次生型主体,更是影响颇深,远播海外。

2.民营化背景下我国台湾公私合营事业的拓展

在公私合作的时代潮流影响下,我国台湾地区公营事业逐渐转为公私合营事业或私营事业,然而专为执行特定行政任务而设立公私合营事业者,在台湾地区尚属罕见。也就是说,公私协力关系的运作更多的是侧重于如 BOT、BOO 等"契约型"模式,较少应用诸如公私合营事业等"组织型"公私协力。不过,"组织型"公私协力也正引入实务之中,如 2008 年正式运作的我国台湾地区首家"都市更新开发公司"。该公司以台北市大同、万华老旧地区的 4、5 层楼公寓,以及大面积的共有土地为首要更新目标地区。该公司资本额预计为新台币 2 亿元,其中市府出资 40%,其余 60%以公开方式招募。为整合和协助加速都市更新作业,"行政院经建会"积极筹组"台湾都市更新公司",其资本额初估最高 60 亿元,其中公股权约 49%,民间投资约为 51%,且采取股权分散原则,每家建商公私投资股权不得超过 10%,以达到利益回避的目标。我国台湾地区及台北市这两项新公私合营事业模式的实例,不仅首开落实都市更新政策新途径的先河,而且具有推动民营化向纵深发展的里程碑意义。而就两公私的主体角色而言,应顺应民营化及公私伙伴关系的时代趋势,以公私合营事业执行行政任务之际,对公私合营事业这一组织型公私协力进行研究,促进包括公私合营事业在内的公私合作主体的多元发展。

---

① 本部分主要参考了刘淑范:《行政任务之变迁与"公私合资事业"之发展脉络》,《"中研院"法学期刊》2008 年第 2 期。

（二）社会治理模式转换的路径

随着时代的发展和社会治理模式①的影响，传统的高权管制模式已经不能适应新的社会发展趋势，于是实践中出现了"放松管制"或"去管制化"等策略。然而，虽然放松管制策略适应了社会变迁的需要，解决了不少社会问题，但是它仍然属于高权管制的一环。另外，社会领域出现了社会自我管制的现象，并取得了良好的效果，不过，这种自我管制也存在着不少弊端。从治理与管制的关系看，治理并不会导致管制或规制的消亡，反而互动促进、互相影响；从治理的理念、结构、主体、行为、救济等方面看，参与治理与高权管制（含放松管制）、社会自治与社会自我管制、合作治理与合作管制（含国家合作管制和社会合作管制）之间存在暗合和互动关系。可以说，行政高权管制、社会自我管制是分别在参与治理、社会自治这两种社会治理模式主导下的典型管制模式，然而，当今社会治理的主流模式和发展趋势不是参与治理或社会自治，而是合作治理。合作治理的社会治理新模式内在要求管制模式进行相应革新，产生社会合作管制。

长期以来，为了实现行政任务和目的，国家一直习惯于用法律以及命令、禁止型高权手段课以相对人作为、不作为或容忍的义务，并以惩罚制裁作为执行后盾，因此行政高权管制一度盛行。在这种模式下，政府一直不允许公众参与，即使它在具体事务中听取公众的意见，至多也只是出于改善集权形象的需要。受参与治理这种社会治理模式的影响，欧美国家提出了解决这些问题的方法，其中最重要的是采取放松管制的策略②。

---

① 目前学界已经形成三种既有逻辑联系又有所不同的社会治理模式，即参与治理、社会自治和合作治理。参与治理是在民主行政的理想追求中出现的，社会自治是在非政府组织以及其他社会自治力量的成长中展现出来的，而合作治理则是社会自治力量成长的必然结果，也是对前两种社会治理模式的扬弃。参见张康之：《论参与治理、社会自治与合作治理》，《行政论坛》2008 年第 6 期。

② 此外还有其他一些方式，比如政府激励性管制措施的采用等。参见郭志斌：《论政府激励性管制》，北京大学出版社 2002 年版，第 82 页。

但是,这种立足于中心—边缘结构的放松管制在许多方面与高权管制大同小异:放松管制虽然缓解了高权管制的方式,但是它遵循的是参与治理的理念,是属于以政府为中心、以公众为边缘的这种"中心—边缘结构"型的自身改革;"无论公众在人数以及对社会治理的事务的量达到什么样的程度,都没有改变政府的中心地位"①,而且在整个官僚制的层次机构未变的情形下,虽然公众参与具有重要意义,但参与者意见实际作用的发挥仍有依赖于制度和体制的完善;放松管制的主体中,国家扮演主角、其他主体是配角,两者是一种不平等的关系;等等。所以,放松管制只能在一定程度上缓解高权管制的内在张力,但无法化解高权管制的所有问题,特别是管制的主体问题。

社会自我管制或自我管制(self-regulation,也可译为自我规制)是在法律与行政中一种非常重要的现象,最近几十年来已经大量出现在环境保护、公共卫生与安全、律师职业等诸多领域。但是,它目前尚未成为一个实定法概念,而且各国同一自我管制或自我规制的概念,却表示不同的事情。从社会自治的角度看,社会自我管制并非属于"国家"的领域,而是属于"国家外"的社会范围,属于私人、非政府组织等自我治理、自我服务、自我管制的范畴。然而德国的社会自我管制概念虽然比英国的概念更突出了社会自治的本质,但却同样使人误解为单纯的解除管制、不受国家规制的弊端。而这正是社会自治模式所反对的,社会自治并非完全不要政府管制、不要公共秩序的构建,否则这种自治和管制是对政府的蔑视。正因为如此,德国 Aßmann 等学者后来提出了"受国家规制"之社会自我管制的概念②,旨在把社会自我管制纳入国家高权管制责任分配的体系,但是,这一用语在欧洲其他国家实际上就是合作管制(co-

---

① 张康之:《行政伦理的观念与视野》,中国人民大学出版社 2008 年版,第 353 页。

② Vgl. Eberhard Schmidt-Aßmann, Regulierte Selbstregulierung als Element verwaltungsrechtlicher Systembildung, in: *Die Verwaltung*, *Beiheft* 4, Berlin 2001, S255.

regulation)之义①。

随着参与治理、社会自治模式分别被合作治理模式所替代，今后在合作治理主导下的管制模式无疑将走向合作管制的康庄大道。合作管制是人类历史上一种全新的管制模式，是一种多边、合作型管制，而以往无论是政府高权管制还是社会自我管制，都是立于国家或社会的一个中心的单边、非合作管制。合作管制的重心与其说是社会组织和公众参与到政府的合作管制，还不如说是社会组织及公民之间的合作管制以及与政府合作管制的结合体。作为社会治理发展趋势的合作治理从根本上排除了任何政府中心主义的取向，立足于社会领域，以社会为重心，关注的首先是社会层次的治理问题。以社会为中心的合作治理为指导，无疑将促进社会合作管制现象和理论的诞生和发展；同时也将意味着政府单主体、单中心的否定，蕴含着多主体、多中心的生成②。以合作治理为视角，社会合作管制主体显现出多元化、多中心的态势：既可以是政府机关等传统行政主体，也可以是社会组织甚至公民个人等社会主体，还可以是传统行政主体与社会主体的合作。但是，在传统行政主体与社会主体之间，社会主体特别是社会组织在多中心治理中占据首要和基础的位置，是社会合作管制最重要的主体。这不仅因为在社会合作管制中，社会组织已经成为"自组织"③，按照组织逻辑和运行机制进行治理和自治自律，而且因为非政府组织等社会组织是当代社会的重要组成要素，社会组织的成熟度决

---

① See Carmen Palzer, "European Provisions for the Establishment of Co-Regulation Frameworks", Vol.13-FALL *Media L.& Pol'y*(2003) ,p.7.据此,我国台湾地区学者把德国"受国家规制"之社会自我管制仍然纳入社会自我管制范畴(参见詹镇荣:《德国法中的"社会自我管制"机制初探》,《政大法学评论》2004 年第 78 期)而不是合作管制范畴,笔者认为这应是一种误解。

② 参见[美]詹姆斯·N.罗西瑙:《没有政府的治理》,张胜军、刘小林等译,江西人民出版社 2001 年版,第 5 页。

③ 一般而言,自组织系统是一个系统无需外界特定指令而自发或自主地从无序走向有序,形成结构性系统的过程。参见吴彤:《自组织方法论研究》,清华大学出版社 2000 年版,第 7—8 页。

定着社会建设的成熟度。但是,"自组织"并非完美无缺,一旦信任与合作机制出现危机,则需要"他组织"即国家或政府的介入。也就是说,在社会合作管制中,其主体首先为社会组织等"自组织",只有在"自组织"失灵、具有与国家合作需要之时,国家才以管制主体的面目出现,不过国家或政府在其中的角色是合作伙伴,可能扮演倡导者、主持人、支持者、经纪人、框架规制的提供人、直接参加者等多重角色①。总之,社会合作管制主体充分体现了治理主体多元化、分散化的特征,呈现社会组织、公民和政府等"多中心"的结构,体现了合作治理中"多中心治理"的精神实质,这与传统政府管制主体单一化、以政府机关"单中心"的模式形成鲜明的对比。为此,需要国家创建有关组织法制度,形成全方位良性互动的社会管制主体结构。

二、公私合作主体的涵义

(一)公私合作主体的概念与特征

公私合作主体是一个概念宽泛的词语,系指参与公私合作关系的公私双方主体以及由此产生的派生主体。在这个概念中,实际上包括两个层次意义上的主体:不仅包括初始意义上的或者原生型的主体即公共部门与私人部门,而且包括由双方合作而派生出来的主体,从而构成复杂的公私合作关系(因为不一定由法律调整,故不用公私合作法律关系一词)。在原生型的主体中,公共部门涵盖了传统的科层制行政组织形态以及其他履行行政任务的主体,比如授权的行政主体等。其中特别值得人们关注的是私法形式的行政组织。由于它与组织民营化有关,很容易被误解为公私合作组织或主体,但是其实两者存在着重要的区别。私人部门也是除了上述主体之外的所有自然人及社会组织,即"实质意义上的私人"。而在公私合作派生主体中,根据具体形成路径的不同,可以分

---

① See Eva Lievens, Jos Dumortier, Patrick S.Ryan, "The Co-Protection of Minors in New Media: A European Approach to Co-Regulation", Vol.10 *U.C.Davis J.Juv.L.& Pol'y* (2006), p. 115.

为公私部门共同投资而设立的公私合营公司或者公私合作公司、被委托行使公权力的私人部门以及基于社会合作管制的中间组织或社会合作管制主体三大类型。由于公私合作主体涉及传统意义上的行政主体，同时还涉及私人部门，特别是涵盖了为了公私合作而成立或转换而来的公私合营事业、被委托行使公权力的私人以及社会合作管制主体，因此，要概括这些复杂多样的主体并非易事，但是，既然他们都是公私合作主体，那么他们之间必定具有内在的联系，存在着一些共性特征。

1. 主体构成的多样性①

从主体构成上看，公私合作的主体首先包括公共部门与私人部门。公私合作是公共部门与私人部门之间共同处理公共事务的状态。公共部门，不仅包括"职权行政主体"（国家行政机关）、"授权行政主体"即法律法规授权的组织——法律法规授权的企事业单位、社会团体、行业协会、基层群众性自治组织等传统意义上的行政主体，而且包括私法形式的行政组织。而私人部门则指除了上述主体之外的所有自然人及私法组织，即"实质意义上的私人"。应该说，公共部门与私人部门是公私合作中首先观察和至关重要的主体。但是，公私合作主体特别是私人部门往往会对广大的第三人行使公共权力或者提供公共产品或服务，因此，为了保护广大公众的利益不受侵害，体现合作行政的精神，有必要把广大的公众也纳入到公私合作的主体范围之内。因此，随着服务行政已经成为或将成为公共行政的主流思潮，私人部门行使权力更多地将体现服务、合作的精神，因此从这个意义上说，笔者将大多数公众视为公私合作关系中的"公法上的消费者"，他们可以参与行政、监督行政，以便促使公私合作主体提供更优良的公共服务和公共产品。这些公法上的消费者具有特定的权

① 巴西学者认为，公私合作协议的主体包括公共伙伴、私人伙伴、担保者和投资者四个主体，而公共伙伴与担保者不同，私人伙伴与投资者分离，因此与本书界定的主体构成并不一致。See Welber Barral, "Public-private Partnership（ppp）in Brazil", Vol. 41 *Int'l Law* (2007), p.962.

利与义务,可以对公私合作主体特别是私人部门的权力与义务形成一种制约、均衡的状态。公共部门、私人部门、公法上的消费者这三个主体构成公私合作主体的第一个层次。

公私合作主体不仅由第一个层次的主体构成,而且还有为了实现公私合作而成立或转换而来的新型主体,比如公私合营事业、受委托行使公权力的私人以及社会合作管制主体。而这些主体对于公私合作的最终实现至关重要,这也是学界研究的盲区和有待发展的主体领域。比如,从身份上看,受委托行使公权力的私人虽然仍然属于私法之权利主体(自然人或法人),但是如果从功能上看,在公权力所及的范围内,私人则为间接国家行政一环的行政主体,并具有行政程序法上的实质行政机关的地位。在我国台湾地区行政程序规定第2条第3项规定:"受托行使公权力之团体或个人,于委托范围内,视为行政机关。"但是,这种受托行使公权力之团体或个人与一般的行政机关的关系如何,是否遵循法律保留原则等一系列问题都有待解决。又如公共部门与私人部门为了实现合作而成立公私合资公司,其构成主体——公共部门与私人部门的数量均可能不止一个。为此,不仅公共部门、私人部门与公私合资公司之间的关系有待厘清,而且公私合资公司再投资设立的子公司、孙公司的关系也异常复杂。这种纵横交错的主体关系以及多层次的主体构成,充分显示了公与私之间、公与公之间、私与私之间的多样性、复杂性。

2. 主体角色的复合性

如此众多的公私法主体结合在一起称之为"公私合作主体"或"公私合作组织",并不意味着他们之间的区别就此泯灭。实际上,在公私合作主体中,其主体角色并不相同,公私合作的重要意蕴就在于"公"与"私"的区分,没有"公"、"私"之别,也就无公私合作之说,因此,承认公私角色的不同,甚至承认国家与社会的分野,是开展公私合作的重要前提之一。虽然在担保国家和合作国家视野下,国家与社会、公共部门与私人部门的区分逐渐模糊难辨,但是毋庸讳言,公共部门、私人部门在公私合作主体中的地位及角色不仅不一,而且还将得到强化。对此,有学者针对特许经营的法律地位,认为公共部门通过让渡部分公权,成为合作伙伴,但是它仍然是公共服务的提供者、生产者的选择者和最终担保者。[①] 笔者认为,对于公共部门而言,要开展公私合作活动,首先它应该基于合作伙伴的身份进行。作为公共任务的主体或行政任务的主体,公共部门放弃自身垄断行政任务的地位,与私人部门基于平等的地位进行协商、谈判,体现了公私之间平等、合作的时代潮流。尽管公共部门的"合作伙伴身份"是仅仅指国家与私人间进行合作的关系的可能性,还是既是一种合作资格和地位,又是进行公私合作过程的身份,人们对此的观点不尽一致,但是,不可否认的是,公共部门在公私合作过程中,其公共任务主体地位将不因合作而改变,也就是说,公共部门在其中还可能行使公共权力,扮演着与合作伙伴身份不同的多重角色——基于管制需求而创设和完善有关法律、法规的立法者角色;确保公私合作过程不偏离公共利益目标或者依约履行义务的监督者角色以及当公私合作未能成功担保有关责任的保证人角色等。对于私人部门而言,私人部门虽然也有营利、自利的动机和行为,但是,通过公私合作,他们也要约束自身的行为,为直接实现公共利益竭尽所能,为行政效能和行政目标贡献力量。因此,从这个角度看,私人部门在公私合作中具有私法主体角色,但同时其基本权利可能要受到程度不同的限制,这种限制是为了实现公益目标所必需。

而本书提出的公法上的消费者的概念,其主要的考虑在于公众的选择权。在实行公私合作之前,公共产品或公共服务的提供者是行政主体等纯粹的公法主体,广大的公众实际上无法选择公共部门而只有被动接受。而在实行公私合作之后,这些公共产品或公共服务的提供者和生产者变为私人部门或者公私合作次生主体,也就是说,经过公私合作的组织

---

① 李亢:《PPP 的法律规制——以基础设施特许经营为中心》,法律出版社 2017 年版,第 53—54 页。

型构和行为展示,创设了一个特殊的公共产品或公共服务的"市场",广大的公众无疑可以就公共产品和服务的品质、质量、价格等进行监督,就像在开放的市场上选购商品一样,但是由于经过公私合作创设的"市场"具有不完全竞争性,因此,广大的公众并不等同于一般的私法上消费者,其"生存照顾"等特殊的权利必须得到确保,同时也必须履行一定公法上的义务。因此,公法上的消费者不仅具有私法上的消费者的身份,但同时还具有公法上的权利和角色,并不能完全纳入私法上的消费者的行列。

至于那些因为公私合作而成立或转换而来的公私合作主体,其角色不同于原先的公共部门和私人部门。一般的私人参与到行政任务的执行,有可能导致其身份的改变,不再是基于其自身之公共任务主体地位而实现该任务。最典型的例子是公权力受托人。公权力受托人仍受行政机关之委托以行使其一部分权限,在受委托之范围内其具有行使公权力之资格,因此,公权力受托人也是一"抽象之整体法律地位",只是公权力受托人的行为不再被评价为其自身之私人行为,而是归属于公权力主体,因此,虽然学说上将之列为公私合作形态之一种,但在合作之后对于系争公共任务之实现已不再有两个对等之公共任务主体,而是只剩下行政主体。① 但是笔者认为,作为公私合作主体的重要组成部分,被委托行使公权力的私人虽然仍然保留其私法主体的地位,但在行使公权力的范围内它应该具有行政主体的地位,是属于间接国家行政的主体或者实质意义上的行政机关的地位。公私合资公司的主体角色情形与公权力受托人的主体角色大体一致。而对于社会合作管制主体而言,由于没有任何的公私契约或其他方式相互链接,其与国家或政府一起管制社会公共事务或国家事务目前大体处于事实状态,无论其权力及地位如何,但是不可否认的是,其私法主体与公法主体复合的情形应该更为明显。

3. 主体目标的合作性

虽然从表面上看,公私合作的主体来自"五湖四海",看似具有宽泛、

---

① 张桐锐:《行政法与合作国家》,《月旦法学杂志》2005 年第 121 期。

松散的特点,但是实际上各构成主体都是为了一个共同的合作目标而来的——即为了实现公共利益或公共任务。无论是经过民营化路径而成立的公私合资公司、公权力委托,还是通过社会治理模式转换而转换的社会组织甚至个人等社会合作管制主体,都是鉴于传统的高权主体无法履行或无法更好地履行公共任务的实际,而大力借鉴私法主体等各方的力量合力完成或者完全让私人部门承担履行责任。仅以社会合作管制为例,传统意义上管制国家皆以"命令—控制"为管制方式,但其效果、执行效率、企业之顺从程度及技术创新等方面并不甚理想,且须付出高昂的管制成本。近年来公私合作的理念进一步延伸到以规制私经济主体行为合法性与适当性为内涵的"经济行政与管制行政"领域。在此领域,私人与国家合作,减轻了国家管制任务之负荷,进而节省因密度管制所需投入的人力、预算等行政资源。此种个人或团体以居于非国家的地位,自愿对公共事务进行管制的方式以前学界一般称为"社会自我管制",但是由于体现合作国家的考量,有必要将"社会自我管制"发展为笔者所主张的"社会合作管制"。社会合作管制在实行社会自治的基础上,通过对社会公共事务或国家事务进行管制,从而达到与国家合作管制的目的,实现公共利益。

而这种合作实现公共利益的目标不是仅通过公与公之间、私与私之间的合作来实现的,而是通过公与私之间的合作来达成。即使是在公私合作公司、公权力受托人或社会合作管制主体中,尽管主体形态各异,但有一点是共同的,即其主体构成条件都包括了公共部门与私法部门两个必备的主体要件。必须注意的是,合作实现公共利益,并不意味着所有的公私合作主体都只能实现公共利益。除了公共部门一般只能追求公共利益而不能追求部门利益或者公务人员的个人私利之外,私人部门、公私合作公司、公权力受托人或社会合作管制主体都有可能存在追求私人利益的目标,而且在有的公私合作主体中,追求私人利益还是其主要的目标和参与公私合作的必备条件之一。有学者认为,尽管 PPP 模式的初衷在于实现公私部门间的资源互助,进而达到利益共享,但是公共部门与私人部门总是体现着利益的冲突与博弈。[①] 对此,笔者对"合作实现公共利益"这一句话的解读应该为:它是公私部门或者至少是公私部门的构成主体实现的利益;是他们之间合作而非单方地实现的利益;实现的公共利益而不是仅仅个人利益、部门利益;但合作实现公共利益并不一律排斥个人利益,也可能是实现公共利益与私人利益的双赢。

4. 组织法治的突破性

由于公私合作主体既有传统意义上的行政主体,又有新成立的私法组织,甚至包括为了实现公益的社会组织和个人,所以人们不禁要问:这些为了合作实现公共利益的公私法主体都可以称之为"行政主体"或"行政组织"吗? 如果这些组织都成为行政组织法意义上的组织或主体,那么行政主体的条件是否应该改变? 我们知道,在实际生活中,行政机关及社会组织十分庞杂,只有符合条件者才能成为法律意义上的行政主体。虽然法律上并无明文规定,但是在学理上一般认为,行政主体资格的构成要件包括两类,即法律要件和组织要件。一个组织只有同时具备这两个要件,才能取得行政主体资格,对外行使职权。[②] 在其中,所谓法律要件,即是指作为行政主体的组织在法律上所具备的条件,即无论是行政机关还是其他社会组织,只要实际行使行政职权,都必须以法律的明文规定为前提,都应该遵循职权法定原则。而在公私合作主体中,被委托行使公权力的私人一般来说应该具有法律、法规的明文规定,但在例外的情形下也可能经过行政契约等方式进行授权,基本上符合这里所说的法律要件。但是,对于公私合资公司,目前只在《公司法》有个别例外的规定以及少数法律、法规进行了规定,应该说使公私合作公司成为一般的行政主体的规定迄今阙如。而对于诸如商会甚至个人成为行政主体的法律、法规更

[①]　胡改蓉:《PPP 模式中公私利益的冲突与协调》,《法学》2015 年第 11 期。

[②]　杨海坤、章志远:《行政法学基本论》,中国政法大学出版社 2004 年版,第 100 页。

是几乎缺失，更不用说宪法和行政组织法的授权了。因此，从成为行政主体资格的法律条件来看，应该说公私合作主体并不完全符合学理的界定，但是他们的确是行使了公共权力、社会公权力，尽管这种权力与传统理解的权力相比而言多么大相径庭。

从组织要件来看，公私合作主体未必符合学理界定的组织要件。这里的组织要件，是指作为行政主体的组织自身应具备的条件，但由于行政机关和授权组织的设立依据不同，因而其组织要件也有所不同。在作为公私合作主体之一的公共部门中，其职权性行政主体资格的组织要件和授权性行政主体的资格与一般的相应组织要件基本相同。对于职权性行政主体的组织要件包括：1.行政机关的成立已经获得有权机关的批准；2.行政机关已有法定编制设置了内部机构、配备了人员；3.行政机关已获得独立的行政经费预算；4.行政机关已经设置了办公地点并具备了必要的办公条件；5.行政机关的职权职责已由相应的组织法律规范作了明确的规定；6.行政机关已经政府公报公告其成立。而授权性行政主体是以法定授权为前提，而且在一般情况下，被授权的组织在法定授权前已经存在。因此，授权性行政主体资格的组织要件只有一项内容，即该组织应该具有法人资格。[①] 但是，根据公私合作主体中只有公共部门基本符合这里所说组织要件，而私人部门未必符合，特别是对于被委托行使公权力的个人、进行社会合作管制的个人等，其本身根本不是法人，只是实质意义上的私人；即使公私合作公司采取私法组织的形态，具有公司法人资格，但是，传统意义上的法律授权组织中的组织一般是事业单位，而不可能是私法公司的法人形态。因此，公私合作主体的兴起，对原有的行政主体理论以及行政组织法构成挑战，而需要根据时代的发展，突破原有理论的束缚，完善既有的行政组织法理论。

（二）公私合作主体与私法形式的行政组织之辨析

随着行政任务范围的扩展和种类的增加，传统公法组织形式的局限

---

① 杨海坤、章志远：《行政法学基本论》，中国政法大学出版社 2004 年版，第 100 页。

性日益凸显,"分散化"和"去官僚化"成为行政组织改革的重点内容。在传统的科层制组织之外出现了众多其他类型的承担行政任务的主体。特别是随着公共行政民营化的推动,组织的民营化或者私法化成为解除管制、增进效率的重要手段。由于这种民营化仅涉及组织之"法律形式改变",国家并未有任何负担之减轻,任务履行责任依旧由国家负担,因此也被称为"不真正民营化"、"形式民营化"。① 也就是说,组织私法化系指国家任务由公法组织转变为私法组织执行,国家任务仍然由国家承担,只不过把原以公法形式组成的公营事业机构改制为以私法形式组成,通常以公司形式组成公营事业,国家仍为该公司的唯一股东②,因此,我国台湾地区的公营事业也可称为"政府独资公司"。实际上在我国大陆,《公司法》明文规定了国有独资公司这种新型的组织形态。但是需要注意的是,并非所有国家设立的私法组织(社团或财团法人)都属于私法形式的行政组织,私法形式的行政组织这一概念仅仅指由国家设立、"直接"用以执行行政任务的私法组织,从而与行政营利行为区别开来,就此而言,我国台湾地区学者将国家根据私法设立的组织均作为"私法方式之行政机构"似有不当③。由于组织民营化是采用私法组织的形式实现公法任务,因此它实际上涉及国家有无一般的组织形式选择自由这个争议问题。不过,尽管国家尚无一般的、无限制的组织选择自由,但至少在法律、法规明文规定或者授权的具体个案中,国家可以自行决定以公法形式或私法形式组成行政组织,享有组织的形式自由。笔者认为,虽然有学者将组织民营化纳入到民营化中加以探讨,但实际上它是行政私法理论在行政组织制度中的展开,应该复合适用私法和公法。这种私法形式组成的行政组织形态与一般

---

① 詹镇荣:《民营化后国家影响与管制义务之理论与实践——以组织私法化与任务私人化之基本型为中心》,《东吴法律学报》2003 年第 1 期。

② 参见徐菁:《公营事业之法律概念》,《公营事业评论》1999 年第 3 期。

③ 参见李洪雷:《其他承担行政任务的主体》,载应松年主编:《当代中国行政法》(上),中国方正出版社 2005 年版,第 404 页;黄锦堂:《行政组织法之基本问题》,载翁岳生编:《行政法 2000》(上),中国法制出版社 2002 年版,第 300 页。

的公法组织不尽一致,比如组织形式、权力义务、法律依据等。

而私法形式的行政组织与公私合作主体中的公私合资公司从表面上看似乎非常相似,比如形式上都采用了私法组织的形式,或者采用有限责任公司,或者采取股份公司的形式;目的都不仅具有营利的目的,而且还有实现特定公益的目的;国家或传统的公法主体都具有特殊的权力,比如我国《公司法》明文规定了国有独资公司一章,规定:公司不设股东会,由国有资产监督管理机构行使股东会职权;董事会成员、监事会成员由国有资产监督管理机构委派,董事长、副董事长由国有资产监督管理机构从董事会成员中指定,监事会主席由国有资产监督管理机构从监事会成员中指定。从这些规定来看,国家或政府对公司的影响很大,因此从本质意义上看,它属于私法形式的行政组织。

但是,私法形式的行政组织与公私合资公司存在以下重要的区别:一是两者的产生背景不同。私法形式的行政组织体现了公法私法化的趋势,是行政私法理论的制度实践;而公私合资公司与公共行政的民营化紧密相关。二是两者的构成主体不一。在私法形式的行政组织,国家基本上是该组织或公司唯一构成主体,由此有人也将它纳入公法形态的行政组织中;而在公私合资公司中,构成主体是公共部门与私人部门,而且从数量上说,无论公共部门还是私人部门均可能不止一个。三是两者的资金来源不同。在私法形式的行政组织中,国家是唯一股东或出资者,一般并无私人部门的资金①;而在公私合资公司中,不仅有国家的财政性资

---

① 就此而言,我国台湾地区学者认为私法方式之行政机构包括四大类:一是公营企业;二是"中央各部会"所捐并由民间业者担负一部分资金而共同设立之民法上财团法人;三是"工业技术研究院"等智库型之机构;四是其他由政府局部出资而成立的私法机构。参见黄锦堂:《行政组织法之基本问题》,载翁岳生编:《行政法2000》(上),中国法制出版社2002年版,第300页。但笔者认为,除了第四类由政府独资设立的直接实现行政任务的组织外,其他各类未必是私法形式的行政组织,其中第一类如果不是直接实现行政任务,那么未必是私法形式的行政组织,第二类实际上可以归为公私协力组织范畴,第三类实际为事业单位。

金,而且更有私人部门的出资。可以说,公私合资公司成立的重要目的之一在于解决财政困难,吸收丰沛的民间资金。四是两者的合作重点不一。如果说私法形式的行政组织体现了公法与私法合作与交融的话,那么这种合作主要是公、私法之间的合作,而公私合资公司则主要体现了传统的公法主体与私人或民间部门之间的合作,是公、私部门之间的合作,虽然也由此产生了公法与私法的合作交融的景象。

三、公私合作主体的形态

公私合作主体的形态,也即公私合作主体的类型或种类,就是根据不同的标准对公私合作主体进行类型化。对公私合作主体进行类型化研究,有利于进一步理解和说明公私合作主体这一新型的概念,有利于针对公私合作主体的不同特征进行研究。笔者认为,从不同的角度可以对公私合作主体进行分类。比如,如果以国家与社会的角度或者公私部门之间的距离为标准,可以将公私合作主体划分为行政主体、私人主体以及公众;如果以公共部门公法、私法选择的角度为标准,可以将公私合作主体划分为公法型公私合作主体、私法型公私合作主体以及复合型公私合作主体;等等。但是,公私合作主体的法律形态划分,其目的在于更好地研究其特殊法律问题,因此,以各主体在公私合作进行之前是否已经存在为标准,可将公私合作主体划分为原生型公私合作主体与次生型公私合作主体两大类,而在每一类主体下面又可划分为具体种类。对于不同的公私合作主体,理论研究重点不一,比如基本权利能力对于原生型公私合作主体而言并不存在,而对于次生型公私合作主体具有重要的研究价值。以下根据原生型公私合作主体的构成与次生型公私合作主体的构成,分别对有关主体进行分析。

(一)原生型公私合作主体

所谓原生型公私合作主体,即指在公私合作进行之前就已经存在的公私组织、个人。根据这一界定,原生型公私合作主体可以划分为以下三类:公共部门、私人部门以及公众特别是"公法上的消费者"或"公法消费者"。

1. 公共部门

所谓公共部门系指在公私合作中充当"公"的角色的所有主体。从最广泛的意义说，公共部门包括国家的所有部门，不仅包括行政机关，还包括立法机关、司法机关以及其他公法组织，但是鉴于本书主旨，主要是指行政系列的部门。从范围上说，公共部门大体上包括国家、各级人民政府及职能部门、法律法规授权的组织以及私法形式的行政组织等。国家具有对内的最高主权，行使特定的权力，同时也是承担国家赔偿的主体，因此国家可以说是公共部门中的一个重要主体。各级人民政府及职能部门包括国务院、省级以下各级地方政府及其职能部门，并且省级以下各级地方政府及其职能部门是开展公私合作的重要主体。由于国务院和各级地方政府是根据宪法和组织法成立即取得行政主体资格，所以它们又被称为职权行政主体。法律法规授权的组织则是指通过法律法规授权企事业单位、社会团体、行业协会、基层群众性自治组织而具有行政主体资格。而私法形式的行政组织则指这些组织是依据公司法等私法的构成要件成立，主要从事经济活动，同时又承担某一方面行政职能的组织。在我国，这些组织从表面上看是公司，但实际上仍然承担着全部或部分行政管理职能的政企合一的组织，比如原煤炭部改建为中国煤炭统配总公司等。其实在国外，私法形式的行政组织非常普遍，比如在德国，行政主体可以以私法的方式执行行政任务，不仅对自己的行政活动采取私法形式，而且可以设定私法人（如股份公司、有限责任公司等），授权其执行特定的行政事务（如有轨电车股份公司）。虽然目前对私法形式的行政组织存在是否存废之争①，但是从主体上看，这些组织仍然属于公共部门之一。值

---

① 持大力发展组织民营化或私法化的学者，认为以私法组织的形式来完成行政任务的做法，正是时下政府完成行政任务的重要方式之一。参见刘飞：《试论民营化对中国行政法制之挑战——民营化浪潮下的行政法思考》，《中国法学》2009 年第 2 期。主张消减或者最终取消的观点，参见王从虎：《行政主体问题研究》，北京大学出版社 2007 年版，第80—81 页以及该书第五章。

得注意的是,公共部门在公私合作中不应只处于传统意义上的高权地位,尽管这种地位也是为了确保公共利益实现所必需;它还应该更多地从对等、协商、合作的姿态与私人部门进行良性合作,由此公私合作的开展也在很大程度上推动了公共部门的转变和发展。

2. 私人部门

私人部门是指除了上述公共主体之外的所有自然人及社会组织,即"实质意义上的私人"。"私人部门"与"社会"、"民间"、"民间部门"、"私法主体"、"私权利主体"、"私人"等概念虽然从严格意义上说并不相同,但是本书将视为同义。需要注意的是,这里的私人部门应该不包括经过特许之后的私人企业、公权力受托人、政府业务外包的承包人、行政助手以及参与的专家等,因此,这些私人部门是在参与公私合作之后才具有特定的主体身份。但是,这些私人部门在参与公私合作之前无疑是原生型公私合作主体之一。笔者之所以对私人部门参与前和参与后的身份进行区分,主要是因为参与前这些私人部门是纯粹的、实质意义的私人,而在参与公私合作之后,这些私人将要改变身份,并受到基本权的限制。在现实生活中,私人部门可能表现为单纯的自然人,也可能为私法组织。而私法组织可能是营利性组织(比如企业、有限责任公司、股份有限公司等),也可能是非营利性组织(比如商会等)。但私法组织不应包括被授权之后的社会组织、被委托公权的组织,因为这些授权组织、委托组织从根本意义上说是行政主体,是公共部门的一种具体类型。

3. 广大公众

广大公众在公私合作主体中可能处于行政相对人的身份,虽然这种身份对于公私合作主体的意义不大。比如在公权力委托中,即使公共产品和公共服务的提供是由履行行政任务的私人来实现,但是,在各方关系中可能存在一贯的公法关系,因此,作为行政相对人存在的公众仍然是不可忽视的。广大公众是公共产品或服务的消费者,也是公共利益的获得者,他们虽然不直接参加公私部门的合同关系,但对公共部门和私人部门具有天然监督权。

在公私合作中,原本这些提供公共产品或公共服务的权力应该由国家或政府机关来行使,如今却被特许给了私人企业、成立了公私合营公司或者被社会合作管制主体事实行使着。而这些私人或私法组织可能滥用权力,对广大的公众造成损害。由于被特许之后,只有少数的私人企业才有可能提供公共产品或公共服务,而其他企业并无权力进行类似的活动,因此,在公共产品或服务的供给上,并不存在充分的市场竞争,这可能导致公共产品和服务的质量下降。对于表现不良的受委托者,行政部门基于现实因素考虑,如解约后政府本身欠缺人力与经费接管机构,重新招标又将增加行政负担且造成施政负面影响,大多选择以柔性劝导代替法律手段。在不完全竞争的结构下,政府与民间社团形成一种共生依赖关系,使得品质监督机制无法真正运作。① 为了维护广大公众的利益,同时鼓励更多潜在的人参与到公私合作之中,有必要创设"公法上的消费者"的概念。所谓公法消费者,系指接受履行行政任务的私人部门提供的公共产品或公共服务时,参与到公私合作中享有特定公法权利和承担特定公法义务的组织和个人等广大公众。而公法上的消费者具有公法权利,比如知情权、监督权、安全权、依法求偿权等权利,但是,一般没有自主选择权。

(二)次生型公私合作主体

所谓次生型公私合作主体,系指在公私合作进行之后才新成立或转换而来的有关组织甚至个人。根据具体形成或转换路径的不同,次生型公私合作主体可以划分为以下五类:公权力受托人、特许经营者、政府业务外包人、社会合作管制主体以及公私合作公司。

1.公权力受托人

所谓公权力受托人,或被委托行使公权力的私人部门,是指因受国家

---

① 刘淑琼:《社会服务民营化再探——迷思与现实》,《社会政策与社会工作学刊》2001年第2期。

委托执行特定行政任务而获相关公权力的私人,自己不可独立对外行使
公权力。虽然受托私人部门在委托公权力之前处于一般的民事主体地
位,并且在委托公权力之后,若非行使公共权力,仍然保持这一民事主体
地位。但是,公权力受托人在行使公权力的时候就有如同行政主体的法
律地位。由于公权力受托人行使的是传统的权力,因此一般要具有法律
依据,其或系以法律规定直接授予公权力,亦或系基于法律授权另经由法
规命令、自治条例、行政处分或行政契约等行政行为最终达成公权力委
托,在现今实务上尤以行政契约之委托方式至为重要。① 公权力受托人
使用范围颇广,比如公共安全等秩序行政以及给付行政。在德国,1994
年制定的《私人投资公路建设法》第2条规定,行政主体得委托私人投
资、兴建及运营特定公路路段,并授予该私人得以自己名义向一般大众
收取公路使用规费之权限。而在我国台湾地区行政程序规定第16条
规定,"行政机关得依法规将其权限之一部分,委托民间团体或个人
办理。"

2. 特许经营者

特许经营者,是指依照法律规定被授予特许经营权,可以在一定期限
和范围内对某项公共产品或服务进行经营的企业或个人。在被特许之
前,这些公共产品或服务由政府部门或其他公法组织提供,私人企业或个
人一般无法染指。在被特许之后,特许经营企业就拥有排他的经营权利。
目前,我国《市政公用事业特许经营管理办法》部门规章以及有关地方性
法规和地方政府规章对有关被特许经营者的资格做了规定。比如,《市
政公用事业特许经营管理办法》第7条规定,"参与特许经营权竞标者应
当具备以下条件:(一)依法注册的企业法人;(二)有相应的注册资本金
和设施、设备;(三)有良好的银行资信、财务状况及相应的偿债能力;

① 刘淑范:《行政任务之变迁与"公私合资事业"之发展脉络》,《"中研院"法学期
刊》2008年第2期。

(四)有相应的从业经历和良好的业绩；(五)有相应数量的技术、财务、经营等关键岗位人员；(六)有切实可行的经营方案；(七)地方性法规、规章规定的其他条件。"特许经营者与行政主体之间有特许经营协议，应该按照该协议的规定提供有关公共产品或服务。但特许经营者与公众之间的关系一般而言是私法性质的关系。而公共部门在特许中要履行相关的监管责任，以及在特定情况下的接管责任等，因此公私部门实际上在特许经营中具有分工合作的因素，因此，本书将特许经营者纳入公私合作主体之中。

3. 公共服务承包人

所谓外包，是指与行政机关和私人签订合同，由后者提供公法服务或行使公共职能。[①] 公共服务外包，或委托外包(contracting out)方式是全球化、市场化之中常用策略措施之一，在此模式中，政府仍拥有所有权及控制权，而系雇用私人部门提供公共服务。此一政府服务委托外包政策，不仅已成为 OECD 会员国应用市场机制策略之一，而且我国台湾地区在以往推动行政革新或现今推动组织改造亦将委托外包视为策略措施之一。[②] 政府业务外包的范围现今已经扩展到直接面向公众的公共服务项目，比如垃圾收集、救护车服务、路灯维护、多样化的社会服务、供水等广泛的领域。公共服务外包并不意味着政府责任的推卸，虽然政府不再负责履行集体的责任，但是要负责监督以便保证服务质量，同时还要向履行执行任务的私人支付有关费用。私人部门承包有关公共服务应该具有一定的条件，在承包之后不仅具有行政主体的地位，也有私法主体的身份。不过，其基本权利能力应该受到相应的限制。

---

① 李洪雷：《其他承担行政任务的主体》，载应松年主编：《当代中国行政法(上卷)》，中国方正出版社 2002 年版，第 411 页。
② 莫永荣：《政府服务委托外包的理论与实务：台湾经验》，《行政暨政策学报》2004 年第 39 期。

　　4.社会合作管制主体

　　社会合作管制的主体是合作共同体,主要是社会组织和个人①。社会自我管制是社会合作管制的主要基础,进行社会合作管制首先应该由社会主体来进行管制。这里的社会主体由社会组织和"实质意义上的私人"两大部分构成,其中社会组织又包括营利性组织即企业、非营利性组织等。诸如行业协会(如商会)、社区组织(如村委会、居委会)、公共事业单位(如高校)等非营利性组织由于根据组织的章程和规约等对公共事务进行自我和合作管理,因而成为社会主体中最重要的组成部分;随着社会治理的发展,企业甚至个人(一般通过志愿组织方式)也将越来越多地加入到社会合作管制主体之中。除了主体多元化、社会主体优先之外,社会合作管制主体还具有以下三个特征:一是平等性。社会组织之间、社会组织与公民之间一般不存在上下级关系,都是权利独立和地位平等的合作者;即使政府也成为与社会主体互相对等的"合作制组织",也要尊重网络化权威。二是自愿性。参加社会组织的成员以及公民承担公共事务都不是强迫的,而是自愿选择的结果,各社会主体之间是合作伙伴关系,独立或与政府合作承担起社会管理职能。三是开放性。社会合作管制主体不是封闭的系统,而是把与其他主体、其他环境的互动合作作为它自身合作机制的外向伸展,其他组织或个人为了合作管制社会或国家事务可以加入原有的主体系统中。总之,社会合作管制主体充分体现了治理主体多元化、分散化的特征,呈现社会组织、公民和政府等"多中心"的结构,体现了合作治理中"多中心治理"的精神实质,这与传统政府管制主体单一化、以政府机关"单中心"的模式形成鲜明的对比。为此,需要国家创建有关组织法制度,形成全方位良性互动的社会管制主体结构。

---

　　①　由于国家或政府不仅提供合作管制的法制框架、直接参与公共事务的管制或者作为公共事务的最后担保人等,因此,国家或政府是社会合作管制的主体之一,但鉴于本书主旨,这里仅探讨私法组织和私人。

5. 公私合作公司

所谓公私合作公司，即公共部门与私人部门为了合作履行公共任务而成立的私法企业。这种公私合作公司，从产权上看被称为"混合所有制"企业，最典型的形式即以 PPP 项目中的 SPV（Special Purpose Vehicles）的形式组成的特殊项目公司。① 它在德国相当于"混合企业"或"混合经济事业"，在我国台湾地区也被称为"公民合资事业之经营"、"公民合资事业"、"公民合营事业"等。这种组织化的公私合作方式，不仅有利于引进民间之各种资源，而且公共部门也不放弃亲自履行行政任务，从而更有利于公私部门之间的长期合作。在德国，相对于纯粹的公设私法人，公部门对于公私合营事业之控制力，势必随着私人参与程度而相对减少；然而较之功能民营化中其他以契约为基础之公私合作关系，难以避免契约协商机制所导致之法律不确定性，公私合营事业则可替公部门另开启私法组织及法律上可资运用之影响可能性，并将公益政策贯彻于任务执行之中。② 作为"极富前景之模式"，公私合作公司在环保、都市计划及发展等诸多领域得到广泛的运用。公私合作公司虽然是私法公司，但是它却成为公私合作的重要载体和平台，是次生型公私合作主体的典型主体。

第二节　公私合作主体的三面关系——以公权力委托的主体关系为例

在我国传统的行政法理论中，行政主体是行政组织法的核心，行政主

---

① 贾康、孙洁：《公私合作伙伴关系理论与实践》，经济科学出版社 2015 年版，第 11 页。

② 刘淑范：《行政任务之变迁与"公私合资事业"之发展脉络》，《"中研院"法学期刊》2008 年第 2 期。

体的研究甚至在某种程度上代替了行政组织法的研究。而今,在公私合作主体关系中,有的公共部门可以称之为行政主体,其他履行行政任务的私人部门却未必是行政主体。同时,由于广大的公众在公私合作主体关系中占据着重要的地位,我们也不能将之排斥在公私合作主体的范围之外。公私合作复杂的主体状况,要求转换行政组织法的研究视角,其中最为重要的是要从行政主体与行政相对人的两面法律关系扩展到公共部门、私人部门以及广大的公众之间的三面关系。① 然而,各公私合作主体之间处于怎样的相互关系? 公私合作主体的法律地位如何? 这些都是亟待解决的重点法治课题。本书以公权力委托为例,围绕公共部门、履行公共任务的私人部门之间的关系、履行公共任务的私人部门与广大公众之间的关系以及公共部门与广大公众的关系探讨其互相之间的权利、义务关系,进而明确各自在公私合作中所应有的法律地位。

一、公私合作主体三面关系之凸显

一般而言,我国行政组织法是以行政主体为重心而构建起来的。在探讨行政主体时,往往涉及其法律地位问题。所谓行政主体的法律地位是行政主体的权利、义务关系,及职权、职责的综合体现。行政主体的权利具体表现为行政职权,行政主体的义务具体表现为行政职责。因此,研究行政主体的法律地位,是通过研究行政职权和职责及相关的行政权限来具体展开的②。有的学者则认为,行政主体的法律地位是指由依法享有的行政职权和依法履行的行政职责确定的行政主体在行政法律关系中的位置。③ 因此,在理解行政主体的法律地位时,必须注意到以下几个要素:一是行政主体。只有行政主体才是法律地位的享有者。二是具有法定依据。行政主体只有依法实施法定行政职权、实现国家行政管理职能,

① 需要指出的是,由于公私协力主体的三面关系现今未必由法律调整,因此根据一般法理,它们之间的关系不全是法律关系,也未必是行政法律关系。
② 周佑勇:《行政法原论》,中国方正出版社2000年版,第78页。
③ 王丛虎:《行政主体问题研究》,北京大学出版社2007年版,第105页。

才能作为法律地位的法定条件。三是参与行政法律关系。只有参与到行政法律关系中才有可能研究其法律地位，如果行政主体参与其他关系就被排除在法律地位之外。四是地位取决于其行政职权和职责。行政主体参加行政法律关系，享有行政职权、履行行政职责的过程中体现出来，而行政相对人由于没有相应的行政职权和职责，所以不是行政主体法律地位的探讨对象。五是通过具体的权利、义务来表现。行政主体地位只有通过参加到行政法律关系，并在具体的行政法律关系之中享有权利、承担相应的义务才能表现出其应有的行政主体地位。

但是，无论学者们如何分析行政主体的法律地位，其实都是在行政主体与行政相对人之间的两边关系中加以论述的。因此，套用行政主体的法律地位这一术语来分析公私合作主体的关系地位是显然不可行的。为此，需要对有关理论进行相应的借鉴、重构和学术拓展。结合法律关系理论以及法律主体地位理论，不仅要探讨传统意义上行政主体与行政相对人之间的行政法律关系，而且也要关注公私合作主体之间三面关系——即公共部门与履行公共任务的私人部门之间的关系、履行公共任务的私人部门与广大公众之间的关系以及公共部门与广大公众之间的关系。与传统的行政主体—行政相对人之间的两面法律关系相比，公私合作主体的三面关系扩展了主体范围，将所有公私合作主体纳入探讨的领域；重塑了有关内容，对不同主体之间的权利（权力）与义务（职责）关系进行重构；革新了法治理念，为未型式化公私合作的主体关系寻找连接点。公私合作主体的三面关系崛起，不仅是法学理论转换的需要，而且也是法律实践的要求。实务中公私合作的实践已经充分证明，仅局限于探讨公共部门与私人部门的关系已经远远不能适用公私合作的复杂关系，为此只有将视野投射到公私合作主体之间的多方关系之中，才有可能厘清公私合作中的主体地位以及权利义务关系。

由于公私合作主体的复杂性、多元性，因此，宏观探讨公私合作主体法律地位几乎成为不可能完成的学术话题。为了集中讨论，本书试以公权力委托中的主体关系为例来说明公私合作主体的三面关系。这是因为,除了少数学者认为不能将公权力委托给非行政机关组织行使之外①,学界一般认为公权力委托是公私合作的重要组成部分。更为重要的是,公权力委托不仅具有组织民营化和功能民营化的双重特征,而且它实际上还可以划分为特许型公权力委托、行政辅助型公权力委托,具有较为广泛的关系讨论空间。但是,这里探讨的公权力委托的一般原理可以适用到诸如公私合作公司以及其他民营化型公私合作之中。当然,对于由社会治理路径形成或转换而来的次生型公私合作主体而言,情况可能有些变化,需要另行研讨。

二、公共部门与履行公共任务的私人部门之关系

在论述公私合作主体关系之前,有必要首先对公权力委托进行一个概括性了解。所谓公权力委托,系指政府公共部门委托私人部门执行特定行政任务并授予其相关的公权力,该受托的私人据此得以自己名义独立行使公权力。公权力委托关键的要素是"公权力授予",私人据此可以行使原属行政权垄断的特定公法权力。在德国,被授权人是指以自己的名义行使国家法律,或经由法律授权以行政处理或行政契约的形式所授予的公权力之私人(自然人或法人)。其在组织上为私法主体,但在功能上是行政主体。② 具体地说,在身份上,受托行使公权力的私人(即公权力受托人)虽然仍然是私法主体(即自然人、法人或其他组织),但是从功能上看,公权力受托人在受托范围内则为间接国家行政的一环,并具有行政程序法上实质行政机关的地位。在法国,国家授权私人行使公权力的具体方式包括:法律或行政法规直接授权私人管理某种公务;行政机关在授权私人机构进行某种活动的同时,单方面规定后者必须提供某种公共

---

① 王天华:《行政委托与公权力行使——我国行政委托理论与实践的反思》,《行政法学研究》2008 年第 4 期。

② 李洪雷:《其他承担行政任务的主体》,载应松年主编:《当代中国行政法(上卷)》,中国方正出版社 2002 年版,第 408 页。

服务;行政机关根据法律或法规的规定和有关的私人组织签订合同,授权后者进行管理。① 在公权力委托关系中,最为核心的是公共部门与私人部门之间的关系。值得指出的是,在公权力委托中,公共部门在合作之时具有合作伙伴身份;在合作之后,公权力受托人仅具有行政主体身份,而没有合作伙伴身份。② 具体而言,这种关系表示在以下几个方面。

（一）公法上的委任及信托关系

当今各国均未对公权力委托的法律形式进行规定,但从理论上看,要成立公权力委托,一般可以通过立法委托和委托行为来设立。立法委托即通过法律、法规、规章等方式对私人部门进行委托;委托行为则主要通过行政处分和行政契约等具体个别的委托方式对私人部门进行公权力委托。对于这种公法上的公权力委托,法律也并未规定私人部门是否可以加以拒绝,但是一般而言,立法和委托行为事先都应考虑私人部门有关人员、机构、业务素质等基本状况之后才能给予相应的授权。这种委托授权可以基于被委托人丧失行为能力、授权被取消等原因而归于灭失。一般而言,委托授权只在委托人与受托人之间发生法律效力,但是,公共部门对私人部门的委托授权却一样:不仅在公私部门之间发生效力,而且公权力受托人还可基此对第三人行使公权力,因此,公共部门与私人部门之间的关系不仅存在委托授权关系,而且还存在着"行政信托"的关系。所谓行政信托,即为了行政任务而成立的一种信托。行政信托与私益信托、公益信托都不同,后两者都是民商法领域的信托制度,而前者是行政法上的一项制度,是为了实现行政任务而将公权力移转给受托人。虽然公权力不同于一般的民事上的财产权③,但是也表现为利益(确切地说是公共利

---

① 李洪雷:《其他承担行政任务的主体》,载应松年主编:《当代中国行政法(上卷)》,中国方正出版社 2002 年版,第 409 页。

② 张桐锐:《行政法与合作国家》,《月旦法学杂志》2005 年第 121 期。

③ 在民事信托中,除身份权、名誉权、姓名权之外,其他任何权利或可以用金钱来计算价值的财产权,如物权、债权、专利权、商标权、著作权等,都可以作为信托财产。

益）。在行政信托中,公权力受托人以公权力这项"信托财产"（特定情况下也可能伴随一定的行政财产的转移）为基础,以自己的名义行使公权力并接受监督。只有充分认识到这种委托和信托关系的存在,才能较为准确地认识公私合作主体中最为核心的公私部门关系。

（二）公共部门对私人部门的监督关系

公共部门对私人部门的监督,即使目前没有法律规定,也可从民主正当性的要求推出。在德国,公组织不得藉由将实现公益的过程委诸私主体而规避宪法约束,所以公组织在公私协力之际,应该负责确保民主正统化形成组织的规律如何替代之,这种将由应民主正统化的公组织"波及"至原不须民主正统化之私主体,称为"波及性正统化责任"。[①] 根据民主原则,所有国家权力的行使,无论系干预性质的单方高权行为或事实上之给付行为,亦无论是公法行为或是私法行为,最终皆需可溯及自全体国民之意志,亦即必须是由国民所出。[②] 公私合作作为国家与私人共同合作执行行政任务的形式,自然也不例外,也应具备民主正当性。与此同时,民主原则实质上是一种全体国民拥有国家主权的组织原则,任何直接或间接行使国家权力的公共部门或者私人部门抑或是次生型部门,均可溯及人民制定的宪法或依据宪法制定的法律的授权或至少有直接或间接民意基础的行政机关监督,方具有民主正当性。实际上,在公私合作中的公私部门关系中,"只要公权力主体对承担该事务的私人保有相应于该任务政治重要性之适当监督,即已满足民主原则之要求。"[③]民主原则无法推导出禁止行政任务委托私人办理,其所追究者无非为行政任务之委托,

---

①　转移自［日］米丸恒治:《公私协力与私人行使权力——私人行使行政权限及其法之统制》,刘宗德译,《月旦法学杂志》2009 年第 173 期。

②　詹镇荣:《论民营化类型中之"公私协力"》,《月旦法学杂志》2003 年第 102 期。

③　陈爱娥:《国家角色变迁下的行政任务》,《月旦法学教室》2003 年第 3 期。

是否有法律依据,并接受主管机关之监督。① 由此可见,公共部门对履行行政任务的私人部门的监管不仅是公共部门角色和任务转换的内在需要,而且也是确保民主正当性的有力保障。

日本有学者认为,虽然作为私法主体的特许者②的所有活动并不属于监督范围,但是原则上,特许者在行使受委任之权限范围内,服从包括对其活动的合目的性、专门性监督即专门监督在内的所有监督,并且认为至少其中的合法性监督是所有特许者必须服从的。③ 由此可见,公共部门对私人部门的监督包括两大类:法律监督与专业监督。公共部门对履行行政任务的私人部门依法进行法律监督,这种法律监督包括监督的主体、内容、条件、方式、程序、责任以及救济等各方面。除了法律监督之外,公共部门对履行行政任务的私人部门进行专业监督对于确保公权力运行的质量也非常必要。但是,一般而言,这种专业监督似乎有必要统一纳入到法律监督中来,法律监督是公共部门对私人部门监督的重点内容。总之,与一般的法律关系不同,公共部门在公私合作关系中既是合作者,同时又是权力行使的监督者,对公共产品和服务提供的过程必须进行监管,以保障公共利益的实现。

(三)私人部门对公共部门的权利关系

在公权力委托关系中,公共部门不再履行执行责任,而转由私人部门对外实施公权力,体现了担保国家和担保责任的理念。但是,私人部门在行使公权力的过程中无疑将花费数量不等的人财物资源以及其他成本,因此,私人部门由此发生的费用理应由公共部门偿还。为了确保这一成

---

① 许宗力:《论行政任务之民营化》,载翁岳生教授祝寿论文编辑委员会编:《当代公法新论(中)——翁岳生教授七秩诞辰祝寿论文集》,元照出版有限公司 2002 年版,第 595 页。

② 值得注意的是,这里所谓的特许者并非本书意义上的特许经营者,而是相对于公权力委托。

③ [日]米丸恒治:《私人行政——法的统制的比较研究》,洪英、王丹红、凌维慈译,中国人民大学出版社 2010 年版,第 45—46 页。

本公平分担,需要赋予履行行政任务的私人部门具有一定的债权请求权。有学者认为,针对行政体的资金补助、对价、要求补偿的请求权,即财政权利应该受到保障。① 当然,如果有关的公权力委托已经对有关费用问题进行了约定,那么,自然应当遵守有关约定执行。实务中,公权力受托人具有向第三人收取有关费用的选择权利,从而使私人部门在履行行政任务中的必要费用得到相应的补偿。但是,应该注意的是,私人部门在其中不能以营利为唯一目的,而应该实现国家或社会公共利益。

(四)私人部门对公共部门的义务关系

履行行政任务的私人部门对公共部门还应该履行以下义务:一是应该按照法定或约定在授权范围内行使相应的公权力。无论是法律授权还是以行政契约等方式授权,但都要以个别具体的方式进行,就所授予公权力的内容与范围明确地加以界定,是则,概括条款之公权力委托即不得为之。② 二是应该亲自行使公权力而不能转让给他人。公权力受托人,不管其公权力来源是来自委托关系,还是源自信托关系,但都是基于公共部门对受托人的信任为基础,因此,公权力受托人必须自己亲自执行公权力。三是应该积极、谨慎地行使公权力。由于法律或公共部门将公权力委托给私人部门,是基于对受托人人格与能力的双重信赖。受托人基于这种信赖行使权力或管理财产仅仅尽到"与自己财产同样的注意"义务是不够的,还必须尽"善良管理者的注意"义务,即比处理自己事务应有的注意程度还要高的义务。

三、履行公共任务的私人部门与广大公众之关系

在公权力委托中,公共部门并不与广大公众直接打交道,与广大公众直接发生联系的是履行公共任务的私人部门,因此,履行公共任务的私人

① 转引自[日]米丸恒治:《私人行政——法的统制的比较研究》,洪英、王丹红、凌维慈译,中国人民大学出版社 2010 年版,第 46 页。

② 刘淑范:《概论公私合营混合事业之基本权利能力:德国学说与实务之省思及借鉴》,参见 http://www.doc88.com/p-906967595871.html.2013-01-29,2016 年 3 月 6 日访问。

部门与广大公众之间的关系异常密切。

(一)履行公共任务的私人部门对广大公众之公法关系

履行公共任务的私人部门在受托公权力范围内相当于行政主体的地位,它可以以自己的名义行使公权力,并对此承担相应的责任。但是,由于这种纯粹私法组织与一般的行政机关迥然不同,这种拟制的行政主体地位在传统的行政组织法中是难以接受的,为此需要转换研究思路,创造任务承担体的概念。[1] 既然在公权力委托中,公权力受托人具有如同行政主体的地位,那么它也拥有与行政主体相应的职权或者所谓的"特别的权力"。有学者认为,公权力委托将部分原由国家垄断的公权力让渡于本来居于私法关系,位于国家以外的"特定私人"行使,使该受委托人从表面上看来得以超越一般私法关系的"框架",在受委托权限内对外发生其本来居于私人地位不可能享有的公权力及公法关系,并使一般私人受此拘束,所以,受委托人在受委托权限内,确实有超越其私人地位的"特别的权力"行使的地位。[2] 这种"特别的权力"旨在完成公法义务,实现公共利益,主要包括一定的决策权、执行权以及监督权等,但是这种权力行使的范围、强度、条件、目的等与传统的行政主体的权力不尽一致。

履行行政任务的私人部门应该履行一定的公法义务。一是遵守一般受托人的义务。比如受托人应该按照法定或约定在授权范围内行使相应的公权力,提供公共产品或公共服务;应该亲自行使公权力而不能转让给他人;应该积极、谨慎地行使公权力。二是忠实公众利益的义务。公权力受托人必须以广大公众的利益作为行使权力的唯一目的,不得考虑自己的利益或为特定第三人谋利益,必须避免与公共利益产生冲突。三是将权力身份与私人身份区分的义务。也就是说,公权力受托人只有在行使公权力之时才具有行政主体的身份,但其在民事活动中不能滥用其行政

---

[1] 有关任务承担体的进一步论述,请详见本章第四节。

[2] 参见皋华萍:《论行政委托》,苏州大学博士学位论文,2015年,第107页。

主体的身份为自己或他人利益服务。四是对公众的赔偿义务。我国台湾地区有学者认为由委托机关充当赔偿义务机关的规定存在疑问,认为"民法"第 220 条规定:"债务人就其故意或过失之行为,应负责任。过失之责任,依事件之特性而有轻重,如其事件非予债务人以利益者,应从轻酌定"等可以作为一般法律原则而类推适用于行政法。[①] 因此,由于公权力自身的过错致使错误行使权力导致公众利益受损,应该负责赔偿。五是遵守公法规则的义务,比如履行正当程序、实行信息公开、不能随意处分其财产、接受公共部门的监督以及受到法院的司法审查等。

(二)广大公众对履行行政任务的私人部门之双重关系

1. 作为行政相对人的权利义务关系

在公权力委托中,履行行政任务的私人部门对公众行使权力,主要表现为广大公众提供公共产品或公共服务。在这种行政法律关系中,公众处于一般的行政相对人身份,不是完全被动的群体。因此,广大公众不仅具有行政实体法的权利,比如排除违法行政的请求权、行政介入权特别是天然的监督权,而且也具有行政程序法上的权利,诸如行政参与权、申请回避权等。与此同时,作为行政相对人,公众有接受私人部门提供的公共产品和公共服务的义务等。

2. 作为公法消费者的权利义务关系

美国学者萨瓦斯曾言,在民营化中有必要区分公共服务中三个基本的参与者:消费者、生产者、安排者或提供者。其中,消费者直接获得或接受服务,服务的生产者直接组织生产或者直接向消费者提供服务,服务安排者(提供者)指派生产者给消费者、指派消费者给生产者或选择服务的生产者[②]。这种解释基本上符合公私合作主体中三面关系。在公私合作关系之中,虽然法律授权来自于法律,签署合同的是公共部门,但合同的

---

① 张文郁:《行政委托(公权力之委托行使)》,《台湾本土法学》2002 年第 41 期。

② 参见[美] E.S.萨瓦斯:《民营化与 PPP 模式:推动政府和社会资本合作》,周志忍等译,中国人民大学出版社 2015 年版,第 64 页。

客户,或者说实际上最重要的客户并不是公共部门,而是广大的公众——即公共产品和公共服务的消费者。仅就公权力委托而言,公权力受托人的公权力来自于法律或公共部门的行政形式,但是享受公权力服务的客户却是广大的公众——即公法消费者。所谓公法消费者,系指在接受履行公共任务的私人部门提供的公共产品或公共服务时,广大公众参与公私合作并享有特定公法权利和承担特定公法义务的组织和个人。而公法上的消费者具有公法权利,比如知情权、监督权①、安全权、依法求偿权等权利。但是公法消费者一般没有自主选择权,广大的公法消费者无法根据自己的消费愿望、兴趣、爱好和需要,自主地、充分地选择公共产品或公共服务,特别是无法选择经营者而只能被动接受。将广大的消费者纳入公私合作主体中,有利于彰显公私合作的民主化和平等化,有利于促进公私各方主体的权利实现,有利于从根本上促进行政法律关系的对等化和行政法学的转型。

四、公共部门与广大公众之关系

(一)公共部门对广大公众的担保关系

在公权力委托中,公共部门一方面虽然卸除原先之任务执行,另一方面替而代之者,仍退居监督者的地位,藉由再管制之立法与行政,对人民之执行公共任务肩负担保责任。② 公共部门在公权力委托中虽然并不执行具体的行政任务,但是它最终是行政任务的担保人。如果履行行政任务的私人无力提供公共产品或公共服务,或者发生其他私人履行行政任务导致其他损害等事件时,那么政府应该及时介入和监督,对广大的社会公众承担其由于私人部门无力提供公共产品或公共服务而导致的一切责

---

① 我国地方性法规对此作了相应的规定,比如《湖南省市政公用事业特许经营条例》第7条规定:"公众享有对市政公用事业特许经营的知情权和监督权。有关人民政府应当建立社会参与机制,保障公众对特许经营活动的有效监督。"

② 刘淑范:《论公权力委托——民营化时代的制度转型》,http://www.iias.sinica.edu.tw/upload/cht/article/edbfaedf90364cbc2a01319e64ac6e76.pdf,2016年12月9日访问。

任。为此,国家除了通过立法或修法赋予类似公权力委托等公私合作主体的法律依据之外,还应该形成能充分保障广大公众基本权利的监督和管制规范,以避免公众的基本权利随着公私合作由原国家侵害转变为受次生型公私合作主体侵害的潜在可能性。实际上,国家或政府公共部门这一担保人的关系地位深刻地体现了当今担保国家的新理念、新模式。至于公共部门在承担担保人责任之后,是否对履行行政任务的私人部门进行追偿以及如何追偿等问题,则涉及公、私部门之间的关系。

(二)广大公众对公共部门的权义关系

公众对公共部门的地位可从以下几个方面表现出来:一是监督关系。广大公众是公共产品或服务的消费者,也是公共利益的获得者。虽然广大公众并不直接参加公私部门的关系,但是,无论对于直接提供公共产品和公共服务的私人部门,还是对于不直接负责履行行政任务的公共部门而言,他们都具有天然监督权,对公共部门的有关作为或不作为形成监督关系。二是追索和求偿关系。同时,由于履行行政任务的私人部门在提供公共产品和公共服务致使广大公众利益受损,而私人部门又无法赔偿时,广大公众可以行使类似于私法上的追索权,向公共产品和公共服务的担保者——公共部门进行追索和求偿。这种权利是从公共部门负责担保责任所推导而来的权利。三是公权利行使关系。公权利"如从国民的观点而言,系指根据公法规定,赋予个别的人民,为实现自己的利益得请求国家为特定行为的法律上之力"[1]。成立公权利必须同时满足以下三个条件:公法规范课予行政机关为或不为一定行为的义务;该公法规范的目的在于保护私人的个人利益,或者目的在于维护公共利益,但同时兼及个人利益之保护;该法规范赋予利益受影响之人保障其利益的法律力量。[2]广大公众拥有公权利,就可以对公共部门行使请求权、支配权甚至形成

---

①　翁岳生:《行政法》,翰芦图书出版有限公司 1998 年版,第 212 页。

②　叶金方:《私人在行政法上的地位初探》,《经济师》2009 年第 1 期。

权,要求公共部门为或不为一定行为的权利等,这些权利对于保障自身利益不受损害具有一定的价值。

第三节　次生型公私合作主体的基本权利能力——以公私合作公司为中心

公私合作是现代给付国家缩减国家任务、精简人事、节省国家财政支出以及增加行政效率所常使用的行政改革手段。对丁以公私合作公司、公权力受托人、特许经营人、政府业务外包的承包人等为代表的次生型公私合作主体来履行公共任务,学术上一般认为承认其可以达到国家瘦身以及更好地完成公共任务的目的。但是,从法学的角度来看,国家与私人关系的演变,已经在一定程度上模糊了"国家与社会二元区分"的基本命题。这一点在公私合作公司中表现尤为突出。公私合作公司虽然从形式上看是私法主体,但是却承担着公法任务的履行责任,这对于传统公法制度提出了深远的挑战。此时,人们对介于国家与社会的公私合作公司基本权利能力如何判断,则产生了不同的看法。从民法或经济法原理来说,公司作为企业法人,具有基本权利能力,但是,公私合作公司在履行公共任务之时是否仍然是基本权利能力主体,则不能一概而定,而需要进行详细的考察。其他组织型公私合作如公权力受托人、特许经营人、政府业务外包的承包人等(如果都是企业形式的话),也同样产生类似的问题。为了集中讨论的需要,本书主要以公私合资公司为例对次生型公私合作主体基本权利能力进行详细的考察,但是,基于公私合资公司的基本权利能力的研究结论基本适用于其他次生型公私合作主体。比如,有学者认为,公权力受托人拥有了实际对外行使公权力的"特权"之后,它的组织形式或行为内容就有部分(与受委托行使职权有关的部分)必须脱离原来受基本权保护,可以主张基本权主体的地位,转而变成须受基本权拘束的地位。[①] 需要值得说明的是,由于在原生型公私合作主体中,公共部门是基本权利能力的拘束对象而不是基本权利能力的主体,私人部门、广大公众自始当然具有基本权利能力,所以这些原生型公私合作主体并不存在类似的所谓基本权利能力问题。

一、次生型公私合作主体基本权利能力的导入

(一)基本权利能力的界定与本质

基本权利能力(或"基本权能力"),系指成为基本权主体的能力或资格。只有其基本权利受到肯定之人,才能具有基本权所保护的法律地位,成为基本权主体或拥有者。从宪法的角度看,基本权利能力是指某一法律主体是否能享有宪法上的基本权利并受其保障的能力或资格,它与公法上的权利能力问题的基本面紧密相关。[②] 在德国宪法上,学者们专门发明了"基本权利能力"、"基本权利主体地位"、"基本权利主体"、"基本权利资格"或"基本权利身份"等概念术语,用以直观明了地指称这一问题。在逻辑上,自然人与法人必先享有基本权利能力,成为基本权主体,才能进一步发生能否独立行使的问题。也就是说,在基本权利"拥有—行使—主张"的关系上,基本权利能力系基本权利行为能力的前提要件,同时也是行政诉讼能力的基本前提。

值得指出的是,基本权利能力与权利能力、民法上的权利能力等概念都不相同。一般认为,所谓权利能力,系指法律所确认的享有权利或承担义务的资格,是参加任何法律关系都必须具备的前提条件。也就是说,不具备权利能力,就意味着没有资格享有权利,甚至也没有资格承担义务。权利能力是法律人格的同义词。[③] 而民事权利能力是指民事主体依法享

---

① 参见皋华萍:《论行政委托》,苏州大学博士学位论文,2015 年,第 107—108 页。
② 王建学:《作为基本权利的地方自治》,厦门大学出版社 2010 年版,第 54 页。
③ 张文显:《法理学》,法律出版社 1997 年版,第 164 页。

有民事权利和承担民事义务的资格。① 因此，与权利能力相比，基本权利能力突出了其"基本"的属性。与民法上的权利能力相比，基本权利能力系指宪法范畴内的基本权利能力。虽然基本权利能力受到民法上的权利能力的影响，但是两者的范畴并不一致，前者指涉的领域为"基本权利"，而后者主要指"民事法律行为"；此外，两者的内涵与位阶不尽相同，基本权利能力往往倾向于以"个别基本权"为思考出发点，比如生命权不仅限于一国生存之人，而且也及于胚胎之人，后者虽不具备民法上的权利能力，但却具有基本权利能力。但是，基本权利能力一般而言，并无"一般的"、"无限制的"基本权。也就是说，"基本权能力，未必以民法上权利能力之具备为前提条件，此外不同于民法针对自然人与法人之情形，原则上分别作无限制之权利能力与有限制之权利能力的区分，在宪法基本权理论上，有鉴于个别基本权之保护内容不同，故无论自然人或法人，理论上皆仅享有'限制的基本权能力'，须视个别基本权而做不同的判断。"②

无论个人享有的基本权利能力，还是法人、非法人享有的基本权利能力，其本质都在于抵抗国家的不法侵害，具有防御国家侵害的目的。在美国，1176 年发表的《权利法案》，宣示人生而自由、独立并拥有不可让渡的权利。在英国，1628 年权利请愿书争取了非经国会同意不得征税，非有法律依据不得逮捕，私人住宅军队不得无故侵入之自由权。在法国，1789 年法国大革命宣言则标榜着"自由、平等、博爱"。这些权利都是通过不断的革命而争取的，其主要目的在于要求防止国家之侵害行为。宪法规定基本权利的目的既然是保护人民，所以基本权利的功能指向是针对国家。基本权利具有所谓"针对国家性"，以国家为其受规范主体，乃极明显的事实。③ 19 世纪德国公法大师 Georg Jellinek 在其所提出之"身份理

① 魏振瀛主编：《民法学》，北京大学出版社、高等教育出版社 2000 年版，第 50—51 页。

② 詹镇荣：《民营化法与管制革新》，元照出版有限公司 2005 年版，第 55 页。

③ 许宗力：《基本权主体》，《月旦法学教室》2003 年第 4 期。

论"中,亦提及人民基于其"消极身份",具有自由于国家之外、却拒国家权利的领域,此即为基本权之防御国家的功能。① 可以说,以国家作为基本权利的主要拘束对象,是基本权利的本质内容。

(二)法人的基本权利能力及其判断

由于公私合作公司系以法人的形式来进行公私合作,要深入了解公私合作公司的基本权利能力,首先必须要了解法人的基本权利能力。在德国,基本法第 19 条规定了基本权利对本国法人亦有效力,但以依其本质得适用者为限。这样,该项规定将原本针对自然人保障的范畴扩及法人之上,使其基本权利保障更为完善。法人基本权利的赋予,显示了充分保障其自由的特征,但并不代表法人因此而屈居于"受托的基本权利主体地位"。法人与自然人一样,是处于平等并且各自独立的基本权利主体。基本权的价值体系,仍是以个别自然人的尊严与自由为出发点。基本权的目的在于保证个人之自由免于受到国家权力的干预,并且在此范围内,确保个人在团体中主动参与及共同形成之前提条件。唯有当法人之组成与活动系作为自然人自由发展之体现,此一中心理念方要求将法人纳入基本权利之保障范围,尤其在"穿透"至于背后之个人使之凸显其意义或必要性之情形犹然。② 这种理论也普遍称为"穿透理论"或者"渗透理论"。德国学界普遍以自由主义的人权理念为出发点,认为基本法第 19 条第 3 项之所以承认基本权延伸适用于法人,系从"人的根基"为出发点,亦即该项规定是"为了人之目的"而存在。法人之所以能够享有基本权能力,并非因为本身之自我价值,毋宁仅为了保障立于其背后的自然人,使其人格亦得以在团体中自由发展。法人之本质仍是作为其成员的管理人或信托人。从基本权的角度观察,法人具备基本权能力,目的亦

---

① 参见李建良:《宪法理论与实践(三)》,学林文化事业有限公司 2004 年版,第 11—12 页。

② 詹镇荣:《民营化法与管制革新》,元照出版有限公司 2005 年版,第 62—63 页。

仅仅是在于作为"自然人基本权"之信托机构。①

在"穿透理论"的基础上,德国联邦宪法法院更进一步从组织法的观点导出法人基本权利能力的基本公式。亦即德国联邦宪法法院在解释基本法第19条第3项之"法人"概念时,首要步骤是依据公私法形态先将法人区分为"私法人"和"公法人"两者类别,而后再辅以对基本权本质的理解,分别对两种不同类型法人之基本权地位作出差别的评价。在私法人方面,因其大部分之情形是由自然人行使其结社自由而组成,具备"人之基础"前提要件,原则上可推定其享有基本权能力。若是公法人,因其是为了遂行公共之目的而依公法所设,在公法人组织背后所存立的主体皆属公权力主体,公法人仅是单一国家权力理念下,一种具有独立法人格的特殊国家型态而已。由于公法人背后并不存在"人的根基",不具备基本权保障的前提条件。特别在当公法人执行公共任务时,其本身即行使国家权限,属于德国基本法第1条第3项"执行权"之一环。基本权利既是以保障个人不受国家侵害为目的,公法人立于基本权所对抗对象之一方,本于国家不可能同时是基本权之拘束对象与保障主体的概念,原则上公法人应无纳入基本权保障体系之可能。联邦宪法法院的此项观点,学界惯于称为"混同理论"。该理论主张"基本权主体"与"基本权拘束对象"应处于一种择一关系状态,因此,同一私法主体不可能产生既受基本权保障而又受基本权所拘束的权利义务"混同"现象。

(三)次生型公私合作主体基本权利能力的提出

如前所述,公私合作公司、公权力受托人、特许经营人、政府业务外包的承包人等参与公私合作的私人主体,大都是采用企业法人的组织形式。如果是自然人,当然也具有基本权利能力,自不需多言。如果是法人,那么其基本权利能力是否具备、如何行使等问题都存在疑虑。由此,次生型公私合作主体基本权利能力问题凸显在人们的面前。所谓次生型公私合

---

① 詹镇荣:《民营化法与管制革新》,元照出版有限公司2005年版,第63页。

作主体(再生型公私合作主体)基本权利能力,也就是公私合作公司、公权力受托人、特许经营人、政府业务外包的承包人等参与公私合作的私人主体成为基本权主体的能力或资格。笔者认为,次生型公私合作主体基本权利能力具有以下特征:1.混合性。由于主体的多元和复杂,次生型公私合作主体的权利能力具有公权力与私权力能力的交融混合性,比如作为公私合作公司既是基本权的主体,同时又是公权力的行使者。2.差异性。在不同的次生型公私合作主体中,其权利能力的强弱、大小等都不尽一致。3.不一定具有法定性,即参与公私合作的私人主体进行有关活动未必一定需要法律的依据。但是,次生型公私合作主体基本权利能力问题远远不止这些,其中最为关键的问题是如何认识其基本权利能力特别是如何判断其基本权利能力。虽然这些主体大多具有法人的组织形式,但是,由于它们是为了实现公共任务,可能行使公共权力,系"基本权拘束对象"。如果研究它们的基本权利能力,无疑与传统的"混同理论"不甚符合。因此,如何理解这些次生型公私合作主体基本权利能力,有何判断的标准以及如何识别它们与一般的法人基本权利能力的不同等,都是值得学界深入探讨的重要课题。

二、次生型公私合作主体基本权利能力的判断基准建构

次生型公私合作主体的特殊构造,决定它的基本权利能力判断基准的复杂性。在分析德国法律形式说、私人股东保障说、支配影响说、法律关系说等学术和判例基础上,笔者认为公私合作公司基本权利能力的判断标准是"公共任务说",即以法人活动的"公共任务属性"作为是否承认公私合作公司基本权能力的判断基准,只要是在履行公共任务或行政任务,均无主张基本权利之必要。

(一)次生型公私合作主体基本权利能力的特殊性

类似公私合作公司等次生型公私合作主体是一种特殊的主体,从形式上看,它是私法主体,但是却实现公法任务。那么,它具有基本权利主体的地位吗?如果运用德国的"渗透理论"来分析公私合作公司基本权

利能力,就会发生问题。首先,从"渗透理论"来看,由于公私合作公司的具体合作者即公共部门或"政府"与私人部门或"民间"皆为公司的股东,所以"人之根基"虽不完全排除,但却仅存在私人股东部分,此等"人之根基不完全性"在渗透理论上应如何评价,即生疑问。其次,从公民合资公司(即公私合作公司)的任务与功能来看,毫无疑问提供人民生存照顾所需之产品或劳务产品。此等"生存照顾"功能,是否属于"公任务"的性质,以至于排除公司之基本权利能力,亦颇值得商榷。究竟基于何等基准始得判断公民合资公司之任务属性系属于"行政任务",而否定其基本权能力,抑或归于自由权行使之"受基本权保障之生活领域",而肯定其基本能力,恐非须提出进一步之客观明确准则,不足以令人信服与具备可操作性。① 由此可见,德国的"渗透理论"能否适用于公私合作公司? 或者说公私合作公司是否具有特殊的性质,以至于要在基本权利能力的判断上另定判断基准,这也是本节所要重点解决的问题。

(二)域外次生型公私合作主体基本权利能力的判断基准

1. 德国对公私合作公司基本权利能力的判决

德国联邦宪法法院首次在"汉堡电力公司裁定"中表明了其态度,这也是该法院迄今唯一的相关案例。汉堡电力股份公司是汉堡一家经营电力及暖气供应的事业。该公司最大股东为持有 72% 股份之汉堡控股行政有限责任公司,另外 28% 股份则分由诸多私人设立的公司所持有。诉因是某客户虽按期缴交电费,但是拒绝给付另外被索缴之单次差额,电力公司即对之停止供电,该客户遂向地方法院提起诉讼。双方争讼至汉堡高等法院,法院裁判认定该公司停止供电行为违法。汉堡电力公司不服,向联邦宪法法院提起宪法诉愿,认为该裁判违法德国基本法有关一般行为自由权、平等权、依法行政原则以及法律上之听审权。联邦宪法法院认为,汉堡电力公司不得主张前述的实体权利,至于"程序基本权利",则显

---

① 詹镇荣:《民营化法与管制革新》,元照出版有限公司 2005 年版,第 70—71 页。

无理由,故作出不受理宪法诉愿之裁定。① 联邦宪法法院的基本态度是:汉堡电力公司依照基本法并不具有基本权能力,并不具有诉愿权能。将法人视为基本权主体,并将之纳入特定实体基本权利之保障,只有在公司的组织及活动是自然人自由发展的表现时才算合,尤其是在"穿透"至居于法人背后之个人使之凸显其意义或必要性之情形更是如此。因此,公法人在履行公共任务的范畴内,基本权利的效力原则上并不及之。私法人如果是在联系法律所赋予的生存照顾之公共任务,那么在此范围内,它也不具有基本权利能力。具体到本案,电力能源供应,系属地方自治团体非常典型的攸关生存照顾的任务。电力供应既为一项公共任务,则汉堡市透过宪法诉愿人,亦在履行此一任务,纵然诉愿公司并非全部、仅约72%系公家所持有。该此种持股比例得以推断,汉堡市对业务经营拥有决定性之影响能力。② 也就是说,该裁判要旨在于,其以联邦宪法法院一贯的"穿透理论"作为判断的原则,然后再以电力供应系攸关生存照顾的典型公共任务,其电力供应活动之私法独立性已丧失,最后以公共部门持有居于支配地位为补强理由,否定了该公司的基本权主体的地位。

2. 国外有关公私合作公司基本权利能力的学说

围绕上述案例,德国学界形成了几种具有代表性的学说。根据詹镇荣教授的介绍,大体上有几种代表性观点。③ 一是法律形式说。该说以法安定性为首要的考量,任何法人基本权能力之有无,首应取决于企业组织所采取的外观法律形式。而公私合营事业既然是以"私法人"的形态

① 刘淑范:《概论公私合营混合事业之基本权利能力:德国学说与实务之省思及借鉴》,参见 http://www.doc88.com/p-906967595871.html.2013-01-29,2016 年 3 月 1 日访问。

② 刘淑范:《概论公私合营混合事业之基本权利能力:德国学说与实务之省思及借鉴》,参见 http://www.doc88.com/p-906967595871.html.2013-01-29,2016 年 3 月 1 日访问。

③ 参见詹镇荣:《民营化法与管制革新》,元照出版有限公司 2005 年版,第 75—79 页。

组织,则其享有一般性的基本权利能力。二是私人股东保障说。此说仍是根植于德国联邦宪法法院所发展的穿透理论,认为私人股东作为基本权主体应该恒受尊重。为保障利于公私合营事业背后之私人股东的基本权地位,故该法人的基本权利能力应该受到肯定。至于私人的参与比例如何,并非判断之基准。由于对私人股东保障仍是源自于传统基本权概念,此等以自然人作为保护对象之基本权本质,不应随公司的所有权关系而有所变动。三是支配影响说。此说以国家对于公私合营事业活动之影响可能性与程度,作为其基本权能力的判断标准。假如国家对于该事业拥有支配性的影响力,该公私合营事业不具备基本权能力。反之,则受到肯定。四是法律关系说。该说认为德国基本法第19条第3项将基本权扩张适用到法人之上,其目的正在于保障法人组织的独立性而产生的自我价值。亦即法人因其组织上独立性与自主性之本质,致与国家形成某种程度上的区隔。所以,国家对于法人的干涉及非必为极限冲突之问题,而可能构成外包法律上之权利侵害,使得法人限于与自然人相同之"基本权典型受危害状态"。从而,公私合营事业作为具有独立人格之私法人,其基本权能力之判断基准即应视其是否与国家立于"外部法律关系"而定。

综上,德国学说纷争很大,除了上述各代表性学说之外,尚有其他各种学说。但是,迄今德国尚未形成"通说"的公私合营事业基本权利能力的判断基准。这些众多的判断基准,一方面给我们予以多方面的启示和选择,但是另一方面,却给理论与实务带来难题,为此,需要结合各国的实际情况加以创造性的运用。

(三)我国次生型公私合作主体基本权利能力的判断基准

在判断公私合作公司基本权利能力时,我们遇到的最大难题也许是如何解释公司股东的"公私合作"特征。在我国,PPP项目中的SPV公司股权结构具有混合所有制性质,天然地不使国有权"一股独大",而是发挥"四两拨千斤"的乘数效应来拉动民间资本大量跟进,达到制度供给创新的需要。① 但是，目前学界对公司股权变更与限制涉猎较多②，但是尚未专门研究其基本权利能力的问题，为此需要关注 SPV 公司凸显两个处于对立状态的主体但却要共同执行同一公法任务的矛盾现象。假如从行政组织法的角度出发，探讨公司究竟属于"国家"或者"私人"，则无可避免地陷入基本权拘束对象之公股股东与基本权主体的私人股东两者间利益如何协调的问题。因此，公私合作公司基本权利能力的寻找，就演变为选择有利或不利于何方股东之价值决定问题。上述的"私人股东保障说"、"支配影响说"，乃至于部分德国学者所持的"层级化基本权保障说"，基本上是立于公股与民股股东利益衡量观点所推出的各式选择或调和基准。惟无论采取何等基准，其结果皆是一方股东将会丧失其原始之基本权地位，依随他们股东而受害或受益；甚至可能导致国家为规避基本权拘束而"避难至少数持股"之现象。③ 而德国的"穿透理论"的目的在于穿透法人的外衣，直捣其背后的自然人，其推理路径仍是由外而内之责任追溯；而将此理论援引到法人能否主张基本权利之问题上，则是欲从隐藏其背后之自然人，推演出法人基本权能力之支撑理由，此属由内而外的权利思维取向。双方的思路明显背道而驰，以"穿透理论"作为解释法人基本权能力之依据，恐有误用之嫌。④

　　在我国，有学者认为，虽然政府在 PPP 项目公司作为股东，但是社会资本取得经营公共基础设施建设的公共服务执行的主体地位后，此时项

---

　　① 贾康、孙洁：《公私合作伙伴关系理论与实践》，经济科学出版社 2015 年版，第 11—12 页。

　　② 何春丽：《基础设施公私合作（含跨国 PPP）的法律保障》，法律出版社 2015 年版，第 112—119 页。

　　③ 詹镇荣：《民营化法与管制革新》，元照出版有限公司 2005 年版，第 88 页。

　　④ 李建良、刘淑范：《"公法人"基本权利能力之问题初探——试解基本权利"本质"之一道难题》，载汤德宗主编：《宪法解释之理论与实务》（第 4 辑），台北"中央"研究院法律学研究所筹备处 2005 年，第 379—380 页。

目公司之兴建与运营行为,属于私法上的行为。① 这种观点主张项目公司并无基本权利能力问题,可能忽视了其承担公法义务的法律地位。为了避免陷入公私合作公司由公私部门共同组成事实引发的在基本权利能力的纷争,必须另寻途径。如果从作用法的角度出发,以法人活动的"任务属性"作为是否承认公私合作公司基本权能力的判断标准,那么至少是可以避免在基本权地位相对立的双方权利主体中选择其一的困境。另外,以公司任务属性为标准,与法人的本质相互契合,关注的是该公司法人本身的任务,而不是公司背后成员的属性和利益。此外,判断基准与基本权的主要理念也互相契合。因此,公私合作公司的基本权利能力的判断基准将取决于该公司的任务属性而定。如果公司履行公共任务或行政任务,那么此时该公司是基本权利的拘束客体,当然并不具有基本权利能力。这是因为,基本权利的核心功能本在预防国家之侵害,所以公司在履行公共任务时不应该主张基本权利能力,否则与基本权利的本质不符。如果是在履行私经济活动等非公共任务或行政任务,那么此时可承认该公司具有基本权利能力。也就是说,该基准并不从该公司是公法人还是私法人,只要是在履行公共任务或行政任务,均无主张基本权利的必要和可能。因此,如何定义公共任务或行政任务,就成为判断公私合作公司有无基本权利能力的关键。特别是在当今国家角色逐渐变迁,国家与社会之区分界线逐渐模糊的情况下,如何把握公共任务或行政任务的范围,是否只有涉及"生存照顾"义务的提供,即享有基本权利能力,实属应该进一步加以具体分析的内容。

三、次生型公私合作主体基本权利能力的取得、变更和消灭

与其他私法主体基本权利能力一样,次生型公私合作主体基本权利能力也有取得、变更和消灭的情形,其特殊之处表现如下:

---

① 顾功耘主编:《公私合作(PPP)的法律调整与制度保障》,北京大学出版社 2016 年版,第 226 页。

（一）次生型公私合作主体基本权利能力的取得

次生型公私合作主体基本权利能力的取得，主要是指参与公私合作的私人主体能以自己名义参加法律关系，享受基本权利，承担相应的义务。一般来说，次生型公私合作主体基本权利能力的取得方式主要有：一是法律授权。比如对公权力受托人而言，由于其行使的是传统意义上的公共权力，所以一般要进行法律保留。不仅如此，这种授权的法律必须遵循明确性原则，以个别具体的方式，就所授予的公权力的内容与范围明确地加以规定，因此，概括条款式的公权力委托并不能使用。二是公法行为。对公权力受托人的委托，除了上述法律授权之外，还需要基于法律授权另经法规命令、自治条例、行政处分或行政契约等行政行为最终达成公权力委托，在现今实务上尤以行政契约之委托方式至关重要。① 三是登记。既然公私合作公司是公私部门共同出资设立的私法组织，那么该公司就应该按照《公司法》等有关民商法规定进行登记注册，一经登记，该公司具有法人资格，同时也意味它已经取得基本权利能力。对于社会合作规制组织而言，也应该按照社会团体等有关法规进行登记才能具有基本权利能力。四是出生。这是对少数个人型的社会合作规制主体而言的，其基本权利能力与生俱来。

（二）次生型公私合作主体基本权利能力的变更

次生型公私合作主体基本权利能力的变更是指参与公私合作的私人主体的合并、分解或者法律授权变更、被收回、授权届满等而在原主体与新主体之间的转移。这种变更并非消失，而在原主体与新体之间存在继承关系。这种基本权利能力的继承主要有三种原因：一是合并。即两个或两个以上次生型公私合作主体合并为一个新的主体，由新的主体统一行使原主体的基本权利能力。二是分解。即由一个次生型公私合作主体

---

① 刘淑范：《行政任务之变迁与"公私合资事业"之发展脉络》，《"中研院"法学期刊》2008 年第 2 期。

分解为两个或两个以上新的主体,而由后者分别行使原主体的基本权利能力。三是授权变更、被收回或授权期限届满。一旦发生法律授权的变动,如对公权力受托人的权限进行扩大或者缩小,或者对公私合作公司的合作协议进行修改,均有可能导致次生型公私合作主体基本权利能力发生相应的变化。这是由于各个主体的基本权利能力不同,并且与授权存在一定的关系。另外,基于新的法律规定,对原公权力受托人的权限进行收回,使之不再具有次生型公私合作主体的地位,而由于基本权利能力的大小与授权的大小紧密相关,授权被收回即意味着该受托人的基本权利状态恢复到圆满状态。次生型公私合作主体基本权利能力的变更涉及变更前后法律效果的承担关系。为此需要坚持以下原则:原主体在基本权利能力变更之前实施的行为仍然有约束力,其所产生的权利义务由继承的新主体概括承受。

(三)次生型公私合作主体基本权利能力的消灭

所谓次生型公私合作主体基本权利能力的消灭,系指参与公私合作的私人主体因被撤销等原因而引起其基本权利能力的灭失。与基本权利能力的变更不同,次生型公私合作主体基本权利能力的消灭是其基本权利能力不再存在,也没有新的主体作为基本权利能力的继承者加以继承而继续行使。次生型公私合作主体基本权利能力的消灭主要基于以下原因:一是被撤销或解散。也就是说,作为承担基本权利能力的载体——次生型公私合作主体本身不复存在,比如公私合作公司被有关机关注销解散,显然此时其作为基本权利能力的主体已经消失。二是自然人的死亡。即对于诸如公权力受托人、特许经营人以及承包人等人,如果是自然人,其死亡当然发生其基本权利能力的灭失。次生型公私合作主体基本权利能力灭失后,并不影响其灭失前的行为效力。由于次生型公私合作主体基本权利能力的消灭,往往会涉及公法上的效果,因此,由此发生的有关责任需要由国家承担。

总之,由于次生型公私合作主体的混合复杂状况已经在一定程度上模糊了"国家与社会二元区分"的基本命题,因此,公权力受托人、特许经营人、政府业务外包的承包人等参与公私合作的私人主体在行使公权力或提供公共产品或公共服务时,是否具有一般的私人组织所拥有的基本权利能力便成为一个有待加以解决的重要问题。本书主要以公私合作公司为例,对公私合作中私人主体基本权利能力的概念内涵、次生型公私合作主体基本权利能力的判断基准以及其基本权利能力的设立、变更和消灭等问题进行了论述。可以说,次生型公私合作主体基本权利能力的探讨,不仅有利于促进宪法、行政组织法等公法理论的革新,而且有利于加强次生型公私合作主体的法制构建,推动我国公私合作的进一步蓬勃发展。

第四节　公私合作主体的挑战与行政组织法的转型

一、公私合作中多元治理主体引发组织法治新课题

从合作治理的角度分析,公私合作作为一种新治理模式在当代中国的兴起,不仅是一场意义深远的公共行政改革运动,而且更是契合了国家治理体系和治理能力现代化的本质。① 姑且不论其他,单从治理的主体模式来观察,公私合作即"公"与"私"的合作,是公共部门与私人部门之间共同处理公共事务的状态,公、私主体须臾不可分离;而国家治理也意味着国家不再只是治理的主体,而且也是被治理的对象;社会不再只是被治理的对象,也是治理的主体。因此,治理主体的多元化、合作共治性是

---

① 邹焕聪:《论公私协力的公法救济模式及体系现代化——以担保国家理论为视角》,《政治与法律》2014 年第 10 期。

公私合作与国家治理的共同特征。今后，随着公私合作的深入开展，这些以多种方式参与公共治理的多元治理主体，势必展现出公私合作实现公法任务的河川地貌。

如果进一步分析公私合作的主体构成，人们会发现参与公共治理的主体不再局限于政府等公共部门一元主体，而是扩展到包括公共部门、私人部门、广大公众等在内的多元公私混合主体；不仅包括公共部门、私人部门、公法上的消费者等原生型主体，而且涵盖公权力受托人、特许经营者、公共服务承接主体、社会合作管制主体以及公私合作公司等次生型主体。笔者认为，原生型公私合作主体和次生型公私合作主体可以统称为"公私合作主体"，它具有主体构成的多样性、主体角色的复合性、主体目标的合作性等法律特征。公共部门与私人部门之间特别是他们与次生型公私合作主体之间形成了错综复杂的社会关系，这对传统的行政主体理论以及行政组织法构成了严重的挑战，需要结合中国法治实践进行持续的研讨。实际上，公私合作主体还有其他分类，比如根据公私合作是否建立专门的组织机构，公私合作可以划分为组织型公私合作与非组织型公私合作。这种分类的意义在于有利于避免以往只关注公私合作行为，甚至将公私合作混同于公私合作行为的弊病，从而专门研究组织型公私合作对行政组织法的挑战与行政法的应对机制。正如德国学者 Aßmann 所言，"对行政组织法的最大挑战是来自于因私人受委托或私人基于管制下的自我管制而负担公共任务而生的中间组织形式。在此范畴会形成行政组织与社会自发性组织间的临界及过渡区域，而产生新的责任结构"①。这里 Aßmann 所论及的"因私人受委托组织"、"基于管制下的自我管制的私人"实际上是本书意义上的公权力委托和社会合作管制主体之一。这些主体连同其他公私合作主体的兴起，对我国的传统行政组织

---

① ［德］Eberhard Schmidt-Aßmann：《行政法总论作为秩序理念——行政法体系建构的基础与任务》，林明锵等译，元照出版有限公司 2009 年版，第 267 页。

法(学)①的挑战是异乎寻常的。可以说,公私合作主体一方面对行政组织法本身构成了巨大的挑战,另一方面对我国的行政组织法理论以及研究路径提出了挑战。在此情形下,我国的行政组织法面临着深刻的危机,但同时也为重构行政组织法、促进新行政组织法的产生提供了难得的机遇。然而,目前学界对于在公私合作中生成的多元治理主体的法制挑战还鲜有人进行深入研究②,是一个亟待解决的重要新型法治课题。

二、公私合作主体的兴起对行政组织法的挑战

由于公私合作主体不仅有传统的公共部门,而且还有私法组织、社会合作管制主体等,这种公私合作主体的复杂多样性、多中心特征对传统行政组织法只调整公共部门等国家行政构成了巨大的挑战;而公私合作主体中私法组织占据重要位置、偏爱间接国家行政这一事实也对传统的行政组织法调整重心构成了严重的冲击。行政主体作为组织形态可谓为我国行政组织法的核心,对行政法治理论和行政诉讼的实际运作起到了重要的作用,但是现行的行政主体理论难以解释公私合作主体的内涵、无法回应公私合作实践的挑战以及与公私合作的被告确认相互脱节,同时行政组织程序几乎处于一片空白,从而面临着巨大的挑战。此外,公私合作主体与传统的科层制不相符合,呈现出分权、对等的特征和目标;公私合作主体也不符合传统行政组织法的组织手段,未必适用传统的法律原则及组织措施。只有认识到公私合作主体带来的挑战,才有可能直面挑战并加以解决。

---

① 正如有学者指出的那样,行政法与行政法学在存在形态、保护机制、内在利益、涉及范围和价值属性方面是不同的概念,行政组织法与行政组织法学也并非完全相同的事物。参见关保英:《行政法教科书之总论行政法》,中国政法大学出版社2009年版,第22页。但是本书相关论述既涉及行政组织法本身,又涉及行政组织法理论,特此说明。

② 目前仅有个别学者基于行政组织法在行政法学理论体系中的处境日渐边缘化的处境,认为应当从行政系统外部视角深入观察行政组织法变迁,全面回应多中心治理时代下的组织形态,关注行政任务私人履行的界限和方式等新课题。参见章志远:《深化行政体制改革与行政组织法学研究的新课题》,《江淮论坛》2017年第2期;等等。

（一）公私合作主体的兴起对行政组织法调整范围的挑战

1. 对传统行政组织法调整界限的挑战

尽管各国有关行政组织法的调整界限不尽一致，但是传统的行政组织法基本上是围绕行政机关、公务员以及公物等这几个领域进行界定的。比如在德国，行政组织法的基本结构是行政主体、行政主体的内部结构、管辖权以及机构设置权；行政组织包括了直接国家行政与间接国家行政。[①] 在日本，从广义上说，行政组织法包括以行政主体的组织存在方式为考察对象的狭义行政组织法、以人的手段为考察对象的公务员法和以物的手段为考察对象的公物法；而狭义的行政组织法则仅为规范行政机关的法。[②] 而在我国，行政组织法也有广狭义之分：广义的行政组织法包括行政机关组织法、行政编制法和公务员法；狭义的行政组织法仅指行政机关组织法，而国家行政机关的性质、法律地位、组成及结构、职权等是狭义行政组织法的必备内容。[③] 也就是说，我国通说的行政组织法大体上只调整行使国家公权力的国家行政机关和行使公共权力的公务员，而是否对公物法进行调整则有不同的看法；大体上只调整国家直接行政，而对于间接国家行政则往往通过法律授权或委托制度来解释。

而在公私合作主体中，除了公共部门理所当然地应该纳入行政组织法的调整范围之内以外，其他的公私合作主体是否应该受行政组织法的调整以及如何调整这些与一般公共部门存在重大差距的主体，应该说是一个不容回避的重要课题。比如，公权力受托人就其外部功能而言，为公行政的一部分，但其相对于国家的之基本权地位仍维持不变。公权力受托人具备行政机关的地位，并应遵守通常行政行为所应遵守之一般实体

---

① ［德］哈特穆特·毛雷尔：《行政法总论》，高家伟译，法律出版社 2000 年版，第 498—591 页。

② ［日］盐野宏：《行政组织法》，杨建顺译，北京大学出版社 2008 年版，第 2—3 页。

③ 姜明安主编：《行政法与行政诉讼法》（第 6 版），北京大学出版社、高等教育出版社 2015 年版，第 87—89 页。

法及程序法上的合法性要求。① 由此似乎可以推断公权力受托人是否应该遵守包括行政组织法在内的一般实体法及程序法的有关规定。对于虽然有国家参与但仍然属于社会领域的社会合作管制组织而言，国家可以通过参与其意思的作成来实现公益；但是，对于暂时没有国家参与的社会合作管制组织来说，问题还没有解决，更何况还有行使社会公共权力的个人。再以公私合资公司为例，这种合作模式不是仅基于公法或私法契约而形成的公私合作关系，而系以私法组织形式之共同结合方式。如果说行政组织法对公私合作公司中的公共部门的具体参与者进行规范有其正当性的话，那么对该公私合作公司本身及其私人合资者是否能纳入到行政组织法的规范范畴之内，显然目前的行政组织法理论无法解释这些问题，需要进行行政组织法的理论创新。

2. 对传统行政组织法调整重心的挑战

国内外传统的行政组织法学，一般只讨论直接的国家行政，关注的是规范行政组织的组织过程和控制行政组织。譬如日本有学者认为，所谓的行政组织法是指有关国家、地方公共团体及其他公共团体等行政主体的组织及构成行政主体的一切人的要素（公务员）和物的要素（公物）的法的总称。② 我国台湾地区学者认为，行政组织法为行政法之主要组成部门，不仅涉及政府机关的组织、职权、体制与互相关系，且涉及行政作用与行政救济之功能，更与人民有关。我国大陆著名学者认为，行政组织法就是关于行政机关和行政机关工作人员的法律规范的总称，是管理管理者的法。③ 可以说，传统行政组织法的关注重心是各级行政机关、公务员以及公物等问题，关注对哪些类型的行政机关进行管理，设立什么样的公

---

① ［德］Eberhard Schmidt-Aßmann：《行政法总论作为秩序理念——行政法体系建构的基础与任务》，林明锵等译，元照出版有限公司 2009 年版，第 297 页。
② ［日］田中二郎：《简明行政法》，转引自杨建顺：《日本行政法通论》，中国法制出版社 1998 年版，第 213 页。
③ 应松年、朱维究：《行政法总论》，工人出版社 1985 年版，第 115—257 页。

务员制度和公物制度；如何控制行政组织的规模、结构以及职能问题等。而公私合作主体除了部分主体必须严格按照传统的行政组织法进行规范和控制之外，其他主体似乎都游离于行政组织法之外。而这些公私合作主体在公私协力中占据着重要的地位。比如，那些与公共部门进行合作并且实际行使公共权力、承担公共任务履行责任的私人部门是否需要适用行政组织法？公私部门合作设立的类似公私合作公司或公私混合事业等私法组织是否是行政组织从而纳入到行政组织法的规范范围？还有个人、私人企业等社会合作管制主体能否逃逸行政组织法的规制？可以说，公私合作主体的重心与其说是公共部门，不如说私人部门、次生型公私合作主体以及社会合作管制主体。虽然行政组织法不可能完全适用到这些主体，但是也不能放任那些本应受到行政组织法规范而实际没有受到规范的主体任意行为。

（二）公私合作主体的兴起对行政主体的挑战

行政主体是我国行政组织法的核心问题，也是我国行政法学的基本范畴。客观地说，由于行政主体被视为行政机关和法律法规授权的组织的总和这一新的表述克服了以往行政机关概念在解释行政权力实际行使者上的不足，使得一些非行政机关的社会组织也被纳入了行政法学的研究范围，法律法规授权的组织被视为行政主体的一部分，更为符合公共权力的社会化趋势。此外，我国的行政主体具有其他国家所没有的"使命"，即围绕行政诉讼的被告资格来研究行政主体，只有成为行政主体的行政组织才有可能成为被告。这种行政主体理论也被有关学者称为"诉讼主体模式"。[1] 尽管行政主体理论曾对我国行政法学研究的规范化和行政诉讼的实际运作起到了重要的作用，但是行政主体"因其形式化而更多地具有学术价值，难以有效地回应和指导实践"[2]，特别是随着公私

---

[1] 章剑生：《现代行政法基本理论》（上卷），法律出版社 2014 年版，第 184 页。

[2] 李允：《PPP 的法律规制——以基础设施特许经营为中心》，法律出版社 2017 年版，第 74 页。

合作的日益兴起,行政主体理论面临着更为严峻的挑战。

1.行政主体的内涵和外延难以容纳公私合作主体

从内涵上说,行政主体具有组织要素、职权要素、名义要素和责任要素,但是如果把这些要素套用到公私合作主体上,那么公私合作主体中个人及私法组织显而易见就不符合行政主体的组织要素。不仅如此,行政主体的关键性要素还在于职权要素,但是有的社会合作管制主体根本上就不拥有国家行政权力这样的职权。从外延上看,现今的行政主体根据2014年修改的《行政诉讼法》第2条第2款的规定,一般可以表达为"行政主体=行政机关+法律、法规、规章授权的组织",而其中的授权组织是一个弹性非常大的概念,存在不同的理解和解释,因此,行政主体本身存在着外延的不确定性。而公私合作主体将进一步加剧这种内涵与外延的不确定性。虽然现今有学者将"行政权"解释为不仅仅包括国家行政权力,还包括社会公权力,"行政管理活动"不仅包括国家行政管理活动,还包括社会管理活动。如此一来,行政主体的范围既包括作为国家行政主体的行政机关和法律、法规授权的组织,又包括作为社会公行政主体的非政府公共组织。① 这种解释无疑在重构行政主体上迈出了重要的步伐,不过重构行政主体经常处于动态之中。实际上,公私合作完成公共任务这一新型的方式已经向我们表明了一个新的时代来临:现代行政的分散性与合作性并存。公共行政的理论转化,必然要求我们对行政主体理论的期待不仅是重构,更可能是转换或替代。更何况,在公私合作主体中,不是所有的主体都要成为行政主体。对于诸如社会合作管制主体等中间组织,"国家与社会共同参与之私法的组织,即使国家有相当的影响力或有赖于国家预算之挹注,也不必然成为行政组织,纵使有契约的约定亦然"。②

---

① 石佑启:《论公共行政与行政法学范式转换》,北京大学出版社 2003 年版,第164 页。

② [德]Eberhard Schmidt-Aßmann:《行政法总论作为秩序理念——行政法体系建构的基础与任务》,林明锵等译,元照出版有限公司 2009 年版,第 299 页。

尽管这类主体的法律地位不是行政主体,但是国家仍然负有上位的正当性责任,以便课予中间组织建立合乎礼仪结构之组织及决定机制的义务,符合该等机构作为合作行为象征的角色。

2. 行政主体理论难以回应公私合作实践的挑战

如前所述,行政主体的概念虽然暂时破除了国家行政机关是行政权力的唯一行使者的概念,初步适应了权力社会化的基本趋势,但是,我国的公共行政改革可谓是日新月异,其中以政府简政放权、大量非政府的社会公共组织日益取代政府而在众多的行政管理领域"崭露头角"等最为引人注目,这种现象与西方各国的"公务分权"颇为相似。① 虽然目前各种重构理论无疑冲破了现有的"诉讼主体模式",但是在重构的诸如公务分权组织中它们只有经过依法授权之后才具有行政主体资格。然而,随着公务范围的扩张以及公务管理方式的日趋复杂,公务的实施主体已经不再局限于行政主体或公法人,现代政府通过特许、公权力委托、成立公私合作公司等公私合作方式将大量公务交给私法组织和私人实施。正如有学者所说,实质意义上的行政(公务)既包括行政主体为满足公共利益所直接从事的活动,也包括私人在行政主体的监督与控制下,通过特许与租赁等方式从事公务的活动,这种现象使组织意义与功能意义的行政观念出现了分离。组织机构上的行政仍然在公法范围之内,但任务或功能性的行政已经突破了传统行政组织法的范畴。分离的结果体现为行政法律制度的非统一性,即公私有重组与融合的问题,行政主体理论已经远远不能适应了。② 在这一宏观背景之下,现行行政主体理论显得捉襟见肘,对现实行政法世界的解释力正在下降。而以往过分注重行政主体研究,忽视行政组织法整体研究的传统行政主体理论已经很不适应了。可见,

---

① 杨海坤、章志远:《中国行政法基本理论研究》,北京大学出版社 2004 年版,第184 页。

② 敖双红:《公共行政民营化法律问题研究》,法律出版社 2007 年版,第 176—177 页。

以公私合作为代表的公共行政最新改革是现行行政主体理论所面临的巨大挑战。

3. 行政主体与公私合作被告确认并无必然联系

在当下的行政法学理论中,行政主体通用的表述是指依法拥有独立的行政职权,能以自己名义行使行政职权以及独立参加诉讼,并能带来承受法律责任的组织。也就是说,行政诉讼的被告必须是行政主体。如果不具备行政主体的资格,就不具有行政诉讼主体的资格。这种"被告即行政主体"的思维模式对行政诉讼的实践产生了大量的负面影响:类似于村民状告村委会、足球俱乐部状告足协的案件,往往都因为村委会和足协不是"法律、法规授权的组织"、不具有行政主体资格进而不能成为行政诉讼的被告而被拒之法院的司法审查之外,从而导致大量社会公共组织的管理活动难以受到司法力量的有效制约,相关社会成员的合法权益因之而缺少切实保障。① 其实,将行政诉讼主体之一的被告与行政实体法上的行政主体混为一谈即使在传统意义的公共行政范畴内讨论也是不科学的,因为两者遵循不同的逻辑:前者考虑的是方便当事人行使诉权,只要作出了有关公共行为,就可以成为被告;而后者关注的是实体权力的行使与实体责任承担的一致性,强调的是某一组织在行政法的法律地位。因此,诉讼主体与行政主体完全可以而且必须加以分离,这样不仅可以更好地厘清行为与责任的问题,而且也可以区分两个不同的范畴。具体到公私合作主体之中,某一公私合作主体是否是行政主体,与它是否为行政诉讼主体也应加以区分。公私合作主体的种类复杂性,必然要求我们的研究视野进行相应的转换,既然行政诉讼被告不再是其链接的契合点,那么就要关注公私合作主体中的特殊现象和法治问题。但是,"当前的主流学说并没有强调行政主体必须是行政法上权利义务的最终承担者,而

---

① 杨海坤、章志远:《中国行政法基本理论研究》,北京大学出版社 2004 年版,第185 页。

是将居于法人机构地位的行政组织体(主要是行政机关)认定为行政主体,带来了大量的逻辑矛盾——不同类型的公法人可以以不同的方式更好地实现特定的行政任务——被忽视。"①于是,公私合作公司、公权力委托以及社会合作管制主体等新型的行政任务承担主体也被忽视从而未能纳入行政组织法的研究视野。而公私合作主体与传统的行政主体存在巨大的差异,这对于传统上仅研究行政主体的行政组织法提出了深远的挑战。

(三)公私合作主体兴起对行政组织法原则和措施的挑战

1. 对传统行政组织法基本原则的冲击

作为行政组织法精神的集中体现,行政组织法基本原则无疑对于规范组织行政过程和制约行政组织具有重要价值。而公私合作主体的兴起对传统行政组织法基本原则构成了挑战。

第一,公私合作过程中公共部门具有多元角色和地位,行使着不同于一般行政主体的职权职责,需要更有针对性和实效性的法治保障。而公私合作中的私人部门,无论是原生型主体还是次生型主体,不仅在组织机构上迥异于科层式下行政组织的结构模式,尽管私人组织内部也存在一定管理层级、具有相应的人员规模、与公共部门存在一定的合作关系,但是各个参与公私合作的主体之间并无实质上的隶属关系,而且,为了弹性因应层出不穷的新型态国家任务的需要,诸多并无严格法律依据进行规范的未型式化公私合作主体大量在实践中使用。国家除了采取传统行政高权之管制模式,进而以"合作管制"(Kooperative Regulierung)模式将部分之国家管制责任分配予私人与社会,以提升管制目的之有效达成,并减轻国家执行管制法律时之负担。② 此时,国家可能将管制任务下放予社会或私人,亦可能采取私法方式履行国家任务。这种未型式化的行政、私

---

① 葛云松:《法人与行政主体理论的再探讨——以公法人概念为重点》,《中国法学》2007 年第 3 期。

② 詹镇荣:《论民营化类型中之"公私协力"》,《月旦法学杂志》2003 年第 102 期。

人共同处理型公私合作及其主体对我国行政组织法制提出了严重的挑战,因此,依法组织成为有待解决的重要原则。

第二,公私合作主体的两大主要主体——公共部门与私人部门之间存在着共享行政权力的局面,虽然这种权力与传统意义上的权力有很大的差距,但是无疑在行使着某些公共权力,体现了分权趋势,也具有合作的意蕴。比如社会组织、私人等社会合作管制主体基于社会自治和合作治理,行使着社会公权力甚至国家公权力。这一主体体现了国家与社会的分权趋势,与传统意义上的我令你从的行政科层体制大异其趣,这对于传统的行政组织法提出了挑战。

第三,公私合作主体之间的关系普遍呈现出一种对等协商的民主关系,各方是基于对等的身份来共同实现公共任务的主体,即使是国家或者政府部门也不能把自己作为高权管制的主体,对他方进行命令、禁止。当然,只有发生法定或特定情形下,国家或政府才能行使特定的权力,使得公私合作朝着正确的轨道运行。由于传统上认为行政组织法规范的是行政组织,与公民没有直接关联,因而现行行政组织法缺乏民主的蕴涵,民主精神欠缺主要表现为行政组织权由行政机关行使,行政组织过程缺乏民众的参与。[①] 随着公私合作主体的兴起,无论是公共部门,还是私人部门,抑或是次生型公私合作主体,可以说都以合作完成行政任务为主要特征,以民主参与为价值取向,而这与传统的严格按照法律以优越地位与典范作用来进行管理或控制不可同日而语。

第四,传统行政组织法追求行政效率可谓源远流长,但是从机构臃肿、人浮于事、办事拖沓等现实看,实现精简、统一、效能的目标并非一蹴而就。而在公私合作完成行政任务过程中,私人主体本身就是企业(公司)、非企业组织或者私人,其基于自身利益最大化的考量,也会以协商换取信任,以合作取得共识,由此不仅对承担公共服务的私人部门追求利

---

① 应松年、薛刚凌:《行政组织法研究》,法律出版社 2002 年版,第 84—85 页。

益最大化提出了新课题,而且更是对政府提出了企业化改革的需求,要求科学分配政府部门职能、合理设置政府机构、优化人员结构等。

2. 对传统行政组织法控制手段的挑战

传统行政组织法的控制手段,如同行政法总论中的行政行为体系,是由其法律形式与其实质的法律原则两部分构成。然而,公私合作主体凸显了行政组织权的法治性不足、挑战了组织行政的实效性、挑战了传统行政推行手段的正当性。

第一,公私合作主体的兴起提出了行政组织权的法治化问题。作为行政权的一个种类,行政组织权的问题又可分为包括如何创设行政组织权、如何分配行政组织权、如何调整行政组织权等,目前处于被忽视的境地,几乎游离于法治之外。在法律特别是行政组织法缺位的情况下,诸多行政组织的权限由行政规范性文件或者会议决定甚至领导临时决定就产生了,法治化严重不足。而公私合作主体的政府部门迫切要求明确到底由哪个具体部门进行合作和监管,以及需要由多个部门监管时如何开展政府部门之间的协调合作。以政府购买公共服务为例,虽然国务院规定将"政府"的主体范围扩展到包括各级行政机关、事业单位以及群团组织三大类主体,但是各级行政机关具体指涉范围有待进一步厘清,"政府"主体是否包括国有企业以及私法化组织,事业单位是否包括性质各异、法律地位不清的所有事业单位,有待行政组织法进行明确。

第二,公私合作主体的兴起挑战了组织行政的实效性。传统的行政组织法以层级制为主轴,以静态组织为规制对象来组织行政。这种组织行政模式虽然在应对可预见、性质类似的事项时,往往能发挥成效,而在应对风险社会下行政任务激增情形,则显得力不从心。为了应对风险社会以及全球化等潮流,除了通过行政组织自身的民营化和政府再造之外,还广泛进行公私合作。而这种将特定执行权限委由私人承担的"功能之私部门化",将建造、维护、营运公共交通及相关财务事务移由私人办理之"财务的私部门化",将部分原由行政机关负责的行政流程交由私部门负责之"程序的私部门化"①等,将"私人拉进国家实现其任务的过程中而分担部分责任"②,由公共部门与私人部门合作完成公共任务这一现实无疑对传统的行政组织法产生了巨大的挑战。这些私人以及由于公私合作次生的主体是行政组织的基本构成部门吗？组织行政的内容是否要有所更新？这些问题难以由传统的行政组织法进行主体简单的扩展所能解释,需要另行提供足以令人信服的理论解释。

第三,公私合作主体的兴起挑战了传统行政推行手段的正当性。我国传统的行政组织法中受行政体制改革影响很大,而行政体制改革主要采用的是以权力为本位的改革思路,对权力关系的调整既是改革的全部内容,也成为改革的基本手段。③ 这种以行政权力为主导,实行自上而下的推进手段影响了行政组织法的发展和完善。改革的倡导者、决策者和执行者都是政府自己,而改革的成果也基本上因政府文件——如"三定方案"的形式规定下来,一旦形势变化就再发一个文件推翻原来的决定。因此,受行政体制改革影响,行政组织法的制定、实施、权力配置、程序等都由行政系统内部"自产自销",通过自上而下的手段推行,政府既是行政组织的主体又是行政组织的客体,更缺乏社会主体的参与、协商和合作,缺失科学、民主、合作精神。正如有学者指出的那样,传统的行政组织法是取向于科层式组织的直接国家行政的形象来发展的统一型行政,并以此为行政组织的标准类型,如欲与其背离,即须具备特殊的正当化事由。甚至在科层制的典范作用未成为法解释学内容之处,层级制与首长制行政执行也是主流想法。上级的指示成为最重要的控制手段。然而,

---

① 有关私部门化实际上与民营化的意义一致,参见陈爱娥:《国家角色变迁下的行政任务》,《月旦法学教室》2003年第3期。

② 张桐锐:《合作国家》,载翁岳生教授祝寿论文编辑委员会编:《当代公法新论(中)——翁岳生教授七秩诞辰祝寿论文集》,元照出版有限公司2002年版,第576—577页。

③ 马怀德主编:《全面推进依法行政的法律问题研究》,中国法制出版社2014年版,第44页。

藉由此等手段是否确能担保行政受法律的拘束,则未经检验。① 可以说,在公私合作完成公共任务的背景下,这种近乎刻板、僵化的科层制无法适用当今公共治理及社会环境的变迁,面临着功能性和结构性的双重调整,行政组织的分殊化成为必然的现象,从大陆行政法人的设立,到以私法主体承担公共任务,显示了"去中心化"、"去官僚化"已成为行政组织改革的方向。②

三、公私合作主体的兴起促进新行政组织法的发展

公私合作主体把私法组织、社会合作管制主体等也纳入主体之中,促进了由高度形式化与高度中央集权化的、层次结构的"官僚组织"世界移民至广泛非形式的、分权的、通过水平网络及合作关系决定的"花体"组织世界。③ 不仅公共部门为了实现公共任务而改变角色,采用私人企业式活动和新调控模式,从而促进了公共部分自身的变革和组织再造,比如我国台湾地区的"行政法人"制度的创设④,而且更为重要的是,行使公共权力的公私合作多元主体尤其其中是私人主体的兴起具有革新的功能,在多个方面推动我国行政组织法的转型,促进新行政组织法的诞生和发展。

(一)扩展行政组织法调整范围,根据不同种类进行不同密度的调整

1. 公私合作主体的兴起促使行政组织法的范围扩大

对于典型的公私合作主体而言,行政组织法大体上可以而且应该进行密度不同的调控和规范。以"极富前景之模式"公私合作公司为例。

---

① 参见陈爱娥:《行政任务取向的行政组织法:重新建构行政组织法的考量观点》,《月旦法学教室》2003 年第 5 期。

② 李昕:《作为组织手段的公法人制度研究》,中国政法大学出版社 2009 年版,第 113—114 页。

③ [德]Eberhard Schmidt-Aßmann:《行政法总论作为秩序理念——行政法体系建构的基础与任务》,林明锵等译,元照出版有限公司 2009 年版,第 266 页。

④ 参见台湾行政法学会主编:《行政法人与组织改造、听证制度评析》,元照出版有限公司 2005 年版,第 266 页。

公私合作公司可以说是在民营化背景之下最为彻底的合作模式,更有利于长期延续性的密切关系。从民营化之类型观察,公私合营事业应属于不纯正或部分之功能民营化,其仍兼含组织私法化和功能民营化两者性质之混合民营化过程。相对于纯粹的公设私法人,公部门对于公私合营事业的控制力,势必随私人之参与而相对减弱;然较之于功能民营化中其他以契约为基之公私合作关系,虽难以避免契约协商机制所导致之法律不确定性,公私合营事业则可替公部门另开启私法组织及法律上可资利用之影响可能性,以便将公益政策贯彻于任务执行之中。① 在德国,公私合营事业的参与组织,除了联邦、各邦及地方自治团体等行政主体本身之外,另亦有公营事业甚或其他之公私合营事业参与者,而公私双方之投资参与皆可能出现多层连接加上循环交叉之情景,诸此皆使持股比例之明确认定更形困难。② 此时,对于基于不同原因成立的不同类型的公私合营事业,行政组织法要进行密度较强的调控,因为不管公私合营事业的参与者有多么不同与复杂,成立方式是直接由公私部门共同出资还是私人部门参与既存的公营企业或者公共部门参与既存的私营企业,但总归可以找到两个基本的主体因素——公、私部门,既然有公共部门的参与,笔者认为就要进行相应的公法约束,其中包括行政组织法的约束,尽管其法律规范的程度和密度与传统意义对行政机关的规范程度和密度不同。这种规范不仅表现为对于参与的公共部门的规范,而且也要对公私合营事业本身进行相应的规范。

　　而对于两个极点的公私合作主体——公权力受托人、社会合作管制组织而言,行政组织法的规范密度和广度大异其趣,规范方式也不尽一致。由于公权力受托人的行为理性与公行政之行为理性相同,其所留下

---

　　① 刘淑范:《行政任务之变迁与"公私合资事业"之发展脉络》,《"中研院"法学期刊》2008 年第 2 期。
　　② 刘淑范:《行政任务之变迁与"公私合资事业"之发展脉络》,《"中研院"法学期刊》2008 年第 2 期。

之任务仍然是十足的行政任务，因此其组织在理论上应受到如同行政机关的规范，是规范密度最强的一种；不过即使在这种高密度的规范下，公权力委托人的组织结构、运行机制、人员性质以及财政状况等与一般的行政机关不可同日而语。而社会合作管制主体大多数情况下可能不是行政体，国家在其中要负上位的正当性责任，这种正当性责任的目的在于课予中间机构建立合乎利益结构之组织及决定机制的义务，以符合此等机制作为"合作"行为象征的角色。① 因此，行政组织法对社会合作管制主体的规范密度很弱，甚至可以说不加以规范。但社会合作管制主体一般不受行政组织法的规范，并不意味着其行为不受其他行政行为法、行政救济法等公法的控制，这是需要加以区分的问题。总之，虽然从总体上看，公私合作主体具有行政组织法规制的必要性和重要性，但是从公权力受托人、公私合作公司到社会合作管制主体等各种典型公私合作主体，它们各自实际上受到行政组织法规范和控制的密度呈现出逐渐递减的趋势。

2. 公私合作主体的兴起促使行政组织法的重心转变

虽然我国行政组织法力求拓展调整重心，但基本上还仅以行政机关、公务员、公物等为调整对象，因此，国家行政及其有关组织一直是传统行政法的调整重心，国家行政也是我国宪法及现有行政组织法所规定的主要组织形式。而社会合作管制主体等基于社会自治和合作治理而管制公共事务或国家事务，却被忽视。② 如今，公私合作主体却一反传统，将社会合作管制主体也纳入公共部门与私人部门合作实现公共任务的关键一环。它要求行政组织法不能自我设限于国家行政，自治行政组织亦应该一并顾及，而且应同等重视，盖自治行政组织乃行政组织的第二种标准

---

① ［德］Eberhard Schmidt-Aßmann：《行政法总论作为秩序理念——行政法体系建构的基础与任务》，林明锵等译，元照出版有限公司2009年版，第299页。
② 邹焕聪：《社会合作管制：模式界定、兴起缘由与正当性基础》，《江苏大学学报（社会科学版）》2013年第1期。

型。① 而且更为重要的是,行政组织法不仅要涵盖公法、私法形式的行政组织,而且也要囊括次生型公私合作主体。正如有学者指出的那样,行政组织法不能只局限于公法形态的行政体,既已承认私法形式的公营企业,则体系上自有必要加入代表国家与社会间合作的混合经济企业形式。因此,有系统发展的行政组织法至少必须包含六种各具类型教义学的组织形态:层级结构的组织、合议制结构的组织、学术专业知识的组织形式、自治行政的组织形式、经济企业的组织形式、中间组织的结构。② 为此,要在理论上关注公共部门与私人部门之间的合作关系,关注私人部门或次生型公私合作主体与公众的关系以及公共部门与公众之间的关系,同时还要关注公共部门之间、私人部门之间以及社会之间的关系问题。不仅如此,还要关注已经制度化组织的法治完善问题,更要关注由公私合作产生的大量尚未制度化的有关法律问题。伴随着公私合作主体越来越多地参与公共治理、提供各种公共服务或者公共产品,公私合作主体无疑体现了行政分权原则及精神,因为无论是通过社会合作管制还是通过简政放权、权力下放等方式,都将推动着行政组织法的调整重心也由原来的国家行政转换为未来的社会行政,由此社会行政将获得行政组织法的更多青睐和关注。

(二)促进行政主体向"公共任务承担体"组织形态的转型,建立健全以行政过程为导向的组织程序

公私合作主体的兴起实际上反映了合作国家的理念。在合作国家视野下,承担公共任务的主体,不再强调国家之中心地位,而毋宁是分散的、多中心的任务实现结构;而对主体的反思,不限于国家方面,也包括私人

---

① [德]施密特·阿斯曼:《秩序理念下的行政法体系建构》,林明锵等译,北京大学出版社 2012 年版,第 237—238 页。

② [德]Eberhard Schmidt-Aßmann:《行政法总论作为秩序理念——行政法体系建构的基础与任务》,林明锵等译,元照出版有限公司 2009 年版,第 276—277 页。

方面。① 具体地说，以公私合作主体的挑战为契机，新行政组织法抛弃传统以行政主体为重心的做法，而应该多关注其他新型主体的法治课题，实现向以"公共任务承担体"为重心的转变；与此同时，以行政过程为导向构建行政组织程序已经成为新的时代要求。

1.公私合作主体的兴起推动由以行政主体为重心向以"公共任务承担体"为重心的变迁

针对目前公私合作主体的组织法治困境，为了适应合作治理的实践趋势，有必要从组织形态上构建"公共任务承担体"、"公务承担体"或"行政任务承担体"这一概念。而它又涉及公共服务的界定。所谓公共服务（主要是行政任务）是指行政主体以达成公益为目的依据法律规范所承担的或者以合法的形式执行的所有事务。② 公共服务是一个体现时代变迁的话题，在不同的时代具有不同的内容。从自由法治国时代的"干涉行政"——即干预相对人的权利，限制其自由或财产，或课予相对人义务或负担的行政，③到社会法治国时代的"给付行政"，"行政法使行政与个人或团体之间产生了一种'指导与服务性的'法律关系，来保障个人的福祉"④，由此行政任务发生了巨大变迁，而且还在不断变化之中。行政任务的历史变迁，必然反映到行政组织法上来。笔者认为，不同的行政任务决定了行政组织的设置和变化。如果行政任务仅仅局限于干涉行政，那么此时在行为上主要表现为命令、制裁的方式，在主体上则主要表现为科层制的组织形态。而随着福利国家及给付行政的发展，行政任务日益多元化，这使得已有的行政组织无力承担更多的行政任务。⑤ 在此种情况

---

① 张桐锐：《合作国家》，载翁岳生教授祝寿论文编辑委员会编：《当代公法新论（中）——翁岳生教授七秩诞辰祝寿论文集》，元照出版有限公司 2002 年版，第 578 页。

② 陈爱娥：《国家角色变迁下的行政任务》，《月旦法学教室》2003 年第 3 期。

③ 参见翁岳生编：《行政法 2000》（上），中国法制出版社 2002 年版，第 29 页。

④ 陈新民：《公法学札记》，中国政法大学出版社 2001 年版，第 93 页。

⑤ 胡敏洁：《给付行政与行政组织法的变革——立足于行政任务多元化的观察》，《浙江学刊》2007 年第 2 期。

下,行政机关越来越依靠其他部门甚至个人的资源和力量来完成行政任务。公私合作就是这样一种合作机制和模式。公私合作是公部门与私经济力量在原本需由国家公部门提供的给付中,于计划、营造、财物取得、营运与管理等不同阶段上的合作,适当的将部分风险与责任转嫁到私人一方。公私合作不仅表现在公私法行为以及未型式化行为的选择自由上,而且表现在实现行政任务的组织是采用公法形式还是私法形式的组织选择自由问题。不仅如此,"必须深入到将某行政行为以私部门力量纳入实现行政任务之主体中的问题"①。这种选择自由也使得行政组织的型态变得更加多元化。

由于公共任务的历史演变,传统以行政主体为重心的研究框架和时代应该说基本结束了。面对公私合作的最新形势,新行政组织法的一个基本判断是:无论是公法法人,还是私法组织,抑或是个人,只要是履行行政任务,都应该是行政组织法意义上的"公共任务承担体"。传统的以行政主体为理论中心必将逐渐向以"公共任务承担体"为理论重心转换,而根据行政任务来重构行政组织法成为一个内在需求。以往我国学界过分注重行政主体研究,忽视了对行政组织法的整体研究。实际上,如果放眼世界,行政主体并非行政组织法的必然研究对象。在普通法系国家没有行政主体理论并不妨碍依法行政,它们只有执行行政任务的主体,没有纠缠公私法主体的尴尬。管制与行政过程具有公私互动的特征。在这种管制制度中,责任是共同承担的,而非截然区分"公共"与"私人"主体。②实际上,公私合作主体已经为我们重构行政组织法提供了思路。首先,从形态上看,公共部门无疑是行政组织法中不可缺少的重要组成部门,它不仅可以选择公法组织,也可以选择私法组织。这种选择已经使得公共部

---

① 程明修:《行政行为形式选择自由——以公私协力行为为例》,《月旦法学杂志》2005 年第 120 期。

② [美]乔迪·弗里曼:《私人团体、公共职能与新行政法》,晏坤译,《北大法律评论》2004 年第 5 卷。

门的角色由直接的参与者转变为监督者和担保者,改变了传统的官僚制设计。其次,公私合作公司作为公共部门与私人部门进行合作的组织载体和形态,尽管其组织形式是私法形式,但是只要是履行行政任务,无疑可以纳入到"公共任务承担体"的重要主体之中。至于其他众多的国家与私人共同协力执行行政任务的组织形式,如公权力委托、特许经营人等,由于私人资源(包括专业技术、财政手段)的投入,增进了行政效率,但是也不能因此疏忽可能引致的公部门权限与调控能力的丧失问题,不能忽视一般公共利益与相关第三人权益之保护,其理由在于"PPP 模式实质上属于政府的一种治理工具,根本上是为政府实现公共利益服务的。……公共部门坚持以'维护公益'为核心的同时必须处理好与私营部门之间的利益冲突"①。因此,在构建有关组织法制时,我们不仅要关注行政效率,而且也要考虑"一定之正当化水平"的相关宪法要求,将宪法上基本权保护义务、法治国、民主国以及社会国原则引入机关委外的法制建构②。最后,基于社会治理而进行社会合作管制的组织甚至个人,由于没有得到传统意义上的法律、法规和规章的授权,但是所实现的是行政任务或公共任务,因此也应该被视为该任务的承担体。笔者认为,只有将履行公共任务的所有组织和个人都列入"公共任务承担体"的范畴,才能体现当今公共行政的最新发展趋势,才能把握行政组织的复杂性、分散性、多元性。为此,需要以公私合作主体的组织法讨论为契机,推动行政组织法研究重心的进一步转变,使之最大限度地符合当今公私合作治理的最新发展趋势。

2. 公私合作主体的兴起将发展以行政过程为导向的组织形态的内外组织程序

传统行政组织法基本上只研究行政主体,而行政主体又与行政诉讼

---

① 顾功耘主编:《公私合作(PPP)的法律调整与制度保障》,北京大学出版社 2016 年版,第 256—257 页。

② 陈爱娥:《"政府业务委托民间办理"的法律规制——公私部门合作法制的建构》,《月旦法学教室》2003 年第 8 期。

被告联系在一起。这种"诉讼主体模式"是我国行政法学理论体系中不可或缺的内容,是我国行政法学者讨论行政主体理论问题的基本范式。虽然这一"诉讼主体模式"较好地解决了转型期确认行政诉讼被告资格的重大理论与实践问题,缓和了行政法学理论的滞后性与司法实践之间的矛盾,回应了当时行政诉讼法的实践需要,但是,行政法学界在否定"诉讼主体模式"、重构行政主体理论的看法是基本一致的,尽管目前尚未达成一致同意的解决方案。① 在这种学术研究进路下,以往围绕行政诉讼被告来研究行政主体和行政组织法的方法已经显得不合时宜。在日本,随着公私法二元论的相对化,行政主体的概念也逐渐扩大,并不局限于传统的国家与地方公共团体的范畴。有学者将国家与地方公共团体之外承担行政职能者称为"功能性行政组织"②。而在公私合作中,除了公共部门之外,其他主体大多都可归类到类似日本的"功能性行政组织"。

　　这种将概念扩展到"功能性行政组织"的研究视野,实际上体现了针对行政过程来研究行政主体以及行政组织法的新思路。从 20 世纪 50 年代后半期以来,日本公法学者远藤博也、盐野宏等提出了"行政过程论",试图重构长期以来的行政法"三段论"(行政主体论、行政行为论、行政救济论),将行政过程置于行政法学体系中的核心地位,但是仍然没有把行政主体与行政相对人的双方互动放到突出的位置。在盐野宏的著作中,提出了以行政行为形式论、行政法上的一般制度和行政过程中的私人来重构行政过程论。③ 一般而言,"行政过程,系指在宪法下,行政权为达成

---

　　① 参见薛刚凌主编:《行政主体的理论与实践——以公共行政改革为视角》,中国方正出版社 2009 年版,第 8—11 页;杨解君:《行政主体及其类型的理论界定与探索》,《法学评论》1999 年第 5 期;沈岿:《重构行政主体范式的尝试》,《法律科学》2000 年第 6 期;等等。

　　② [日]远藤博也:《行政法Ⅱ(各论)》,转引自江利红:《日本行政过程论研究》,中国政法大学博士学位论文,2008 年,第 87 页。

　　③ 盐野宏:《行政法》,杨建顺译,法律出版社 1999 年版,第 63 页。

其行政目的,所得利用之法令上、惯例上一切手段所构成之一连串手续上之连锁"①,简言之,行政过程是行政主体为达成行政法目的所采取一系列法定与非法定行为所形成的全过程。行政过程论涉及行政法的各个方面,而且,根据论者的不同,有关行政过程论的观点也各不相同,但一般都以全面、动态的观点作为行政过程论的核心观点。即行政过程论将全面、动态的思维方式引入到行政法学之中,认为行政法学必须将行政过程中的各种行为形式全盘纳入视野,加以全面、动态的考察。行政过程论扩充了行政法学的认识对象与范围,不再局限于单一的、静止的行政行为,从而将行政行为以外的各种行为形式纳入视野,并对各种行为形式之间的相互关系加以全面、动态的考察。此外,行政过程注重对行政过程的动态分析。② 笔者认为,行政过程不仅可以用来分析行政行为的全过程,也可以用来分析行政组织过程。以行政过程为导向,公私合作主体具有促进组织形态的内、外部组织程序的重要功能。

(1)在内部组织程序上,公私合作主体的兴起能够革新传统行政组织程序。行政组织程序一般是内部行政组织程序,其理想状态主要包括如何组织行政、如何设置行政组织及行政机关、如何重组和微调行政组织及机关、如何对组织行政进行监督以及如何追究法律责任等。但是,由于我国行政组织法的组织程序内容存在很大问题,不仅公共部门即政府及其部门之间尚不存在法定的组织程序,而且更是缺少公众参与程序,因此现有组织程序的法定性、科学性和民主性不足。而无论是特许经营,还是政府业务外包,抑或其他公私合作主体,公共部门是不可或缺的主体,但是它往往在公私合作中具有多元角色和地位。一方面,公共部门在公私合作中无疑是合作伙伴,针对的是非属于典型高权权限的行使,并以隶属关系为特征的事件,公、私部门在其中立于平等的地位,从事跨领域

① 杨建顺:《日本行政法通论》,中国法制出版社 1998 年版,第 122 页。
② 江利红:《论宏观行政程序法与我国行政程序立法模式的选择——从行政过程论的视角出发》,《浙江学刊》2009 年第 5 期。

合作。公共部门不能居高临下,而应该立于平等的地位与私人主体进行一系列合作行动。另一方面,公共部门或政府机关在公私合作关系中又具有特殊的地位,而且在不同种类的公私合作中其地位可能不尽一致,即使在民营化型公私合作种类中,国家或公共部门也不能放弃其应有的责任,比如制定完善的立法、进行有效的执法和公正的司法等。换言之,公共部门在公私合作中的地位或角色具有两重性,一方面它是合作伙伴,另一方面它又扮演立法者、监督者、保证人等角色。公共部门的这种复杂角色和职责定位,使得行政组织在遵循一般行政组织的运行程序,而且需要根据其角色地位进行相应的调整,特别是要吸收私人部门及广大公众的组织参与热情和组织程序构建。

(2)在外部组织程序上,公私合作主体的兴起可以构建功能性行政组织程序。一方面,要关注公共任务承担体的设立、变更、废止、监督、责任等组织程序。虽然这些公共任务承担体本质上仍然是一个私人主体或者商事主体,营利仍然是它存在的基础和发展的动力,但是,由于所提供的产品或服务的公共属性,私人部门具有公共利益和私人利益的双重身份,而且其私人利益的取得应以公共利益不受损为前提条件。因此,在公私伙伴关系中,私人部门要取得利益就必须受到比从事一般商业活动更多的限制,如服务价格的制定和调正要受到监督、利润率不应过高、相关信息应向公共部门与公众公开等。[1] 当然,也要接受行政组织法的规制,尽管对于不同种类的公私合作主体,法律介入的程度也不一样。另一方面,与多方主体关系被忽视不同,[2]公私合作主体的确是多元关系的代表。在公私合作主体中,功能意义的行政组织法不仅要关注私人部门与

---

[1]　余晖、秦虹主编:《公私合作制的中国试验》,世纪出版集团、上海人民出版社 2005年版,第83—84页。

[2]　这也是国内学者试图突破的地方,如将行政过程的主体要素归纳为行政主体、行政相对人、监督主体等三方主体。参见湛中乐:《现代行政过程论——法治理念、原则与制度》,北京大学出版社 2005年版,第72—108页。

公共部之间的权利(权力)义务(职责)关系及其程序,而且要关注公共任务承担体与公共部门之间的关系及其程序,公共任务承担体与公众的关系及其程序等,由此公共任务承担体呈现出不同的组织地位。有关这一点,实际上日本的行政过程论也有所涉及,比如盐野宏所论述的"行政过程中的私人",主要包括对行政过程中的"私人地位"与"私人行为"两方面的法理分析。其中,关于私人地位,包括作为自由权、财产权的防御地位;积极请求国家给付的受益地位;积极请求国家发动公权力的地位;对于行政决定参加的地位。私人行为包括私人资格(权利能力、行为能力)、意思表示瑕疵、行为的法律效果等问题。① 总之,对于功能性行政组织的组织程序,需要以行政过程为导向,不再局限于关注单一的、静止的公共任务承担体的组织结构,而应全面地、连续地、动态地考察各类主体之间的关系及其程序规制,将各行政过程作为复数组织程序的链条,从而实现功能意义行政组织程序的合作化、民主化和私法化。既然传统的以行政诉讼被告为中心的研究路径已经"山穷水尽",要深入研究公私合作主体,就必须转换研究视野,也许针对行政过程来研究行政组织法必将"柳暗花明"。

(三)构建行政组织法的基本原则,革新行政组织法的实体性组织措施

1.公私合作主体的兴起促进行政组织法实体原则的确立

公私合作主体结合了国家、私人等多方主体的因素,在很大程度上模糊了国家与社会的区分。行政组织法必须回应国家与社会区分的相对化以及公共部门与私人部门在责任承担方面的转移。对此,德国 H.H.Trute 认为,行政组织法应该结构性地确保公益要求的实现。在他将"行政的正当性"称为结构性公益要求的代码,将其理解为执行部门应该具备的

----

① 鲁鹏宇:《日本行政法学理构造的变革——以行政过程论为观察视角》,《当代法学》2006 年第 4 期。

一定品质以及使其行为得以归属国民全体的担保时,"正当化"一词几乎可以代表所有建构行政组织的根本考虑。鉴于国家财政压力之下,效率对于行政组织影响凸显,因此,作为行政组织法建构基本的"正确的行政决定"可以被理解为具有一定的正当性并且有效率的行政决定,这也是建构行政组织法时根本考虑的因素。[①] 为此,借鉴外国先进经验,建构行政组织法时需要在考虑行政组织法构建因素的基础上,建立健全以下体现协商——合作基本精神的主要基本原则。

一是完善组织法治原则。公私合作主体的多元化要求非政府公共组织具有独立的主体地位,享有一定程度的权限范围,而这需要通过行政组织法进行确认和保障。虽然公私合作主体体现了组织松绑的态势,同时公法消费者等部分公私合作主体暂时可由政府进行规定,但是对于大部分履行公共服务或公共服务的公私合作主体而言,不能仅局限于政府的规范,而应该得到法治化保障,需要遵循权力法定原则,需要通过宪法及法律特别是行政组织法的完善,建立健全公私合作主体的权力设定或者授权、组织结构、组织程序等具体内容。同时,"依法组织的直接宗旨是规范行政组织及其形成过程,但最根本的目的则是保障公民的自由和权利。"[②]只有恪守公私合作的立法理念,加强包括公私合作主体在内的行政组织的法制建设,加强行政组织法的管制功能,才能达到其所要实现公共利益和公民权利的双重目标。

二是建立行政分权与合作原则。随着全球经济一体化,各国特别是欧盟成员国的地方政府组织表现出某种共同的发展趋势,如强化地方自治,实行从属性原则,鼓励多样性、非官僚化、服务提供的变化、对民众的负责性、公民参与、强调中央与地方的合作等,行政组织的分权化或将逐

---

①　转移自陈爱娥:《行政任务取向的行政组织法:重新建构行政组织法的考虑观点》,《月旦法学教室》2003 年第 5 期。

②　马怀德主编:《行政法学》,中国政法大学出版社 2009 年版,第 87 页。

渐成为一种新的现象。① 实际上我国以前通过立法设立地方团体和公务法人,其目的也是为了实现地方分权和公务分权,但是尚未与合作相联系,且尚未实现法治化保障。如今,为了适应公私合作现象,行政组织法不仅需要推动上下级政府及其部门的纵向分权与合作、同级政府及其部门之间的横向分权与合作,而且要求实现公共部门与私人部门之间的分权与合作。有人认为,横向分权改革还可进一步细化为向市场分权和向社会分权②。从某种意义上说,分权是合作的前提,合作是分权的结果。从组织型公私合作模式的代表即公私合作公司来看,无论政府将公营事业之资金的一部分移转民间,或者政府参与民营事业投资,还是政府与私人共同设立一新的公私合作公司,都难以从表面上分清该公司到底是属于"公共部门"或者"私人部门",需要从本质上遵循行政分权和合作的原则方能得出正确结论。从非组织型公私合作主体来看,其情况更为复杂,不仅包括由功能民营化模式转换而来的公私合作主体(比如行政委托、行政助手、专家参与、特许经营、公共服务外包),还包括合作治理转换而来的公私合作主体(即社会组织、个人等私人或社会主体等社会合作管制主体),从基本精神及基本原则的角度分析,都需要实行社会分权,且均体现了多元合作的最新趋势。

三是构建行政民主正当性原则。在传统的隶属关系建构起来的行政组织,必须对国家权力机关——诸如对人大负责;政府首长指挥监督的层级制组织,是行政行为正当性的担保,但是无法应对当今时代多元、复杂的组织机构。而公私合作主体从组织结构上说,可以分别纳入不同的组织系列中并获得正当化水准。对于公共部门而言,虽然仍然是原来的行政组织,但是可能采用私法形式的行政组织,促进了高权主体的多元化,而它可以通过行政内部约定、市场或类似市场机制、组织成员或给付受领

① 参见任进:《行政组织法基本范畴与新课题》,《北方法学》2012 年第 3 期。
② 参见刘尚希、王朝才等:《以共治理念推进 PPP 立法》,中国财政经济出版社 2016 年版,第 5 页。

人的控制,或专业性的自我审查来替代。对于社会合作管制主体而言,权力机关的责任(民主正当性)与自主性的自我规制(经常以基本权为基础)共同发挥正当化的功能,后者必须遵守前者制定的界限。对于次生型公私合作主体,必须注意参与协商渠道的开放与互动的设计,一方面必须维持合作者的自主性,另一方面则必须确保双方共同致力于共同目标的追求,特别是确保私人的行政组织权的正当行使,符合相当的行政民主正当化水准。

四是健全组织效能原则。效能关心的是运用最少的资源来实现最好的目标。是否有效率以及效能,包括所运用的资源与所获致的结果两大面向:在资源面向上,涉及的不仅是财政资源,而且还有人员、组织、程序与法规范等资源,而结果面向则可能是作出决定本身、决定之后的执行以及执行所带来的相关后果。为了实现效能的目标,政府往往采用民营化的路径,由此产生了一些公私合作主体,其建构的主要目标在于增进效率。比如公私合作公司等行政组织私有化可以藉由民营弹性经营方式,为政府组织带来转机与竞争力。为此,需要从行政组织法上对人、财、物进行控制,在确保政府及其部门主体系统性的同时,实现政府与私人主体的一体化和合作性,根据政治、经济、社会特别是公私合作的最新环境合理设置行政组织的形态、优化公私组织结构、控制公私组织的规模,从而从组织法治视角实现行政的最大效能,促进公私合作各主体合理有效率地执行行政任务。

2. 公私合作主体的兴起革新行政组织法的实体性组织措施

作为调控手段的行政组织法,系由管辖权限、程序、监督与财政法制共同组成的一种调控手段的集合。只有通过组织法的安排,才能正确地型塑组织、发挥组织的调控功能。而公私合作主体对行政组织法的实体性组织措施或者调控措施起到了革新功能。

(1)公私合作主体的兴起促进行政组织权的设定、分配和调整。随着公私合作的不断发展,行政组织法应该合理设定行政组织权,对上下级政府及其部门之间的行政组织权进行合理创设,并根据新的公共行政状况加以调整,以便更好地适用法律实务的快速发展。比如需要选择恰当级别的政府部门,只有管辖权的公共部门才能进行相应的公私合作。与此同时,由于公私合作涉及公共任务在不同主体之间的分配问题,因此,公私合作主体又进一步在国家机关、自治行政、私人机构甚至私人个人等现有的主体或者次生出新的主体之间进行选择。这要考量组织自律及其受公共部门有关控制的问题。尽管提出一种抽象程度高的组织形式和原则很难,但在德国,还是有学者提出了所谓的"新调控模型"。这种模型强调类似企业、分散式的领导与组织结构。"新调控模型"强调,划分政治部门的策略目标与行政部门就执行事务的决定权,行政部门只负有报告义务并对结果负责。[1] 此外,次生型公私合作主体实际上可以看作是分担行政任务的组织手段,其目的在于通过这种扶持、转换等方式增加更多的任务承担主体,实现行政的民主化、分散化,以弥补传统科层制的不足。次生型公私合作主体的产生已经蕴含着国家治理之道的变迁。

(2)公私合作主体的兴起促进组织行政的结构和内容更新。行政组织法是规范行政的组织过程和控制行政组织的法,是与组织行政和行政组织有关的法律规范的总称。[2] 其中组织行政是从动态意义上对行政的组织,就像行政行为一样,需要一个动态过程,同样要求法律的规制。从组织结构上分析,公私合作主体具有复合的主体构成,除了"职权行政主体"、"授权行政主体"之外,尚有"实质意义上的私人"、"公法上的消费者"以及为了实现公私合作而转换而来的诸如公私合作公司、公权力受委托的私人、社会合作规制主体等新式主体。这些属于私法主体性质的次生型主体,却承担着传统由公共部门承担的公共任务,减轻了国家或政府的负担,节省了大量的人财物,实际上是"功能意义上的行政组织",它

---

① 转移自陈爱娥:《行政任务取向的行政组织法:重新建构行政组织法的考虑观点》,《月旦法学教室》2003 年第 5 期。

② 马怀德主编:《行政法学》,中国政法大学出版社 2009 年版,第 83 页。

们在公共任务承担比重的增大,实际上推动着传统行政组织法的主体结构优化,使得铁板一块的传统行政组织法有所松动,不仅要关注层级意义上的行政组织法完善,也要关注横向意义上承担行政任务的私人部门的组织功能。从组织内容上看,尽管公私合作主体来自四面八方,但是为了合作实现公共利益(当然不排除同时实现私人部门的利益,最佳的状况是实现公私利益的双赢),各主体之间形成了动态的法律调整关系,形成了调整多元关系所生产的权利义务关系,不仅通过公与公之间、私与私之间的动态协商和合作来形成相应关系,而且通过公与私之间的合作共赢来实现。这些合作利益和动态关系具有易变性、非长期性、非确定性等特质,需要行政组织法充分考虑组织行政的过程性、动态性,不断促进行政组织法的行政组织权的开放性、行政组织结构的包容性和行政组织规模的实效性。

(3)公私合作主体的兴起促进了协商—合作式组织措施的生成。公私合作主体作为行政组织改革的代表,进一步推动传统的科层制向"去任务化"、"委外化"、"地方化"、"法人化"方向发展,对于传统行政组织法的"命令—服从"模式及手段提出了革新要求。一方面,公私合作主体的兴起,与协商—合作模式及措施相契合,需要行政机关与个人改变传统单项式的意见交流形式,代之以互动式"沟通",从而协调行动,而不是公开对峙。[1] 对于参与公私合作的私人主体而言,虽然不能将所有的主体都纳入行政组织法的考虑范畴,但是的确需要以组织行为框架的整体性控制、合作式行为来取代上级对下级的命令指示,因此,行政组织法也更多地要考虑公众参与、行政组织民主和法治议题,使得在设置行政机关、控制行政机关规模等方面多听取公民的呼声,变闭门办公为开放合作。同时,可以在行政组织内部或外部引入私人企业的竞争机制,以更好地激励和调控组织行为。另一方面,公私合作主体的兴起要求改革自上而下

---

[1]　章剑生:《现代行政法基本理论》(上卷),法律出版社 2014 年版,第 127—129 页。

的推进手段,实现上下互动的合作推动措施。对于公私合作中的政府及其部门而言,上级对下级的指示、指南甚至命令仍然不可或缺,但是基于地方实践探索形成的有益组织措施尤其值得重视。诸如政府购买公共服务等公私合作主体,开始也是由地方政府"试水"开展起来,后来又经中央政府大力推行,得以在全国范围广泛开展。只是目前鲜有人从行政组织法角度分析,实际上政府购买公共服务中的"政府"一词概念过于宽泛,根据具体实践可以分为有公共服务购买需求的购买主体与其他政府部门两大类,并且这两类主体的具体角色和职责不尽相同。如果这些政府及其部门的职权职责、组织措施等被上级政府汲取采纳,并被修订到法律、行政法规等之中,那么政府购买公共服务的组织法意义重大。总之,公私合作主体既是行政改革的产物,又必将推动行政改革的发展和推动公共部门自身及其与周边主体关系的嬗变。随着公共行政改革的推动和公共任务的发展,公私合作主体具有纳入行政组织法规范的需求,并且能够促进行政组织法的变革和发展。

正如公私合作难以被定义一样,公私合作主体也极具有包容性和复杂性,但是要防止将公私合作主体变成一种新的"箩筐"。如前所述,公私合作主体具有主体构成的多样性、主体角色的复合性、主体目标的合作性等特质。尽管公私合作主体中的公共部门仍然是重要的主体,但是如何构建行政组织法范围、如何授予权力、如何配置上下左右的权力关系、如何完善其组织形态、如何规范组织程序、如何完善其法律责任,需要从行政组织法的转型发展来加以完善,而其中包括私人部门以及次生型主体等在内的"私人行政主体"作为公私合作主体的重点主体,无疑更是需要重点关注的行政组织法治话题,因此公私合作主体对于传统行政组织法而言构成了双重挑战,同时又可促进行政组织法的更新发展。因应公私合作主体的理论与实践挑战,从行政组织权的范围或内容、规范重心、组织形态、组织措施、组织程序等发展行政组织法制,使之能更好地实现与公私合作混合行政的实践背景同步,实现我国行政法理论和制度的协同发展。

第四章
公私合作行为论

··

　　随着国家图像由干预国家图像向担保国家、合作国家图像的转换，政府实现公共任务的典型行为也由此发生了改变：单一的以命令性和强制性为主的行政手段已无法满足公私合作行政的需要，而彰显担保国家、合作国家的新型公私合作行为将大量兴起。公私合作行为的兴起，意味着公共部门具有行为选择自由，可以在行政行为或者行政契约之间作出选择的自由、在公法形式或是私法形式抑或是行政私法方式之间作出选择的自由以及在型式化行政行为与未型式化行政行为之间作出选择的自由。但是这种选择自由并非没有限制，而应遵守法律法规没有规定甚至容许、行政裁量的合目的限制、行政任务领域的范围限制等条件。公私合作行为具有特殊的类型构造，其中民营化型公私合作行为、公营化型公私合作行为以及治理型公私合作行为是重点阐述的内容。公私合作行为不仅对传统的行政行为理论体系、行政行为效力理论、行为法律性质、行政程序、行政救济等方面都构成了严重的挑战，而且围绕行政法的回应——行政合作法具有重要的建构功能。

第一节　公私合作行为的主要内涵

由于目前学界往往将公私合作与公私合作行为相互混同,这在很大程度上造成研究视野的狭窄以及不利于行为法制的健全。虽然公私合作的研究往往要从行为这个直观而且形象的切入点入手,但是"公私合作"这一术语本身意味着更丰富的内涵——不仅要从行为的角度来分析,而且意味着要从主体的角度、责任的角度、程序的角度、管制或规制的角度等多个维度来论证。正是基于这种考虑,本书将对公私合作这个总概念与公私合作行为次级概念进行区别并非多此一举。为了改变这种局面,首先需准确把握公私合作行为的概念并深入理解其法律特征。

一、公私合作行为概念的兴起

一般认为,公私合作行为又可称为公私协力行为、公私协作行为、公私合作伙伴行为、公私合营行为、政府与社会资本合作行为等。它大体上是在描述行政任务的实现时,公部门与私部门之间,或者说,高权主体与私人主体之间的各种合作行为。公私合作行为概念的兴起并非单纯主观臆断的产物,而是具有其正当性基础——它不仅是担保国家、合作国家的行为体现,而且还是政府与民间合作治理的形态表现。可以预见的是,随着担保国家理论、合作国家理论以及合作治理理论的不断发展,公私合作行为作为这些新型理念的行为展示,也必将日益受到公、私各方的青睐而成为链接公私合作的"纽带"。与此同时,公私合作行为具有实践正当性。随着公共行政民主化的发展,无论是政府机关还是民间部门基于合作的理念都更乐意使用非强制性的、更为灵活多样的行政活动形式。而公私合作行为由于具有多方特质而成为官民合作的首选行为。

在我国台湾地区,随着行政法学者的推动,公私合作行为的研究正成为法学研究的新领域。詹镇荣教授认为,在协商国家背景下,单一的以命令性和强制性为主的行政手段已无法满足公私合作行政的需要,公共部门和私人部门之间通过沟通、谈判达成契约或事实上的协定等行为方式完成行政任务逐渐成为一种行政手段。由于契约与事实上协定等行为方式在公私合作关系形成上所扮演之重要角色,学说上有将此等行政行为类型称为"合作之行政行为",以与命令、禁止等传统之单方高权相区别①。程明修教授则认为,公私协力行为是在"合作的行政国家"中,概括描述公部门与私部门为了能够比较经济地实现公共任务而采取的一种合作伙伴关系。它可以涵盖纯粹以高权形式实现公共任务以及公共任务的完全民营化这两种极端光谱间的所有其他形态。不过对于公私协力行为的完整定义仍然欠缺,我们只能大体理解它是公部门与私经济力量在原本需由国家公部门提供的给付中,于计划、营造、财务取得、营运与管理等不同阶段上的合作。②

在我国大陆,有学者认为公私合作伙伴关系是指公共部门与私人部门为提供公共服务而建立起来的一种长期的合作伙伴关系。这种伙伴关系通常需要通过正式的协议来确立。在伙伴关系下,公共部门与私人部门发挥各自的优势来提供公共服务,共同分担风险、分享收益。公私合作的表现形式非常灵活广泛,包括特许经营、设立合资企业、合同承包、管理者收购、管理合同、国有企业的股权转让或者对私人开发项目提供政府补贴等,不同形式下私人部门的参与程度与承担的风险程度各不相同。③陈军博士则将公共部门与私人部门之间各种各样的合作行为总称之为"公私合作行为",认为公私合作行为作为弥补公私合作背景下传统行政

①　詹镇荣:《民营化与管制革新》,元照出版有限公司2005年版,第34页。

②　程明修:《行政行为形式选择自由——以公私协力行为为例》,《月旦法学杂志》2005年第120期。

③　余晖、秦虹主编:《公私合作制的中国试验》,世纪出版集团、上海人民出版社2005年版,第5页。

手段的不足而孕育产生的一种新型的行政行为,是指行政任务实现时国家行政机关不再单独以公权力的方式完成行政任务,而是公部门与私部门合作完成的行为总称。①

虽然鉴于公部门和私部门之间合作形态的多样性和复杂性,要给公私合作行为作出一个精确的定义确非易事,但是我们还是能够对其基本内涵进行探讨。所谓公私合作行为,是指公共部门与私人部门之间为了实现公共任务,平等地进行协商、谈判、合作所形成的所有正式与非正式的行为总和。从这个概念中,大体上有以下几个要素:主体是公共部门与私人部门;目的是为了实现公共任务;方式是正式与非正式行为,或者说型式化与未型式化行为;实质是平等合作。公私合作行为是一个集合性概念。由于公私合作行为深刻地体现了担保国家、合作国家的基本精神,所以它具有强大的生命力。从另外的角度看,公私合作行为这类新行为实际上体现了合作治理的新理念,在行为中公、私权力融合,公私主体共享权力、共担义务,是一种政府与民间合作治理的生动表现,是国家与社会进行"善治"的行为形态。在这种新行为中,政府不再是高高在上的、掌握生杀予夺大权的威权统治者,而是与公民处于对待地位的合作伙伴。政府的行为模式不再主要依靠高权进行发号施令的统治,而是必须与私人部门以及社会以谈判协商、互动合作的行为方式进行公共治理。政府自上而下的单向度权威统治逐渐被以自下而上的多元合作的网络治理所取代,与之相适应,实现公共任务的传统的自上而下的强制—命令手段也将被自下而上的合作契约、私法手段甚至非正式行政行为等公私合作行为所竞争甚至取代。尽管公私合作行为不能完全取代传统上的高权手段,但是公私合作行为的兴起必将占据重要比重这一前景毫无疑问将对传统的行政行为法体系以及行政法学体系带来革命性影响。

---

① 陈军:《公私合作行为初探》,《南都学坛》2010年第6期。

二、公私合作行为的法律特性

诚如有学者所言，"特许经营行为方式的本质是一种合作，公私双方并非管理者与相对人关系，更无隶属关系。"①这揭示了作为公私合作行为之一的特许经营行为方式的本质特征。笔者认为，作为整体的公私合作行为具有以下几个法律特征。

第一，主体的平等性。从主体上看，公私合作行为的公共部门与私人部门两大主体处于对等地位。在公私合作行为中，一方主体是代表公共权力的公共部门，另一方主体是纯粹意义上的私人部门。从表面上看，两者的地位不对等。如果套用传统的行政法律关系理论，公共部门与私人部门之间的关系是一种行政主体与行政相对人的关系，具有不对等性。然而，伴随着现代行政活动方式的转变，尤其是力图挣脱传统理论与实践模式的藩篱，无论是行政机关还是民间部门都不约而同地寻找更为高效便民、灵活多样的行政活动展开方式。而公私合作行为正是这一选择的结果，"行政合作关系更多的是一种平等的关系，辅之以管制的不平等关系为最后的保障"。② 在此背景下，公共部门在公私合作行为中不能再像传统高权行政那样唯我独尊、我行我素，而应自觉放下身架，把自己看作与对方处于对等地位的一般主体，要在与对方进行沟通、配合、协商、合作的基础上使用有关行为。与此同时，虽然私人部门在公私合作行为中行使了传统意义上程度不等的公共权力，但是也应该避免成为新的权力垄断者，从而滑向非合作和争权夺利的泥淖。不过在当下中国，对后者的顾虑应该小于对前者的忧思。当今最应该鼓励的恐怕还是要让广大私人部门真正行动起来，行使公私合作行为，为广大公共谋求福祉。而最应警惕的是公职人员的平等意识淡薄，不敢向民间放权，更不愿让民间部门参与到公共任务的执行之中。因此，在相关制度不完善情形下，公私部门基于

---

① 李㐡：《PPP 的法律规制——以基础设施特许经营为中心》，法律出版社 2017 年版，第 74 页。

② 贺乐民、高全：《论行政法的合作理念》，《法律科学》2008 年第 4 期。

平等地位是展开公私合作行为的首要因素。

第二，目的的公益性。从目的上说，公私合作行为是为了实现公共利益的行为。因为公共利益自身具有抽象性、概括性和变动性，有着一张"普洛透斯似的脸"，所以被称之为"不确定的法律概念"。它"是一定的社会群体存在和发展所必需的、并能为他们中不确定多数人所认可和享有的内容广泛的价值体"①。一般而言，公共利益有几个基本特点：一是主体的不特定性，主体是不特定多数，具有开放性；二是范围广泛性；三是超越个体性。公益要面向社会上的绝大多数人，乃至所有的人，不是个人利益的简单叠加。公益在实务中是很难界定的，但是我们至少可以把它罗列出来，比如，纠正市场失灵、促进社会经济发展、提供公共产品或服务都是公共利益等。公共利益有不同的表现，要结合公私合作行为的具体种类来分析。在公私合作行为中，公共部门当然是为了追求公共利益，而不是追求官员的个体利益，也不是追求政府的部门利益。但是，值得探讨的是，私人部门是否一律追求自身的个人利益的最大化？笔者认为，在公私合作行为中，私人部门具有追求个人利益与公共利益双赢的目的。要让立于纯粹私人地位的普通自然人、法人等私人部门完全为了奉献公益事业，既不实际，也无可能；而假如私人部门仅仅为了自身个人利益打拼，那么其行为仅仅是与公私合作行为无关的纯粹个人行为。因此，私人部门在公私合作行为中是追求私人利益和公共利益的双赢。公共利益与个人利益往往是一致的，但是，如果公共利益与个人利益发生冲突时，那么公益在公私合作行为中具有优先实现的价值。为了确保公共利益的实现，公共部门拥有单方面的处置权，可以基于行政职权和行政目的的需要，采取确保公共利益实现的举措，俨然扮演着公共利益主要判断者的角色。与此同时，为了确保公私合作过程中的公共性，法院也应该发挥更大的作用，要对公共权力民营化的宪法和法律审查的真实含义进行解释，并

① 王太高：《公共利益的范畴》，《南京社会科学》2005 年第 7 期。

使用司法审查以便保护公共利益,虽然公共性很难解释。[①]

第三,方式的多样性。从方式上看,公私合作行为具有型式化与未型式化的行为活动。型式化与未型式化这组分类,由德国阿斯曼教授提出。其中,型式化行政行为是指得到实务和学说广泛认可,其概念、体系以及与其他体系间的关系趋臻于完备和固定化的行政行为;而未型式化行政行为是指不具有确定性的概念、体系及其拘束力的活动方式或者说尚未进入型式化类型的活动方式。由于德文原文的谐音,以及中间存在一些模糊的中间地带,未型式化行政行为往往容易与非正式行为相混淆,然而这两个概念在德国法学界有各自独特的内涵旨趣。非正式行政行为的内涵虽然有广狭义之分,但是它们都立足法律形式在"法效性"层面的要求。因此,如果说行政行为的"型式化"与"未型式化"以类型化为表征,那么"正式"与"非正式"却以法律拘束力为区分内核,两者的区分机理不同。[②] 不仅如此,未型式化行政行为不仅局限于"非正式协商"活动,呈现出流动开放的特性。不过在本书中并不打算对两者进行严格的区分,实际上不少学者认为不具有法律拘束力也正是未型式化行政行为的本质特征之一。在公私合作中,其行为形式不仅包括传统意义上的公法、私法的契约形式,也选择运用未型式化的行政行为。例如,在环境卫生的管理上运用一些行政上的协议,在经济管制领域运用一些所谓的自我义务协定或者自我管制协定,这类非型式化的法律行为,虽然也是一种根据双方或者多方意愿完成的合意行政行为,但是未具备法的拘束性[③]。因此,公私合作背景下,行政行为是典型的合意式的行政行为,包括已型式化的合意行为,亦即私法上的契约和公法上的行政契约,以及尚未型式化的合意行

①　Audrey G.McFarlane,"Putting the 'Public' back into Public-private Partnerships for Economic development",Vol.30 *W.New Eng.L.Rev.*(2007),p.60.

②　蒋红珍:《非正式行政行为的内涵——基于比较法视角的初步展开》,《行政法学研究》2008 年第 2 期。

③　程明修:《行政法之行为与法律关系理论》,新学林出版股份有限公司 2005 年版,第 320—321 页。

为,通常表现形式为无法律拘束力之协定①。

第四,实质的合作性。从实质上说,公私合作行为彰显了公共部门与私人部门合作的理念,并将促进相关合作制度的完善。从字面意义上看,合作是"互相配合做某事或共同完成某项任务"②。从本质上看,合作是人的社会实践中的普遍行为,是人的自身需要。合作从形态上可以划分为低级形态的合作和高级形态的合作。低级形态的合作即协作,是一种功利目的的合作,体现的是工具理性;高级形态的合作即我们所说的狭义的合作,是一种价值目的的合作,虽然包括工具理性的内容,但同时又超越了工具理性,是一种价值理性、实践理性。因此,合作就是人类社会生活中主体之间共同活动的价值理性活动。③ 合作的特点虽然可以从多个角度来体现——比如从主体自觉对合作价值和精神认同的角度,从合作的平等性、自愿性和自治性的角度,从主体之间的信任关系的角度等,但从典型行为的角度看,公私合作行为是体现合作精神和价值的最直观形态。不同于国家居于管制者地位对管制对象为"外部式"的"他律"高权行为措施,公私合作行为则主要为公共部门与私人部门之间的平等合意式行为甚至私人之间"内部式"的"自律行为"。无论是合意行为,还是"自律行为",可以说都是合作治理主导下的合作行为模式的具体表现。这种行为充分展示了陌生人之间的交往信任关系和合作理性。在公私合作行为中,公共部门与私人部门形成了合作的共同体,双方各自既具有合作的权利,也都负有合作的义务。在公私合作中,公共部门的目的是为私人部门以及第三人提供服务,其权力是凭借法律法规授予的权力分配资源,其义务是利用合作机制保证资源公平、合理地分配;私人部门的目的

---

① 张桐锐:《合作国家》,载翁岳生教授祝寿论文编辑委员会编:《当代公法新论(中)——翁岳生教授七秩诞辰祝寿论文集》,元照出版有限公司2002年版,第522页。

② 《现代汉语词典》,外语教学与研究出版社2002年版,第784页。

③ 张康之:《论合作》,《南京大学学报》(哲学·人文科学·社会科学)2007年第5期。

是获取个人利益和公共利益的双赢,其权利是利用合作机制保护自己利益的实现并且实施公共利益,其义务是遵守合作的规则。在公私合作这种新型的行为中,私人部门不再是仅仅服从和配合公共部门的配角,而是与公共部门处于互相配合、协作的主角,而且"这种配合、合作是建立在对合作协议和双方利益的深刻理解和尊重的基础之上的"①。只有在私人部门拒不履行合作协议,损害到公共利益和他人权益,公共部门在用尽所有的合作规则和方法,如沟通、说服、协商、调解等之后,才能使用管制或强制的方法,实现合作的目标。公私合作行为不仅是合作理念的体现者,而且也是合作制度的促进者。公私合作行为作为民主行政的生动实践形式,强调私人部门以及广大公民的自治、参与、共治。这就要求在行政立法、行政决策、行政执法的各个层面和环节,都要有行政相对人、利害关系人、相关的利益团体、专家学者参与其中,发表意见和看法。行政机关应当充分听取他们的意见,与他们讨论、协商,在此基础上最后作出决定。行政机关没有经过合作程序或违反合作协议的,其决定无效或承担相应的责任。而公私合作行为实际广为应用的诸如论证会、专家论证的合作形式创新,诸如对话、沟通、协商、调解的程序制度创新,以及其他众多未型式化实践形式的创新,经过理论总结和实务验证,无疑可以为公私合作制度的建立和行政法模式的革新打下坚实的基础。

第二节　公私合作行为中的形式选择自由

由于公私合作行为在范围上几乎囊括了公法行为、私法行为、行政私法行为甚至未型式化行政行为,这就涉及以下一系列法治问题:公共部门

---

① 贺乐民、高全:《论行政法的合作理念》,《法律科学》2008 年第 4 期。

有无行为形式选择自由？如果有，那么支撑行为形式选择自由的理论依据有哪些？公共部门是否具有漫无边际的选择空间？如果不是，那么这种行为形式选择自由的限度是什么？未型式化行政行为如何界定及其与公私合作行为的关系怎样？本节试图对这些问题进行回答。

一、行为形式选择自由的发展脉络

（一）行政行为形式理论的优劣观察

德国行政法之父奥托迈耶（Otto Mayer）以行政处分作为行政法的中心所构建的行政法学体系为当今大陆法系诸多学者所传承，具有理论构建的示范功能。后来者纷纷仿效着奥托迈耶的行政处分体系，逐步地将所有行政活动可能的态样以不同的行为形式的分析予以概念化、类型化，并提出法的要求与赋予具体的法律效果，由此行政法理论也由行政处分理论进一步扩充到行政行为形式理论。[①] 所谓行政行为形式理论，就是以法律的视角来审视具体的行政活动，进而构造出的符合规范要求的可以作为典范的行政行为类型。[②] 应该说，行政行为形式理论不仅有利于落实宪法规定的法治国原则、法律保留原则以及平等原则的基本要求，而且有助于行政主体和行政相对人借助行为类型化思维，明确行政行为的主体，了解行政行为的权限和内容，理解行政行为的效力和法律责任，观察行政行为的程序以及获悉法律救济的途径等，因此它很大程度上成为行政法学理论中联接主体、程序、责任和救济等行政法概念的中枢概念，起到了很好的引领和桥梁功能。从宏观层次上看，行政行为形式理论成功解决了传统行政法面临的诸多法律问题，弥补行政事实与行政法规范之间的裂痕，促进行政法理论走向成熟。我国台湾地区学者认为，国家的行为莫不以法的方式加以规定，使人与人之间的关系纳入固定形式之内

[①] 张锟盛：《行政法学另一种典范的期待：法律关系理论》，《月旦法学杂志》2005 年第 121 期。

[②] 鲁鹏宇：《行政法学理论构造变革》，吉林大学博士学位论文，2007 年，第 57—58 页。

的法律制度、法律概念,因此法学的任务就在于将所有事务导入固定形式,藉由法的形式来对抗国家行政,保障个人必要的自由。① 从微观层次上说,行政行为形式理论对于行政行为的概念与区分意义重大。行政行为形式理论的观察方式,首先脱离具体而复杂的事实,仅分析与行政行为相关联之要素与意义,以形成概念,继而提出合法性的要件、程序的方法与法律效果,也就是说,法学上的行政行为形式理论只关注行政事实中,什么行为是法秩序所承认的行为与这个行为将带来什么效果。这种抽象化与效果集中性也是行政行为形式理论最传统的建构原则。② 这里所指的"抽象化",即是指将行政行为以具有高度一般化能力的概念来呈现,使之能适用于众多的行政领域。但这种"抽象化"并非观察概念与事物间现实意义,而是考量两者间规范意义的关系。"效果集中性"则将行政条件联接到一定的法律效果,也即将特定法律效果的性质联接于可比较的行为予以规格化,使之具有一般结构。行政行为的行为形式将被定义和赋予程序法的意义,并根据行为内容的不同区别为不同的行为类型。

但是这种藉由行政行为概念之形成与区分,能否掌握所有的行政活动,是否充分符合现实上与行政相关生活事实关系之法规制结构的要求,则值得怀疑。具体而言,行政行为形式理论具有以下缺失:第一,它对于具体法律关系所涉及的法主体观察不足。由于行政行为形式理论侧重"结果相关"和"效果集中",而一个具体的行政事件,所涉及的未必只有管辖的行政与直接承受该行政行为意图形成的法律效果的相对人,也可能涉及其他受该行为而导致权利义务发生影响的其他公民。第二,对于具体法律关系所涉之行为类型观察不足。行政为了达成行政目的,有时同时或前后行使了多个、甚至多种行为形式的行政行为,而对于一个以多

---

① 陈爱娥:《行政行为形式—行政任务—行政调控:德国行政法总论改革的轨迹》,《月旦法学杂志》2005 年第 5 期。

② 张锟盛:《行政法学另一种典范的期待:法律关系理论》,《月旦法学杂志》2005 年第 121 期。

种行为形式结合而发生的行政法律关系,该如何适用程序、形式、实体法的要求与法律效果规定,将成为问题。与此同时,也将严重妨碍公法与私法结合形式的发展。第三,对于行政以外的法主体的行为未受关注。行政行为形式理论以纯粹公行政的行为来诠释政府与公民的关系,其他法律关系的法主体,特别是公民的行为常为忽略。而今行政目的的达成常需要公众的合作,这种以双方法主体合意所形成的法律关系应该由双方来共同确定。一个合作的法律关系也不该只重视其中一个法主体的形成方式而忽视相对法主体权利实现与法律关系形成的制度,人民合意的意思表示不该只是作为行政法上契约关系的配件。第四,决定过程关注不足。行政行为形式理论关注行政决定的结果,但忽略了决定的过程与相关法主体的法律状态的改变。行政行为形式只在"瞬间捕捉"发生关系的那一个点,而无法掌握国家与人民间的法律关系的时间与程序面向。而事实上,国家与人民的关系只有一部分只是点的接触,而经常是在一段长的时间,从先行准备、行政程序、权力实现与义务履行到最后效力的损害赔偿等都一直存续。在决定过程中,许多行政行为并未受瞩目,替代规制的协议(人民自我课予义务)、规范执行的程序行为与协议(如许可决定内容的先行协议)、资讯提供、决定之准备行为(通知、阅览卷宗、咨询与听证),这些欠缺充分形成的行为形式统称为未型式的行政行为。而科学的行为形式理论不应将对于法律关系具有重要性的行为排除在观察之外。第五,行为形式的判断有赖于法律关系之内容的认识。一个行政行为到底是行政处分还是行政契约,常常无法由行政的行为形式直接判断出,而有待于对具体法律关系的内容来判断与界定。如果不观察行政行为各法主体的权利义务,则将常常误用行为形式,乃至违反了程序、形式与针对特定行为形式之法要求,并且无法达成其所欲达成的法律效果。① 第

----

① 张锟盛:《行政法学另一种典范的期待:法律关系理论》,《月旦法学杂志》2005 年第 121 期。

六,也许更为重要的是,行政行为形式理论无法应对当今公私合作的情景。这种理论隐含着一种价值取向即国家公权力相对于人民具有优越地位,行政权享有优先权,行政的行为形式理论虽然可对行政活动提供一定程度的合法性控制功能,但其所提供的法治国家规律,基本上局限在行政机关单纯的命令者、支配者,所应遵循的最低限度的法治要求。而对于行政作为积极的给付主体或者需要公私合作的场合,行为形式理论框架则难以有效操控,规范和控制功能相当有限。面对公私合作的新背景,有学者所指出,"传统的行政行为形式受自身的局限无法包容这种新生的行政行为形式,因此为了满足行政活动实践的需要,行政法上有必要建构一种新的行为——公私合作行为以回应公私合作制的发展。"[1]于是,公私部门大量地通过公法或私法契约、事实上的协定甚至未型式化行政行为等公私合作行为来完成行政任务成为新的行政手段或行政方式,因此这种体现公私共治精神的公私合作行为具有无限的生命力。

(二)行政行为形式选择自由理论的中外实践

随着国家理论和法治理念的转变,以及当今行政任务的不断增加,仅凭公共部门单方面的行政行为显然无法达到,越来越多地需要公共部门与私人部门的合作。比如在德国,自第二次世界大战以来,行政任务不断膨胀,而相对应之行政手段并不充裕,为了避免行政主体无法完成法律交代其完成之任务,在事实上不得不给予行政主体更大的自由[2]。在行政手段日益多样化以及行政主体具有更多的自由的背景下,行政法理论也要迎头赶上,契合行政实践的需要。在此背景下,行政行为形式理论逐渐丧

---

[1]　陈军:《变化与回应:公私合作的行政法研究》,中国政法大学出版社2014年版,第180页。

[2]　林明锵:《论型式化之行政行为与未型式化之行政行为》,载翁岳生教授祝寿论文集委员会编:《当代公法理论——翁岳生教授六秩诞辰祝寿论文集》,月旦出版社有限公司1993年版,第356页。

失了"独占鳌头"的地位,行政行为形式选择自由理论开始"崭露头角"。行政行为形式选择自由理论的诞生,在某种意义上意味着行政活动的重要变革甚至可以说是行政法的一场革命。

那么,何谓行政行为形式选择自由及其理论?依据德国学界的有关见解,它是指只要法秩序未禁止运用此等法律形式,行政部门得选择私法的组织与行为形式完成行政任务①。也就是说,这种观点是把行政行为形式选择自由局限于选择私法行为及私法组织的自由。在法国,行政主体在行使法定职权,实现法定行政任务时,原则上得以选择不同手段来达成行政目的,不论是以单方行为的方式授权私人介入行政任务,或以契约方式委托私人参与行政任务,这些契约可能是公法契约,也可能是私法契约②。法国学者的观点则似乎把行政行为形式选择自由局限在选择行政处分还是行政契约,或者选择公法契约还是私法契约的问题。在我国台湾地区,有学者认为,行政行为选择自由理论是行政基于特殊的要求,为达到公共行政目的,得在法律形式的行政行为与单纯的行政行为间选取适当的手段,甚至可以在公法与私法体系中分别选取个案适当的手段。这种除非法律明确地规定行政机关应采取特定形式的行为,否则行政机关为了适当地履行公共行政任务,得以选取适当的"行政"行为(例如行政处分或替代行政处分之行政契约、法律形式与非法律形式之行为等),甚至也可以在法所容许的范围内选择不同法律属性的行为(公法或私法行为),学说上特别以行政的行为"形式选择自由"称之。③ 由此可见,我国台湾地区学者大体上对行政行为形式选择自由持广义的看法,无论是

① 陈爱娥:《行政上所运用契约之法律归属——实务对理论的挑战》,载台湾行政法学会主编:《行政契约与新行政法》,元照出版有限公司 2002 年版,第 86 页。
② 陈淳文:《公法契约与私法契约之划分——法国法制概述》,载台湾行政法学会主编:《行政契约与新行政法》,元照出版有限公司 2002 年版,第 139 页。
③ 林明锵:《论型式化之行政行为与未型式化之行政行为》,载翁岳生教授祝寿论文集委员会编:《当代公法理论——翁岳生教授六秩诞辰祝寿论文集》,月旦出版社有限公司 1993 年版,第 355—356 页。

选择传统的行政行为还是选择行政契约，无论是选择型式化行为还是选择未型式化行为，无论是选择公法形式还是选择私法形式，都属于行政行为形式选择自由理论的范畴。

在我国大陆，行政法虽无法律形式选择自由的理论，但从行政实践来看，在没有法律予以明确规定的给付行政领域，应该承认公共部门应享有行为形式选择的自由。这种自由应该从广义上理解，即不仅可以选择传统的行政行为或者行政契约，选择公法形式还是私法形式抑或是行政私法方式，选择型式化行为或者未型式化行为。具体而言，它具有以下三种内涵或实践表现。首先，行政可以在行政行为或者行政契约之间作出选择的自由。行政自主地选择特定行为形式，应该遵守针对该行为形式所设计的法律机制，当行政与人民以对等的方式取得合意的规制时，就应维持在对等秩序上而依与人民相同的权利实现机制进行主张，无论是承受新的义务或者是履行法律上已经规定的义务，都不容许以行政处分方式再行处理。为此，可以借鉴德国行政程序法第 135 条的规定，除依其性质或法规规定不得缔约外，行政契约原则上是被容许的行为形式，而一个特别的行政契约并不必要。其次，行政可以在公法形式或是私法形式抑或是行政私法方式之间作出选择的自由。我国宪法并未对于明文排除或限制行政从事私法活动，有关法律、法规也没有类似的规定。可以说，在法律、法规等未规定行政必须采取一定行为形式时，行政可以自由选择公法或者私法或者行政私法从事行政活动，实现行政任务。当然在以私法、行政私法方式从事行政活动时，应该受到公法的拘束。最后，行政可以在型式化行政行为与未型式化行政行为之间作出选择的自由。一般认为，未型式化行政行为是一种没有法律规定的行为，但是是否一定要取得法律的授权？德国学者认为，这样的授权只须法律上的任务分配就已经足够，特别是在不涉及第三人权利的情况下，行政具有管辖权就可以了；不过这种观点遭到质疑，认为行政任务的分配、职权的分配是行政内部法律关系的规范基础，却不具有形成外部法律关系之权限的性格，以职权规范作为外部法律关系规范的基础，并不适合。① 笔者认为，作为公私合作的重要体现，未型式化行政行为是彰显公共部门有权选择直接完成行政任务或者与私人合作方式完成行政任务这一自由的重要方式。如果仅仅因为没有严格的法律法规规定或者授权，就无视一日千里的行政实践，从而否定未型式化行政行为的价值，似乎与当今时代的法治理念、行政精神不甚符合，也将有碍于行政机关更加灵活地处理纷繁复杂的行政问题，从而不利于公私合作完成公法任务。因此，行政机关等公共部门具有行为形式选择自由，不仅是理论转换的可贵产物，更是行政实践的内在渴求。在我国，政府和社会资本合作项目从明确投入方式、选择合作伙伴、确定运营补贴到提供公共服务，涉及预算管理、政府采购、政府性债务管理，以及财政支出绩效评价等财政职能。② 那么政府部门如何推广运用政府和社会资本合作模式（PPP 模式）？如何选择合作伙伴？如何与私人部门订立合同？虽然有关政策文件明确了政府机关要因地制宜地细化和完善合同条款，但是如何选择公私合作的行为形式？它是行政契约还是私法契约？如何在法律不完善情形下选择合同的后续监管行为？这些问题在现行法律中都找不到答案，同时也给行政机关留下了行为形式选择的自由裁量。

二、行为形式选择自由的理论依据

（一）对质疑观点的驳斥

在公私合作行为中，公法手段、私法手段以及非正式行为的大量使用，似乎证明行政机关具有行为形式选择的自由。但是，行为形式选择自由在德国遭遇以下几大挑战：一是私法也是一种"特别法"。公法相当于私法被视为国家的"职务法"，私法则被视为"任何人之法"。相比较于适用于任何人的一般法，公法具备了上述强制性的特别法特征，并非行政可以任意自由支配。但是假如我们承认行政有所谓的行为形式"选择自

① 张锟盛：《行政法学另一种典范的期待：法律关系理论》，《月旦法学杂志》2005 年第 121 期。

② 参见《财政部关于推广运用政府和社会资本合作模式通知》（财金［2014］76 号）。

由",这无异于是容许行政可以一方面规避对他而言应该属于规范特殊事务的特殊法,同时一方面容许行政可以随意地如同在私法形成形式的超级市场中,选择自己所要的行为形式货样。这进一步会衍生出行政可以对于诉讼途径加以支配,排除或者选择自己喜好的法院救济管道的问题。即使行政选择了"行政私法"的形式,也无损于它仍然必须受到特定公法拘束的事实。如同公法是国家的特别法,私法也同样具有作为"个人"特别法的特征,而如果国家不是立于如同"个人"的地位,就很难说公共部门可以任意选择。对此,国内有人评论道,这种担心在功能主义建构模式的行为形式选择裁量下却没有担心的必要,无论选择何种行政行为的形式,都是对行政任务达成的一种路径性选择,公私合作的同时也导致公私主体之间权利义务和责任划分的领域交错,公私主体之间的距离不断拉近甚至消失,此时,行政行为形式选择裁量只是一种路径的裁量,在公私合作过程中行政主体可以因为形式选择裁量而逃避行政责任则是一种概念法学者的臆想。① 二是权限限制理论对于行政的限制。权限限制理论原指法人的权利范围、法律地位仅能限缩在法人成立目的范围之内,当这个理论转介运用于公法人之上时,即指公法人原则上仅能在法律规定的任务范围内与作用范围内,运用一个在法律上属于有效的手段。有疑问的是,此一理论是否可以上升成一般原则,并且当行政主体于履行公行政任务,法律提供行政公法的法律形式,而未同时明确授权它可以采行私法行为之时,行政主体即欠缺在私法领域选择手段的权限? 对此,学说立场多倾向否定。因为权限限制理论只能说明权限违反时,法律行为之效果问题(例如无效或者有效但违法或者根本属于"不存在"的行为),但却未回答,或者不宜将之与行政是否能选择私法行为之问题相互结合。②

---

① 张一雄:《论行政行为形式选择裁量及其界限——以公私合作为视角》,《行政法学研究》2014 年第 1 期。

② 程明修:《行政行为形式选择自由——以公私协力行为为例》,《月旦法学杂志》2005 年第 120 期。

三是行政是否具备私法主体性。此论对行政是否具备充分的私法能力持保留态度。德国学者肯特就否定公行政主体具有所谓的基本权利能力，因为承认私人在基本权保障的自由中具有私法上的完全权利能力，是希望让他作为一个权利主体拥有自我负责的权利与承担义务，但是对于公权力主体而言，它至多只具备部分的私法权利能力，能否担任私法关系下之主体本有疑问，更何况自由选择的余地呢？不过这种说法似乎以偏概全，公行政主体具有完全或者仅具有部分私法权利能力，应该都无损于我们承认行政可以具备私法权利能力的事实。国家仅具备部分权利能力的理论基础在于，是否分配给国家私法的能力主要还是取决于普通私法规定之解释。因此，我们原则上承认国家可以根据法律，分配国家(至少部分的)私法权利能力。① 承认行政有私法契约的形成可能性，亦即承认行政具备私法主体性，公法必然该有的拘束并不免除。对于行政的行为手段而言，公法一直都会是应该适用的法律。行政选择契约形式作为行为手段并无法免除行政在公法上所受的拘束。从德国的学术来看，虽然有质疑的观点，但大多数学者倾向于认为有限制的行为形式选择自由，并无漫无边际的裁量空间，可以任意支配法律关系。

(二)对支持学说的梳理

行政法具有行为规范之功能，而行政活动的正当性，仍须求之于达成目的之最适当化要求。在合理正当之行政目的追求下，行政得就其行为做最适当、最合目的性之考量。基于此一目的性考量，行政的选择自由，应该也是行政所拥有的一种形式选择的裁量，甚至是一种法未规范前提下之"自由裁量"。德国最高法院或最高行政法院的判决在给付行政或者需求行政领域中，则明确地承认行政在公法与私法形式中，原则上具有所谓的"行为选择之自由"——并且将行政之"选择自由"或"选择权"视

① 程明修：《行政行为形式选择自由——以公私协力行为为例》，《月旦法学杂志》2005年第120期。

为一当然的法律概念或法理论加以使用。我国台湾地区的实务也大体持这种见解,认为"国家为达行政上的任务,得选择以公法上之行为或私法上之行为作为实施之手段"。"国家为达成公行政任务,以私法形式所为之行为",亦应受宪法平等原则之拘束。学术对此亦多倾向支持。例如吴庚前大法官主张:"私经济行政与公权力行政为行政作用最主要之区分,亦为行政机关选择其行为方式时之前提因素,在不违背法律规定之情形下,行政机关非无选择之自由"[①]。陈敏教授则指出:"在公法内如无适当之行为形式可据以从事行政给付时,除法律另有反对规定,或与事件性质相抵触外,公行政亦得采取私法之组织或行为形式。"[②]从德国以及我国台湾地区的实践看,行政行为选择自由理论被实务与学界所广为接受应无疑问,而在我国大陆尚未引起学术界和实务界的应有重视。

当然,公共部门具有行政行为选择的自由,但这并不意味着公共部门有所谓的一般性的或不受限制的行为选择自由。德国学者有关有限制的行政行为形式选择自由理论比较复杂,大体形成了几个学派。一是以葛恩(Alfons Gern)为代表的权限理论。该理论认为如果行政是在公法的权限范围内执行它的任务功能,则高权主体的行为必须被定性为公法行为。如果普通法律没有决定行政行为的方式,则必须求之于宪法作为高权行为的基础。因为现在具有实现宪法委托任务,并且可以从宪法导出行政的行为要求。在这种宪法委托要求下,虽然欠缺明确的法律规定,但是行政的行为仍然必须受制于公法。二是以 Hans Wolf 等人为代表的规范拟制理论。根据该理论,一个行政的行为即使目前没有规范对之加以定性,但是如果真要以法规范加以规定,却必须采取公法规范时,该法律即可定性为公法行为,当然此时行政就无法通过"选择"而该采私法形式的行为。此理论主要适用于不需要加密依存于法律的行政作用领域,在此领

---

① 吴庚:《行政法之理论与实用》(增订 8 版),中国人民大学出版社 2005 年版,第14 页。

② 陈敏:《行政法总论》(第三版),神州图书出版有限公司 2003 年版,第 659 页。

域往往欠缺法律规范,因此无法寻觅到具体可资利用的归属标准。三是以蓋列格(Manfred Zuleeg)为代表的高权理论。该理论认为"法律化要求"透过"推定"适用公法的方式,限制了国家单方的决定权。如果高权主体想要在例外的情况下过度适用私法时,行政在合义务裁量范围内行使之选择自由,必须受到法律化要求的限制,所以行政若是决定采私法行为方式,根据高权理论,它必须要有一个符合事理的理由,亦即它的财物与利益之衡量必须能够经得起法律化要求的考验。四是以艾勒斯(Aufgabentheorie)为代表的任务理论。该论认为在不需要紧密依存于法律之行政作用领域,行政行为性质归属必须结合实质的观点,也就是只有在"直接"实现行政任务时,才必须要采用公法的手段;假如没有特别的规定,当行政的目的在于满足日常需求、财政行政或者在财货市场与人力市场上参与一般经济交易活动时,主要是受到私法体系的制约。① 笔者认为,以上四种理论各有千秋,但总体而言,权限理论认为的权限规范本身的法律性质为公法属性的认知并不能直接导出行政于执行该权限时,是否采用公法或私法的法律形式的结论;而规范拟制理论其实类似于修正主体说,要先确定规范的性质必须先确定主体是高权主体,因此它与权限理论一样不是一个精确的理论。高权理论的主旨在于对它的裁量设定拘束的条件,具有相当的理论正当性。任务理论认为只有在"直接"实现行政任务时,才必须要采用公法的手段,而在其他任务领域未必或者不需采用公法手段,但如何划分具体的任务是一个难题,再说在"直接"实现行政任务领域一律排除私法手段的运用实属不当。

三、行政行为形式选择自由的限度

虽然公共部门并无漫无边际的选择空间,但还是在相当限度和条件内具有行为形式选择的余地。这种条件和限度具体表现为以下几个

---

① 参见程明修:《行政行为形式选择自由——以公私协力行为为例》,《月旦法学杂志》2005 年第 120 期。

方面：

（一）法律法规没有规定甚至容许

当法律、法规完全没有规制或者甚至容许时，行政运用私法以及未型式化的行政行为的空间应该是存在的。不过公共部门必须履行事理说明义务，即说明它采用私法行为及未型式化行政行为等的原因，并且要符合事理地详加说明，比如私法形式更能有效地实现任务等。在韩国，对非正式的行政作用，要从实体法和程序法对其限度进行认定：从实体法上，行政不得向相对人进行违法的许可和违法的事实状态的谅解事项（例如不行使必要的法的制裁措施）；从程序法上，行政厅不能将非正式的行政作用用于概况地解释事实的调查义务，或回避、排除第三人的听证权、参与权等的手段。[①] 从本质上看，行政行为形式选择自由是一种自由裁量权，应当遵循依法行政原则，因此裁量权既不能过于宽泛而有威胁公平正义之虞，又不能将自由裁量权"裁量缩减为零"。在我国 PPP 领域，目前尚未有一部专门立法，各部门之间的政策以及规章对于同一问题看法不一，导致政出多门、协调不畅，这一方面有待于加强顶层设计，出台专门法律或法规，另一方面也给行政机关提供了最大限度的行为选择自由，需要合理地利用现有规章、政策甚至意见、指南等所规定的诸多行为选择自由来推动政府和社会资本合作的深入发展。

（二）行政裁量的合目的限制

行政行为形式选择自由实质上是一种行政自由裁量权的行使，而自由裁量权可能被滥用，因此在什么条件下公共部门才能行使其自由裁量权是一个非常重要的实务问题，也是一个有待解决的理论难题。德国学者布尔梦斯特曾提出一个形式上的标准，行政在行为形式的使用上必须不会导致宪法上合法性的标准因此被取消、破坏或消弭，因此当行政在法

---

① ［韩］金东熙：《行政法 I 》（第 9 版），赵峰译，中国人民大学出版社 2008 年版，第 159 页。

律形式的运用上,已经另外形成了原本指定行政应负担何种任务之规范,所未规定的法律权限时,即属于一种法律形式的滥用。① 不过这个标准过于抽象,其空泛的程度恐怕难以落实。由于行政行为形式选择自由问题的实质在于行政在公法秩序下的法律形式可否自由加以选择。而选择了法律形式,同时在一定程度上选择救济路径。也就是说在行政自由裁量的范围内,选择了公法或者私法的法律形式,同时也就意味着选择了受公法或者私法的拘束,因此,这种裁量并非漫无限制地随意选择,而是要符合特定的目的考虑。笔者认为,尽管诸如符合公益目的、实现公法目标都在行为自由选择的考虑之列,但是由于在公私合作过程中,更多的是行为选择自由表现为选择行政契约、私法行为以及行政私法行为甚至未型式化行为,而行政担保公益实现的责任并不因为这种行为选择自由而逃遁,反而需要进一步强化公共部门对行为选择自由实现公益的担保责任。只有符合公私合作的国家或政府担保责任,公共部门的行为选择自由裁量方具正当性和合目的性。

(三)行政任务领域的范围限制

正如德国学者艾勒斯的任务理论所指出的,行政是否直接或者间接实现行政任务的标准,可作为行为形式选择自由的一种界限。也就是说,不同的任务领域,行为形式选择的自由度是不同的:在干预行政领域,行为形式选择自由只能局限在特定领域,并无全部选择的空间,因为在此领域内,通常是直接履行行政任务,原则上只能采用形成公法关系的措施;在间接的行政任务履行领域(如行政参与经济交易活动,或者在政府采购活动中),也只有具有相当程度内已经受到限缩的选择裁量,因为在这个领域,行政如同私人般进行活动,所以原则上它仅仅限于私法形式的选择,适用在行政上的"特别法"恐怕只能是私法而已。因此,在上述领域,

---

① 转引自程明修:《行政行为形式选择自由——以公私协力行为为例》,《月旦法学杂志》2005 年第 120 期。

行政的选择自由非常有限,"对于人民共同生活主要或者特别可能造成危险的任务领域,持续性的民主控制便不得加以解除,也因此不宜由一个完全无监督机关之设置,而属于私法形式的组织来执行。"①而在上述干预行政之外,特别在所谓的非紧密依存与法律之行政作用领域,行政才有合义务裁量的空间,可以选择使用公法或者私法的形式,以及其他未型式化行政行为。在这个领域内,无论行为形式选择自由的作用是修正"行政逃遁到私法",还是防止"危险地更替法律形式",但不能断定这种选择自由是一种行为形式的滥用。实际上,在我国台湾地区,学界普遍承认行政拥有行为形式选择自由的公营造物或公共设施利用关系中,除非法律禁止或已经明定特定的法律形式,否则行政基于合义务裁量,原则可以决定采取公法或者私法的法律形式形成人民的利用关系。②

公私合作行为作为公共部门与私人部门之间合作的形式,可能游移于形式民营化、组织民营化与实质民营化、任务民营化等类型之间,其法律基础可能是公法,也可能是私法。在公法与私法二元的制度下,随着行为形式选择的不同,也决定了法律救济路径的差别。因此,公共部门在行政任务的履行上选择何种行为形式,亦同时选择了以后是受公法还是私法的制约,或者是同时受公法私法的双重约束。仅从这个意义上说,公共部门并没有毫无限制地行使其行为形式选择的自由,而应该存在一定的界限。

四、未型式化行政行为的勃兴

行为形式的选择自由,不仅表现在公法、私法之间的选择,而且表现在型式化行政行为与未型式化行政行为的选择。型式化,是指行政行为产生、发展,逐渐固定化、类型化,并经法律规定得以制度化的过程。未型式化行政行为,是行政主体在行使行政权过程中,为适应社会管理的需要

---

① 程明修:《行政行为形式选择自由——以公私协力行为为例》,《月旦法学杂志》2005 年第 120 期。

② 李建良等:《行政法入门》,元照出版有限公司 2004 年版,第 361 页。

而实施的未经法律规定的各种形式的行政行为的总称。① 未型式化行政行为并不等同于未形式化行政行为,因为未型式化,不仅包括形式上的未型式化,而且包括内容上、程序上、救济方式上等多方面的未型式化;而且某一型式化的行政行为可能有多种表现形式,如行政处罚有罚款、拘留、吊销许可证和执照,责令停产停业、没收财产等多种形式,虽然表现形式各异,但仍属同一型式化行政行为。德国学者 E.Bohne 将未型式化行政行为定义为:除了"法律上规定的程序行为"或"法律效果的决定"之外,由政府机关与行政机关所为,所有法律上未规定,以及与行政上的"协议行为"的范围内私人所作成,但是在法规中已提供的公法或私法程序与决定形成过程中,可能导致"意欲效果"发生的相关的"事实行为"②。另一位德国学者 Brohm 认为在论述非正式行政行为时提出,非正式行政行为乃单纯行政行为的次类型,其前提和效果与正式行政行为接近,但最终却与正式行政行为保持距离,非正式行政行为的实际效用以及对法治国产生问题。③ 未型式化行政行为在公私合作中的勃兴,对于增加行政机关可资使用的手段,加大公共部门的可选择的因应方式,具有重要的意义。

在判断是否未型式化行政行为的标准上,目前"行为法定说"取得了优势地位。此说以行政行为是否被制度化或法制化为标准,④认为行政行为在实际中反复适用逐渐固定化,理论上归纳、总结得以定型化,最终法律明确规定下来予以制度化的行政行为,为型式化行政行为。在实践中已产生,但尚未被法制化,为未型式化行政行为。法制化,是区分型式化与未型式化的唯一标准。

---

① 李傲:《未型式化行政行为初探》,《法学评论》1999 年第 3 期。
② 陈春生:《行政法学之学理与体系》(一),三民书局股份有限公司 1996 年版,第246 页。
③ 转引自[德]施密特·阿斯曼:《秩序理念下的行政法体系建构》,林明锵等译,北京大学出版社 2012 年版,第 325 页。
④ 参见蔡志方:《行政法三十六讲》,三民书局股份有限公司 1995 年版,第 330 页。

笔者认为,未型式化行政行为具有以下几个特征:

一是空间的裁量性。行政主体对自由裁量权的行使是导致未型式化行政行为产生的重要原因。一般而言,自由裁量作为行政主体在实施行政行为过程中,对既定事项的一种判断和权衡,按照形式法治的要求,它必须在法律(指规章及其以上行为法法律规范,不包括组织法在内)的框架之内进行,遵循"法无明文规定不可为"的原则。但是,法律规范的滞后性、不周延性等特点,决定其始终无法将所有的行政行为囊括其中。在现代法治已从"形式主义法治"转变为"实质主义法治",现代行政已从"消极行政"转向"积极行政"的背景之下,形式法治对法律明确性、统一性和普适性的要求,无法满足社会对公平、正义、自由和尊严的需求。形式法治所主张的法的形式平等性,和同样问题同等对待的原则,也逐步向实质法治追求的法的实质平等和不同问题区别对待的原则转变。而自由裁量大体上可以分为有法律依据的裁量权与无法律依据的裁量权。对于有法律依据的裁量权,行政机关尚可对事实的判断、法律的取舍融入个人的价值因素、个性甚至情感;而对于无法律依据的裁量权,由于法律处于空白地带或模糊地带,加上行政管理客体千差万别,行政事务千变万化,常常出现行政权行使中的某种非常状态,此时行政机关就有一定的临时处置权,可以选择一定方式,运用一定手段,采取一定措施,灵活处理行政事务。① 因为"有许多事情非法律所能规定,这些事情必须交由握有执行权的人自由裁量,由他根据公共福利和利益的要求来处理"②。可见,某种未型式化行政行为的出现也许是偶然的、个别的,但其随着行政权,特别是行政自由裁量权的扩大而产生和发展却是历史的必然。

二是阶段的过渡性。未型式化行政行为是一种处于不断发展变化的

---

① 参见关保英:《市场经济与行政法学新视野论丛》,法律出版社 1996 年版,第 73—77 页。

② [英]洛克:《政府论》(下篇),叶启芳、瞿菊农译,商务印书馆 1964 年版,第 203 页。

行为,有向型式化行政行为的发展趋势,当然这需要经过实践中的反复运用,逐渐定型化,最终以法律的形式固定下来。实践中的未型式化行政行为种类繁多,有些行政行为可能在行为形式上首先得以制度化、法律化,而程序、救济途径等尚处于未型式化状态(如行政奖励);有些行政行为可能在行为权限上得以制度化、法律化,而在具体行为方式或内容救济途径上尚无法律明确规定。① 但是,虽然未型式化行政行为具有过渡性的特征,但是并非意味着所有的未型式化行政行为都将过渡到型式化行政行为。这与当代行政的"积极功能"、行政的创新需求、个体化正义的背景紧密相连。政府机构所有的行政行为,无一不是型式化行政行为与未型式化行政行为共存。从未型式化行政行为广泛存在的意义上讲,没有一个公共部门只认同型式化行政行为而不青睐未型式化行政行为。所有的行为体系都是型式化行政行为与未型式化行政行为的微妙结合。

三是权力的弱化性。未型式化行政行为是具有弱权力因素的新型行为。首先,与私法行为相比,未型式化行政行为具有权力因素,行政主体等公共部门可以在特定情形下行使国家公权力或者社会公权力,而在私法行为中,一般是不存在权力因素的。其次,它与传统的高权行为等型式化行政行为又有差别,是一种弱权力性的行为。这主要表现在:它的权力强度弱,往往不以强制力实现行政管理目的,更多的是基于相对人的自愿接受;权力行使的领域有限,不能愈越权力的界限;权力行使的条件也非常苛刻;权力的来源具有多样性——除了法律授权之外,还可以参照大量的政策、内部规定、弹性法条、行政惯例等"软法"规范加以实施。在未型式化行政行为中,不能完全以"规则之治"的控制态度加以看待,因为其成立之初的目的就是为了摆脱传统的僵化模式,寻找一定的自由空间,无论从理论上还是实践上都必须给予其规则之外的宽宥,甚至于在一定程

---

① 李傲:《未型式化行政行为初探》,《法学评论》1999 年第 3 期。

度上允许其脱离依法行政原则的框架。① 而且更重要的是,在未型式化行政行为中,权力行使的目标已经改变,不再是支配与服从,而是体现出更多的服务和合作精神。

四是现实的实用性。虽然型式化行政行为具有法律的确定性、稳定性等显而易见的优点,但是面对日益变幻莫测、纷繁复杂的行政情景,诸如"从平常的邮件传递、垃圾处理和机动车执照的发放到非同寻常的将人送上月球,向许多国家派遣维和部队和对原子能的开发和控制等"②,行政人员必须拥有一个可以自由的决定空间来灵活处理现有规则顾及不到的地方,而且在资源有限的情况下也必须拥有一个可以自由选择的空间来决定这些资源的使用对象;等等。现实世界中行政情景的复杂多变决定了行政人员仅仅依靠原有的型式化行政行为往往无法达到预期目的,必须拥有使用未型式化行政行为的广阔空间。未型式化行政行为以其极强的现实适应性、方式上的创造性、种类上的多变性以及行为的温和性而很快受到公共部门与私人部门双方的认同。未型式化行政行为的现实适应性,使其在现代社会行政管理活动中极具使用价值与现实意义。

五是内容的非法定性。型式化的行政行为,其行为内容、形式、程序、救济途径等均有明确的法律依据,如行政处罚、行政强制。未型式化行政行为,则是指无法律明确规定的行为,其中既有尚无固定模式的行政行为,也有实际生活中已形成一定模式,但尚未被法制化的行政行为。其中,包括行为无法定表现方式,如未型式化行政事实行为;行为无固定程序,如行政指导;行为无明确内容,如行政计划、行政调查;行为无法定救济途径,如行政不作为等。③ 这可以说是未型式化行政行为与型式化行政

---

① 熊樟林:《"非正式行政行为"概念界定——兼"非强制行政行为"评析》,《行政法学研究》2009 年第 6 期。

② [美]詹姆斯·W.费斯勒、唐纳德·F.凯特尔:《行政过程的政治——公共行政学新论》,陈振明等译,中国人民大学出版社 2002 年版,第 7 页。

③ 李傲:《未型式化行政行为初探》,《法学评论》1999 年第 3 期。

行为的本质区别。在公私合作中,行政机关与私人间亦可基于相互利益而订立无法律效果的行为即所谓非正式行政行为或未型式化行政行为,以取代法律、行政处分、行政契约等。① 虽然在公私合作中,诸如特许经营、公权力委托契约等公私合作契约在行为中占据着重要的位置,亦暂时不问它到底是公法契约或者私法契约,但是它们毕竟可以在现有的行为模式中找到型式化的影子,或多或少可以纳入型式化的行政行为之中。但是,公私合作行为中的选择不仅在于公、私法行为之间的选择,而且更重要的是在是否具备"法效性"上的选择,可以采用未型式化的行政行为形式,与相对人合作。例如,在环境卫生的管理上运用一些行政上的协议,在经济管制领域运用一些所谓的自我义务协定,这类非型式化的法律行为,虽然也是根据双方或者多方意愿完成的合意行政行为,但是未具备法的拘束性。②

公私合作行为与未型式化行政行为存在交叉地带,从某种意义上说,未型式化行政行为是公私合作行为的重要组成部分;与此同时,公私合作行为也是未型式化行政行为的重要组成部分。未型式化行政行为如同"双刃剑",将弱化法的拘束力,欠缺法的透明性与法定性,可能会影响法律执行的公平,给我们的法学理论和法律制度带来了深刻的挑战。为此,行政法学必须转换理念,深入研究未型式化行政行为,推动有关法律制度的深刻变革。

第三节　公私合作行为的类型构造

在理论上,公私合作行为囊括了介于完全由政府提供与完全由私人

---

① 翁岳生主编:《行政法》(下),中国法制出版社 2002 年版,第 901 页。
② 程明修:《行政法之行为与法律关系理论》,新学林出版股份有限公司 2005 年版,第 321 页。

供给两个光谱极点间所有的公共服务提供形式,只要行政任务在法律上没有禁止以公私合作方式执行的情形,理应都不受限。而公私合作行为运用之广泛和复杂,在很大程度上决定了公私合作行为类型构造的复杂性。由于科学的分类可以深化对具体行为的认识,进而更好地理解这类新型行为的法律性质、法律救济等一系列法律问题,因此公私合作行为的具体分类具有重要的意义。不过,因为划分标准不一,学界对此划分并无统一的认识。无论哪种分类,都应该囊括公私合作行为的所有或绝大多数类型(因为公私合作行为存在未型式化因素,难以穷尽所有的形态,而且随着行政事务的发展,公私合作行为也将呈现开放的状态),并且更有利于认识公私合作行为的具体形态。为了行文的方便,在此不再对各国的具体种类进行详尽的分析,而是对我国实务中可能存在的公私合作行为进行类型构造分析,以期为我国实务提供操作性较强的分类标准和为学界提供观察路径。

由于公私合作行为是国家与社会合作的具体形式与行为表现,而这种合作的行为不仅是民营化的结果,也可能是公营化趋势的产物。对此,德国学者 Aßmann 就曾认为将合作仅仅局限于私人之参与行政任务,过于片面;合作也可能是因行政之参与社会任务而生。[①] 沿着这一思路,笔者认为可以将我国实务中林林总总的公私合作行为划分为民营化型公私合作行为、公营化型公私合作行为和治理型公私合作行为三大基本类型。不仅如此,我们还要对公私合作行为基本类型进行进一步的种类细分,并对基本类型下的各种种类——诸如行政委托、特许经营、公共服务外包、行政辅助(行政助手、专家参与)、政府参股、社会合作规制等的概念、特征或要素、关系以及应该注意的问题逐一进行阐述。需要说明的是,将标题表达为"公私合作行为的类型构造"并非标新立异。由于"构造"是指

---

① ［德］Eberhard Schmidt-Aßmann:《行政法总论作为秩序理念——行政法体系建构的基础与任务》,林明锵等译,元照出版有限公司 2009 年版,第 296 页。

"各个组成部分的安排、组织和相互关系"①,因此,这里公私合作行为的类型构造不仅能表达基本类型平面的行为类型划分,而且能表达立体的行为类型组成部分、要素及其关系等,从而完整地涵盖这些丰满的内容。

一、民营化型公私合作行为

所谓民营化型公私合作行为,系指公民、社会组织等私人部门参与到原本由公共部门执行的行政任务中而实施的各种合作行为。由于这种行为实际上与民营化存在着紧密的关系,因此传统意义上的在功能民营化名义下各类行政形式经过转化均可归为民营化型公私合作行为。实务中,行政委托、特许经营、公共服务外包、行政辅助(行政助手、专家参与)等②都可以归为这一类公私合作行为之中。

(一)行政委托(公权力委托)

所谓行政委托,即公共部门依法将某一方面的行政职权委托给公部门以外之私人或团体行使,并且后者能以自己的名义对外作出行政行为。它是私人参与行政程度最强的一种公私合作形式,已经涉及国家任务权限主体行使的民主正当性,因此行政委托的行使前提是必须有法律明文规定或者法律依据。在我国大陆,"行政委托"通常在行政主体法或行政职权法中讨论,很少与公私合作相联系,但是在我国台湾地区,行政委托是作为功能民营化或部分民营化的形式之一加以讨论的。③ 不过,我国大陆理论上对行政委托似乎已经形成了固有的看法,认为行政委托是上

① 中国社会科学院语言研究所词典编辑室编:《现代汉语词典》(修订本),商务印书馆 1996 年版,第 445 页。

② 其实,我国台湾地区学者所划分的"公办公营"、"公办民营"、"民办民营"等实际上可分别归类到本书界定的行政委托、特许经营、公共服务外包种类之中。有关"公办公营"、"公办民营"、"民办民营"等概念及具体种类,可参见程明修:《行政行为形式选择自由——以公私协力行为为例》,《月旦法学杂志》2005 年第 120 期。

③ 如詹镇荣教授认为,行政委托系指国家在保留行政任务权限以及任务责任的前提下,仅将实际履行部分以借用私人力量的方式予以达成的情形。一般学说将行政委托分为公权力委托和业务委托两大类。参见詹镇荣:《论民营化类型中之"公私协力"》,《月旦法学杂志》2003 年第 102 期。

级行政机关将某权力交由下级行政机关行使以及互不隶属的一行政主体将行政权力委托给另一行政主体行使。[①] 因此,需要特别指出的是,本书所述的行政委托相当于公权力委托,与大陆学界一般意义上行政委托的内涵和外延都不一样。具体而言,它具有以下主要特征:

一是被委托主体具有行政主体的地位。受托私主体虽然最初是非政府形态的民间组织或者私人等私法主体,并且仍然保有原来私法人主体之性质,但是在执行受委托之特定公行政任务时,它就具有公权力主体的地位。在我国台湾地区,行政机关将权限的一部分交由下属行政机关执行的,称之为机关委任;将行政权限一部分委托互不隶属的行政机关执行的,称为机关委托;只有将权限的一部分委托民间团体或个人办理的,才属于行政委托。比如,我国台湾地区"行政程序法"第 15 条规定:"行政机关得依法规将其权限之一部分,委任所属下级机关执行之。行政机关因业务上之需要,得依法规将其权限之一部分,委托互不隶属之行政机关执行之。"第 16 条规定:"行政机关得依法规将其权限之一部分,委托民间团体或个人办理。"从这一意义上看,我国台湾地区立法上的行政委托概念是与委托公权力给私人行使的意思是一致的。

二是行政委托的内容是公共权力与义务或是说行政权力与义务。有学者认为,民营化中的行政委托的事项既包括权力行为,又包括非权力行为。[②] 但是,非权力委托是否属于公法关系值得讨论。诸如机关食堂委外经营、公务车辆委外维修与保养、公共设施的委外清洁保养等业务不仅在实践中被视为私法关系,主要适用私法规则,就是在理论上将其完全视为公法关系的依据不充分,而行政委托无论在国内还是域外,都被视为典型的公法关系,完全适用行政法规制,而完全排除私法规则的前提是该项

---

① 罗豪才等主编:《行政法学》(第 2 版),北京大学出版社 2006 年版,第 74 页;胡建淼:《行政法学》(第三版),法律出版社 2010 年版,第 133 页。

② 杨欣:《民营化的行政法研究》,知识产权出版社 2006 年版,第 72 页。

法律关系涉及公权力,因此将行政委托的内容界定为公权力行为是合适的。① 既然行政委托与公权力委托为同一概念,那么这种委托应该仅限于公权力与公义务,或者公共职权的委托,而且这种委托是行政主体职权范围内的职权委托,并且是部分职权而非全部职权的委托。实务中常举的例子,比如民航客机机长在飞机上行使警察权,私立大学依私立学校法及大学法授予学生学位等即为本书意义上的行政委托。

三是行政委托的方式主要为契约。作为公私合作行为的一种重要方式,行政委托应该以双方合意为基础,以合同方式明确委托的事项、权限、期限、双方的权利义务、法律责任等内容。由此,可以看出,契约在行政委托中处于核心的地位,虽然该契约的性质至今尚无定论。

四是受委托人是以自己的名义独立行使权力,并对该职权行为的结果负责。私人部门被委托行使公权力后,可以在委托范围内以自己的名义行使公权力,对第三人实现行政法意义的行为,并由此承担行为的后果。但是,私人部门等受委托人是否与行政主体就完全一样呢? 进而言之,私人行政主体如果承担起不能承受的后果,比如超过其能力范围的侵权赔偿,那么此时是否公共部门就坐视不管呢? 笔者认为,如果发生私人行政主体承担起不能承受的后果时,应该由委托的公共部门接管,担负起保障责任和网罗责任②。而这种保障责任和网罗责任正体现了公私合作的基本精神,因此行政委托也可以被认为是公私合作行为的重要类型之一。

(二)特许经营

所谓特许经营,是指政府依照法律、法规的规定,通过法定程序授予国内外的企业甚至个人在一定期限和范围内对某项公共产品或服务进行经营,提供公共产品或者公共服务的活动。对于特许经营,虽然我国缺少

---

① 参见王克稳:《政府业务委托外包的行政法认识》,《中国法学》2011 年第 4 期。

② 王太高、邹焕聪:《民生保障、民营化与国家责任的变迁》,《江海学刊》2011 年第 1 期。

特许经营的基本立法,但是国家发改委等六部委于 2015 年颁发了《基础设施和公用事业特许经营管理办法》部门联合规章以及不少地方出台了地方性法规和地方政府规章。① 一般而言,特许经营行为具有以下几个具体的要素:

一是特许经营的范围通常是公用事业、基础设施等领域。我国《市政公用事业特许经营管理办法》第 2 条规定,城市供水、供气、供热、公共交通、污水处理、垃圾处理等行业,依法实施特许经营的,适用本办法。该办法第 3 条规定,实施特许经营的项目由省、自治区、直辖市通过法定形式和程序确定。《上海市城市基础设施特许经营管理办法》第 3 条规定,供水、供气、污水处理、垃圾处理、城市道路、公路、城市轨道交通和其他公共交通项目以及市人民政府认为有必要实施特许经营的其他城市基础设施项目的建设和运营,可以实施特许经营。从理论上说,因为这些特许通常涉及场域的使用,所以这种安排也可称之为"场域特许使用"。

二是特许经营授予的权利通常是一种排他性的权利,即私人企业、私人等私人部门被授予在一定时间和范围对某项公共产品或服务进行经营的权利,比如直接向公众出售其产品或服务的权利等。在未被授予特许权之前,这些公共产品或服务一般由政府、事业单位或者国有企业进行垄断经营;在被授予特许权之后,私人部门拥有像公共部门以前那样拥有的垄断经营的权利,不仅第三人不能经营这些公共产品或者服务(公共部门同时授权两家或两家以上的企业或个人进行经营的除外),而且公共部门本身也不能无故滥指(当然发生特许经营者违法时,公共部门具有当然的介入权利和义务)。

三是特许经营授权的方式一般是特许经营协议(合同)。有关特许

① 目前以地方性法规规范特许经营的省、自治区、直辖市有北京、新疆、湖南、贵州、山西、青海等省,以地方政府规章规范特许经营的省、自治区、直辖市有上海、河北、天津、甘肃等。此外还有一些较大的市,如深圳、杭州等,也颁发了有关特许经营的管理办法或实施办法。

经营协议的法律性质,我国学界主要有五种观点:(1)行政合同说。认为特许经营协议是借助契约的手段实现行政目的的行政合同。① (2)民事合同说。认为特许经营协议的主要内容乃是政府将特定基础设施项目的用益物权和经营收益权与私人投资者的资本和技术进行交易,其合同标的属于民事法律关系。② (3)公私法性质兼具说。认为特许经营中的法律关系既不是单纯的行政管理关系,也不是单纯的平等民事法律关系,而是两个法律关系的交叉融合,从而构成复杂的特许经营关系。③ (4)公私合作合同说。认为公私合作合同远非一些国家和地区传统使用的行政合同所能涵括,既可能是行政(公法)合同,也可能是民事(私法)合同。④ (5)经济合同说。特许经营合同是在公私合作条件下,实现公共服务规制目标的法律要件,其特质是通过私法以实现公法目的,或者是公法私法化和私法公法化兼具的制度范式,是一种典型的经济合同。⑤ 实际上,我国有关法规、规章对特许经营协议的订立、履行以及双方的权利义务来看,这种协议具有一般民事合同的特性,但与此同时,它具有不少公法上的规定。比如协议双方的意思自治受到了限制,表现在经营期限不能超过法定期限,政府承诺的内容受到限制等⑥;特许经营者的经营自主权和解除协议的权利受到限制,其中最为重要的是特许经营者不享有自主定价权,而要求其向公众提供产品或服务的价格应当执行政府定价或政府指导价⑦;特许经营者的权利受到公法的保障⑧;作为特许人的政府对特

---

① 参见邢鸿飞:《政府特许经营协议的行政性》,《中国法学》2004 年第 6 期。
② 参见张晓君:《略论 BOT 特许权经营协议的法律性质》,《法学家》2000 年第 3 期。
③ 参见李显东:《市政特许经营中的双重法律关系》,《国家行政学院学报》2004 年第 4 期。
④ 参见李霞:《行政合同研究——以公私合作为背景》,社会科学文献出版社 2015 年版,第 166 页。
⑤ 参见李亢:《PPP 的法律规制——以基础设施特许经营为中心》,法律出版社 2017 年版,第 165 页。
⑥ 参见《北京市城市基础设施特许经营条例》第 17 条。
⑦ 参见《深圳市公用事业特许经营办法》第 29 条和第 37 条。
⑧ 参见《上海市城市基础设施特许经营管理办法》第 39 条。

许经营者履约或法定义务的监管责任,比如督促特许经营者履行法定的和特许经营协议约定的义务、对特许经营者提供的市政公共产品或者公共服务的数量、质量、价格以及安全生产、设备设施保养维护等情况进行监督实施临时接管、特许经营权发生变更或者终止时,采取措施保证市政公用产品供应和服务的连续性与稳定性等。① 从这些政府的职责规定可以看出,在特许经营这种公私合作行为中,政府并非撒手不管,应该担负其最终的保障责任,而这一规定正是公私合作精神的深刻体现,所以特许经营也是公私合作行为的重要种类之一。

四是特许经营的具体方式具有灵活多样性。在特许经营下,公私合作的具体形式又可细分为众多的种类。美国学者在分析基础设施的公私伙伴关系时,曾经对具体的公私合作方式及其适用性进行了总结,他认为在现有基础设施领域可以采用出售、租赁、营运与维护三种方式,在因扩建和改造的现有基础设施领域,可以采取租赁—建设—经营(LBO)、购买—建设—经营(BBO)、外围建设三种方式,而在需要新建的基础设施领域,则可采用建设—转让—经营(BTO)、建设—拥有—经营—转让(BOOT)或者建设—经营—转让(BOT)、建设—拥有—经营(BOO)三种方式②,其中很多方式即属特许经营,对我国具有参考价值。结合我国地方立法实际和国家发改委、财政部相关政策性文件,目前我国特许经营可分为以下几类:

(1)BOT 及其变种 BTO、BOO、BOOT、BLT 等。作为特许经营中最常见的公私合作形式,BOT 即 Build-Transfer-Operate(建设—经营—转让)的缩写,是指在政府授予的特许权下,由社会资本或项目公司承担新建项目设计、融资、建造、运营、维护和用户服务职责,在经营期限内,有权向用户收取费用,以回收成本并获得一定的利润回报;特许期满后,项目资产

---

① 参见《湖南省市政公用事业特许经营条例》第 24 条。

② 参见[美] E.S.萨瓦斯:《民营化与 PPP 模式:推动政府和社会资本合作》,周志忍等译,中国人民大学出版社 2015 年版,第 100 页。

及相关权利就要无偿转让给政府。合同期限一般为20—30年。在我国有关公用事业特许经营的地方性法规或地方政府规章中,BOT几乎是共同的一种法定方式,比如《北京市城市基础设施特许经营条例》第4条规定:"城市基础设施特许经营可以采取下列方式:(一)在一定期限内,城市基础设施项目由特许经营者投资建设、运营,期限届满无偿移交回政府;……。"在实务中,BOT也运用得最为广泛,包括上海竹园第一污水处理厂项目、北京地铁4号线、北京肖家河污水处理厂、广州到深圳的广深高速公路等,即是由民间资本为主的投资主体以BOT投资建设的。

在实务中,根据具体操作的不同,BOT有20多种变种,其中比较重要的有BTO、BOO、BOOT、BLT等。[1] BTO即Build-Transfer-Operate(建设—转让—经营),是指社会资本或项目公司对基础设施负责投资、建设,完成后将设施所有权转移给政府,然后政府再以合同方式将其外包给私人部门,由后者向用户收费以取得合理回报。BOO即Build-Own-Operate(建设—拥有—经营),即社会资本或项目公司依据特许权投资建设基础设施,但并不将基础设施的移交给政府或公共部门,拥有这些基础设施的所有权并负责其经营,但必须接受政府在定价和运营方面的限制。BOO与BOT的区别主要是BOO方式下社会资本或项目公司拥有项目所有权,但必须在合同中注明保证公益性的约束条款,一般不涉及项目期满移交。BLT即Build-Lease-Transfer(建设—租赁—移交),即社会资本或项目公司负有基础设施的投资建设的义务,政府部门有义务成为租赁人,在租赁期满后,再将所有资产转移给政府。BOT及其诸多变种,其核心在于特许经营权,其根据的特点在于政府通过基础设施一定期限内的经营权移交给私人部门,私人部门按照契约条件及其法定条件提供公共产品或服务,但是政府部门并非完全退隐,它在不同的方式中要承担不同的具

---

① 参见[美] E.S.萨瓦斯:《民营化与PPP模式:推动政府和社会资本合作》,周志忍等译,中国人民大学出版社2015年版,第245—246页。

体义务,其中有些义务和职权是共同的,比如进行价格管制和质量管制等。

(2)TOT 及其变种 ROT。TOT 即 Transfer-Operate-Transfer(转让—经营—移交),是指政府将存量资产所有权有偿转让给社会资本或项目公司,并由其负责运营、维护和用户服务,合同期满后资产及其所有权等移交给政府的项目运作方式。合同期限一般为 20—30 年。这种行为模式的最大好处是政府可以通过出让特许权在短时间内收回设施投资,解决财政投入回报问题。比如《湖南省市政公用事业特许经营条例》第 8 条第 1 款第 2 项规定,许可特定经营者向政府支付某已建项目的建设资金后经营该项目,经营期限届满后移交政府。与 BOT 相比,TOT 省去了私人部门进行建设的环节,并能尽快步入正常运转阶段,收回回报。而政府在 TOT 中,也可真正转变角色,真正履行"裁判员"角色,把工作重点放在市场监管、公共服务上来。也就是在 TOT 中,私人部门与公共部门分别承担不同的角色和任务,是实现公私合作的新型行为方式。

ROT 是 TOT 的变种。ROT 即 Rehabilitate-Operate-Transfer(改建—运营—移交),是指政府在 TOT 模式的基础上,增加改扩建内容的项目运作方式。合同期限一般为 20—30 年。

(3)O&M。O&M 即 Operation and Maintenance(委托运营),是指政府将存量公共资产的运营维护职责委托给社会资本或项目公司,社会资本或项目公司不负责用户服务的政府和社会资本合作项目运作方式。政府保留资产所有权,只向社会资本或项目公司支付委托运营费。合同期限一般不超过 8 年。O&M 与合同外包有些类似,但合同外包是由政府提供全部营运费用,而在 O&M 下,通常由政府将已经建好的设施租赁给私人部门。它与 TOT 有相似之处,私人部门都负有营运与维护的责任,承担有关风险,所以有学者认为 O&M 与 TOT 是一回事[1],但是公共设施所有

---

[1]　杨欣:《民营化的行政法研究》,知识产权出版社 2008 年版,第 176 页。

权或产权并不转让给私人部门,因此从严格意义上说,两者并不能等同。而这也可从我国地方法规、规章中得到印证。比如《湖南省市政公用事业特许经营条例》第8条第1款第2项规定了TOT模式,紧接着第3项规定了O&M,这反证了第3项规定的模式与第2项并非同一模式。对于我国来说,轨道交通,如地铁机车车辆、通信信号,建筑实体的维修保养甚至更广泛的经营和维修责任可以采取竞争性招标的形式,让国内外专业化公司分包出去,在商业化的运作中降低成本,提高效率。[①]

(4)MC。MC即Management Contract(管理合同),是指政府将存量公共资产的运营、维护及用户服务职责授权给社会资本或项目公司的项目运作方式。政府保留资产所有权,只向社会资本或项目公司支付管理费。管理合同通常作为TOT(转让—运营—移交)的过渡方式,合同期限一般不超过3年。

总而言之,特许经营是发挥政府与私人各自优势的一种公私合作方式。因为实现特许经营的对象一般认为是公共物品或者服务,如果由政府独家生产,难免会陷入行政性垄断之中,出现高成本低效率的问题,而且将造成贪污腐败。政府利用强制力设立特许经营权,通过行业准入以及价格、质量等方面的规制,以避免可能发生的自然垄断形成过程中恶性竞争问题,防止高价低质等危害消费者行为的出现;同时利用强制力作出引入市场竞争机制的制度安排,避免垄断的出现,吸引民间资本,补充政府资本的不足,发挥市场机制的优势。[②] 从政府的角度看,特许经营是把特许经营权授予私人主体的行为;而从私人主体的角度看,特许经营是私人参与公共产品或公共服务的一种制度安排和重要行为方式。

(三)公共服务外包

所谓公共服务外包,又称政府购买公共服务,是指政府将原由自己生

---

① 余晖、秦虹主编:《公私合作制的中国试验》,世纪出版集团、上海人民出版社2005年版,第195页。

② 句华:《公共服务中的市场机制——理论、方式与技术》,北京大学出版社2006年版,第105页。

产提供的公共服务事项,通过市场竞争等方式和正当程序,交由具备条件的私人部门承担,并由政府根据合同约定向其支付费用的新型政府公共服务提供方式的活动。在美国,公共服务外包被称为 Contracting Out,指的是政府部门与私人主体订立合约,由私人主体向政府提供或者代表政府向公众提供产品或服务。① 在公共服务外包中,公共部门提供经费和相关协力,私人部门则向公众提供公共服务。这种方式相对于我国台湾地区学者论述的"业务委托",并不涉及公权力行使的单纯业务的委托,在行政事务上通称为"委托外包"、"委外"、"签约外包"或"公办民营"②。但是,在我国台湾地区,学界对"委外"或"政府业务委外"的理解太过宽泛,比如有学者认为,政府业务委外,可以包括机关委外和业务项目委外两种,机关委外是指机关整体的业务委托给民间办理,公务人力发展中心、海洋生物博物馆、台湾科学教育馆、台北市青少年育乐中心、宜阑教养院等都是机关委外的典型案例。业务项目委外是指政府部门业务项目的委外,又分为内部事务或服务委外,如各机关之咨询、保全、清洁、环境绿化、事务机器设备、公务车辆、文书打印等业务;行政检查业务,如汽车检验委托民间机构代检、危险性机械或设备检查委托代行检查机关办理、各类证照审查委托各该公会办理等;辅助行政委外,如委托民间拖吊违规车辆或拆除违章建筑等,其适用的法律有"政府采购法"、"行政程序法"、"国有财产法"、"奖励民间参与建设法"等,推动的立法议案有"政府业务

---

① Briffault,Richard et al.,"Public Oversight of Public/ Private Partnerships",Vol. 28 *Fordham Urb.L.J.* (2001),p.4.

② 由于瘦身国与合作国理念的盛行,此种不涉及公权力行使的业务委托在行政实务上被广为运用。举凡人民生存照顾(自来水、电力、瓦斯之供应;废弃物与废水之清除、交通运输等)、教育文化、社会福利、环境保护、卫生医疗等各个方面之公共服务业务,国家无不借重私人之人力、专业知识与技术、经验、企业化经营能力,以及雄厚资金,委托民间办理或经营。参见詹镇荣:《论民营化类型中之"公私协力"》,《月旦法学杂志》2003 年第 102 期。

委托民间办理条例"、"促进民间参与公共建设法草案"等。① 从这些列举的具体事务或服务,实际上可以将委外的业务划分为政府行政性业务、政府事务性业务和经营性业务。由于政府行政性业务涉及公权力的行使,所以政府行政性业务委外实际上是行政委托;而经营性业务涉及基础设施建设和市政公用事业,所以这类业务委外通常是以政府特许经营权为前提,经营者通过向使用者收费收回投资或成本,实际上是一种政府特许经营;而政府事务性业务指的是公共服务,不涉及公权力的行使,所以这类业务的委外通常由政府承担提供公共服务的费用,使用人享用这些服务无需付费或仅支付成本费用,我国实践中通常将这类业务的委外称为公共服务外包或者政府事业性委外。② 这一界定,应该说对名为政府业务委外,实质可能是公权力委托、特许经营和公共服务外包三种行为的混杂乱象进行了很好的厘清,本书也将公共服务外包或者政府事业性委外作为我国公私合作行为的典型形态之一。

公共服务外包具有以下几个特征或要素:

第一,公共服务外包的"公共服务"主要是不涉及公共权力的事业性业务。在民营化语境中,合同外包是典型的民营化方式而受到广泛运用,但是国外的合同外包实际上是特许经营。比如美国最常见的 64 项包括垃圾收集、街道清扫等市政服务中,平均有 23% 以合同方式外包给私营部门。英国则在《地方政府法》中要求六种基本的市政服务必须经过竞争性招标来安排,包括生活垃圾处理、街道清扫、公共建筑清扫等。③ 由于这些业务涉及经营性业务,所以美、英等国的外包实际上是一种包括特许经营契约的行为或仅仅为特许经营契约。公共服务外包的"公共服

---

① 参见莫永荣:《政府服务委托外包的理论与实务:台湾经验》,《行政暨政策学报》2004 年第 39 期。

② 参见王克稳:《政府业务委托外包的行政法认识》,《中国法学》2011 年第 4 期。

③ [美] E.S.萨瓦斯:《民营化与 PPP 模式:推动政府和社会资本合作》,周志忍等译,中国人民大学出版社 2015 年版,第 122—123 页。

务"是指那些由政府免费提供或仅收取成本费用的公共服务业务,其范围包括基本公共服务与非基本公共服务。基本公共服务包括基本公共教育、劳动就业服务;社会保险;基本社会服务;基本医疗卫生;人口和计划生育;基本住房保障;公共文化体育;残疾人基本公共服务;其他基本公共服务。① 非基本公共服务包括以社区建设、社会组织建设与管理、社会工作服务、扶贫济困等为代表的社会管理性服务;以行业职业资格和水平测试管理、行业规范、行业投诉等为代表的行业管理与协调性服务;以科研和技术推广、行业规划、调查、统计分析等为代表的技术性服务;以法律服务、课题研究、政策及立法调研草拟论证、战略和政策研究、综合性规划编制、绩效评价等为代表的政府履职所需辅助性事项;其他适宜由社会力量承担的服务事项。传统上,这些业务是由政府或政府设立的各种事业单位供给,而今将这些业务外包给私人部门,以期使广大公众获得同样的或者更好的服务。

第二,公共服务外包的法律依据亟待完善。我国台湾地区学者将行政委托分为公权力委托与业务委托,其必要性在于两者不同的委托所受到的法律拘束程度不同。若属于行政委托,应该受到法律保留原则的严格约束,行政主体必须有明确的法律依据才能办理行政委托,这不仅是法理上的要求,更是一项法律原则。比如我国台湾地区"行政程序法"第16条第1项规定:"行政机关得依法规将其权限之一部分,委托给民间团体或个人办理",这一规定明确表明行政委托必须要有法律依据。反之,若委托事项不涉及公权力的行使,行政主体执行该项事务,即可不受法律保留原则的约束,因此将其委托给私人办理时,自无须强求具有法律上的依据。② 虽然公共服务外包与公权力委托相比较,未必需要严格的法律依据,但是从外包毕竟牵涉公共利益的维护、公共服务的公平供给和承接主

---

① 参见《国家基本公共服务体系"十二五"规划》(国发〔2012〕29号)以及财政部、民政部、工商总局《政府购买服务管理办法(暂行)》(财综〔2014〕96号)。
② 参见王克稳:《政府业务委托外包的行政法认识》,《中国法学》2011年第4期。

体和广大公众利益的保护等,而目前以规范性文件为主导的规制状况使之难以走上法治化正轨,存在着有学者认为的法律规制对象不确定、法律规制的完整体系缺乏、法律规制的权威性不足、法律制定的程序性不强、政府规定凌乱模糊、配套制度不健全、救济制度不完善、公众参与立法薄弱等问题,①因此为政府购买公共服务打造更为严格的法律规制体系是未来发展趋势。

第三,公共服务外包的性质是行政私法行为。公共服务外包的行为形式是合同行为,但不同国家对这一合同的定性存在诸多分歧。在美英等国,政府业务委外主要通过政府与民间签订"公共合同"或"政府合同"规范其运作,虽然政府合同也适用专门的法律规定,但由于没有公私法的划分,政府合同在性质上仍属于私法合同;在法国,公务特许合同、公务租赁合同以及特许、租赁之外的委外合同性质上属于行政合同,受公法支配,不适用民法的规定。② 在我国,有学者认为,公共服务外包不涉及公权力因素,无论是公共工程的建设还是科技开发,行政机关都以与私人承包者平等的姿态出现,合同中通常也并无单方面变更、解除合同等与普通民事合同不相容的条款,因此宜归类为私法契约的合同。但是,公共服务外包应该定性为行政私法合同。这是因为公共服务外包虽然形式上采用的是私法合同,但所要完成的是公法上的任务,"即使在外观上被定位为'私'性质的事项,也应该在决定的过程坚持注入'公'的观点"③;同时,它基本符合笔者主张的有关行政私法合同的性质和特征,比如在价值追求上,它兼具公益性、私益性;在本质属性上,它具有行政权力性(尽管是弱权力)、民事契约性;在法律关系上,它融合平等性、不平等性;在调整

---

① 王浦劬、[英]郝秋笛:《政府向社会力量购买公共服务发展研究》,北京大学出版社 2016 年版,第 42—54 页。

② 参见王名扬:《法国行政法》,北京大学出版社 2007 年版,第 333、408、413 页。

③ 廖元豪:《政府业务外包后的公共责任问题研究——美国与我国的个案研究》,《月旦法学杂志》2010 年第 178 期。

方式上,它并用公法方式和私法方式。①

　　第四,公共服务外包的责任分配是政府担保责任和私人履行责任。公共服务外包是公共任务的公私合作,而非去任务化,更非责任推卸。在政府购买公共服务中,政府与私人部门的角色和义务发生嬗变,存在深刻的责任分配——虽然政府不再承担公共服务的履行责任而由社会力量承担公共服务的履行责任,但是却要承担起社会力量提供公共服务时实现公益的担保责任。作为具体化的政府担保责任,担保行政中的行政规制、行政活动方式与秩序行政、给付行政是不同的:原来的高权手段虽然仍然能使用,但受到相当大的限制;而彰显合作、调控、监督、服务等精神的行政活动或措施得以广泛运用。类似"监督责任"、"调控责任"等政府担保责任具体化的行政规制方式的大量使用正是政府在政府购买公共服务等公私合作模式中由履行责任转向担保责任的关键。为此,在政府购买公共服务中,国家或政府负有公法上的责任,除了遵守政府购买公共服务的范围和边界之外,还应当遵循行政法的精神、原则及规则,同时还有义务贯彻国家的公共政策的目标,特别是要实施担保行政,国家或政府将担保责任具体化对私人的"监督责任"以及对私人行为的"调控责任",从而确保社会力量提供公共服务的功能和品质。

　　(四)行政辅助

　　行政辅助或者私人辅助行政,系指受公共部门的指示,私人在特定范围内进行辅助公共部门处理公共事务的活动。私人部门在行政辅助中不能以自己的名义作出决定,与第三人之间不发生法律关系。行政辅助的种类大体包括行政助手、专家参与两大具体类型。在我国,有学者从实质民营化和功能民营化的角度将公共服务外包、行政助手和专家参与一起纳入政府业务委外的范畴②,这说明政府业务委外这个词太宽泛,需要区

---

　　①　邹焕聪:《行政私法理论在合同制度中的展开——论行政私法合同的内涵、性质与界分》,《现代法学》2010年第3期。

　　②　杨欣:《民营化的行政法研究》,知识产权出版社2008年版,第160页。

别对待。

作为行政辅助的重要方式之一,行政助手是指在行政机关指挥监督下,以行政机关的名义,协助行政机关处理行政事务的行为方式。行政助手并不能作出独立判断,只是在行政机关的监督之下从事一般是技术性、支援性的工作,比如人们常举民间在警察指挥监督下拖吊违规车辆即为适例。其适用范围较广,不仅可以适用给付行政,还可适用干预行政,除非那些政府核心职能。在德国,"与被授权人(相当于本书界定的行政委托——笔者注)不同,他们与第三人之间不存在直接的法律关系,而是只服从行政机关的任务分配和指示。这是公私伙伴关系和合作原则的一个体现……"①我国《固体废物污染环境防治法》第 10 条第 3 款规定,国务院建设行政主管部门和县级以上地方人民政府环境卫生行政主管部门负责生活垃圾清扫、收集、贮存、运输和处置的监督管理工作。这说明生活垃圾的有关处理事务是各级政府部门的职责,但是这并不意味着政府只能由自己处理,实际上该法的其他条文也已经规定可将危险废物提供或者委托给有经营许可证的单位从事收集、贮存、利用、处置的经营活动,但是政府环保部门应当履行审核单位经营许可证的义务、禁止无证或者不按许可证规定从事危险废物的经营活动等义务。此外,即使没有法律规定,政府机关也可以根据实际需要决定是否采用行政助手这一公私合作行为方式。

专家参与是指政府将特定事务全权委托民间专家作出独立决定,此后再根据民间专家的决定以政府的名义作出最后的决定。但专家的决定不是最终的决定,虽然政府机构通常会尊重专家的决定。同时专家与公民间也不存在直接的法律关系。实际上在我国,在涉及民生专业技术领域、环境保护,特别是在政府重大决策时要委托专家作出有关决定,已经

---

① [德]罗尔夫·施托贝尔:《经济宪法与经济行政法》,谢立斌译,商务印书馆 2008 年版,第 503 页。

成为地方性法规和政府规章的法定要求。比如,《湖南省行政程序规定》第34条第4款规定,决策承办单位可以委托专家、专业服务机构或者其他有相应能力的组织完成专业性工作。《河北省建设工程抗震管理条例》第14条第1款规定,初步设计审查,由该工程审查部门组织的专家委员会统一负责,也可以内设抗震设计审查专家组。施工图设计审查,由建设行政主管部门委托专家委员会进行。《上海市标准化条例》第22条第1款规定,地方标准可以由有关行政部门组织起草,也可以由市质量技术监督部门委托企业、行业协会、科学技术研究机构、标准化专业学术团体等组织起草,或者委托专家起草。由于当今公共事务的复杂性和风险性,可以预见专家参与这一公私合作方式将日益发展。

以上行政委托、特许经营、公共服务外包、行政辅助(行政助手、专家参与)等行为方式,体现了私人不同程度的参与行政。虽然从民营化的角度看,这些行为方式体现了从"公"到"私"的过程,但是"许多民营化并非从此告别国家,而是转换为公私合作"①,也就是说民营化的实质其实就是公私合作。所以与其说它们是民营化类型,倒不如说是公私合作方式。本书对传统意义的民营化语境的行为方式进行了转换,并在此基础上进行了行为重构。这些行为是公私合作行为最为重要的组成部分,值得人们进行深入研究。

二、公营化型公私合作行为

公营化型公私合作行为,指的是公共部门参与私人企业的投资经营或由公营事业转投资经营的公私合作行为。由于公私合作行为是国家与社会合作的具体形式与行为表现,而这种合作的行为不仅是民营化的结果,也可能是公营化趋势的产物。例如德国产品制造法中的验证机构认证制度即非全然是来自于传统营利事业监督之撤退,反而是为了因应新

---

① 〔德〕Eberhard Schmidt-Aßmann:《行政法总论作为秩序理念——行政法体系建构的基础与任务》,林明锵等译,元照出版有限公司2009年版,第193页。

的行政服务的需求，为内部管制而新加入之监控部门，因此，此种情形无需将规范行政任务的一般规定尽可能深入地应用在合作领域，以资弥补。将合作仅仅局限于私人之参与行政任务，过于片面；合作也可能是因行政之参与社会任务而生。① 在德国，由政府拥有全部或部分股权企业称之为公共企业，公共企业最重要的特征是公共产权，不仅包括百分之百产权公有的纯公共企业，而且包括与私有股权合股的混合企业。② 而政府在"混合企业"的参股行为是需要探讨的重点。在我国台湾地区，与之相类似的行为形式是公民合资事业之经营，即公民合资事业之经营，又称为"公民合资事业"、"公民合营事业"，系指政府与人民共同参与一事业，并经营特定之业务。它具体可以分为三种情形：一是政府与人民共同设定一个新的公民合资事业；二是为政府参与民营事业投资，包括政府直接投资或由公营事业转投资两种情形；三是政府将现有公营事业之资金一部分转移民间，构成政府与人民共同投资合营之状态。我国台湾地区近年来谈论最多的即为第三种——公营事业的民营化。③ 第一种情形、第三种情形与第二种情形存在交叉含混的地方，实际上可以归为第二种情形，因此我们将主要关注第二种情形——即"政府参股"。

在我国大陆，对依据私法组建的企业的政府参股可以认定为行政参与社会任务型公私合作行为的典型表现形式。但需要注意的是，并不是对所有的私人或民间企业，只要有政府参股就认定为公营化型公私合作行为。政府参股的企业，必须具备以下条件才能说是政府参股型公私合作行为。

第一，政府参股企业所承担的事务要符合社会事务的范畴，也即处于

---

① 参见［德］Eberhard Schmidt-Aßmann：《行政法总论作为秩序理念——行政法体系建构的基础与任务》，林明锵等译，元照出版有限公司 2009 年版，第 296 页。

② 参见李新春、王跃生：《联邦德国的公共企业及其管理》，《经济科学》1996 年第1 期。

③ 参见詹镇荣：《论民营化类型中之"公私协力"》，《月旦法学杂志》2003 年第102 期。

公共事务与私人事务的交叉地带甚至并非属于严格意义上的"公共"事务,而不是纯粹的私人领域和竞争领域。也就是说,这些领域涉及社会福利和国家需要从战略上考虑到的领域。由此可以看出,由于那些政府参股的公司不符合此事务范围的规定,因此政府参股行为不属于本书所述的公私合作行为。

第二,政府参股企业所实现的目标是实现公共利益与私人利益的双赢,而不仅仅是实现公共利益或者仅仅为了公司自身利益。政府参股企业开始毕竟是基于一定营利目的进行运作的私人企业,具有一般企业的共性,追求公司利益的最大化和股东利益。但是,由于政府参股到私人企业中,包含了共有产权,使得它们又承担一定的社会责任,这一点在我国的固有控股公司中表现较为突出,更不用说在国有独资公司(其实是公法人的一种)了。政府参股公司尽管参股比例不一,但是该公司必须实现国家的公共政策、国家和社会公共利益。也就是说,政府参股企业的目标应该实现公共利益与私人利益的双赢。在德国,联邦政府、州政府和地方政府三级政府组建公共企业的目标是为公众提供充足的、价格合理的产品和服务,这是公共企业与单纯追逐盈利的私人企业的最大区别之处。①

第三,政府在参股企业中的优先权必须得到保障。由于政府参股公司目标的双重性,其公益目标与公司赢利目标可能难以协调;而公司一般是按照股权发言的企业形式,政府对企业一般并无绝对的决策权和控制权,为此可借鉴德国有关规定,即在全国设立私法形式的公共企业或在私人企业中参股时要进行条件限制,对私法形式的公共企业,规定以下优先条件,来保证政府对公司的影响:公司条款中严格限制公司的公共义务,由董事会或经理确定的经营范围必须首先征得监事会的同意;必须向监事会呈送董事会或经理的发展报告;无论公司大小或法律形式如何,必须向政府呈送并由政府审核年终结算报告。为保证上述规定的实现,国家

---

① 阮青:《联邦德国公共企业管理的若干特点》,《外国经济与管理》1992 年第 2 期。

通常要占有多数股份或至少有阻止少数的权利。①

　　虽然这些私人企业原本是根据私法建立的一般企业，但由于由政府或公共部门的投资参与和经营介入，所以政府参股也成为公私合作行为的重要方式。目前，以政府参股为代表的公营化型公私合作行为并未完全型式化，也未必具有法律法规进行规范。由于受民营化的影响，人们往往认为私有化、市场化是今后公共行政及国有企业的发展方向，因此作为公营化的公私合作行为受到人们的冷遇。殊不知私有化也有局限。公私合作不仅在民营化语境中得以大力展开，同时也可以在公营化中得以施展拳脚，从很大程度上说，公营化型公私合作行为是今后需要大力发展和推行的重要公私合作行为。

三、治理型公私合作行为

　　治理型公私合作行为，也就是政府与私人部门（社会资本）基于合作治理理念而共同处理公共事务的公私合作行为形式。这种公私合作行为体现了现代合作治理的理念，是合作国家的要求。现代瘦身国家不仅通过民营化手段减轻公共服务本身的负担，而且对于在社会法治国中必须由"国家保留"的保障与管制责任领域，国家亦与私人共同合作，将部分公益责任分配给私人，由其自行或委托第三人履行，以缓解国家管制任务的负荷，进而节省因高管制密度所需投入之人事、资金与时间等行政资源。② 行政、私人共同处理型公私合作行为的典型形态是所谓的"社会自我管制"。德国教授 Udo Di Fabio 认为，社会自我管制系指"个人或团体以居于非国家之地位，尤其是在自由市场之中，藉由组织化的形式自愿承接国家之管制任务；而国家对此等任务之执行享有具体的利益，并且对该社会组织施以促进和实质上之影响措施"③。英国学者认为："自我管制是管制主体自己制定管制措施以便达到某些目标并对实施这些措施负有

---

① 参见李新春、王跃生：《联邦德国的公共企业及其管理》，《经济科学》1996 年第 1 期。
② 詹镇荣：《论民营化类型中之"公私协力"》，《月旦法学杂志》2003 年第 102 期。
③ 转引自詹镇荣：《论民营化类型中之"公私协力"》，《月旦法学杂志》2003 年第 102 期。

监督全部责任的一种管制框架。"①也就是说,社会自我管制是社会主体自我设计、自我执行的管制框架,具有主体的民间性、管制措施的自治性等特点。但是,社会自我管制概念有使人误解为单纯的解除管制、不受国家规制的弊端,实际上即使在国外,德国 Aßmann 等学者后来提出了"受国家规制"之社会自我管制的概念②,只是他们把社会自我管制纳入国家高权管制责任分配的体系,并非适当。

从社会治理模式与管制的关系看,社会自我管制是在社会自治理念主导下的行为模式;行政高权管制是参与治理下的主导模式。随着参与治理、社会自治模式分别被合作治理模式所替代,今后在合作治理主导下的管制模式无疑将走向合作管制特别是社会合作管制的康庄大道。有鉴于此,为了体现当代合作国家、合作社会的精神,彰显公私合作的内涵,笔者首先提出了"社会合作管制"或"社会合作规制"的概念,以取代社会自我管制。所谓"社会合作管制",是指社会组织、个人等社会主体本着合作社会的理念,就社会公共事务或国家事务在自我设权、自我服务、自我协调、自我监督、自我约束的基础上,平等地与国家或政府进行合作共治的一种管制模式和行为方式。③

社会合作管制与社会自我管制有许多相同之处,后者可以说是前者的基础和主要部分,前者是后者的扬弃和发展,但两者存在如下区别:第一,社会合作管制比社会自我管制的理念更高。前者更能表达"合作治理"、"公私合作"的意涵,不仅吸收了后者立于社会自治的合理因子,而且批判了其不合作等内在缺陷。第二,社会合作管制的主体比社会自我管制的主

---

① Carmen Palzer, "European Provisions for the Establishment of Co-Regulation Frameworks", Vol.13-FALL *Media L.& Pol'y* (2003), p.8.

② Vgl.Eberhard Schmidt-Aßmann, Regulierte Selbstregulierung als Element verwaltungsrechtlicher Systembildung, in: *Die Verwaltung*, *Beiheft* 4, Berlin 2001, S255.

③ 参见邹焕聪:《社会合作管制:模式界定、兴起缘由与正当性基础》,《江苏大学学报(社会科学版)》2013 年第 1 期;邹焕聪:《社会合作规制的运作机理与行政法治回应》,《行政论坛》2013 年第 3 期。

体更广。前者的主体不仅包括社会主体,还包括国家或政府,而后者的主体仅仅是相关民间当事人自愿建立的自我管制组织。第三,社会合作管制措施比社会自我管制措施更复杂。前者不仅包括社会主体的自治性措施,而且包括国家介入时政府强制性与非强制性措施,而后者则可能是某种技术或质量标准甚至是界定业务优劣的行为守则等。在社会自我管制中,自我管制组织自己制定规则,自己实施规则并由自己对违反规则者实施制裁。第四,社会合作管制比社会自我管制的范围更大。前者在许多领域都能展开,并且具有不断扩展的趋势,而后者则一般适用于社会自治等领域。

尽管目前对于社会合作管制是一种管制模式,还是一种行为方式,人们对此可以说是仁者见仁、智者见智,但是笔者在此对两种并不作严格的区分。有关管制模式问题,本书还将在其他章节进行详细的论述。仅就行为方式而言,社会合作管制应该是合作国家中的重要行为方式,并且是一种日益发展的未型式化的行为,体现了公共部门与私人部门合作完成公共事务的实质。

值得说明的是,本书在前文论述公私合作的基本模式时也涉及各国有关分类,这些基本模式应可转化为公私合作行为的具体种类。因此,公私合作行为还有以下几种比较重要的分类:一是根据公私合作是否具有法律依据,它可以划分为型式化公私合作行为与未型式化公私合作行为。行政委托(公权力委托)、特许经营等都可以说是型式化公私合作行为的典型形态;政府参股、社会合作管制、公共服务外包等都是比较典型的未型式化公私合作行为的具体形态。二是根据公私合作之间是否采取契约形式,它可以划分为契约型公私合作行为与非契约型公私合作行为。契约型公私合作行为又称合作契约或公私合作契约,包括行政委托等公法契约、行政助手、专家参与等私法契约以及特许经营、公共服务外包等行政私法合同等。三是根据公私合作动因和表现,它可以划分为私人参与行政任务型公私合作行为与行政参与社会任务型公私合作行为两大类型。实际上前者相对于民营化型公私合作行为,而后者相对于公营化型公私合作行为。四是根据公私合作行为的性质,它可以划分为公法性质的公私合作行为、私法性质的公私合作行为、公法私法双重性质的公私合作行为以及性质不明的公私合作行为。公法性质的公私合作行为包括行政委托等方式;私法性质的公私合作行为主要是行政助手、专家参与;公法私法双重性质的公私合作行为包括特许经营、公共服务外包;而性质不明的公私合作行为则主要是社会合作管制等。

第四节　公私合作行为的挑战与行政合作法的回应

公私合作行为的种类繁多、性质复杂,对传统的行政行为理论体系、行政行为效力理论、行为法律性质、行为程序、行为救济等理论和制度都构成了全新的挑战。与此同时,公私合作行为围绕行政合作法的基本理念和主要特征,在促进框架立法、实现担保责任的具体化、关注行政活动全过程以及实现公私法互补方面对行政合作法具有重要的建构功能和意义。

一、公私合作行为对传统行政法的挑战

公私合作行为在某种程度上模糊国家与社会的功能领域,使得传统建立于公、私法二元论基础之上的公法体系面临着严峻的挑战,主要表现:

(一)公私合作行为对以行政行为为中心理论体系的挑战

作为新的合作行为,公私合作行为的多元性、复杂性对传统的单一的型式化行政行为构成了严重的挑战,同时它还提出重构行政行为的时代需要。

其一,公私合作行为多元行政活动对单一的型式化行政行为的挑战。

传统行政法以行政行为为核心展开其理论体系,凸显国家针对个人的干预行政,只要是行政机关等公共权力主体实施的行为,都习惯于对繁多的行政行为进行精细的分类并分别纳入法治化的轨道,从而为不同种类的行政行为设计出相应的程序规定及救济渠道。这种"型式化的行政行为,或者是将行政行为以型式化的努力,乃是传统的行政作用法之焦点,因为型式化之行政行为,正是行政作用得以符合传统法治论——以规则行事、展现专业——的方便法门"①。但是,随着法治理念的不断变迁,经济、社会事务的日益复杂,行政任务由干预行政向给付行政的转变,以前单一的行政行为活动方式显然不能满足现代行政法实现其任务的需求,行政活动得以扩展,行为方式日趋多元与多样。公私合作行为正是在这样新背景下采取的新型行为,它具有多种多样的行为形式,可能采取传统的行政行为方式,也可能采取纯粹的私法方式,甚至采取行政私法行为的方式乃至未型式化的行为方式,但是它们具有相同的行政法的目的。在公私合作中,诸如大量行政委托契约等被使用,解决了现代行政中的不少新问题,"行政契约的大力被使用与行政冲突之复杂化及社会之变迁有重大关系,盖行政机关为了解决这种冲突的挑战,必须在传统的高权行政之外,另辟蹊径,寻找一些弹性的手段,尤其是人民之'参与'、'协商',被认为是解决冲突的重要方式时,行政契约即符合了这些种种的要求,而且依据实际上之操作经验,行政契约也能善尽'解决冲突'的功能"。② 而特许经营、公共服务外包等行政私法契约目前则在理论探讨之中。虽然在公私合作中行政契约、行政私法契约等未型式化行政活动方式得以广泛运用,并成为调整公共部门与私人部门之间关系的重要方式,但是,这些未型式化行政活动无疑对我国尚未成熟的未型式化行政行为理论构成了严重的挑战。为此,中国现代行政法理论体系必须作出必要的调整,以

---

① 廖义铭:《行政法基本理论之改革》,翰芦图书出版有限公司 2002 年版,第 241 页。
② 林明锵:《行政程序法草案之重要内容(二)——行政契约与行政指导》,载台湾大学法律系编:《行政程序法草案研讨会论文集》,1999 年 2 月,第 55 页。

现实需求为构建行政法理论体系的基点：从"干预行政"中心论转向"干预行政"与"给付行政"并存论；以"行政行为"单一行政行为论转向容纳"行政合同（契约）"、"行政指导"、"行政协议"、"资讯公开"等多元行政行为论，从而解脱现代行政法在当下所遇的窘境。①

其二，公私合作行为无法纳入传统的行政行为体系之中，提出重构行政行为的时代需要。如前所述，各国行政活动的形态经历了由单一化向多样化不断演进的历程。随着公私合作行为等大量新型的行政活动方式的涌现，传统的行政行为无法对之作出合理的解释，特别是传统的强制性的行政作用法无法满足当今社会公私合作的时代需求。尽管国内外传统的或者现代的行政法也注意到了行政行为多样化多元化的形态及其法治"顽疾"，并提出了种种"治疗方案"，但是这些方式仍然局限在公共部门的行为角度，实际上并没有把私人部门行为真正纳入到行政活动的体系之中。为了使新型行为能够在未来的行政活动体系中占有一席之地，首先必须缩小行政行为的外延，将新型行政活动进行类型化处理并将之与行政行为进行重新排列。在德国行政法学的著作中，行政活动篇主要是由行政行为、法规命令、行政合同、事实行为及计划行为架构而成。② 日本当代的行政法学者有关行政作用体系是由行政立法、行政行为、行政契约、行政计划、行政指导、行政强制、行政调查与行政处罚所构成。③ 我国台湾地区的"行政程序法"更是对行政作用集中进行类型化处理的杰出代表，该法对行政处分、行政契约、法规命令与行政规则、行政计划、行政指导以及陈请分别作了专章规定。由此可见，当今学理与立法都将行政行为与不断涌现的新型行为手段并列排列，行政行为不再是包容一切行为的行为，而仅仅是众多行为中的一种。实际上国内有少数学者也是持

---

① 章剑生：《现代行政法基本理论》（上），法律出版社 2014 年版，第 16 页。
② ［德］哈特穆特·毛雷尔：《行政法总论》，高家伟译，法律出版社 2000 年版，第 179 页。
③ ［日］和田英夫：《现代行政法》，倪健民等译，中国广播电视出版社 1993 年版，第 167 页。

这种看法的。① 不过,令人遗憾的是,除了德国最新围绕"合作契约"引入行政程序法所引发的研修之外,目前尚未发现有把公私合作行为如何与传统的行为体系进行对接的讨论。为此,笔者试图把公私合作行为纳入行政活动之中,并提出以下分类,详见下表:

行政活动(包含公私合作行为)	私法行为	行政营利		
		行政辅助	行政助手专家参与	
	行政私法行为	未型式化行政私法行为	服务外包政府参股……	
		型式化行政私法行为	特许经营政府采购……	
	公法行为	未型式化公法行为	行政合同	
			通知行为	
			指导行为	
			……	
		型式化公法行为	行政行为	行政委托
				行政许可
				行政处罚
				行政强制
				……
			行政规范	行政法规
				行政规章
				行政规定
	性质不明行为		社会合作管制及其他	

_____

① 比如有学者认为,行政行为是行政机关依照法定职权对可确定的行政相对人或物作出的,可形成个别性的法律上权利和义务关系的单方行为。这个定义应该是非常狭义上的概念。参见章剑生:《现代行政法基本理论》,法律出版社 2008 年版,第 129 页。

对于这个包含公私合作行为的行政活动分类体系,说明几点:首先,这个分类体系的第一层次以行为性质为切入口,将行政活动划分为私法行为、行政私法行为、公法行为以及性质不明的行为。虽然国外学者如德国学者毛雷尔在其分类体系中将法律行为分为私法行为和公法行为,但是没有笔者所分的四大类。之所以要分为四大类而不是仅仅分为公法、私法两大类,主要原因在于随着经济社会的发展和公私法的融合,不仅公共部门大量使用行政私法的手段实现行政任务,而且私人主体也日益成为“行政主体”,基于社会自治力或社会公权力,使用大量暂时无法型式化、更无法定性的行为方式,比如社会合作管制等。但是这些行为的确体现了合作国家的理念,因此新的行政法学体系不能不关注类似私人主体使用的与一般私人行为并非相同的这类新型行为,以便满足公私合作的时代需求,同时也体现了新行政法的开放性。其次,在上述分类的第二层次,分别根据是否型式化的标准,将行政私法行为、公法行为进行进一步的划分,由此我们看出,特许经营、行政委托尽管性质不同,但都是型式化行为,要遵循法律保留原则;而服务外包、政府参股以及社会合作管制等是未型式化行为,未必需要法律依据,当然随着法治建设的发展,未型式化行为不断向型式化行为转化。这对行为形式的发展具有推动的功能,但是如何进行法治化以及是否一定要归入法治化、遵循严格的法律保留应该说是有疑问的。最后,行政行为不再是那个宽泛混杂的行政行为概念,而是与行政助手、专家参与、服务外包、政府参股、特许经营、行政委托以及社会合作管制等同等的概念,真正实现了行政行为概念与外延“返璞归真”,即基本上等同于我国大陆使用的“具体行政行为”或者我国台湾地区使用的“行政处分”。而以往试图以扩充行政行为的内涵外延的做法将被抛弃,一种更具有包容性的概念——行政活动将作为最上位的概念而获得更多的承认。

(二)公私合作行为对现代行政行为效力理论的挑战

尽管人们对传统意义上的行政行为的概念众说纷纭,从最广义说、广义说到狭义说、最狭义说等①，但一般而言，大体上都承认行政行为的效力，尽管学者们的界定不尽相同②。行政行为效力内容可以概括为公定力、不可变更力、执行力和不可争力四种。从逻辑关系上看，公定力在行政行为效力体系中居于基础性地位，是其他效力发生的前提；不可变更力、执行力及不可争力则是公定力的延伸、表现及保障，它们与公定力共同组成了行政行为效力的全部内容。③

然而，公私合作行为对传统的行为效力理论构成严重的挑战。从行政上说，公私合作行为包括公法行为、私法行为、行政私法行为以及难以定性的行为。如果把公私合作行为统统纳入传统意义上的"行政行为"从而具有行政行为的四个效力来看待，显然是不可行的。除了公法行为之外，其他行为诸如私法行为根本没有这四个效力，行政私法行为也基本不探讨这个问题，而那些难以定性的行为则更难以进行效力理论的探讨了。从是否型式化的角度看，公私合作行为有型式化公私合作行为与未型式化公私合作行为。而型式化公私合作行为实际上可以包括特许经营、狭义的行政行为以及行政法规等，分别是行政私法行

①　最广义说认为行政机关所有的行政活动都可以划为行政行为之中。参见王珉灿主编：《行政法概要》，法律出版社1983年版，第97页。广义说认为行政行为相当于公法行为，是国家行政机关或者法律法规授权的组织和个人具有行政职权因素的行为，包括行政法律行为、准行政法律行为和行政事实行为。参见杨海坤、章志远：《行政法学基本论》，中国政法大学出版社2007年版，第133页。狭义说认为行政行为是指规制行政关系，行使职权，具有行政法意义的行为，包括行政事实行为。参见姜明安主编：《行政法与行政诉讼法》（第6版），北京大学出版社、高等教育出版社2015年版，第150页。最狭义说认为行政行为是行政主体依法行使国家行政权，针对具体事项或事实，对外部采取的能产生直接法律效果使具体事实规则化的行为，相当于具体行政行为。参见杨建顺：《关于行政行为理论与问题的研究》，《行政法学研究》1998年第3期。

②　比如，有学者认为行政行为效力内容为确定力、拘束力与执行力。参见罗豪才主编：《行政法学》，北京大学出版社1996年版，第112—114页。有学者认为行政行为效力内容包括公定力、确定力、执行力。参见应松年：《当代中国行政法》，中国方正出版社2005年版，第537—538页。国外有学者认为，不要对所有行政行为都一律承认公定力、确定力、拘束力、执行力等效力。参见［日］室井力主编：《日本现代行政法》，吴微译，中国政法大学出版社1995年版，第98页。

③　章志远：《行政行为效力论》，苏州大学博士学位论文，2002年，第5、41—42页。

为、公法行为以及行政立法行为等,因此难以说有统一的行为效力理论。仅以未型式化行政行为对传统的行为效力理论挑战为例。它们有的要么根本没有完整的这四个效力,譬如私人主体基于自治力进行的有关行为;有的要么只有其中一项或者几项内容,诸如公布的自我义务协定,就只有公定力,但未必具有不可变更力、执行力和不可争力;有的是公法效力与私法效力的混合,比如公共部门与私人部门之间签订的行政私法合同,就具有效力的双重性,是公法效力与私法效力的混合体;有的甚至起着与四个效力内容相反的法律效力,比如公私双方协议达成,一旦条件和时间完成,行为即可成立或者消灭,与不可变更力显然不合。

有鉴于此,行政效力规则要作相应的改变。首先,要打破行为规则内容只能由行政主体单方确定的局面,而应该由公共部门与私人部门之间协商确定甚至由私人部门单方确定。其次,要改变行为公定力推动有效和行为执行力和不可争力的一般规则。鉴于行政相对人在行政法律关系中地位的提升、福利行政范围的扩大、行政方式的多样化、行政法私法方式的发展趋势等因素,公权力在必要时优先于私权利得到实现,但这种优先并非常态,因此,在行政主体与行政相对人和其他利益关系人之间的关系因当事人而产生矛盾冲突处于不稳定状态而请求法律救济状态时,在该行政行为被有权机关认定为违法或不当前,该行为不具有当然的公定力。最后,要寻找替代行为效力理论的新理论。在新的行为形式出现时,而原有的理论不能用来说明问题的实质时,那么我们不能责怪实践错了,而应该反省现有理论是否具有足够的解释力,并促进新理论的发展。

(三)公私合作行为对现代行政行为法律性质的挑战

公私合作行为如果从是否采用契约形式为视角,可以分为契约型公私合作与非契约型公私合作。契约型公私合作在德国也被称为"合作契约"。由于"合作契约"同时涉及公法与私法的运用,因此产生契约定性的难题。笔者的一个基本观点在于要对合作契约这些公私合作行为的具体种类和具体个案进行分析，才能进行准确的定性。如果合作契约是对行政委托（相对于公权力委托）有关事项、权利义务、双方责任、政府的监管等进行详细的规定，那么这种行政委托契约一般而言是行政契约，约束的规则也是公法规则。如果合作契约是对行政助手、专家参与等的具体内容进行规定，那么可能会产生契约性质及其约束规则性质的疑问，如在法国，对行政助手要根据其辅助的具体内容区分对待，假若是为了完成公共服务的职能，如委托拖吊违规车辆，则是行政契约；假若是仅仅辅助行政机关进行内部事务的处理，则是私法契约。[①] 也就是说，在公私合作行为中，也可能利用纯粹私法的方式来实现行政法的任务。如果合作契约是对公共服务外包、特许经营等公私合作行为进行约定，那么此类合同的性质应该是属于行政私法合同，具有行政法和私法的双重属性。[②] 比如，公共服务外包，相当于我国台湾地区学者认为的"业务委托"、"公办民营"等，指公共部门与私人部门订立契约，将公共服务的业务委托给私人部门办理的公私合作。公共服务外包虽然形式上采用的是私法合同，但所要完成的是公法上的任务，因此属于"行政私法合同"性质的合同，是一种行政私法契约型公私合作。又如，特许经营往往采取契约的方式即特许经营契约来实现公法目的，虽然具有一般民事合同的特性，但与此同时，它具有不少公法上的规定，其中一个重要的表现是协议双方的意思自治受到了限制，表现在经营期限不能超过法定期限，如《贵州省市政公用事业特许经营管理办法》第 8 条规定，BOT、TOT 的经营期限最长不超过 30 年，委托经营的经营期限最长不

---

① 陈淳文：《公法契约与私法契约之区分——法国法制概述》，载台湾行政法学会主编：《行政契约与新行政法》，元照出版有限公司 2002 年版，第 155 页。

② 参见邹焕聪：《行政私法理论在合同制度中的展开——论行政私法合同的内涵、性质与界分》，《现代法学》2010 年第 3 期；邹焕聪：《论行政私法行为的法律性质——兼及金融危机背景下政府救市行为的分析》，《行政法学研究》2010 年第 1 期。

超过 8 年。

　　而在这类非契约型公私合作中,如何进行科学的行为定性实属难题。比如,在社会合作管制中,不同于国家居于管制者地位对管制对象为"外部式"的"他律"措施,社会合作管制行为的典型是"合作行为",主要为社会主体之间"内部式"的"自律行为"以及社会主体与国家平等合意式行为。无论是"自律行为",还是合意式行为,可以说都是合作治理主导下的合作行为模式的具体表现。而对于这些"自律行为"或者"自负义务",虽然是社会主体自己采取的,但却"自负义务",即自愿地担负起实现超越自己利益范围以外的公共福祉的作为义务,这种行为如果单纯地归入"私法行为"似乎不妥,但是否是新型的"行政行为"或者其他性质的行为呢? 还有与国家或政府一起采取合意式行为是否属于"行政行为"? 应该说,目前学界完全没有注意到这些行为,更不用说对其进行定性了。

　　由此可见,公私合作行为性质的复杂性对传统的行政行为定性具有巨大的挑战性。首先,公私合作行为的性质有可能是纯粹的公法性质,也可能是单纯的私法性质,但也可能是同时具有公法、私法双重性质,而这就为传统行政行为的性质理论构成严重的挑战。在传统的行政法学理和实务中,往往认为人们对行政行为的概念宽窄界定不一,但一般认为行政行为是公权力的行使方式,是纯粹的公法性质的行为。其次,不仅如此,行政行为的性质一般而言具有统一性。而公私合作行为作为类行为,情况复杂,同时存在三种不同性质的行为,而且同一具体公私合作方式,如行政助手,根据辅助的标的不同,也可能成立不同性质的行为。再次,公私合作行为的复杂性质,产生了一系列法律问题,比如适用何种程序、如何进行法律适用、如何进行法律救济等,而这些都无法在传统的行政行为理论中得到圆满的解决。最后,对于有些公私合作行为,比如社会合作管制行为,由于理论研究的缺乏,难以进行定性,但实际上行为主体却在行使着社会自治力或者社会公权力。对这些难以定性的行为又如何放到传统的行政活动中？以上这些难以解决的难题可以说都对传统行政法构成了严重的挑战。

（四）公私合作行为对现代行政程序的挑战

在公私合作行为中，无论是型式化行政行为与未型式化行政行为，都对传统的行政程序法构成了严重的挑战。一方面，型式化行为（不限于行政行为）从性质上看，可能包括公法行为、行政私法行为、私法行为以及难以定性的行为。如果说公法行为和行政私法行为适用行政程序法在理论上可以接受并容易得到理解的话①，那么私法性质的行为以及难以定性的行为要适用行政程序法则要遇到前所未有的理论障碍。这就要求我国行政程序法规制的对象要进行实时的扩展，如果我们把行政程序法看作规制"行政"的程序法，无论行为的法律属性，只要是"行政"所为的行为，都纳入行政程序法的范畴。与此同时，这里的"行政"也应该作扩张解释，不仅局限于传统意义上的行政机关等行政主体所为的行政行为，而且也涵盖了公共部门的行为、公共部门与私人进行合作和签订契约的活动，甚至在特定情况下包括私人所谓的"行政行为"等。只有对"行政"作如此扩张解释，才有可能扩大行政程序法的规范范围。不过，这种扩张解释是否过于宽泛，如何在公法的严格约束与法的灵活性之间求得平衡，还需要理论的进一步研究。

另一方面，未型式化行政行为更是对行政程序理论与实践构成全新的挑战。尽管未型式化行政行为与一般的行政行为迥然有别，但正如未型式化行政行为这个术语所表示的，它还是属于"行政行为"的范畴，那么这种未型式化行政行为是否应该遵守行政程序的规定？是否应当纳入统一的行政程序法典？等等。首先，从行政程序的基本原则来看，我国尚未出台全国性的法律、法规、规章，目前仅有几部地方性政府规章，比如

---

① 当然从严格意义上说，行政私法行为适用的程序可能与一般的公法行为所适用的行政程序不尽一致，需要适用"行政私法程序"。参见王太高、邹焕聪：《论给付行政中行政私法行为的法律约束》，《南京大学法律评论》2008 年春秋合卷。

《湖南省行政程序规定》等。该《程序规定》规定了合法性原则、合理性原则、行政公开原则、行政参与原则、高效便民原则以及信赖保护原则。而未型式化行政行为的本质就是"未经法定性"的行为,没有严格的法律、法规、规章的依据,这无疑不符合合法性原则;有关主体在是否使用、如何使用等一系列问题上拥有极大的自由裁量权,未必能做到公平、公正对待私人主体和第三人,从而有可能造成第三人利益未被重视的危险,这显然与合理性原则的精髓不尽符合;在未型式化行政行为中,往往不公开谈判、协商过程,甚至结果也不公开,这也与当今时代行政公开原则的要求相违背;由于期限制度以及简易程序等制度的缺失,虽然双方都有提高效率的渴求,但是结果可能正好相反——本来预期加速程序而比较有效率地完成行政任务所采用非型式化行政行为也可能事与愿违地(不论有意或无意)造成合作程序的拖延。[①] 其次,从行政程序的基本制度来看,未型式化行政行为如何遵循行政管辖、行政回避、证据制度、行政告知、说明理由等各项制度均无法得到确切的结论。其结果是公共部门与私人部门可能利用程序的漏洞,进行虚合作假协商,利用未型式化行政行为之名,冠冕堂皇地行合谋损害公共利益之实。因此,如何从程序上预防、控制公私部门之间的未型式化行政行为成为此类行为能够顺利发展的关键。为此,尽管未型式化行政行为目前难以实现法治化的目标,但至少应该符合公共行政的目的、法治的基本精神,做到基本的公平和公正,平等待人,不偏私,不歧视;行使自由裁量权应该考虑合理因素以及合适的方式等;公开公私合作契约以及这些行为的主要结果;吸收广大公众参与监督未型式化行政行为;等等。

(五)公私合作行为对现代行政救济的挑战

传统行政法以行政行为为核心展开其理论体系,界定了国家与个人

---

① 程明修:《行政行为形式选择自由——以公私协力行为为例》,《月旦法学杂志》2005年第120期。

之间的权利(权力)和义务(职责),为各种行政执法活动提供合法性和正当性理由,并预设了个人请求救济的范围条件,因此行政行为的不同类型往往对应着不同的诉讼种类。这种"型式化的行政行为,或是将行政行为以型式化的努力,乃是传统的行政作用法之焦点,因为型式化之行政行为,正是行政作用得以符合传统法治论——以规则行事、展现专业——的方便法门"①。随着经济、政治、文化的发展,行政法任务发生了巨大的变化,新型的行政活动应运而生,在保持行政行为理论体系的前提下,发展出行政契约、公私合作契约等未型式化行政活动,旨在解决现代行政中遇到的新问题。我国现代行政法虽然还没有发展出成熟的型式化行政行为理论,但是随着给付国家、担保国家时代的到来,也必须作出及时的回应。"目前,中国行政法理论体系仍然是以干预行政为核心,给付行政还没有获得应有的重视,未型式化行政活动也没有完全纳入行政救济程序之中。"②根据"有权利必有救济"的法治原则,对于未型式化行政行为中权力与职权滥用的可能性和现实性问题,侵犯私人部门特别是侵害第三人权利时,如果没有相应的行政救济渠道,无疑与现代行政法的法治理念不相符合。应该说,未型式化行政行为对原有的行政救济法挑战是很显然的;不仅如此,即使是在所谓的型式化行政行为如行政委托(公权力委托)、特许经营等,由于两者性质的不同——前者是公法行为,后者是公私法双重性质的行政私法行为,因此其救济也是不同的。这种"透过一种没有法律屏障的合作关系进行,将丧失透明性、行政内部控管的有效性以及第三人之权利救济"③,为此,我国的行政救济法在未来的时间内要扩大相应的救济范围,设置权利救济的管道;根据公私合作行为种类和性质的不同,可能要增加民事诉讼救济方式,特别是对于其中的行政私法行

---

① 廖义铭:《行政法基本理论之改革》,翰芦图书出版有限公司2002年版,第241页。
② 章剑生:《现代行政法基本理论》(上),法律出版社2014年版,第15页。
③ 程明修:《行政行为形式选择自由——以公私协力行为为例》,《月旦法学杂志》2005年第120期。

为要根据不同情况进行二元救济,同时可以提起民事附带行政诉讼与行政附带民事诉讼[1];增加行政诉讼的具体种类,有必要增设和进一步完善行政公益诉讼、给付诉讼等。理论上一般认为行政公益诉讼是检察机关、公民、法人或其他社会组织针对损害社会公共利益的行为提起的行政诉讼,具有以下特点:原告是非法律上的直接利害关系人;诉讼的对象是公共权力部门;诉讼的目的是为了维护公共利益;诉讼的功能具有明显的预防性质;判决的效力未必仅限于诉讼当事人,而是遍及所有享有原告资格的人[2]。2017 年 6 月 27 日,检察机关提起公益诉讼制度已经正式入法,标志着公益诉讼制度正式建立[3],但是对于公私合作行为能否提起行政公益诉讼,该法尚不明确,下一步需出台 PPP 法律,完善相关法规或司法解释等。而给付诉讼,是请求法院命令行政主体作出具体行政行为以外的给付行为,根据给付诉讼标的的不同可以将其分为财产给付之诉和非财产给付之诉。2014 年 11 月 1 日,我国修正的《行政诉讼法》第 73 条增加了给付判决,不仅赋予私人部门请求公共部门给付公共费用、提供补助(财产上的金钱给付请求),而且赋予私人部门可以请求缔结公法上或行政私法上的契约(非财产的给付请求),因而如果公私合作行为能否适用本条规定,对于完善公私合作行为的法律救济具有重要价值,但是目前法律规定尚不明确,而且它还不是完整意义的给付之诉。

二、行政合作法对公私合作行为的法治回应

(一)行政合作法的提出背景

公私合作行为是公共部门与私人部门以不同的合作方式来完成任务,协商、合作、契约等行政方式大量使用。"公私部门的合作促使具有

---

① 参见王太高、邹焕聪:《论给付行政中行政私法行为的法律约束》,《南京大学法律评论》2008 年春秋合卷。

② 参见王太高:《论行政公益诉讼》,《法学研究》2002 年第 5 期。

③ 参见十二届全国人大常委会第二十八次会议 2017 年 6 月 27 日通过的《关于修改〈中华人民共和国民事诉讼法〉和〈中华人民共和国行政诉讼法〉的决定》。

协商性质的契约手段得以广泛运用，以单方强制性行政方式为中心的传统行政行为法将如何重构?"①实际上，它不仅对传统行政行为提出了要求，而且对行政法提出了更加广泛的挑战。德国学者 P.J.Tettinger 指出，"公私协力由于类型之多样性，致使行政法学面临全新的挑战，而且此等挑战几难以组织法——例如行政委托与行政助手以及行为法上之传统理论加以克服。"②为此，德国学界提出了应对公私合作潮流的法治对策——即建构"行政合作法"③，试图将有关规范公私合作的规范融入例如行政程序法的成文体系之中，使之成为一般性的条文，以提供行政作为行为形式与行为基准。从本质上看，行政合作法说是体现担保国家或合作国家的一种新型法治模式，担保国家或合作国家的理念是其内核。而行政合作法提出的大背景是公私合作潮流风起云涌以及由此引发的国家与社会功能领域的模糊。而国家与社会功能领域的模糊不仅增添了公私法定性的困难，而且促进基于公私法二元区分的现行法秩序即纯粹公法向行政合作法（确切地说应为公私合作法）的转换。

（二）行政合作法的概念和内涵

行政合作法或者合作行政法，是依据担保国家特别是合作国家的理论建立的一种法治模型。简言之，所谓行政合作法，系指针对公共部门与私人部门为了实现公共任务所形成的各种合作关系而建立的法治课题；换言之，行政合作法是用来解决因公私合作而产生的合作关系形成与变更、主体、责任分配、行为形式以及权利救济等有关法律问题。由于公共部门与私人部门之间的各种合作形态和行为，无法纳入传统行政法既定

---

① 周佑勇主编：《行政法专论》，中国人民大学出版社 2010 年版，第 359 页。

② 转引自詹镇荣：《论民营化类型中之"公私协力"》，《月旦法学杂志》2003 年第 102 期。

③ 笔者认为，德国学界所谓的"行政合作法"，如果用"合作行政法"或"公私合作法"来表达也许更为确切。在笔者看来，合作行政法是从广义上来说，既包括法律与伦理的合作、国家法与社会法的合作等，又包括横向的行政合作法和纵向的、纵横交错的公私合作法。今后，公私合作法将越来越成为当代行政法的重要内容之一。

框架之中,亟需塑造新的法治模式。由于行政合作法就公私部门之间的合作分工与责任分配提供了框架立法,并且提供公共部门针对各种公私合作及其行为的程序、组织、行为等内容,因此,行政合作法不仅是立法者实践担保责任和运用担保国家的责任分配理念的概念,同时也是公共部门承担担保责任和进行政府调控以及私人部门进行公私合作时的行为依据。根据德国有关学说,公私协力是展现担保国家的理念、责任分配的实现以及以管制之自我管制的合作制度,由此得出行政合作法是以担保国家的理念、责任分配与管制之自我管制三要素为开展,或者更确切地说,行政合作法的三要素是:担保国家之理念、责任分配与合作原则。①

由于担保行政法和行政合作法都是担保国家理论的具体展开,那么两者有何具体区别呢? 我国台湾地区有学者认为行政合作的有关规定,在规范架构上主要聚焦于公、私部门间的"内部合作法律关系"之形成与实现,至于参与公共建设民间厂商与银行团、投资者、保险业、设施利用人或其他第三人间之"外部法律关系",则相对受到忽略。② 与行政合作法有所不同的是,担保行政法不仅聚焦公私部门之间的公私合作法律关系,而且关注私人部门与公众的关系以及公共部门与公众的关系。简言之,行政合作法是担保行政法的具体展开,是担保行政法的下位概念;而行政合作法不针对实质民营化和形式民营化(当然有争议),后者一般并不限制。

(三)行政合作法的特征

行政合作法具有框架立法、具体化责任分配、阶段性规制、公法与私法的功能互补等四大特征。需要指出的是,"行政合作法的主要结构性特征应是在宪法的框架下,连接组织、程序、行为形式以及争诉、赔偿权利

---

① 转引自许登科:《德国担保国家理论为基础之公私协力法制》,台湾大学博士学位论文,2008 年,第 222 页。

② 詹镇荣:《公私协力与行政合作法》,新学林出版股份有限公司 2014 年版,第 40 页。

救济途径等各个行政法领域所形成的整体法规网络"①,因此行政合作法具体涉及合作组织法、合作行为法、合作管制法、合作程序法、合作救济法等各个方面。但是,鉴于本节的主旨,笔者仅仅围绕契约型公私合作行为或者说合作契约为中心,来说明行政合作法的应有特征,有关合作行政法的其他问题将在本书其他章节中展开。

1. 框架立法

与"行政高权法"相对应,行政合作法指所有涉及公、私部门因合作执行行政任务所生权利义务关系的法规范与法理论的总称。② 它是建立在公私部门的责任或职责分配基础上的法概念。在公私合作中,公共部门并没有完成从公共任务领地全部撤退,也没有完全使公共服务完全民营化而放任私人执行或市场运作,相反地,公共部门还应该根据私人参与公共服务的具体模式和程度,加强监督、规制,使得公共服务由私人履行时不致公益流失。为了正当化和具体化国家担保义务和责任,立法者应当进行框架立法,同时执法者也有必要针对具体个案安排适当执法机制和处置措施。因此,立法规制和行政调控是两个观察行政合作法的重要视角,它们互相关联、相互协同,但目的都在于对宪法有关担保国家义务和责任具体化,共同实现公共任务。至于行政合作法之所以采用框架立法的方式,其原因主要在于公私合作形态的多样性和合作的开发性。立法者建构行政合作法,规制合作(契约)法律关系时面临一定程度的难题。而框架立法不仅能提供一个框架秩序,而且保有一定弹性,从而可以较好地解决公私合作的规制任务。

2. 具体化的责任分配

有学者认为,民营化的结果并不必然是国家的完全退出,相反的,国

---

① 詹镇荣:《论民营化类型中之"公私协力"》,《月旦法学杂志》2003 年第 102 期。

② 詹镇荣:《公私协力与行政合作法》,新学林出版股份有限公司 2014 年版,第 15 页。

家对公共事务的责任仍然存在①,因此在作为民营化两极的中间状态的公私合作中,国家责任更应该不可或缺。公私合作或公私协力是针对公行政主体与私人间,就公共任务执行时所形成的各种合作形态,在国家与私人间为责任分配。因而国家担保责任是建立行政合作法的首要切入点。责任阶层有三个基本责任理念:即执行责任、担保责任和接受责任,分别代表的是国家承担不同任务与调控密度。一方面,由于承担执行责任,国家由自己作为公共任务的主体,以直接或间接的国家行政法来承办,此阶层之责任理念,在行政合作法的建构中不是非常重要;另一方面,担保责任代表国家与私人间责任分配。也就是说,私人部门在参与公私合作之后,原本由公共部门垄断执行的履行责任转变为由私人部门全部或者与公共部门共同承担履行的责任,而公共部门便在相应履行责任范围内免除或减轻其原先应承担的履行责任。但是,这种履行责任的变迁并不意味着公共部门全面地卸载有关公共任务的所有责任,仍然应该承担终局责任。这种公共部门在公私合作中的责任是国家或政府担保责任,要担保私人履行公共任务的合法性与合乎公益性。因此,对公共部门的担保责任进行具体化就显得尤为必要,需要在宪法框架下对公共部门的担保责任进行具体化,出台专门的法律法规。有学者指出,由于私人参与公共任务履行后,国家与人民的双边基本权关系,便改为国家、公共任务而提供给付之私人与受领给付之私人间的三边基本权关系,必须以保护基本权为目的,影响私人间的法律关系,以一个基本权的保证人角色出场。② 不过,笔者认为,虽然公共部门、私人部门与公众的三元关系是公私合作的主要特征,但是它更多体现的是担保行政法的思维,而非行政合

---

① 〔德〕哈特穆特·鲍尔:《民营化时代的行政法新局势》,李建良译,载李建良主编:《2011 年行政管制与行政争讼:民营化时代的行政法新局势》,新学林出版股份有限公司2012 年版,第 83 页。

② 程明修:《公私协力契约与行政合作法——以德国联邦行政程序法之改革构想为中心》,《兴大法学》2010 年第 7 期。

作法,由此也可以看出担保行政法与行政合作法的主要区别所在。

3. 阶段性规制

在行政合作法中,需要对公共任务的实现阶段加以划分,根据不同阶段进行不同的管制或规制。首先,公共部门的管制角色及任务。在行政合作法中,不仅针对私人部门一方规定条件,而且对公共部门也要规定一定的条件。在公私合作时,公共部门在对于公私合作契约的规定、监督管理所产生的有关效益成本必须能够计算,其中公共部门进行协商的能力和掌握契约条款非常重要。其次,风险评估的规划。公私合作提出了风险分配、评估及认定的问题。实际上,公共部门与私人部门之所以进行公私合作,主要基于以下两个理由:其一,人们对国家与私人关系理解的改变,不再将国家当作所有公共任务执行上最有效率的承担主体,而越来越强调国家与私人间的伙伴关系;其二,国家财政日益拮据,私人财力的挹注,可以解决燃眉之急。但是私人在公私合作中可能片面追求个人利益,置公共利益于不顾,从而可能造成责任丧失,在私人无法及时完成公共任务时,此时国家应该接手处理。这就涉及风险分配、认定、规划管理的问题。所以,公私合作成功的关键在于对风险评估和效益评估。最后,选任合作伙伴的公平竞争程序。立法者在形塑行政合作法时,建构一公平、公开之竞争程序实为基于平等原则以及竞争自由权客观面向所导出之宪法上义务。[①] 具体地说,要坚持效益原则和公平原则,采取公开招标等方式让参与者竞争,必要时进行协商以及规定协商的项目,规定选任合作伙伴的标准,比如不仅应该考虑申请人的报价,而且要综合考量责任承担的能力、风险分配、人员配置是否足以胜任履约义务等情况。

4. 公私法的功能互补

在传统行政法概念中,行政法一般认为是典型的公法,依法行政的法

---

① 詹镇荣:《公私协力与行政合作法》,新学林出版股份有限公司2014年版,第27—28页。

一般是公法、规范行政法律关系主体的法是公法、行为依据的是公法、行政救济的法也是公法。虽然在行政法中也适用私法,但一般而言是作为例外或者适用非常有限。而在行政合作法中,担保国家合作制度的建构,需要实现责任分配理念、国家调控以及社会合作管制方能进行。在规范公共部门与私人部门各类复杂的合作问题上,不可避免地会涉及公法和私法的同时适用或者选择适用。这实际上涉及在原有的公法体系如何适用私法,如何利用公法和私法的各自特点并实现两者的功能互补。在诸多公私合作的具体领域,行政合作法形成了由公法、私法交错适用的网络关系。不仅公共主体适用私法来进行合作,而且私人部门的行为在某些情况下也可定位为公法。应该说,公法与私法的功能互补是行政合作法的一个非常典型的特点。

三、公私合作行为对行政合作法的建构

如前所述,公私合作行为是在合作国家背景下应运而生的概念,它可以涵盖纯粹以高权形式实现公共任务,以及公共任务完全交付私人执行这两个极端光谱间的所有其他形态。它不仅形态多样,而且性质复杂。在德国,即使是类似公法性质的公私合作契约,也只有替代行政处分的和解契约以及双务契约的简略规定,显然无法充分地作为一完整性的规范加以适用。"因应公私协力的合作行政形态的挑战,以及法律规范上的缺漏,尝试将涉及不同专业法领域的规范素材,设法融入例如行政程序法的成文体系之中,使之成为一般性的条文,以提供行政作为行为形式与行为基准之用,仍成为目前德国官方与学界尝试建构所谓行政合作法的努力重心。"①而在我国,行政程序法尚未出台,公法契约尚未完全型式化,更不用说行政私法契约以及私法契约。因此借鉴德国有关先进理论,以为我国缩短公私合作法治差距具有重要的意义。

---

① 程明修:《公私协力契约与行政合作法——以德国联邦行政程序法之改革构想为中心》,《兴大法学》2010 年第 7 期。

(一)域外经验:德国"合作契约"修订到行政程序法的讨论及启示

德国公私合作比较发达,公私合作行为也比较成熟,形态更是多样。但是德国有关法律却落后于实务发展,德国行政程序法第 54 条虽然以行政契约的方式规范行政与私人之间的关系,但是由于责任归属的缺失、契约条款规范的不足,因此有必要在行政程序法中增订因为各类行政与私法合作的条款。正是基于因应公私合作的合作行政形态的挑战,以及法律规范上的漏洞,德国官方和学界目前也在尝试构建行政合作法的努力,其中最为重要的表现就是把"合作契约"纳入德国行政程序法之中,从而接受行政程序法的约束。自从 2000 年行政程序法咨询委员会正式提出对第 54 条进行调整以因应行政与私人合作关系的快速与多元发展的有关建议以来,这种试图将"合作契约"修订到行政程序法的能力引发了许多的争论,联邦内政部委托学者提出了两份重要的鉴定报告书或所谓的"大解决方案",其主要内容如下①:(1)休培特教授(G.F.Schuppert)的方案。这种方案希望对于行政与私人的合作关系应该有充分的规制能力,将民法、公司法上的契约以及所有领域中有关行政与私人的合作关系均纳入统一的规范之内。基于这种考虑,该教授将行政程序法中有关行政契约的章节扩大为行政缔结的契约(包含私法、公法、采购法、公司法所能见的各种行政所缔结的契约)的总则性规定,详加规范。另外明文规定一章(即第四章)有关行政"与私人的合作",作为行政合作法的基本规范,同时不论它的行为属性是公法或私法,均有行政程序法之适用。并在草案中有关"与私人合作的容许性"条款规定"于不抵触重大公益或违反法律规定的前提下,官署于执行其应负担之任务时,得经第三人形成合作关系"。这种方案也有将行政私法导入行政程序法直接规制的企图。(2)齐科夫教授(J.Ziekow)的方案。齐科夫教授的基本立场与休培特教

---

① 参见詹镇荣:《公私协力与行政合作法》,新学林出版股份有限公司 2014 年版,第 28—33 页;程明修:《公私协力行为对建构"行政合作法"之影响》,《月旦法学杂志》2006 年第 135 期。

授无异,都是意图在现有的公法契约条款之外,另外加入有关行政与私人合作的一般规范,所以在行政程序中另订"公共任务履行的合作完成"一章(第四章),然后在其之下增列第一节"与私人之合作"、第二节"公法契约"以及第三节"行政合作契约"。两位教授的方案同样关怀公私合作之法容许性、合作关系形塑之程序与方式、合作契约之法律性质以及责任分配等,此外 Ziekow 教授更注重合作关系形成过程中双方当事人间协商基准的建立。在上述两份鉴定报告书均有同时再进一步针对契约对象的选择、契约的存续、无效的原因以及契约的担保与履行等进行体系化的规范设计。

　　虽然两份鉴定报告书并未被采用,但是行政程序法咨询委员会在此基础上形成了比较保守的"小解决方案",也即在维持现行法章节的结构下,在草案第 53a 条中另定义合作契约,承认"为使私人可以参与公共任务的完成,得于'公法领域'中缔结合作契约"。之所以不采用"大解决方案",主要是因为新法与政府采购法的关系不明,特别是在采购领域中以私法形式所缔结的契约,国家以公法的单方手段介入契约的可能性有多大;此外学者草案中有将行政程序法适用的领域扩展至行政机构的私法活动上,可能会造成行政法院审判权扩及私法契约的疑虑。在行政程序法咨询委员会草案的基础上,2004 年召开的联邦与行政程序法的专门会议上也提出了一份行政程序法修正的范例草案。即在现行法上加以第54 条第 3 项,明定"为使私人参与公共任务的履行,官署亦得与私人缔结公法上的契约;仅得于法规明定时,始得将高权权限加以移转"。草案第56a 条规定合作契约,"当官署可以保证于合法履行时仍然保有充分的影响力时,得以缔结部分第 54 条第 3 项之公法契约。官署仅得以缔约相对人具有专业、给付能力以及值得信赖时,始得选任之。"

　　尽管法学界和实务界呼吁制定的行政合作法(或公私合作制法通则)的目标没有实现,德国还是在 2005 年通过了《公私合作制促进法》,改善了 PPP 的法律框架和实施环境。同时,德国有关行政程序法的最终修改稿也尚未出台,但从以上德国有关"合作契约"等公私合作行为纳入到行政程序法的讨论,我们可以得出以下几点启示。一是规范公私合作行为未必需要采用单一法典形式,可以纳入现行的或者未来出台的行政程序法中。不管是德国的"大解决方案"还是"小解决方案",德国理论与实务都希望以行政程序法为构建行政合作法的基本规范。德国有关公私合作在行政程序法上的研修,其思考脉络与考虑重心,自然可以为我国在制定行政程序法时加以参考。二是虽然对公私合作行为的定性很重要,但是我们姑且可以不管定性,统一在行政程序法中加以规定。因此,行政程序法在一定程度上也可被认为是有关"行政"的程序法。除了纯粹意义的私法之外,无论是公法、还是行政私法,都应该在行政程序法中占有一席之地。三是德国将行政合作法的落脚点选择在行政程序法有其正当性,因为德国联邦行政程序法制定之初即被当作是一部联邦"行政基本法"看待,并非仅仅是程序法规范,也有许多有关行政行为形式的规定。我国正在进行行政程序法的草拟之中,公私合作行为大多采用契约的形式,因此借鉴德国的经验以缩短与国外的法治化距离显得非常重要。四是以公私合作行为为切入点建构行政合作法时,应该把握行政合作法的法结构重点。有学者认为行政合作法的法结构重点有:公法或私法合作契约及其容许性、契约相对人的选任、第三人的权利保护、担保责任的具体化、契约监督与争议处理委员会的设置、行政合作契约的存续力等①。这一思考具有很好的借鉴意义。

(二)理论制度:公私合作行为对我国行政合作法的建构

笔者认为,公私合作行为能在以下几个方面推动我国行政合作法(更确切地说,应该是公私合作法)的建构。

1. 促进框架立法,公私合作行为获得法律法规之容许性

公私合作行为作为担保国家之行为,显现国家在公私合作下形成合

---

① 程明修:《公私协力契约与行政合作法——以德国联邦行政程序法之改革构想为中心》,《兴大法学》2010 年第 7 期。

作关系,不再由自己担任给付者的角色,而主要提供一个框架规范,并且在这个框架中,私人自己负担履行责任,并以符合公益的方式达成合作的公共任务。无论公私合作采用非契约的形式,还是采用缔结契约的形式(即合作签约),都是在法律框架中,为了具体化公私合作关系而由法律所铸造的形式。由于公私合作的具体形态十分复杂,难以把所有的具体公私合作形态一一纳入法律之中。为此,公私合作行为内在地要求进行框架立法,渴求立法者践行国家担保责任并运用担保国家之责任分配与管制理念进行立法。

根据德国最新的经验,对公私合作行为特别是对公私合作契约的法律容许性进行规定,是建构行政合作法的规范结构重心之一。如前所述,公私合作行为从性质上说,可以分为公法性质的行为、私法性质的行为、公私法双重性质的行为以及性质不明的行为等。对于公法性质的行为特别是公法性质契约的法律容许性问题,德国几个草案涵盖面不同,比如齐科夫教授将行政程序法上的契约章节一分为三,包括与私人的合作、公法契约、行政合作契约三节;休培特教授则是保留公法契约章,而另定公法契约章;范例草案则是在公法契约的框架下加入合作契约作为一种新的契约类型。但它们基本上都沿袭行政程序法第 54 条的立法思考,认为契约手段的运用本身无须法律授权。如果将行政合作契约视为一种(并列或隶属的)特殊形态的公法契约,针对公法性质的行政合作契约容许性条款的设计,采用如同第 54 条运用排除条款之规范模式(强调法律优位原则之拘束)。① 我国未来在行政程序立法时是否要对公权力委托契约进行规定,以及它与行政契约的关系、与其他契约的风险等都值得人们深入探讨。对于私法的行为,一般认为虽然没有一般性的行为选择自由,但是基本上承认在若干范围内,行政仍然可以私法形式活动,是一种受限制

---

① 程明修:《公私协力契约与行政合作法——以德国联邦行政程序法之改革构想为中心》,《兴大法学》2010 年第 7 期。

的行为选择自由，因为行政必须对选择私法的理由详加说明，同时要考虑"依其性质"不得选择私法的禁止。但对于私法性质的公私合作行为是否使用同样的规范模式进行规制，可能将引发进一步的争议。而对于公私法双重性质的公私合作行为的容许性问题，笔者认为，只要法律、法规没有反对或者法律、法规容许，则选择机关可以采用这类行为，其自由裁量权应该比采用纯粹私法行为的裁量权更大。而对于性质不明的公私合作行为应如何在法律中规定，可以参照公法性质的行为，这主要是考虑行政不因行为选择和性质难以界定而造成的民主正当性的流失以及宪法有关人权保障的丧失。当然我们不仅关注行为对行政程序法的容许性要求，而且还要从单纯的容许性问题转向具体的程序上或实体上的规制问题。但是，由于行政合作法的建构尚处于理论探讨或不成熟阶段，所以有关更多的法治问题有待日后进一步研究。

2. 着力先进理念，公私合作行为实现担保责任的具体化

传统背景下，公共任务由国家履行，私人并不承担履行国家任务，如果公共任务没有履行或履行不好，也只能严格按照法律的规定追究相应的责任。此时的行政法是一部"控权法"，将公共权力的部门视为公民权益的潜在的最大侵害者。但是，在公私合作的背景下，不仅公共部门的积极有为得以肯定，而且其还与私人部门进行合作甚至将有的公共任务完全交由私法部门履行。这种履行模式在原有的法制中无法得到合理的解释，而应树立先进的法治观念，将国家原先的履行责任转变为担保责任或承接责任。随着担保责任或承接责任的转变，传统的行政法也将发生改变，作为规制公私合作关系的行政合作法也将产生和发展。

公私合作或行政合作形态之所以广泛运用，其中最主要的考虑是国家责任的减轻以及责任的分配或共同承担。国家担保理念和责任对于公私合作行为是非常核心的一个概念，但是如何将国家担保责任具体化为法律制度，应该是行政合作法建置上的极重要的思考。在德国，针对公私合作进行立法的首要任务就是，如何将公共部门在合作过程中承担的保

证公共利益的责任具体化。因为，将这种责任只是融通地进行概括，就会在实际操作中出现太多漏洞，从而使相关法律形同虚设，成为一纸空文。① 为此，行政合作法立法要对 PPP 合同内容进行具体化规定，但是在 PPP 合同内容具体化程度上，尚存不同看法。从理论上说，实现担保责任的具体做法是透过监督、管制、辅助与调整等具有影响力之手段为之。而对于承接责任，它仅具有备位性，只有在私法履行公共任务发生重大瑕疵或运营困难以致有损于公益之结果时，此项潜在的国家责任开始浮出水面。② 从责任转化的制度看，我国的行政法可以借鉴德国有关学者的建议方案。比如德国休培特教授建议草案曾对契约型公私合作行为、组织型公私合作行为规定了"影响力之确保"的条文。该建议稿第56条即是在国际承担担保责任之前提下所作的设计。该条第 1 项规定，行政机关缔结合作契约时，于契约中应以适当的方法确保行政机关在履行任务的方式上保有充分的影响力。第 2、3 项也规定，若合作关系为公司法的形态时，应透过公司契约、章程或其他方法确保行政机关在公司之监事会或者其他类似监督机关中拥有适当之影响力。对于其个别之监督机关所提出公司业务执行报告不仅应包括业务执行之经济性，同时也应该包括公共任务履行的方式与方法。若私法上或公法上之合作关系不具有公司法之性质时，于契约中应规定行政机关拥有充分之资讯权，使之得运用其充分的影响力。至于国家之承接责任在两位教授的建议草案中均有安排。休培特教授草案第 54 条第 4 项规定，若以第 3 项之契约方式委托非国家之主体或私人履行公共任务时，该非国家之主体或私人应自我负责地执行之。若被委托之任务经第 58 条第 3 项之争议调解委员会确认无法符合规定履行时，行政机关得要求回复该任务委托。类似的设计也

① 李以所：《公私合作制在德国的构建与治理战略——历史性的考察和分析》，《经济与管理评论》2016 年第 6 期。
② 程明修：《公私协力契约与行政合作法——以德国联邦行政程序法之改革构想为中心》，《兴大法学》2010 年第 7 期。

见之于齐科夫教授建议草案第 62 条 c 第 1 项第 6 款,该款规定,合作契约应强制约定,于行政合作下,若私人无法履行任务时,行政机关自为履行或再委托其他第三人之权利。其次在第 62 条 d 第 1 项第 5 款中规定,合作契约得合意约定有关行政合作契约之调整或终止,以及有关契约结束时之权利与义务内容,包括行政机关以对价补偿而承接私人为了履行公共任务之必要人力与物力之权利,或自己提供私人至今已提供给付之后的给付,或使第三人提供之权利。①

3. 围绕阶段管制,公私合作行为关注行政活动的全过程

从以上介绍可知,行政合作法非常重视行政过程和程序,注重阶段性管制,根据不同阶段进行不同的管制。但是,"传统行政法学研究的一个进路是从行政活动的结果出发,'逆流而上'地寻求对公共权力的约束。这一进路过多地关注了行政活动的下游而忽视了上游和中游。……在公私合作的背景下,行政法学研究应该实现从总论向分论、从关注行政结果的合法性向关注行政过程的正当性转变。"②在合作国家下,由于许多公私合作行为都涉及异常复杂常态及其变态(比如 BOT 及其变种),都具有丰富多彩的独特个性,行为性质不尽一致,具体形态更是纷繁复杂,抽象而大一统的行政法学理论已经无法合理解释不同种类的公私合作现象,着眼于事后的司法审查难以驱使公共部门选择合适的管制手段实现公共目标,因此国家与私人之间的公私合作行为一改传统的行为结果导向,而转向行为过程导向。

当然在不同的具体公私合作行为,行为过程不尽一致,比如对契约型公私合作行为和非契约型公私合作行为,就要区别对待,但是两者在对行为全过程的关注上是一致的。限于篇幅,这类仅以公共服务外包为例说明。要成功实施公共服务外包这类公私协力行为,就必须对行为的事前、

---

① 参见程明修:《公私协力契约与行政合作法——以德国联邦行政程序法之改革构想为中心》,《兴大法学》2010 年第 7 期。

② 周佑勇主编:《行政法专论》,中国人民大学出版社 2010 年版,第 363 页。

事中与事后进行"过程管制"①。美国有学者认为,由于公共服务外包是一项涉及制度、公私部门以及资产等诸多方面的复杂工作,公共服务立约过程需要分为 12 个步骤进行考察:考虑实施合同外包;选择拟外包的服务;进行可行性研究;促进竞争;了解投标意向和资质;规划雇员过渡;准备招标合同细则;进行公关活动;策划管理者参与的竞争;实施公共招标;评估标书和签约;监测、评估和促进合同的履行。② 一般认为其中第 1 至第 9 个步骤可以说都是签约前行为过程,第 10 至 11 个步骤才是签约中的行为过程,而第 12 个步骤则为签约后的行为过程。尽管实务中未必都严格按照这些步骤进行公共服务外包,但是他对服务外包的过程细分及其管制是值得我们深思的。在这一复杂的系统工作中,有几个关键点值得关注:一是签约前的行为。从严格意义上说,这是服务外包的前奏,为公私部门的签约进行准备性工作,包括选择拟外包的服务、进行可行性研究、准备招标合同细则以及进行风险评估等。比如在准备招标合同细则时,要计算合同价格以及制定绩效标准;以及确立由于绩效难以达成造成的风险分担机制。二是承包商的选择。公共服务外包,其服务水平的高低与承包商选择好坏与否息息相关。因此,有关法律法规和合同一般会对承包商的最低资质要求作出规定。一般而言,选择承包商可以采用开放式招标(如对服务简单、标的不大的服务)、选择性招标(如对专业化强、占压资金多的服务)以及直接谈判(如对专业性太强的服务)等方式进行,公共部门在使用时具有一定的自由裁量权,但是无论采用哪种方式,都应该保证公平,为承包商创造公平的环境;遵守节约性和经济性。同时要注意私人是否具备专业知识、给付能力、可资信赖性等资格能力适

---

① 所谓过程管制,即通过行政过程或行政程序来对行政权力的制约和控制,其实质是对行政权力的运行特别是行政自由裁量权的运用进行控制。参见湛中乐:《现代行政过程论——法治理念、原则与制度》,北京大学出版社 2005 年版,第 67—68 页。不过这种观点仍然仅是从行政的角度来分析问题的。

② 参见[美] E.S.萨瓦斯:《民营化与 PPP 模式:推动政府和社会资本合作》,周志忍等译,中国人民大学出版社 2015 年版,第 176 页。

合性,这些都是德国行政程序法修正中有关建议版本所必备的内容①。三是实施有效的监督。公共部门对承包商可以采取多种方式,比如定期对其工作做随机抽样检查;或是固定比率的监测;或是追踪公众舆论的评价等。但是监督的尺度把握非常重要,严格的监测可能疏于微观管理或控制,松散的监测可能会导致服务质量下降。在监督过程中,有一点必须把握,那就是合同外包管理者与承包商不应该是对立关系,"监测的目的是在合理的价位上获取良好的服务,而不是故意找茬"。②而在那些不完全合同中,可以通过三种手段弥补监测方面的不足:确保承包商与管理者具有同样的价值观,及致力于提供优质的公共服务;强制承包商作出质量保证承诺;运用有效的惩罚。③

由此可见,诸如公共服务外包等公私合作行为的行为过程非常重要,如果行为过程中哪个环节出了问题,必将引起连锁反应,从而危及公私合作的发展局面。行为过程取向的公私合作行为内在需要公共部门进行阶段性管制、动态性控制;这种过程取向的公私合作行为也提出了程序控制的要求,不仅关注公共部门的程序,而且关注私法部门的参与、合作,关注私人的程序。公私合作行为对行为过程的更多关注,必将扩展行政法的疆域,促使行政法学研究视野的转变,从更多地关注行为结果向更多地关注行为过程转换。实际上,从私人部门的角度看,公私合作行为的过程是私人部门积极参与行政,与行政合作的过程;而从公共部门的角度看,公私合作行为的过程则是行使裁量权的过程,与私人部门进行良性合作的过程。这种对行为过程的更多关注,必然要求对公私合作行为划分为不同的阶段并进行阶段性管制,从而促使行政合作法的产生和发展——无

① 程明修:《公私协力契约与行政合作法——以德国联邦行政程序法之改革构想为中心》,《兴大法学》2010年第7期。

② [美]E.S.萨瓦斯:《民营化与PPP模式:推动政府和社会资本合作》,周志忍等译,中国人民大学出版社2015年版,第184页。

③ 句华:《公共服务中的市场机制——理论、方式与技术》,北京大学出版社2006年版,第90页。

论是其中的风险分配、评估及认定，或者是承包商的条件及甄选程序，抑或是其他的行为过程，公私合作行为应该说能对行政合作法的本质内容进行形塑和促进。

4. 实现功能互补，公私合作行为促进公法与私法的交融汇合

如前所述，公私合作行为的性质或者是纯粹的公法性质，或者是单纯的私法性质，或者是同时具有公法、私法双重性质，甚至是目前根本无法定性的行为。而一般来说，不同性质的行为自然应当适用不同性质的法律。尽管关于行为性质与法律适用之间的关系学界还存在争议，"究竟系先定性法律关系或事件所依据之法律（公法或私法），再导出该法律关系或事件之性质，抑或先定性法律关系或事件之性质，再依此决定应适用何种法律规定（公法或私法），似未明确。"①但不能把法律的公私法性质与法律规定的适用对象相混淆，并按照一般逻辑规律，应先定性行为性质，再据以适用何种法律、以何种规则进行法律约束。仅就行为的法律适用而言，大体说来，如果公私合作行为是私法性质的行为，那么此类行为一般适用私法；如果公私合作是公法性质的行为，那么它一般适用公法；如果公私合作行为是定性为兼具公法、私法双重性质的行为，那么它应同时适用公法和私法。

以公用事业的特许经营为例，这一过程即存在复杂的法律关系，属于典型的公、私法融合的领域。这里既需要遵循平等参与、公开透明的公法精神，也需要恪守意思自治、诚实信用的私法原则。就特许经营协议而言，行政法学界与民法学界迄今仍然在特许经营协议究竟属于公法契约还是私法契约问题上争论不休。② 由于笔者将特许经营协议定性为行政私法合同的性质，因此，特许经营协议就可能存在复杂的法律适用的可能，在不同的国家其法律适用原理并不一样，但大体上可分为单一适用

---

① 台湾行政法学会主编：《行政法争议问题研究》（上），五南图书出版有限公司 2000年版，第 179 页。

② 周佑勇主编：《行政法专论》，中国人民大学出版社 2010 年版，第 363 页。

(即单一适用私法、公法或者普通法)和复合适用这两大原理。而复合适用又可分为两大类:一是总体适用公法、私法,具体包括:总体适用公法、私法,不分优先适用;总体适用私法,但受公法的补充、修正和限制;总体适用公法,补充和超越私法。二是分别适用公法、私法,具体包括:根据行为内容的不同,分别适用公法、私法;按照启动主体的不同,分别适用公法、私法;按照行为阶段的不同,分别适用公法、私法。在我国,笔者认为行政私法行为应该总体适用私法,但受公法约束。①

虽然不同国家的法律适用不同,但是在大陆法系国家中,对于类似特许经营这些公私合作行为,倾向于复合适用,而这种复合适用的过程是促进公法和私法之间交流与汇合的过程,复合适用的结果是公法、私法的功能互相补充、互补汇合。也就是说,从公私合作行为的法律适用来看,公私合作行为必将促进公私法之间的交融、促进行政私法活动的发展。不仅如此,如前所述,在同一个具体的公私合作行为中,根据标的的不同,也可能是不同性质的行为:或者是公法性质的行为,或者是私法性质的行为。这更是为兼顾公私法的精神,打通公法、私法两个学科的界限奠定了坚实的基础。而对于那些未型式化的合作行为、社会合作管制行为而言,首先适用的可能是私法而不是公法,但是公法也可能在特定情况下有适用的余地,因此,这些公私合作行为虽然在其中可能将首先在适用私法的基础适用公法规则从而与上述适用原理不同,但是同样证明了公私合作能促进公法、私法进行交融汇合的功能。而这种公法、私法互相交融的网络关系,正是行政合作法的重要体现。

总而言之,公私合作行为对行政合作法建构具有重要功能。它能促进框架立法,获得法律法规之容许性;着力先进理念,实现担保责任的具体化;围绕阶段管制,关注行政活动的全过程;实现功能互补,促进公法与私法的交融汇合。为了实现一部统一的行政合作法,需要破除行政程序

---

① 王克稳、邹焕聪:《行政私法行为法律适用原理初探》,《东吴法学》2006年春季卷。

法只规范公法行为的框限;同时也要思考在一部行政程序法中规范所有
公私合作行为的可能性。德国在修改其行政程序法的同时也制定了其他
单行法,比如 2005 年制定的"加速公私协力关系的转换与改善公私协力
关系法律基准条件之法律"(简称"加速公私协力关系法")包括因应欧共
体法的要求增订了"竞争协商对话"形态的采购方式、加入了电子化的采
购办理方式以及规制公私协力法律关系的更具体法律要件等,均是重大
制度的改变。① 在我国大陆,现有公用事业的特许经营法规、规章,在我
国台湾地区也有"促参法"对公私合作的形态进行了规制,但是迄今都面
临着 PPP 的进一步立法或者立法完善难题。因此,在建构行政合作法
时,除了解决上述的法结构重心的问题之外,也要关注 PPP 自成体系的
法制所起的作用,以及厘清单行法与统一公私合作法的关系问题。

---

① 程明修:《公私协力行为对建构"行政合作法"之影响》,《月旦法学杂志》2006 年
第 135 期。

第五章
公私合作担保论

在公私合作中,国家并不直接提供公共产品或公共服务,或者由国家与私人合作提供公共产品或公共服务,或者由私人提供公共产品和公共服务,但是,这并不意味着"国家再见",国家不承担生产的责任并不意味着不承担其他任何责任,否则有可能造成公法价值——诸如公开、公平、公众参与等的丧失,造成严重的"民主赤字"。因此,如何避免公私合作中的国家责任丧失,确保公私合作的公益性就成为一个具有重要研究价值的课题。德国学者认为,公私伙伴间之责任分担/共同,系指私人承担部分或全部之执行责任,而国家则应确保其合秩序之履行,此即为担保责任。①这一责任分担或共同为约束公私合作提供了依据。为此,需要按照担保国家理论,落实担保责任这个核心理念,进一步认清国家所扮演的重要角色,从而从立法、执法以及司法等各个方面落实对公私合作的国家担保责任。值

① [德]Jan Ziekow:《从德国宪法与行政法观点论公私协力——挑战与发展》,詹镇荣译,《月旦法学杂志》2010 年第 180 期。

得指出的是,与一般论著论述的由于违反法律规定而应当承担否定的法律后果不同,本书意义的责任具有特定的含义,也是一个涵摄面广的概念。

第一节　公私合作的担保责任

由于担保责任不仅是各种国家责任类型的上位概念,而且还是担保国家理论的核心概念,因此,笔者在本节中以担保责任为主题词切入论述有关国家责任、责任要素(责任分配与责任阶层)特别是担保责任及其对公私合作的重要意蕴。

一、国家责任理论的诠释

作为担保国家理论的具体体现,国家责任理论首先应该探讨其前提即国家与社会关系的发展,同时也要了解国家任务与国家责任之间的互动关系。只有如此,才能更好地理解其理论内涵以及国家责任理论对公私合作的意蕴。

(一)国家责任理论探讨的前提:国家与社会关系的发展

国家与社会的关系首先涉及的是国家与社会二元区分理论问题。所谓国家与社会二元区分,指的是国家作为统治主体并行使公权力,而社会则是个人基本权利行使的领域。这种国家与社会二元划分,是现代民主国家的基本原则之一,它不仅界定了国家权力行使的边界,而且也为社会自治领域的发展提供了前提。在不同的国家,国家与社会二元区分的情形具有很大的差异,在此前提下两者的关系也异常复杂。仅就我国而言,我国国家与社会的区分比较明显,两者的关系也经历了或者正在进行同一、对抗、控制、依赖以及合作的复杂交错的关系。我国历来是一个国家主导社会的国度,国家强大而社会弱小,国家通过各种渠道控制着社会。

但是,随着改革开放和市场经济的推进,我国国家—社会的关系呈现出新的发展态势。特别是在当今社会转型期,社会转型本身就是社会与国家的关系的调整和转变过程。由于受计划经济的影响,政府习惯于对社会进行管制,控制、对抗的思维仍有市场。按照中共中央、国务院《法治政府建设实施纲要(2015—2020年)》有关"实行法治政府建设与创新政府、廉洁政府、服务型政府建设相结合"的基本原则和有关"政府与市场、政府与社会的关系基本理顺"的任务要求,我国法治政府建设过程中必将实现由管制型政府向服务型政府转变,由政府本位、官本位向社会本位、民本位体制转变。在这一转变过程中,围绕社会和谐这一本质属性,政府从上自下对国家—社会关系进行调整,促进关系的和谐化、合作化发展。与此同时,作为社会重要组成部分的民间组织发育不健全,大部分社会组织具有"官民二重性"性质甚至沦为"二政府",尽管这些组织具有组织化权力制约、自治、合作的倾向并受到党和政府的支持,但是,民间组织对国家或社会的依赖性依然十分明显,其自治、自主、合作的场域有待扩展。因此,目前我国国家与社会关系是控制、依赖的关系与合作关系共存,但随着社会治理特别是合作治理的影响,合作关系将成为主导地位。社会组织等这支自下而上的力量与政府自上而下推动变革的力量一样,将以不同的方式促进国家—社会关系向互动合作转型。

而这种由总体混合关系向总体合作关系的转型对国家提出了新的要求。虽然国家的权力有限,但是仍然具有介入社会功能的必要,基于合作治理的精神应当补充或调控社会的不足和缺陷。也就是说,在担保国家理论看来,国家与社会之间不是僵化的分离与对立,而是将国家与社会的各自功能特性进行结合使用。在公私合作中,虽然国家不再是公共产品或公共服务的提供者的角色,但是它仍然具有提供法定框架和法律规定的责任;与此同时,国家要对社会系统中自我逻辑与自主自治等进行相应的回应,在尊重和利用社会自主运作、私人专业知识技术等资源的同时,也应该进行相应的政府调控。由此,探讨公私合作带来的国家与社会二元区分的相对化,并探讨国家和私人各方的任务及其关联,就成为国家责任话题讨论的前提条件之一。

(二)国家责任理论的兴起背景:公共任务、国家责任的历史变迁

从历史的角度看,在不同的时代,公共任务的内容是不一样的,国家责任也不尽一致。在"自由法治国"时代,当时国家奉行的基本理念是"管得最少的政府是最好的政府"①,国家的职能局限于收税、维持社会治安等少数职能;公共任务实际上等同于行政任务。行政任务仅是单纯的"干涉行政"(又称为干预行政或侵害行政),也就是干预相对人的权利,限制其自由或财产,或课予相对人义务或负担的行政②。这些干涉行政,通常采取命令、制裁的方式。与之相适应,国家往往自我免责,国家责任往往缺失或非常鲜见。

随着时代的发展,由于自由法治国的自由放任带来的诸如社会不公等种种社会弊端,后来自由法治国逐步演进到社会法治国。社会法治国的普遍要求是政府要积极作为、对社会进行全方位干预。此时的公共任务特别是行政任务也由此发生了改变,由以往的消极无为、消极保守转向政府积极作为,增进社会福利,行政扩展到"从摇篮到坟墓"的整个领域,这时的行政具有"服务行政"的新内涵。这里的"服务行政"(又称为给付行政或者福利行政),是指对相对人进行服务或者给付其他利益的行政。它的范围很广,涵盖了供给行政(比如公共设施的提供)、社会保障行政(比如社会保险、社会福利等)、助成行政(比如进行资金资助等)。国家不再拘泥于维持治安、不干预公民的私人生活,而要积极作为,保障国民生活,促进社会福利的发展,国家渐渐承担起个人生存照顾的政治责任。为此,国家就要"提供个人需要的社会安全,要为公民提供作为经济、社会和文化等条件的各种给付和设施(例如水、电和煤气,交通管理,废水

---

① 陈新民:《公法学札记》,中国政法大学出版社 2001 年版,第 96—97 页。

② 翁岳生编:《行政法 2000》(上),中国法制出版社 2002 年版,第 29 页。

和垃圾清理,卫生保障,医院和养老院,学校、高校和其他培训设施,剧院、博物馆和体育设施等);最后,为了保证社会公平、保持或者促进经济结构的繁荣,国家还必须对社会和经济进行全面的干预"。① 可以说,从国家责任的角度看,这个时期是全面扩张的给付责任。

　　然而,这种给付行政任务迅速膨胀和扩张也相应带来很多问题,纯国家的支付和提供服务面对此种情形显得捉襟见肘,政府全面负担给付责任面临着极大的危机。② 福斯多夫在1959年为此提出了"辅助性"理论,认为除了在国家陷入战争及灾难的非常时期外,在和平时期,应由"社会之力"来解决其成员的生存照顾问题,而非依赖国家及行政的力量。国家只有在社会不能凭己力维持稳定时才充当一种"国家补充功能"。③ 与此同时,其他学者也提出了类似的思想,并得到重视。20世纪80年代之后,一些新的替代福利国家的概念不约而同地被构思着,如"志愿福利国家"、"福利多元主义"、"福利社会"、"福利国家私有化"等。所有这些概念都有一个共同的特点,就是主张引入非政府部门的力量(市场或志愿部门)来补足甚至代替政府部门的社会福利角色。④ 在这样的背景下,国家保障的生存照顾日益成为一种得透过市场自由竞争方式而提供的私经济活动。国家对从事涉及人民生存照顾的私经济活动,通过引导、管制以及监督等各种措施,以确保人民生存所需的相关物资与服务得以同由自己提供一般,亦能够由私企业普及、无差别待遇、价格合理,且质与量兼顾地提供。⑤ 此时,国家或政府在公私合作中的责任和角色地位发生了嬗

---

① ［德］哈特穆特·毛雷尔:《行政法学总论》,高家伟译,法律出版社2000年版,第17页。

② 黄学贤、陈峰:《试论实现给付行政任务的公私协力行为》,《南京大学法律评论》2008年春秋合卷。

③ 参见陈新民:《公法学札记》,中国政法大学出版社2001年版,第85—86页。

④ 参见林万亿:《福利国家——历史比较分析》,巨流图书股份有限公司1994年版,第314—315页。

⑤ 参见詹镇荣:《民营化法与管制革新》,元照出版有限公司2005年版,第277页。

变,对人民生存照顾所担负的国家责任由从全面负担的给付责任转变为保障给付的责任,其角色和地位由原来的"给付主体"日益发展到"保障给付的主体",从"提供者"、"履行者"的角色向"促进者"、"担保者"的角色转变,从而呈现出担保国家的任务。

(三)国家责任理论的核心内容

国家责任理论是围绕国家责任而不是国家任务所形成的理论,为此需要了解到底什么是国家责任以及国家责任的理论优势。

这里的"国家责任"具有特定的内涵,系指国家为达到其目的以及促进权力的正当化行使,所承担的任务范围与义务。国家责任和公共任务的区分,体现了一种思路的转变:即在国家辅助性原则的基础上,政府、市场和公民社会之间的工作分工被重新考虑。① 一般而言,国家责任具有以下意涵:一是责任主体。无论私人,还是国家,都可以作为实现公益的责任主体,但是国家有责任实现公益,并非意味着国家即有义务自己作为实现公益的主体。二是担保责任。担保责任是担保国家中国家责任的核心所在,担保责任的范围与程度、担保责任的理由与条件以及实现担保责任的机制等均成为有待解决的问题。三是责任分配与责任类型。也就是说,国家责任不仅要求在公私主体之间作责任分配,而且同时以责任类型来展示国家角色和国家任务。探究国家责任,可以分为两个层次:首先是国家是否应当承担责任;其次,如果存在国家责任,国家如何承担责任。因此,这里的责任与一般法学上的国家赔偿责任不一样,后者指的是针对国家机关和国家机关工作人员行使职权,有法定侵犯公民、法人和其他组织合法权益的情形并造成损害的,国家应该对受害人进行赔偿。与此同时,这里的国家责任也与国际法上的国家责任不一样,后者指的是国家违反国际义务而应承担的法律责任,或者国家对国际不法行为所承担的责任。

---

① 李以所:《德国"担保国家"理念评介》,《国外理论动态》2012年第7期。

德国学者 Aßmann 认为,国家与私人间以不同合作方式执行公共任务时,开启了行政法体系与调控科学间新的重要共同研究领域。针对行政法之改革需求与体系建立,须凭借责任概念作为中介概念,以诠释国家与私人间通过不同合作方式来执行公共任务时,相关联的国家角色、社会部门的组织与个人地位等交互关系,及其所建立的各种法律结构。在此时,一方面,国家为私人活动设定法律框架,另一方面,完全由行政机关负有执行责任而承担行政任务者。在完全之私人活动与行政机关所承担执行责任之间,运用不同责任阶层与类型,例如咨询责任、监督责任与组织责任,以及所得社会部门失败之执行时的担保责任等,以不同责任范围来诠释国家任务与目的,并基此导出不同调控机制之运用。① 也就是说,通过国家责任这一概念,可以很好地诠释对公私合作中公共部门与私人部门合作实现公共任务时,国家所应承担的责任、任务与角色。因此,国家责任的概念实际上体现了担保国家的理念。

国家责任理论的优势在于:一是能更好地阐释国家责任的范围、类型,特别是针对公私合作中私人履行公共任务时国家应当承担的国家责任;二是国家责任的存在,使得公私合作执行公共任务的内在连接正当化;三是国家责任能更好地解释由于公私合作中私人履行公共任务时所可能产生的民主正当性的疑虑;四是以责任分配与责任阶层的思维,进一步将国家的角色定位在担保角色和担保责任,对公私合作的法制提供了要求。有关国家责任理论的详细具体内容,本书将于下文进一步展开论述。

二、国家责任理论对公私合作的意蕴

(一)国家责任理论思维具有诠释公私合作法治担保的功能

担保国家理论的思维基础和逻辑运作是运用责任概念的诠释与中介

---

① 转引自许登科:《德国担保国家理论为基础之公私协力法制》,台湾大学博士学位论文,2008 年,第 65—66 页。

功能,并进一步建立国家责任理论来诠释担保国家的国家任务。也就是说,担保国家基于国家与社会二元划分以及功能的相对化,界定国家角色与国家任务,并通过国家责任理论来进一步诠释国家任务。而责任是探究两个以上主体之间就特定事务所扮演的角色或者任务范围、义务。责任概念除了诠释执行行政任务的多数行政机关的权力范围及其内部关系之外,还可以进一步诠释立法、司法、行政等各国家机关间权力运作的关系。不仅如此,针对国家与社会部门间角色重新界定和分配下,可继续运用国家责任概念诠释由私人承担公共任务,或者由公私合作执行公共任务形成的不同行政模式,并以此进一步通过行政与立法间的权力分离与功能合作,整合责任概念的诠释功能,建构行政任务和开展行政法制。面对公私合作中私人参与公共任务的不同方式,国家责任理论将涉及国家任务的实现与民间部门的任务承担的关系,立法、司法、行政等各国家机关之间功能分立下的关系以及在多数参与执行行政任务的行政单位之间内部行政的关系,并以第一层次的关系为重点,显现出国家责任的概念诠释国家任务和正当化国家权力的功能。要言之,国家责任理论具有诠释公私合作中立法、行政、司法的中介功能。有学者针对政府业务外包可能造成公共责任或民主正当性问题,特别是其中的责任政治问题,认为必须要有国会、行政与法院共同配合才能防止,[①]这实际上与此处的国家责任理论不谋而合。

(二)国家责任理论具有诠释公私合作中国家任务的功能

如前所述,公私合作的主要目的是为了实现公共任务。而国家责任是针对国家与私人共同运作以实现公共任务时说明国家任务及行政任务存续和内涵的中介概念。首先,国家责任理论强调公私合作的公共任务尽管由私人执行或者由私人与国家合作履行,但是国家仍然要承担私人

---

① 廖元豪:《政府业务外包后的公共责任问题研究——美国与我国的个案研究》,《月旦法学杂志》2010 年第 178 期。

活动的担保责任。"国家担保责任的担保内容表现为国家对民间机构顺利进行公平竞争予以担保的义务,以及对公众持续获得高品质、便宜的公共产品和公共服务予以担保的义务。"①也就是说,公共任务不一定要国家亲自履行,但国家相对地仍然有责任确保该任务的达成。这不仅表示国家对私人地位的尊重,而且也强调国家对社会领域的私人自由与公共利益的守护和担保。其次,国家责任理论指出国家与私人就公共任务所承担的不同的责任,需要形成不同的责任范围、责任类型,从而相对表示出对私人不同任务部分所要求的国家责任部分。再次,国家责任理论能应对公私部门之间的角色和关系调整,不断调整国家承担的任务与功能,并进行相应的调控。最后,国家责任理论认为国家机关对公私合作应该有责任提供相应的程序、权限以及对特定行为空间的安排与约束。

(三)国家责任理论具有解释公私合作中国家权力正当化的功能

由于在公私合作中,私人部门行使着公共权力或国家权力,所以需要新的理论来解释这种由私人行使国家权力的正当性问题。首先,从结果上看,国家责任理论强调国家的"最后责任",也就是说,私人虽然作为公共任务的执行者和国家权力的行使者,但是这只意味着国家将任务交由私人履行,国家并未放弃国家任务,应该确保私人履行公共任务时必须遵循法律的规定并合乎公共利益的方式进行。为此,基于最后责任,国家并非从公共任务中撤退,不能放弃规范制定的功能和法政策上的形成空间。日本学者也持有类似的"最终决定责任"观点,认为"公组织对委诸私主体判断的公益相关事项,原则上应保留作成最终决定之权限与责任,及实现此决定所需之资源,否则将有令私主体行为弛缓之虞"②。其次,从过程上看,国家责任理论确保公私合作过程的正当性。与传统的行政一体

①　杨彬权:《论国家担保责任——担保内容、理论基础与类型化》,《行政法学研究》2017 年第 1 期。
②　[日]米丸恒治:《公私协力与私人行使权力——私人行使行政权限及其法之统制》,刘宗德译,《月旦法学杂志》2009 年第 173 期。

阶层式行政体制受到民意机关制定的法律约束不同,公私合作的权力由私人部门单独行使或者与公共部门合作行使,其权力行使并未全部得到法律的授权,于是产生了民主正当性的疑虑。为此,国家责任理论针对权力行使的改变,以国家责任为中介,用不同的责任类型来诠释不同国家任务的方式,以便符合民主、法治国和社会国的要求。

三、公私合作的责任要素

正如德国学者指出的那样,责任分担与责任层级化两项要素,乃共同组成担保国家构想的核心;此等具有介乎于社会国与新自由主义内涵之间,在秩序政策上未决性质之构想,乃较不涉及政策上之典范,毋宁应是关涉为因应任务之执行,如何在国家与社会间位移,所提出之整合性分析框架。① 如果把担保国家比喻为一个履行公共任务的"剧场",那么公共部门为"导演",私人部门以及次生型公私合作主体等则为"演员",而责任分配和责任阶层则为担保国家运作的"剧本"。由此可见,责任分配和责任阶层在担保国家中起着关键的作用,不仅是担保国家的核心概念和两个重要的步骤,而且是进行公私合作的关键要素。

(一)公私合作的责任分配

1.责任分配概述

从某种意义上说,担保国家是一个责任分配的国家,确切地说,是一个整合国家与社会功能并在两者之间作责任分配的国家。可以说,责任分配是开展公私合作的前提条件。面对公私合作的各种模式,运用国家责任理论,不论是通过责任分配还是通过责任阶层,都可以评估确定不同国家任务的承办方式和条件。正如德国学者 Trute 正确地指出,责任分配并非抹杀国家和私人间原有的公、私二元区分的基础,而是站在两个特性与功能差异之基础来达成公益目的,并有效利用国家与私人彼此不同

① [德]Jan Ziekow:《从德国宪法与行政法观点论公私协力——挑战与发展》,詹镇荣译,《月旦法学杂志》2010 年第 180 期。

约束、行为取向与理性。是故,责任分配显示出国家与私人间对于公益有实现的共同责任,并将私人纳入,强调国家与私人各自责任分配后的角色和责任,进一步通过责任阶层的区分,来显示国家不同责任下之任务、功能、行为方式以及标准。① 此外,与国家独占公益不同,责任分配是对公益责任的分配,是对国家与私人各自对公益实现的责任。但是,责任在国家与私人间进行分配之后,国家应当对各自分担的公益部分进行整合,特别是担保私人执行公共任务时的公益取向。与此同时,国家虽然可以从自己的给付责任中解放,但是代之而承担的通常是监督的责任,同时还有可能是保证的责任或组织化的责任。② 这些责任分配的思维对于分析公私合作的责任结构或责任要素具有重要的启示意义和直接指导功能。

2. 责任分配对国家角色的意义

责任分配不仅界定国家与私人的角色,而且整合两者的角色与功能。国家在其中扮演着积极的角色,国家针对公私合作中私人部门提供资源的条件和范围加以诱发、促成与居中协调,特别是对社会合作管制等公私合作而言,不只是让其自己承担责任,而且要积极促进、活化社会机制以及自我控制机制功能和资源的开发。国家将公私部门整合在一个让私人部门的社会合作管制能够顺利运作的框架。因此,私人部门在某种程度上也成为公益的负责主体。但是,私人毕竟不同于国家,国家在责任分配中要肩负特殊的责任:一方面,国家应单独承担保护社会及个人自由自主决定的空间;另一方面,国家对公共任务不一定要由国家亲自执行,但绝对由国家担保该任务的达成。也正因为国家责任的存在,才能使此种国家与私人之间合作执行公共任务的内在连接正当化。因此,责任分配是国家和私人之间为达成共同目的下的分工合作,而并不导致国家得从任

---

① 转引自许登科:《德国担保国家理论为基础之公私协力法制》,台湾大学博士学位论文,2008 年,第 77 页。

② 程明修:《经济行政法中"公私协力"行为形式的发展》,《月旦法学杂志》2000 年第 60 期。

务履行之中抽身,毋宁是一种"国家权力行使形式之改变",亦即转而采取以"合作、社会自我管制及政策调控结合"之方式①;与此同时,动态地依据不同主体条件、个案任务特性与需求等因素,将国家与私人整合起来。

3. 责任分配对私人主体的影响

私人在参与公私合作之前,具有基本权利享有者的地位,但是在参与公私合作之后,由于责任分配将责任分配给私人,所以其私人地位也有所改变。具体地说,由于有关国家与私人关系的理解的改变,私人也成为公共任务的承担者,其活动应该受到公益的约束。与之相对应,国家也不再是公益独占者而成为调控者,要在规范层面建立有关法律制度。不仅如此,在基本权利方面,虽然公私合作中私人部门是基于基本权利实现公益,也不改变其基本权的地位,但是私人承担公共任务并实现公益,与一般享有基本权利的地位并不完全相同,并不能完全行使私法自治,而应该受到公益的拘束。在德国,类似的理论还有"波及性正统化责任"——公组织不得藉由将实现公益的过程委诸私主体而规避宪法约束,所以公组织在公私协力之际,应该负责确保民主正统化形成组织的规律如何替代之,这种将由应民主正统化的公组织"波及"至原不须民主正统化之私主体,称为"波及性正统化责任"。② 于是,私主体在公私合作中被分配承担起"波及性正统化责任",也成为公共任务的履行者,其行为活动应该受到公法的监督和制约。

(二)公私合作的责任阶层

根据德国学者 Schuppert 的说法,所谓责任阶层,系指除了以责任分配作为担保国家之运作脚本之外,还以不同责任类型来诠释国家之角色、

---

① [德]Jan Ziekow:《从德国宪法与行政法观点论公私协力——挑战与发展》,詹镇荣译,《月旦法学杂志》2010 年第 180 期。

② 转移自[日]米丸恒治:《公私协力与私人行使权力——私人行使行政权限及其法之统制》,刘宗德译,《月旦法学杂志》2009 年第 173 期。

任务与功能,并藉以诠释国家权力行使的正当化。这种将国家责任以阶层化方式类型为执行责任、监督责任、财务责任、组织责任、程序责任、咨询责任与介入截堵责任等不同类型,而构成一个整体关联之责任结构。也就是说,责任阶层探究国家承担不同任务的密度、可能性或者提供的程度,并且进一步依据不同个别主体互相间在特定事物领域所进行的合作与分工执行公共任务的情形,作调整或分配。① 实际上德国学者对于如何划分责任阶层,有不同的看法,但比较普遍的看法是将国家责任按层级可被区分为履行责任、担保责任及承接责任三个"责任层级"②,或者将国家责任划分为实现责任、保障责任和承接责任。③ 所谓实现责任,或履行责任、执行责任,是指国家必须要自行履行该任务,也就是通过其所属机关或其他公法人机关自行达成该任务,该任务不得委托第三人为之。保障责任,或者担保责任,则是系指在公共任务由私人部门执行时,国家必须负起担保私人执行任务的合法性和合乎公益,尤其是积极促使私人执行任务能符合一定公益与实现公益。承接责任则是指国家在事先的信息掌握以及合作计划的制定上,以及事后对于任务达成的结果的管制与调控,负有一定的权限与责任,具体包括事先的防范与事后的责任。实际上,在担保国家或合作国家图景下,国家不再局限于履行责任而有各种责任形态,比如建议责任、组织责任以及担保责任(暗示着国家担负最后的责任)。

当然担保责任阶层对于公私合作尤具特别意义。其特征为:国家不再独占性地自己履行任务,取而代之者,或为与私人共同为任务之执行,或以——国家规范所引导之——社会自我调控方式履行任务。此际,国

---

① 转引自许登科:《德国担保国家理论为基础之公私协力法制》,台湾大学博士学位论文,2008 年,第 82—83 页。

② 参见李以所:《德国"担保国家"理念评介》,《国外理论动态》2012 年第 7 期。

③ 这是 Reim 的观点。参见胡博砚:《保障国家的概念在德国的发展》,《玄奘法律学报》2009 年第 11 期。

家不再自己，或至少不再独自履行任务，但透过管制措施以担保该任务合秩序地履行。[①] 此外，由于责任阶层系以不同国家责任来表现不同国家任务的密度和方式，并就国家与私人的不同任务领域进行任务分配，所以责任阶层对于约束公私合作中的公共权力，铸造公私合作责任之网意义重大。

四、公私合作的国家担保责任

(一)担保责任与责任要素的关系

如前所述，国家责任阶层或者责任结构可谓缤纷多样，不一而足——诸如整合责任、担保责任、介入责任、框架责任、管制责任、咨询责任、促进责任、组织责任、结果责任等，但是基本上可以分为履行责任、担保责任及承接责任。而这三个责任阶层的地位不尽一致，大体上承接责任是具有补充性质的责任，可以说是担保责任的下位概念，而担保责任则为各类责任的上位概念。诚如有学者所言，"既然已经有了担保责任，再规定补充或接管责任就显得有点叠床架屋"。[②] 由于担保责任是担保国家形成正当责任结构的上位概念，国家担保责任已经成为担保国家的核心，所以探讨担保责任不仅对于完善国家责任具有重要的意义，而且还是完善公私合作责任中的重要课题。比如，公共基础设施的完善一般而言属于国家任务，但是国家并不独占这项国家任务的提供，而是透过特许经营等具体的公私合作方式把国家任务特许私人部门经营。但是，国家对于基础设施应扮演担保的角色，一方面在国家与私人之间的关系应该通过担保责任理念来掌握，另一方面则要以责任阶层与类型来表达其方式、密度及其内容。

(二)国家担保责任的内涵展开

有关担保责任的具体内涵目前尚未达成一致意见，比如有的学者则

---

① [德]Jan Ziekow：《从德国宪法与行政法观点论公私协力——挑战与发展》，詹镇荣译，《月旦法学杂志》2010 年第 180 期。

② 杨彬权：《给付行政民营化后国家担保责任研究》，西南政法大学博士学位论文，2015 年，第 65 页。

认为国家的担保责任可以具体化为监督责任和规制责任。[①] 有的学者则认为,所谓担保责任,就是指国家虽然承担人民生存需求满足的责任,但并不亲力亲为地提供各该给付,而是交由私人履行,国家则对人民承担其享有与法治国和社会国标准之相关给付的担保责任,并基于此等担保责任,对具体提供给付的私人进行担保监督。[②] 一般而言,担保责任的内涵包括备置责任、组织与程序责任、接管责任。

1. 备置责任

从整体上上看,国家担保责任需要从立法、执法、司法等各环节体现出来。所谓备置责任,是指国家为确保私人参与公私合作,必须备置包括行政组织、行为形式和正当程序等在内的引导措施,特别是备置相关法律规范。也就是说,为了确保公私合作的品质和效益,除了国家要建立制定法律框架和法律规则对私人执行公共任务进行必要规范之外,还要在此框架内对私人采取持续审查、咨询、支助、附随的监督等任务和种种活动。为此,国家应该对公私合作的实施过程进行管制与监督。有学者认为,"在公私合作过程中,国家责任由直接履行责任转换到负担保责任和监督责任"[③],对此笔者认为在公私合作中与履行责任对应的是担保责任,而监督责任是担保责任的具体展开。当然,与传统行政法的监督责任不太相同,国家或政府对公私合作的监督将较少采用高权管制,而更多地使用合作管制、契约规制,同时私人主体自我规制优先、政府监管保障型的新监督模式必将兴起。

2. 组织与程序责任

在传统行政法中,行政组织法是确保国家和社会彼此之间的调整和

[①] 参见胡博砚:《保障国家的概念在德国的发展》,《玄奘法律学报》2009 年第 11 期。

[②] 蔡宗珍:《从给付国家到担保国家——以国家对电信基础需求之责任为中心》,《台湾法学杂志》2009 年第 122 期。

[③] 陈军:《变化与回应:公私合作的行政法研究》,中国政法大学出版社 2014 年版,第 199 页。

整合机制,一般只关注官僚体系。但是,公私合作成为时代潮流,国家利用私人来实现公共任务的现象比比皆是,面对这种情形,人们不禁要问:如何形成公私合作主体从而维持任务的公益性?为此,担保责任要考虑公私合作主体虽然是私法组织,但是仍然受到公法的约束,由国家制定有关规范,引导私人组织的组成结构和运作方式。与此同时,程序责任不仅要关注行政程序责任,而且要关注私人的程序责任。一方面,行政程序要公开、公正、平等,国家在程序中要与利害关系人保持距离,要平等、中立地考虑不同的利益,同时要考虑协商程序的运用以及正当程序的"民营化"。① 另一方面,国家应当担保私人在履行公共任务时的程序要求,要考虑在私法中发展适当的程序规定,以担保私人执行公共任务的程序要求。实际上,国家作出履行的责任愈少,对私人履行的程序要求则愈强。我国有学者已经关注到私人主体的信息公开义务的有关问题。②

3. 接管责任

接管责任包括接收责任与铲除责任,均为补充性质的责任。所谓接收责任系指针对公私合作中私人主体发生重大经营不善,国家有加以纠正甚至取代等补充性行为责任。而铲除责任则是针对私人活动的结果或社会市场经济有严重不利公共利益情形发生,由国家进行补救的责任。在我国,接收责任与铲除责任主要表现公用事业特许经营中的临时接管制度。一般来说,临时接管是指行政主体为了维护社会公共利益,在具备法定情形时对特定对象采取的强制性接收和管理行为。按其性质来说,临时接管属于行政即时强制,具有强制性、临时性和即时性特点。③ 目前,我国《市政公用事业特许经营管理办法》以及 10 多个省市有关公用

---

① 高秦伟:《美国行政法中正当程序的"民营化"及其启示》,《法商研究》2009 年第 1 期。

② 高秦伟:《私人主体的信息公开义务——美国法上的观察》,《中外法学》2010 年第 1 期;高秦伟:《对公众获取公用企业信息的法律分析》,《行政法学研究》2010 年第 4 期。

③ 章志远:《公用事业特许经营中的临时接管制度研究——从"首例政府临时接管特许经营权案"切入》,《行政法学研究》2010 年第 1 期。

事业特许经营的地方性法规、地方政府规章对临时接管作了粗线条的规定,对临时接管情形规定大体有三种——在危及或者可能危及公共利益、公共安全等紧急情况;特许经营者违反法律法规规定或特许经营协议约定的临时接管;特许经营者无法继续经营,申请解除特许经营协议约定的临时接管等①,而对临时接管的机构组成、接管权限、接管程序等问题,则鲜有涉及,有待于立法的进一步完善。

第二节　公私合作的担保行政法

一、制定担保行政法的必要性

根据历史进程和视角,行政法可以划分为秩序行政法或干预行政法、给付行政法等不同类型。这些不同类型的行政法对于规范和控制行政权,推动法治政府建设,无疑发挥了重要的作用。这也是与当时行政任务由国家或政府垄断的这一行政状况相符合的,但是如今,我们走进了一个公私合作的最新时代,公共任务不再由国家或政府垄断,而越来越频繁地由私人部门(或私人)与公共部门(或国家、政府等)共同合作完成,公私合作"混合行政"由此诞生。在此情形下,如果沿用传统行政法律制度来调整公私合作这一新型活动,人们就会发现无论是干预行政法还是给付行政法,都存在一系列法律调整的弊病。为了更好地规范和调整公私合作活动或者公私合作关系,我们有必要构建担保行政法这种"新行政法"。

---

① 分别参见《市政公用事业特许经营管理办法》第 10 条第 1 款第 6 项;《上海市城市基础设施特许经营管理办法》第 40 条(因经营者违法违约提前收回)和第 38 条(经营者提出提前终止)等有关规定。

(一)现代国家图像向担保国家演进的现实需要

诚如英国学者鲍桑葵所说"国家是人类精神的形形色色的化身"[1]，人们对于国家至要的精神体现就是国家图像。面对不同时代的同一国家以及同一时代的各国，人们从理论上可以塑造出不同的国家图像。而不同的国家图像对应的是不同类型和不同功能的行政法。自从 19 世纪末西方国家放弃"夜警"国家图像和有限政府理想，接受干预国家的模型以来，国家积极介入到国家及社会公共事务；当时国家一般不与私人合作，更多地把私人看作是权力宰割的客体。与当时干预国家的图像相适应，国家倾向于采取"硬法"的手段对私人进行命令、禁止以及制裁。当时的行政法普遍体现出一种强硬过度而柔性不足的色彩。另外干预国家图像下法律的另一重要特点是法律结构中公法比重大，公法色彩浓厚。这一点在我国表现尤为突出，"重刑轻民"、行政与司法合一等特点已经显示我国法律结构中公法规范偏重，而私法规范不足，更不要说私法规范在公法领域的大量运用了。笔者认为，与这种干预国家图像相呼应的行政法只能是干预行政法或秩序行政法，是以"硬法"为主要规范的法和以公法为结构重心的法。而在社会法治国中，需要重新调整国家的目的与功能，提供人民基本生存照顾的任务成为国家主要任务，由此也改变了行政法的方法和行政法规范的功能，导致行政法总论的产生。

自 20 世纪七八十年代以来，各国"政府失灵"促使人们开始反思国家垄断公共管理事务的正当有效性，于是，诸如以公私部门的合作、国家与社会的合作、公私伙伴关系、任务部分私人化等繁杂语汇表示相同主旨的"公私合作"（PPP）等成为新的改革举措和当今时代的最强音。在此情形下，国家主流图像由此得到进一步转换，合作国家、担保国家图景得以显现在人们面前。从国家图像与规范类型学的观点看，不同国家类型有不同的规范类型。在德国，学者们一般认为，与干预国家等国家图像不

---

① ［英］鲍桑葵:《关于国家的哲学理论》,汪淑钧译,商务印书馆 1995 年版,导言。

同的是,担保国家是以国家负担保责任,以责任分配为前提,并以管制之自我管制为概念的国家图像。也就是说,在担保国家图像下,国家的角色是一个担保人,并以责任分配方式,采取不同于以往由国家自己执行公共任务的方式,而是将有关公共任务的责任在公共部门与私人部门之间进行分配。担保国家理论中的责任分配方式特别是国家担保责任,不仅是一种政治理论学说,为诠释公私协力法治担保提供了重要前提①,而且具有宪法和法律基础,需要通过立法、行政、司法救济等方面表现出来。总之,担保国家理论的兴起对行政法治的影响首先表现为行政法律制度变革的规范性要求,原有行政法形式和功能的演变以及"担保行政法"这种新行政法类型的建构,由此可见,有关国家图像与行政法模式的贯通性可谓由来已久,历久弥新——一旦国家图像发生改变,新的规范要求随之产生,行政法新模式也随即呼之欲出。

（二）秩序行政法、给付行政法困境的时代呼唤

在以往的行政法中,无论是针对危险预防所建立的秩序行政法,还是现代社会福利国家承担对人民生存照顾任务所建立的给付行政法,都存在共同的缺陷,即仅仅立于国家一方的观察面向,忽视私人部门的功能;注重对个别行为类型制定规范依据;是以"硬法"为主要内容的法;是以公法为结构重心的法;等等。但是,面对当今公共部门与私人部门合作完成公共任务的新时代,传统的秩序行政法或给付行政法都产生了困境。虽然行政私法理论的提出在一定程度上缓解了这种困境,但是行政私法仍然可以归属于给付行政法范畴,而其对社会合作管制主体的法治化方面也显得力不从心。面对这种新形势,我们需要在秩序行政法、给付行政法之外,型塑第三种行政法治类型——担保行政法。在某种程度上,担保行政法是基于公共部门与私人部门实现公共任务这一现实根基,着眼于

---

① 参见邹焕聪:《论公私协力的公法救济模式及体系现代化——以担保国家理论为视角》,《政治与法律》2014 年第 10 期。

公共任务与私人利益的整合,以担保公共利益的实现所发展出来的最新行政法治类型。因此,担保行政法契合了当今时代公共任务由公共部门与私人部门共同完成这一时代背景,具有无限的发展潜力。但是,值得注意的是,作为行政法的第三支柱,担保行政法并非完全取代传统的秩序行政法和给付行政法,它只是针对公私合作这种新实践所构建出来的新型行政法类型。可以说,秩序行政法、给付行政法的自身约束困境呼唤着担保行政法的诞生,而担保行政法又势必为实现公私合作的法治化提供了新的法治模式和新的行政法律规范选择空间。

(三)实现传统高权管制模式转型的内在要求

随着历史的发展,一度被誉为颇具"令行禁止、执行力强"这些优点的高权管制日渐式微,"当今我们面临一个尖锐的问题,即管制困顿日益增长"、"僵硬的、反应迟钝的控制,破坏了管制的合法性,削弱了管制机关对公众的责任"①。为了解决这些问题,西方国家普遍采取了放松管制等策略。然而它仍属于以国家或政府为中心、以公众为边缘的"中心—边缘结构"型改革,国家无疑是主角、其他主体是配角,"无论公众在人数以及对社会治理的事务的量达到什么样的程度,都没有改变政府的中心地位"②,并且在既定的行政官僚体制未变的情形下,虽然我们不能一概否定公众参与对于推动民主行政、参与行政的重要意义,但是公众意见实际作用的发挥仍然依赖于行政法的日臻完善。实际上,在西方国家,与放松管制模式相呼应的行政法律制度已发生了明显的变化。

而今身处一个公私合作的时代,传统高权管制日益向合作管制模式转型。管制模式不再拘泥于国家的高权或中心地位,而是采取所谓的"分散的脉络管制"或"工具化之社会自我管制",其出发点仍是国家与其

---

① [美]理查德·斯图尔特:《21 世纪行政法》,沈岿译,载罗豪才主编:《行政法论丛》(第 7 卷),法律出版社 2004 年版,第 435—436 页。

② 张康之:《行政伦理的观念与视野》,中国人民大学出版社 2008 年版,第 353 页。

他主体对等之多中心结构①。笔者认为,从合作治理的理念来看,合作管制的基础与其说在国家合作管制(按照政府与社会的中心—边缘模式构建的国家层面的合作管制),还不如说在社会合作管制或社会合作规制(立于社会层面的合作管制)②。尽管社会合作管制与社会自我管制有许多相同之处,后者可以说是前者的基础,前者是后者的扬弃,但前者的理念更高,更能表达"合作"的意涵;主体更广,不仅包括社会主体,还包括国家或政府;范围更大,并有不断扩展的趋势;措施也更复杂,不仅包括社会主体的自治性措施,而且包括政府强制性措施与非强制性措施。社会合作管制的基本精神在于不断探索社会自我管制体系完善的同时,亦应从合作管制的视野来探讨私人主体与国家间的角色变迁与合作治理问题。社会合作管制具有极大的包容性,它根植于社会实践,试图探讨真实管制世界有关问题的解决之道。

合作管制模式的兴起,意味着传统的管制主体、管制行为、管制依据等都要进行相应的重大改变,而这些都要通过特定的行政法治模式来保障,预示着一种新的行政法产生之必要性和迫切性。实际上这种合作管制模式是推动行政法类型转换的重要基础,因为合作管制下的社会合作管制主体,实际上是一种新型的组织型公私合作。可以说,组织型公私合作推进了传统高权管制模式向现代合作管制模式的转换。而要实现这种转型,关键在于要将与高权管制模式相适用的行政法类型转换为与合作管制模式相适应的新行政法种类——即担保行政法。也就是说,在这种新的行政法律规范中,虽然国家不再负责履行具体行政任务,但是由于国家并非放弃不管,而应该依据国家与私人间在特定任务领域的政策决定以及依此决定所形成的管制机制,进行所谓的"脉络性管制",进而型塑

---

① 张桐锐:《合作国家》,载翁岳生教授祝寿论文编辑委员会编:《当代公法新论(中)——翁岳生教授七秩诞辰祝寿论文集》,元照出版有限公司2002年版,第578页。
② 参见邹焕聪:《社会合作规制的运作机理与行政法治回应》,《行政论坛》2013年第3期。

彰显担保国家理念的担保行政法。

二、域外担保行政法的基本特色

虽然公私合作风靡全球,但是令人吃惊的是,迄今居然没有健全的法律框架来规范公私合作的运作,即使在美国,一个对公私合作进行授权、管理和指导的整合性法律框架仍然缺乏。① 而在大陆法系国家,德国法学界对公私合作的法律规制逐渐发展出来了颇具特色的担保行政法,其归纳的法治经验尤其值得我国借鉴。按照德国学者 Schuppert 的初步界定,所谓担保行政法,系指国家负担保责任,以责任分配为前提,并以管制之自我管制为概念的管制立法。这种立法应该考量社会自我管制的方法、规范特性和规范需求,由立法者规定国家不同管制机制、行为方式、组织与程序,即代表着国家理解变迁——以担保国家为理解下位法规范功能的转变。② 作为担保国家理论的法治表现,德国担保行政法主要具有以下基本特征及经验:

(一)框架立法的特色明显

无论是在概念、学理和制度方面,还是在法律规定方面,公私伙伴关系都处于法律的灰色地带,德国行政法没有出现为行政合作法所必要的法典化。③ 但是,我们仍然可以发现公共部门与私法人合作应当遵循的最低标准,比如平等对待、歧视禁止和透明度等,德国行政法在规范公共服务发包以及其他各种形式的合作方面形成了一系列与传统行政法不同的框架立法,而这正是体现了担保行政法的重要特色。德国学者阿斯曼总结公私合作行政法治的基本原则之一便是"以法律规范目标与框架但

---

① Katharine Southard,"U. S. Electric Utilities:The First Public-private Partnerships?",Vol.39 *Public Contract Law Journal*(2010),p.399.

② 转引自许登科:《德国担保国家理论为基础之公私协力法制》,台湾大学博士学位论文,2008 年,第 149 页。

③ [德]汉斯·沃尔夫、奥托·巴霍夫、罗尔夫·施托贝尔:《行政法》,高家伟译,商务印书馆 2007 年版,第 458—459 页。

不作僵化的规定,借此建立其架构"①。这种框架立法系管制立法,是针对多主体之间的权限分配或任务分配所形成的规范结构立法。其基本内涵是:框架立法无疑当属广义的国家立法,需要遵守法律最低限度的要求(比如明确性要求等),但是与一般立法不同的是,并不需要详细加以规定,而只是对主要的部分进行规范,只要具备相关原则性与必要规定即可;框架立法不仅是在中央与地方对立法权进行分配的立法,比如为了达成公私合作中私人行使权力的正当性,应该正确理解国家角色的基础上,制定功能适当的法律框架,如在中央机关层次,德国联邦被赋予的立法权能,就行政形式、决定的类型、人事、预算法、组织法、程序法等法律框架之整体配置,应有适当的规范上安排,而且更为重要的是,也是在立法与行政之间作权限与任务分配的立法,正因为如此,框架立法往往赋予行政机关自由裁量权,以便由行政机关进行调控。德国学者认为,框架立法是一种国家管制之自我管制的表现与规范形式,在法律层面赋予私人有一定的自主空间,其私人规制行为系为国家所许可,但需要依照法定目的行事,规范结构由此形成了国家管制之自我管制的结构。不过,国家管制之自我管制实际上是合作管制之义,而合作管制可以从管制模式、公私合作类型等多种角度分析,所以不能将担保行政法仅仅局限于合作管制的应对措施。而在公法层面将私人活动自主空间活动纳入行政法律规范之中,并且遵循辅助原则实现行政法的转型,对于规制公私部门合作完成公法现象并作出谦抑性的立法选择颇具意义。

(二)公私法区分的相对化

德国传统的行政法体系是建立在公法私法二元区分的制度基础之上的,因为"如果要使公共利益与私人利益持续地同时并进,那么必须维持

---

①　[德]施密特·阿斯曼:《秩序理念下的行政法体系建构》,林明锵等译,北京大学出版社 2012 年版,第 164 页。

国家与社会的运作能力以及两个系统各自的特性"①,而当今公私协力则要求去中心化、委外化、私法化,在许多行政法领域履行已不再由行政机关单独完成,而是行政机关与私人共同完成,比如德国经济行政机关往往通过被授权私人、行政助手及公务协助人等来实施经济行政任务②,并以多层次的调控框架来决定。在此背景下,传统的公私两域截然分野日趋模糊,公私法区分情形日益相对化。在公私合作中,人们往往对公权力委托契约、特许经营契约、政府外包契约以及行政助手契约等的性质争论不休,这说明在公私合作契约中公私法交融的程度更高、公私法越来越相对化。为此,除了以行政私法理论来说明有关问题外,德国学界还提出了所谓的"私行政法"理论,以处理基于公共部门的行为与私人部门的行为连接的现象。"私行政法"是公共部门与私人部门在责任分配运用的领域,形成一个在目前行政法的三个分界:公法—私法—行政私法以外的不同的行政法领域。与传统行政法只针对行政活动一方进行管制不同,有必要在整个规范结构中考量国家担保公益实现的问题,这不仅已经并非法政策的考量,而且应在规范框架中对私人的自主活动有特别加以公法上思考和加以特别规定的必要。③ 然而,无论是在"私行政法",还是在行政私法中,传统意义上公法与私法不再是两条永不相交的平行线,而是殊途同归。因此,问题的关键不是严苛地捍卫公法与私法二元区分,而是容许藉由衔接,彼此形成一有层次的光谱。而这种"衔接"将进一步整合公私法各自的功能,连接不同法秩序的优点,提升整体法律体系或制度运作的能力,促进公私法的进一步交融,形成公私法结合的网罗法制。

---

① [德]施密特·阿斯曼:《秩序理念下的行政法体系建构》,林明锵等译,北京大学出版社 2012 年版,第 164 页。

② 参见[德]罗尔夫·施托贝尔:《经济宪法与经济行政法》,谢立斌译,商务印书馆 2008 年版,第 501—505 页。

③ Vgl.Eberhard Schmidt-Aßmann, Das Allgemeine Verwaltungsrecht als Ordnungsidee, 2004, S. 296.

（三）阶段性管制规范的凸显

担保行政法是在国家与私人间进行责任分配后,针对公私合作中私人执行公共任务的不同模式而创设的法律规范。国家立法机关应以框架立法为视角,就各个主体之间水平责任进行观察,对不同主体之间的权限、责任、任务分别加以规范,而且要对不同管制阶段进行垂直责任的观察,进行阶段性管制的立法。仅就民营化型公私合作重要类型——特许经营而言,其立法并非一次性完成,而是伴随着结构性立法和行政行为。也就是说,规范特许经营的立法并非仅仅是特许经营是否允许,还应该囊括特许的程序、特许的执行等方面的法律规则。依据阶段性管制立法的思维,可以将特许经营区分为规划阶段、执行阶段以及结果阶段等几个具体的阶段,而每个阶段都有不同的法律要求。在规划阶段,要对实施特许经营的领域、特许经营的具体方式、规划私人进行特许经营的具体条件以及有关评估要求等进行法律规定;在执行阶段,要对私人履行进行监督的措施、监督程序等进行立法上的规定;在结果阶段,要对特许经营的接管、后续监督以及救济措施等进行立法。当然就不同种类的公私合作而言,其阶段性管制的立法需求也不尽一致,为此,需要根据公私合作的不同种类,进行有针对性的阶段性管制立法。而这种以阶段性管制为理念的立法,正是担保行政法的重要特色之一。

（四）国家担保责任规则的兴起

在德国行政法,担保责任的概念有其特殊意义:当行政——通常在法律赋予的空间里为促进公共福祉而致力于将公共任务交由私人来承担时,即产生担保责任,它是由国家与社会共同将公共福祉加以实现的过程。① 而这种担保责任,实际上是国家担保责任,它并不等同于私法上的担保责任。国家担保责任的担保对象是国家或政府对公私合作中私人或

---

① ［德］施密特·阿斯曼:《秩序理念下的行政法体系建构》,林明锵等译,北京大学出版社 2012 年版,第 163 页。

私法人行为实现公益的担保,对于私人而言,公私责任分配意义的责任必须通过契约或法律规定才能转移到私人,而且相对于行政机关对于公共福祉所负之第一责任而言,私人责任处于第二线地位。同时,国家担保责任的义务范围局限于"担保",原则上对私人在公私合作中本于基本权主体所为的自主决定,国家角色限定在立法框架的型塑、行政监督和促进,以使私人的给付能保持在公益的轨道上,因此国家的担保责任既是角色,又是义务,还是界限。总之,国家担保责任强调的是国家必须提供完整适当的公私法交错适用所形成的规范框架,使得国家设定的目的——公共利益,能通过公私合作中私人的行为而得以实现。国家担保责任,体现了担保国家图像及理论的实质内容,这也是担保行政法与行政合作法分野的关键所在。从这个意义上说,只有充分展示国家担保责任的原则和规则,才能称之为担保行政法。在德国,担保责任法将许多实定法、在各该领域的行政法律中已经采用的方法加以整理成为一种新的法律制度,而它也必须成为担保行政的法律。由于担保行政法即使在德国也不是一个完全封闭的概念,尚有许多开发性空间,所以德国有关担保行政法的说法不一而足。德国学者 Voßkuhle 认为,担保行政法在目的、架构性规定下,尤其应着重于程序法上及组织法之设计,相关的法律内涵包括:(1)规范相关手段,以确保私人给付提供的质量及结果;(2)规范私人合作对象之程序以及确保其质量之程序;(3)规范竞争者、使用者及消费者之间的第三人保护机制;(4)设立相关机制,以担保进行必要的创新与学习意愿;(5)赋予国家有效的撤回选择权。① 由此可看出,Voßkuhle 主张的行政法律原则及规则主要是针对公私合作的特殊性,从国家对私人承担担保责任而总结出来的法治经验。

综上所说,在大陆法系的德国,作为调整公私合作的法律制度,担保

① 参见[德]施密特·阿斯曼:《秩序理念下的行政法体系建构》,林明锵等译,北京大学出版社 2012 年版,第 164—165 页。

行政法虽然远未完美,但是它已经显示出诸如框架立法的特色明显、公私法区分的相对化、阶段性管制规范的凸显、国家担保责任规则的兴起等不同于传统行政法的基本特色,标志着德国行政法发展的最新阶段。

三、我国公私合作的担保行政法构建

在某种程度上,域外经验的审慎对待往往成为构建的基础,德国公私合作的法治经验是构建我国公私合作的担保行政法的逻辑起点,而法制构建是一个长期的中国化过程。这是因为,公私合作担保行政法的中国建构,不能脱离制度变迁的特质,也不能忽视发展接纳的特性。因此,作为调整公私合作的担保行政法可谓处在一个可讨论和可塑造的环境中,尤其需要行政法学者等公法学者的贡献。国内有学者认为以"合作性民营化"为主体的民营化浪潮挑战的不仅有直接涉及民营化的各种具体制度和法规,更对于政府机关的组织、权限乃至于整体意义上的行政法制提出了挑战。[①] 而变挑战为应对,化困境为机遇,发展与公私合作相适应的担保行政法是一种可行的路径。为此,要确立起担保行政法在我国行政法理论体系中的地位,对其内容和形式进行推陈出新;同时,鉴于现有的行政法律原则、规则等尚存明显的缺憾,只有经过对建构路向予以理性论证与定位之后,方能有效地进行制度设计。基于上述对德国担保行政法的实践经验之理论定位,结合我国行政法实际,笔者认为我国建构担保行政法的空间和路向应为在立法框架上,"私行政法"比重提升;在法律性质上,公法与私法功能互补;在规范体系上,"软法"、"硬法"兼施;在规则内容上,行政担保义务为调整重心。

(一)在立法框架上,"私行政法"比重提升

与传统行政法只考虑行政活动、只对行政活动进行规范的立法思维不同,担保行政法的立法思维是要在规范框架中对私人部门的所谓自主

---

① 参见刘飞:《试论民营化对中国行政法制之挑战——民营化浪潮下的行政法思考》,《中国法学》2009年第2期。

活动也应该加以公法上的思考,并有必要对其进行特别的规定。笔者认为,在社会合作管制领域,私人部门或社会部门基于社会自治,有权对社会公共事务甚至国家事务进行管制,可以依照自由权等基本权利进行行事;而且可以自定规则,采取如同契约等方式进行自我治理、自我服务、自我管制。因此,社会合作管制作为公私合作的一种模式,首先是进行自我管制基础上的合作管制,私法规则无疑是这种合作管制的首选。在其他的公私合作领域中,比如民营化型公私合作中,公权力受托人、特许经营者等首先也是一个私法组织或者个人,而且在不行使公共权力之时无疑仍然可以基于其基本权利进行活动,即使在行使公权力时,也应当考虑到私法原理和私法规范的适用。但是,由丁公私合作涉及公共利益,因此不能放任私法自治,要对私人履行公共任务的活动加以特别考虑,要受到公益的约束。其实,行政法学界对于这个问题并不陌生,在当今时代,对私人在民事活动中要受到公益的约束,将公序良俗等强制性规范适用于私人的行为已相当普遍。随着公法的私法化和私法的公法化,私人活动受到公法的规范和制约。

但是,担保行政法并不局限于历来的私法公法化,而是运用责任分配所形成的特殊法制。如前所述,德国已经在公法—私法之外,形成了行政私法和"私行政法"领域,这种划分尤其值得我国借鉴。笔者认为,行政私法,系以私法方式达成行政任务,应该遵守依法行政的基本原则和规则,并受私法的规范和约束。这种以私法方式实现公法任务为特征的行政私法理论由于契合当今公法私法化、公私合作治理的时代潮流,所以必将在我国行政法领域中广泛展开。① 进而言之,如果说行政私法理论的产生,在于国家或政府等公权力部门选择私法形式行为不得主张私法自治,仍然需要受到其原有任务领域中公法规范的拘束,以避免公益流失和

① 邹焕聪:《行政私法理论在合同制度中的展开——论行政私法合同的内涵、性质与界分》,《现代法学》2010 年第 3 期。

亏空,那么与之相适应,在责任分配领域,将进一步产生不同的规范领域——"私行政法",其要旨在于具体落实担保国家理念,并在以责任分配所形成公法与私法交替形塑之规范结果中,私人也受到公益的拘束,国家或政府等公权力部门有必要在整个规范结构中处理公益维护的具体问题。在私行政法中,必须考虑私人履行或者与国家合作履行行政任务时公益实现或第三人权利保障问题。围绕责任分配,立法者不仅赋予公共部门承担有关担保责任,而且就私人部门实际履行行政任务的行为进行特别规定,比如提供给付的功能标准、品质,对私人组织与决定程序的要求等。由此,基于民主正当性和基本权保障,发展出一套私组织法、私程序法以及私行为法等日益显出其重要性。借鉴日本学者米丸恒治总结的说法,对于统制公私协力的"私行政法",应当具有以下各项要求:一是中立性以及超出于利害关系之独立性;二是确保适当处理事务所需的资质、能力及设备;三是保障利益关系者均等之表述机会及平等之衡量;四是平等对待,具备声明异议程序;五是意思决定过程之透明性。并且认为,要求私主体具备此等要件之程度,随委诸私主体权限与责任的强度与性质而不同,不得一概而论。① 这种观点虽然不能直接拿来即用,但它对于厘清我国公私合作的公私部门之间的责任分配关系,注重从民主正当性和基本权保障等方面构建"私行政法"无疑具有一定的启示意义。

由此可见,在担保行政法中,公法与私法两个法秩序得到结合,并且在公私法网络法律关系中,私人部门从事有关行政任务时必须考虑公法规定来补充修正私人的自主行为、组织与程序,以避免其负面效果和确保公益的实现。当然私行政法的具体内容应该如何发展以及与传统行政法的关系如何,都有待于进一步的讨论。但是,作为行政法的重要组成部分,担保行政法并非只有德国独此一家。实际上,担保行政法的思想在其

---

① ［日］米丸恒治:《公私协力与私人行使权力——私人行使行政权限及其法之统制》,刘宗德译,《月旦法学杂志》2009 年第 173 期。

他国家也有程度不同的表现。比如美国学者乔迪·弗里曼认为任务民营化并不是要放弃问责、正当程序、平等和理性这样一些民主规范——像一些对民营化的批评者所担心的那样;相反,它或许将通过像预算、管制、契约等手段把上述规范扩展至私人活动的领域中。并且认为将公法规范的遵守扩展至提供服务的私人活动者,将是对传统做法的一种扩充。① 无论是德国的私行政法,还是美英的将公法规范扩展至私人活动的思想,都说明在传统的公法规范关注对公共部门的法律制约之外,还要对单独或者与公共部门合作履行行政任务的私人部门进行公法的规范,并对私人部门提出了特殊的公法规范要求,而这就是私行政法的精髓所在,也是我国在构建相应行政法律制度时需要考量的重要议题。

(二)在法律性质上,公法与私法功能互补

在公私合作中,借助私人来提供公共产品或者公共服务旨在提高行政效率和服务水平,但是,如果完全由私人以民事责任的方式承担责任,则有可能导致国家或政府责任"卸载"、行政"遁入私法",成为公法、私法都不能照顾的"流浪儿",而这显然与作为典型公法性质的传统行政法存在很大的张力。与传统行政法不同,担保行政法深受国家担保理念的统摄和影响,不仅包括纷繁复杂的公法概念、原则及规则,而且也涵盖了数量众多的私法规则与原则,从而构成公私法交错的法。担保行政法对传统干预行政法、给付行政法的二元论具有极大的挑战功能,公私法在其中不再截然分立,而是在功能上互相补充、体系上互相融合,形成公私法混合规范的局面。

由于在公私合作中,公共部门与私人部门合作实现的不是一般的私人任务,而是关乎国家或社会公共利益的任务,所以,为了确保公益的实现,公私合作无疑应该受到民主法治国原则、基本权保障以及其他公法规则的

① 参见[美]乔迪·弗里曼:《民营化时代的公共价值:通过民营化来延展公法规范》,载[美]彼得·H.舒克编:《行政法基础》,王诚等译,法律出版社2009年版,第292、293页。

约束。也就是说,为了规制公私合作,担保行政法赋予公共部门有关监督权力和必要的干预手段,并应该严格遵守公正、公开与透明的原则,平等地顾及可能的利害关系甚至利益冲突。但是,另外,担保行政法又强调公法与私法功能的相对化,并将公私法的功能加以整合。比如对于社会合作管制主体等公私合作主体而言,更加注重私人主体资源的利用,将私人的利益考量与公共利益的实现结合起来,更加注重私法自治等原则和有关私法规制的运用。由此,虽然公法与私法仍然属于不同的法秩序领域,但是,为了实现公私合作完成行政任务的目标而公私法一起被纳入了一个整体框架之中,形成了公法、私法交错适用的情形与互相补充的关系。

有关担保行政法中的公私法的功能整合,还需要注意以下几点:一是公私法秩序的一体性。公私法的结合是基于公法与私法的长期区分而言的,是将不同主体的不同法律规范进行功能上的整合,但是,无论如何,它们都是整个法治体系中的次级体系,而不应相互分立、互不相容。二是公私法结合方式的多样性。公私法可以针对不同的公私合作情形发展出不同的结合方式,当然其前提是确保公法、私法各自的规制特性。三是公私法规范的网罗性。也就是说,担保行政法之所以要结合公私法原本功能各异的法律规范,对公私合作加以实体约束,关键就在于充分发挥公法、私法各种的功能与特色,并将各自的优势加以整合,具有"网罗规范"的性质。一旦公法规范缺失,或者私法规范更有利于约束公私合作时,担保行政法势必有必要在公法与私法之间进行选择,以发挥最大的规制效果。

(三)在规范体系上,"软法"、"硬法"兼施

作为行政法的主体部分,行政法规范是通过一定标准对各种行为的规范,是规定人们可以做什么、不可以做什么、必须做什么的规范。依我国行政法理念,行政法规范包括构成行政法总则的规则,还包括构成部门行政法的规则。[①] 当然行政法规范体系也可从"硬法"和"软法"的角度

―――――――――――

① 张淑芳:《论行政法规范的援用》,《中国法学》2005 年第 6 期。

进行建构。在传统的行政法中,国家基于高权主体的地位,大力使用"硬法"去管制,依赖国家强制力保障实施有关任务。而随着公私合作的兴起,非强制性手段与日俱增,不仅国家法"硬法"逐渐向"软法"转变,而且公共权力组织更乐于采取大量的软法去达到相同的任务,由此行政法规范体系发生了重大嬗变。软法是一个事实上存在的可以有效约束人们行动的行为规则,而这些行为规则总体上不直接依赖于国家强制力的保障,它具有规则形成主体的多元性、表现形式的多样性、内容的自律性激励性、过程的开放协调性、效力的软约束性等;自律规范、专业标准、政法惯例、公共政策、弹性法条等都是软法的载体形态①。当今软法与硬法有合而为一的发展趋势,以前的单一硬法规制和单一软法规制都不能全面适应公共治理的需求,软—硬法混合规制日益成为重要的规制模式②。实际上,软—硬法混合规制由于体现了当今国家图像的转型,同时体现了合作治理的要求,已经成为担保行政法的重要特色之一。

笔者认为,软法、硬法混合法在担保行政法中的地位和作用不尽一致,形成了特殊的法律规范结构。比如对社会合作管制主体等次生型公私合作主体及其行为而言,使用软法进行约束更为普遍、更为适合。此外,软法有进一步进行划分的必要,它可划分为国家软法、社会软法、国家与社会合作的软法。国家软法是指由国家制定、认可的软法规范,比如政党政策、行政政策、司法政策等;社会软法指称有社会主体制定、默许、认可的成文和不成文社会规范,比如自律规范、行业标准、社会惯例等;而国家与社会合作的软法指的是国家与社会合作制定或认可的制度规范,比如双方合意制定的规则、协议以及其他标准、规范等。社会合作管制以软法和硬法为管制依据,一般而言首先是指以软法为依据,其中的软法就包

---

① 参见罗豪才等:《软法与公共治理》,北京大学出版社 2006 年版,第 6—7、189—203 页。

② 参见罗豪才、宋功德:《软法亦法——公共治理呼唤软法之治》,法律出版社 2009 年版,第 438—441 页。

括这里所说的国家软法、社会软法、国家与社会合作的软法。至于各种软法之间是否存在优先顺序之分，是一个尚待研究的挑战性话题。

而在软法与硬法之间，担保行政法的规范依据存在优选次序的问题。在公私合作大多数领域，应该按照法定或约定情形进行选择软法、硬法；没有法定或约定情形的，则在软法—硬法之间，优先选择软法规范；如此时软法与硬法相冲突，则无疑应该选择硬法。应该说，这一依据的选择顺序体现了行政法的辅助性原则的实质和精髓。这种软硬兼施、刚柔并济的混合法机制，为担保行政法提供了"行动中的法"和活生生的规则，有利于弥补单靠软法和单依硬法可能产生的缺陷，充分发挥两者协同治理的功能。当然对于基于社会治理路径转换而来的公私合作主体的行为规则方面，如果其领域原属于社会自治领域，应首选软法规范；如果没有软法规范，则选择适用硬法规范。之所以作如此选择，是因为这些领域具有自我管理、自我约束的功能，国家尽量不介入或少介入，或为社会规制创造良好的制度条件和法律保障。比如，社会软法中社会惯例作为一种"自发秩序"的习俗中生发而成的非正式规则规范，其最深沉的原因在于每个人具有"共同的道德自觉"，道德自觉的结果是"因为大家都在做 X，你自然也会做 X，且在大家都在做 X 的情况下，你的最好选择可能也是做 X"①。这种"共同的道德自觉"下的行为选择，可作为规范公私合作的担保行政法不成文规则内容。

（四）在规则内容上，行政担保义务为调整重心

与传统行政法规范行政权不同，担保行政法是以行政担保义务（责任）即国家或政府担保义务（责任）为调整实质的法。② 而过去无论是传

---

① 韦森：《人类的道德禀赋与社会惯例的自发生成——从萨格登的〈权利、合作与福利的经济学〉谈起》，《学术月刊》2008 年第 6 期。

② 由于"责任"一词在法律文献中具有不同的涵义，笔者所指的行政担保责任，与德国学界使用的国家担保责任相似，其实质上基本等同于国家担保义务。为了与民事担保责任相呼应，本书仍使用行政担保责任，并视其与行政担保义务基本为同一概念，特此说明。

统的干预行政法,还是给付行政法,其本质都是规范和控制行政权力的法,或者是平衡行政权力与公民权利的法,或者是有关行政权运行的法,诸如此类说法,不一而足,但是它们有一个共同的特点,那就是将行政权作为规范的对象。同样地,要将某种规范或规则定位为行政法规范,首先要从内容上看它到底是不是与规范或控制行政权有关的规范。但是,在公私合作这种新景象中,传统的行政法存在"规范失灵",而需要制定着眼于调整行政担保义务或者责任为实质的法。也就是说,新行政法将不再以行政权或者说主要不是以行政权为观察对象,也不是以所谓的担保权或其他权力为观察对象,而是重在国家或政府等公共部门在其中承担担保义务角色的思考面相。由于公共部门在公私合作中,并不像传统公共产品或公共服务由行政机关自己履行,而将公法任务的履行责任分配给私人,且公共部门也不能当甩手掌柜,将责任推卸,而应该承担其公法任务由私人部门履行时的公共利益担保责任。这种担保责任,既是一种义务,又是一种角色。虽然担保责任并未弃权力于不顾,但是在权力—义务之间,担保行政法规范显然重在调整国家或政府等公权力部门承担担保义务的法,而不是重在规范包括担保权在内的公共权力的法,虽然有关后者的规范也不可或缺。这种调整风格和特色将使得调整公私合作的行政法制呈现出一种担保行政法所特有的风貌。

从前述立法框架、法律体系、性质也可以看出,调整公私合作的担保行政法不同于干预行政法、给付行政法,这点似乎无需赘述,而担保行政法与一般民事担保法的关系何在,则需要进一步从实质内容上来考察。因为与其努力地比较不同部门法的法规范之间的形式异同,不如寻找它们之间的实质异同到底何在。应该说,行政担保责任(即行政担保义务)理念萃取了民事担保责任的理念和精华,并深深扎根于民事担保责任:(1)行政担保责任强调公共服务或公共产品由私人或市场主体提供或给付,其中国家或政府可以看出是私人或市场主体与广大消费者、公众之间合同之债的担保者;(2)与民事担保中担保债权人权益实现一样,行政担保责任旨在实现广大消费者和公众的权益进而更好地实现公共利益；
(3)行政担保责任要求国家或政府转变职能和角色,尊重市场机制和充分发挥市场机制的决定性作用,只有当市场主体无法提供相关给付之时,国家或政府责任方才显现,这与民事担保中一般保证的债务偿还先后顺序的原理是一致的。然而行政担保责任理念与民事担保责任却存在以下差异:一是责任角色不同。与民事担保需要在担保人和债权人之间签订担保合同不同,国家或政府担保中国家或政府并不签约,其所涉角色义务更为抽象和天然。二是本质范围和顺序不同。与民事担保责任需依约对债权人履行不同,行政担保责任更多是对公共任务履行责任的对称;而且与民事担保人和债务人不直接发生关系不同,作为担保者的国家或政府承担担保责任的第一步却是直接和市场主体发生的,即通过契约的治理和建构对契约的审慎的政府规制体系来进行;只有在第一步失效的前提下,才会发生担保责任的后续步伐,比如接管手段等。三是责任免除不同。与民事担保责任可以在某些法定的情形下得到免除不同,行政担保责任是"永不消逝"的担保人,其最终的担保责任不会被免除。由此可见,在构建中国的担保行政法时,一方面需要注意其国家或政府担保的实质内容与民事担保责任存在一定的联系,但是另外一方面更要把握公法担保责任与私法担保责任的本质差别,这是在构建公私合作的担保行政法时不得不对国家或政府公益担保者角色义务流失难题加以特别关注。

需要说明的是,担保行政法作为具体化国家或政府担保义务的法,它还蕴含特殊的义务结构。在传统行政法所调整的行政权中,一般可以划分为决策权、执行权、监督权三种权力,而完善决策权、执行权、监督权既相互制约又相互协调的行政运行机制仍然是公共行政及行政法有待解决的重要使命。而在公私合作中,传统行政机关与行政相对人的两面行政法律关系向公共部门—私人部门—公众这三面法律关系转化,私人部门实际承担着公共任务的履行或执行义务,而公共部门则主要承担决策义务与监督义务,因此从义务结构的角度分析,作为调整公私合作的担保行政法将以决策义务与监督义务为主要规范对象①,而并非规范包括决策义务、执行义务与监督义务在内的所有义务。进而言之,义务主体转由市场机制调整,代表公共部门的国家或政府则从直接给付者的角色变成"担保者"——或者对发生在公共部门与消费者之间关系进行担保,或者对公共部门与市场主体之间的关系进行规制,从而体现公共部门在不同场域下的角色义务。虽然担保行政法在调整行政担保义务的过程中也会涉及相应的权力,但是从本质上看,担保行政法毕竟是以国家或政府担保义务为调整实质,以决策义务、监督义务为调整重心的法。通过这种调整实质的分析以及调控重心的转换,担保行政法的新愿景必将向人们展现。

总而言之,公私部门合作完成公共任务的特殊状况要求人们寻找新的法治化路径,需要从传统的干预行政法、给付行政法的约束转向担保行政法的调整。在德国,担保行政法具有框架立法的特色明显、公私法区分的相对化、阶段性管制规范的凸显以及国家担保责任规则的兴起等基本特征,其经验尤值得我国借鉴。而在我国,与以往的干预行政法、给付行政法相比,担保行政法无论在立法框架上、法律的性质上、规范的体系上,特别是在规则的实质上体现了行政担保责任或义务角色的内容,预示着一种与以往行政法类型不同的新行政法模式的兴起。但是,担保行政法与干预行政法、给付行政法并不是非此即彼的关系,它们将长期共存。担保行政法的构建应注重担保行政法对公私合作重要制约功能的发挥,并进行路径整合创新,进而促进我国行政法治的不断发展。

---

① 当然,如果从法的规范对象来看,担保行政法实际上是以担保行政为规范对象的法。参见林明昕:《担保国家与担保行政法——从 2008 年金融风暴与毒奶粉事件谈国家的角色》,载吴庚教授七秩华诞祝寿论文集编辑委员会主编:《政治思潮与国家法学——吴庚教授七秩华诞祝寿论文集》,元照出版有限公司 2010 年版,第 588 页。

第三节　公私合作的担保行政

　　作为具体化的国家担保责任,担保行政在规制公私合作中具有自身的特色,需要从规制主体、规制措施和规制程序方面进行展开。笔者认为,从主体上看,需要对大多数公私合作的规制实现由公共部门一方监管向相对独立的第三方专业规制机构发展;从措施上看,需构建一个以"合作规制"为核心、以多种高权管制为保障的规制体系;从程序上看,公私合作的程序规则将体现私法化、柔性化与合作化的趋势。只有从这几个方面来实施担保行政,才能够真正具体化国家担保责任,从而更好地规范和促进公私合作的不断发展。

一、担保行政的一般机理

　　如前所述,国家自生存照顾领域中逐步撤退,私人成为履行公共任务的主体,由此,担保国家图像开始进入人们的视野。而与担保国家理论相适应的行政不再是干预行政或给付行政,而是"担保行政"。在德国,担保行政也没有明确的概念和指涉范围,但无疑是依据担保国家之理念以及国家担保责任而展开的行政。如果说担保责任是一个抽象的概念,那么担保行政则是一个被具体化的担保责任概念。所以,担保行政的准确定位应该是具体化的国家担保责任。为此,担保行政不仅应该遵守宪法、法律有关权限和职权的规定,而且更为重要的是要对法定担保框架进行具体化——即一方面通过行政命令、规则、规章以及行政行为等实现法律法规的意旨,另一方面通过革新新型的诸如管制和监督等调控手段确保公益的实现。因此,在担保行政中,传统的干预手段自然仍然可以使用,但是由于公私合作行为更加适合国家与社会的关系从而更加受到青睐和得以大力推行。

与传统科层行政相比较,担保行政的运作机理表现为:首先,在公共部门与私人部门之间进行责任分配。与传统科层行政局限于组织框架内不同,担保行政中公共部门往往将私人拉进到公共任务的履行之中,虽然私人仍然保有其理性,但是实现的目标却发生了改变,而政府公共部门也不再是公共任务的包办者,因此公私部门在国家担保职权职责方面存在责任分配。其次,公共部门的角色发生了变化。在担保行政中,最值得关注的是公共部门的角色发生了巨大的变化,从公共任务的履行者角色转变为合作者和担保者的角色。也就是说,公共部门不仅是私人部门的合作者,应该基于平等的理念进行协商合作,而且还是私人部门履行公共任务的担保者,承担担保责任。但是,由于担保责任一词迄今尚未成为法律用语,人们对此有不同的理解。如果私人参与合作的公共任务方式特定事由无法履行之时,国家有无义务确保该结果的完全履行,即"结果确保义务",对此德国对此大致有两种见解:一是以 Schoch 为代表的肯定见解。该论认为国家在人民生存照顾领域中撤退,而基于市场经济的竞争法则,自然应由最具竞争优势的私人去执行。但若私人显然无法完成该任务时,即不得再盲目追求所谓"市场竞争法则",而应该由国家发动其补充责任,承担其确保结果完成的最终责任。二是以 Stürner 为代表的否定见解。该论认为国家基于竞争法则之法理,将公共任务交由私人去履行,当私人无法履行其法定任务时,即应再交由其他具有竞争能力之私人去履行,而非由国家启动其补充责任之机制,完全破坏自始承认的市场竞争法则,并且也破坏私人与国家的基本"合作关系"。① 笔者基本赞同肯定见解,认为国家在公私合作中不能置身度外,而任由公共利益受到损害;同时也不能擅自破坏公私部门之间的合作平台,而回归到国家履行的原点。如果无法确定国家的具体责任,出于公益的考虑,私人无疑应该承

---

① 林明昕:《担保国家与担保行政法——从 2008 年金融风暴与毒奶粉事件谈国家的角色》,载吴庚教授七秩华诞祝寿论文集编辑委员会主编:《政治思潮与国家法学——吴庚教授七秩华诞祝寿论文集》,元照出版有限公司 2010 年版,第 586 页。

担直接的责任,而国家应该承担其最终的责任。不过,对于担保责任具体化为对私人的"监督责任"以及对私人行为的"调控责任",一般而言并无异议。最后,公共部门的行为活动及行政程序发生了改变。随着公共部门角色的转变,其行为方式也发生了重大的变化:原来的高权手段虽然仍然能使用,但受到相当大的限制;而彰显调控、监督、服务等精神的行政活动或措施得以广泛运用。与此同时,行政活动的程序日趋多样而向柔性化、私法化、加速化与合作化方向发展。有关这一点,我还将在后文中进一步论述。而上述改变实际上反映了人们对国家与社会关系的理解的变化、公共部门与私人部门关系的革新。

　　至于担保行政与干预行政特别是给付行政的关系,有人认为,给付行政作为一种行政理念的兴起及修正,是对给付行政模式与担保行政模式进行区分并加以构造的逻辑前提,而在公用事业的公法治理层面,并不涉及对给付行政模式的具体讨论,仅用担保行政模式来指代其特有的治理模式。担保行政模式也并不妨碍给付行政模式的继续发展,仅仅是将涉及市场化机制的公用事业治理交由担保行政模式调整罢了,而给付行政模式本身还将在更需要它的地方——比如社会救助与社会保障领域内体现政府公权力的福利给付。担保行政与给付行政在实施主体、实施目的、过程、形式、结果、公平性等方面存在区别。[①] 实际上,担保行政并非与给付行政、干预行政分别独立存在,而是干预行政、给付行政均有可能与担保行政并存,所以担保行政只是一种行政的新演化产物,而不是一种革命性的"异形"。担保行政仍与给付行政、干预行政重叠地发展及演进。[②] 也就是说,虽然担保行政是一种独立的行政类型,但是它与干预行政、给

[①]　周游:《担保行政:公用事业公法治理模式探析》,苏州大学博士学位论文,2011年,第52—53页。

[②]　林明昕:《担保国家与担保行政法——从2008年金融风暴与毒奶粉事件谈国家的角色》,载吴庚教授七秩华诞祝寿论文集编辑委员会主编:《政治思潮与国家法学——吴庚教授七秩华诞祝寿论文集》,元照出版有限公司2010年版,第584页。

付行政并非"你死我活"的对抗关系，而是共存发展的关系。实际上，在担保行政中，也可能使用干预行政或给付行政的特定手段来实现公益目的。

总而言之，具体化的国家担保责任是担保行政的精髓所在，而这种具体化的国家担保责任需要通过在公共部门与私人部门之间进行责任分配，同时公共部门在其中的角色由履行者转变为合作者和担保者。为此，要从政府等公共部门的规制主体、规制活动以及规制程序等方面对国家担保责任进行具体化，惟有如此，才能更好地约束和规范公私合作可能发生的缺陷，才能更好地树立与公私合作相适应的角色，转变行为方式等，更好地促进担保行政机制的运行，从而真正促进而不是阻碍公私合作的蓬勃发展。

二、公私合作的规制主体

尽管公私合作的基本类型千差万别，各公私合作具体种类的监管主体存在着差异性，但公私合作基本上可以划分为民营化型公私合作、公营化型公私合作和治理型公私合作三大类，在各大类的具体监管主体之下存在着共性的地方。笔者认为，对于治理型公私合作，要实现由相应的政府机构来进行管制，这也是落实担保行政的重要步骤，否则治理型公私合作有可能流变为独立王国、自行其是，从而损害国家和社会公共利益。由于治理型公私合作目前正处于萌芽成长期，所以它的监管并非紧要任务，也不是本书探讨的重点；而对于民营化型公私合作、公营化型公私合作的监管主体，要实现由公共部门一方监管向相对独立的第三方专业规制机构发展。也就是说，目前公私合作仍然由原公共部门进行监管比较合适，但是从长远来看，要由相对独立的第三方专业规制机构对公私合作进行监管。

从近期来看，公私合作仍然由原公共部门进行监管比较合适。对此，有学者针对基础设施特许经营，认为没有必要再设立专门的监管机构。其原因在于：一是设立新的机构涉及行政体制的改革，难度比较大。二是新设立的监管机构的职权和许可权具体该怎样设置。如果没有明确的界定，还是难免陷入监管机构越来越多，但职权不明造成互相打架的怪圈。三是设立新的监管机构，主要的目的在于和原有的专案发起部门利益分开，体现的是对先前部门的不信任和监督。由此将引起两个方面的挑战：一方面，政府部门本来就有一般的监督部门，监督各部门适当履行职能。那么新设立的监管机构和一般的监管部门是什么关系呢？如果系设立的监管机构是独立于一般监督机构的部门，双重监督体系的效果不一定明显。另一方面，原有的监管部门较之新的监管部门更可能产生腐败的论调并没有依据，因为它们都是公务员组成的部门，谁也不比谁更高尚、更纯洁。多重监管的价值在于从不同角度、不同层面进行监管，而不在于撤销一个、再新建一个类似的机构。① 由于特许经营涉及交通、电力、水利、环保等众多部门，部门利益的整合并非易事，由原公共部门进行监管是一个比较妥当的方案。而对于公权力委托、行政助手等民营化型公私合作以及政府参股等公营型公私合作而言等，目前由原公共部门进行监管也是一贯的做法。日本学者指出，对私人担任公权力作用时，原则上必须确保与监督行政时大致相同之监督。有关指定机关、指定法人制度、指定标准须明确且合乎法令意旨，而且在法令上应确保与行政机关大致相同程度之监督状态。②

但是，从长期上看，要由相对独立的第三方专业规制机构对公私合作进行监管。虽然日本学者认为对公私合作要"确保与监督行政时大致相同之监督"，但是这种监督毕竟与传统行政的监督不能完全等同。为了改变由进行公私合作的公共部门自己来规制的弊端，我们必须借鉴国外先进成熟的监管经验，符合国家治理现代化的大趋势。从美英国家有关

---

① 朱慈蕴、李响玲：《基础设施特许经营与政府监管》，《月旦财经法杂志》2009 年第 16 期。

② ［日］米丸恒治：《公私协力与私人行使权力——私人行使行政权限及其法之统制》，刘宗德译，《月旦法学杂志》2009 年第 173 期。

情况来看,设置独立性、专业性的规制机构对于公私合作的顺利开展意义重大。在美国,政府规制主要是由国会通过专门立法建立的综合性独立规制机构来实施。美国的独立规制机构集立法、行政、司法三种权力于一身,是公认的政府第四个机构,在某些方面发挥着类似立法和司法的职能,以确保规制活动的公正和高效。它们不仅可以制定发布公用事业公司必须遵守的规章与政策,对公用事业的价格、竞争、财务状况等进行监管,而且还可以举行具有司法性质的听证会,作出具有约束力的行政裁决。独立规制机构凭借其专业化、精英化的优势,有效克服了司法规制和立法规制的缺陷,大大增强了规制的实效。① 美国独立管制机构实行委员会制,一般由 5 到 7 名委员组成,他们的讨论是集体决议,避免独任制的缺点。委员由总统提名,经参议院的同意后任命。委员的任期超过总统的任期,一般为 5 到 7 年。各委员会的规定不一样,但联邦储备系统行政委员会委员任期为 14 年。委员的任期不是同时期满,而是交错满期,总统不可能同时任命几位委员。委员会采取两党制,总统不能任命任何一党在委员会中占绝对多数,以保证委员会能够作出公平的决议。② 比如在英国,政府规制机构一般实现行业性规制机构模式,即每一产业均有一个单一的独立的规制机构,以总监为其首脑。有关法规在规定各个产业规制总监职责的同时,也授予他们相当大的法定权力,是总监个人而非委员会决定着规制机构的规制走向。这是英式规制的一个显著特点,总监本身就是规制体制或者规制网络的一部分。③ 在澳大利亚,由政府资助成立的健康医疗标准委员会,负责独立行使对全国医院以及对政府购买医疗卫生服务的监管职能,一般通过检查医院月报表和查账等方式对

---

① 参见周林军:《公用事业管制要论》,人民法院出版社 2004 年版,第 137 页。
② 参见王名扬:《美国行政法》(上),中国法制出版社 2005 年版,第 175 页。
③ 参见[英]卡罗尔·哈洛、理查德·罗林斯:《法律与行政》,杨伟东等译,商务印书馆 2004 年版,第 600—601 页。

医院的医疗行为进行监管。① 从比较法视野来看,无论是美国的综合规制机构,还是英国的行业规制机构,抑或是澳大利亚的综合规制机构,都具有一个良好监管体制所应具备的标准——独立性、专业性、公正性和权威性。这些都可以为我国实践所借鉴。

而在我国,对于公私合作的监管几乎还没有提上议事日程,实务中对公私合作要么多头监管、九龙治水,要么由公共部门自身做自己事务的"法官",集政策制定者、实施者、监督者及实际经营者多种身份于一身。在这种八仙过海式的监管体制下,公共部门不仅难以与其他部门厘清职权,而且也有碍于公私合作的进一步发展。其实,我国新疆、深圳等地的地方性法规对特许经营等公私合作规定了类似的"独立"规制机构。但是,由于整个监管体制没有理顺,加之缺乏相应的配套措施,这些机构并没有实际运作起来。为此,有学者认为,这些机构在未来的公用事业规制体制改革中应当发挥其潜在的巨大作用,初步的设想是:借鉴英美国家的有益做法,在各城市人民政府设立独立的公用事业规制委员会,集中行使所有行业的经济性规制权,实现规制机构与决策机构、经营者的彻底分离,避免受到其他相关利益集团的干扰,专门独立地行使规制权力。② 不过,笔者认为这种设置类似独立规制机构的设想是一个长期的任务,而当前最为重要的事情是在于如何促进当前由原有公共部门自身监管向独立性的规制机构发展? 为此,围绕设置独立的规制机构这一目标,我们还应在发挥原有公共部门作用的基础上——也即偏重管理、兼顾监督,同时也不能排除其他有权部门的监督和公众的监督,进一步发展到由独立机构对公私合作进行规制。而改变目前管理色彩过浓,而监管色彩不足的不良局面,还需要不断的努力。

---

① 张汝立等:《外国政府购买社会公共服务研究》,社会科学文献出版社 2014 年版,第 216 页。

② 参见章志远:《公用事业特许经营及其政府规制——兼论公私合作背景下行政法学研究之转变》,《法商研究》2007 年第 2 期。

需要特别指出的是,在对公私合作的规制问题上,原公共部门扮演着双重的角色:一方面,原公共部门是公私合作的一方当事人;另一方面,原公共部门又是对公私合作进行规制的主体(至少目前大多数是如此)。比如在特许经营授予之前,政府是作为竞争性谈判的一方当事人,通过竞争性谈判比较,选择出其认为最符合专案要求的相对方,并授权其组建专案公司;在专案公司组建之后,政府则行使其监管职能。其主要原因是:组建前后不同职能是同一根本目标即社会公共利益最大化的不同表现;特许经营由私人部门管理,也并不存在自己监管自己的困境等。① 不过,笔者认为,由原公共部门对公私合作进行监管正是体现了担保行政法的要求,也是担保行政的具体化和重要表现。公私合作就像是一个多维立方体,如果从私人参与的角度出发并无限放大私人的角色,可能就会产生如同"私人行政"(实际上可以归属于本书意义上的民营化型公私合作)的效应;而如果从担保国家的角度看,公私合作则为公共部门的担保行政。而担保行政,需要公共部门去监督,而无论是目前的由原公共部门来监督,还是今后由独立的监管机构去监督,但都体现了国家对公私合作实现公共利益或公共任务的担保角色。虽然具体的担保义务在公私合作具体不同的种类中表现不仅一致,但是作为担保主体的角色是共同的,那就是确保国家或社会公共利益的实现和担保当事人和第三人权利的兑现。

三、公私合作的规制措施

正如有学者所言,既然行政任务民营化后,国家的任务发生了转变,改为承担担保任务和责任,那么相应实施的手段或方式也就会有不同程度的变化。概括而言,担保行政主要采用的是许可管制、契约、转介行政手段以及自我管制手段等来实现其应该承担的担保责任。② 笔者认为,

---

① 参见朱慈蕴、李响玲:《基础设施特许经营与政府监管》,《月旦财经法杂志》2009年第16期。

② 参见杨彬权:《论担保行政与担保行政法——以担保国家理论为视角》,《法治研究》2015年第4期。

公共部门对公私合作的规制,既要避免不当介入而导致合作局面和有关利益的丧失,又要防止私人部门可能造成对公共利益的损害。确保公私合作能够提供更好的产品和服务是公共部门进行监管时必须把握的重点。沿用传统的命令—禁止的高权管制方式显然无助于解决公私合作中的规制问题,为此需要对公私合作的规制结构和体系进行改革。因此,要规制公私合作,就要构建一个以"合作规制"为核心、以高权管制为保障的规制结构和规制体系。只有正确理解这个结构和有效实施此体系,才能更好地对公私合作进行规制。

(一)以"合作规制"措施为核心

公私合作如何进行规制,涉及政府介入到私人主体在公共领域行为和规制工具的选择问题。对于公私合作的规制而言,首先是要进行公私部门"合作规制"。西方学者 Kleinwoechter 指出,对于网络安全等问题,无论是只靠加强政府管制,还是单靠私人企业进行行业自律,都无法解决。而合作规制体系由于是根据个案特殊需要设计的,并结合自下而上的透明策略的优点,因此,它能够为所有感兴趣的主体——包括政府、工商界以及广大公众提供一个既有稳定性而又有灵活性的有效规制框架。① 这道出了合作规制的重要意义。从广义上看,这种"合作规制"大体上包括公共部门"通过契约的规制"和"社会合作规制"两大类。"通过契约的规制",又被称为"规制性契约"(regulatory contract),或者"作为协商的规制"(regulation as negotiation),是一种与以传统行政机构为主导的执行方式相区别的替代性手段。如果说从民营化和职能外包的角度理解契约文本,强调的是公共职能承担主体的委托,那么"通过契约的规制",

---

① Wolfgang Kleinwoechter, "From Self-governance to Public-private Partnership: The Changing Role of Governments in the Management of the Internet's Core Resources", Vol.36 *Loy. L.A.L.Rev.*(2003), pp.1124–1125.

则强调通过规制主体与被规制主体双方缔结契约的方式,实现行政目标。[①] 作为与传统强制性规制不同的"自愿式进路"或"选择性方式",协商性规制通过契约方式影响和改变外部行政管理关系。其最大特点在于,在传统强制、对立和他律的外部行政监管关系中加入了配合、平等与自律的要素,从而产生缓和对抗、安抚企业团体、增强执行效率的效果,体现出"内部式自律"在法心理学和法社会学中的重要研究价值。实践中,"通过契约的规制"往往通过行政合同、行政指导等方式体现出来。此外,除了契约以外,公共部门还往往使用一些非正式、私法型手段作为规制的补充。有学者直接以"非正式协商"来指称这种不具有法效性、难以契合行政行为形式论的其他活动方式。[②] 为避免因传统高权行为之采行使受管制产业产生抗拒,致规制目的无法有效达成,此等非以强制、命令为后盾之间接规制手段或所谓的"柔性法"更是逐渐被管制立法者与行政机关所采行,而成为现代行政法之一种新兴管制手段样态。[③]

而对于治理性公私合作而言,实现社会合作规制是其题中应有之义。由于这种规制强调"内部性自律"和"自我监管",并在此基础上实现与公共部门的合作规制,因此,它颠覆了以国家作为垄断性管制主体的传统观念和模式,并体现私人在公共治理中作用和角色的深刻转型。由此,市民阶层与主权国家的作用领域发生交叠"规制缓和"的需求也得到彰显。[④] 如今,这种合作规制弥漫了整个行政过程,并体现出替代命令控制型规制的趋势。在美国环境保护和健康安全规制领域,非正式协商机制运用于

---

① Jody Freeman, "The Contracting State", Vol. 28 *Florida State University Law Review* (2000), pp.155–214.

② [德]哈特穆特·毛雷尔:《行政法学总论》,高家伟译,法律出版社 2000 年版,第 400 页。

③ 詹镇荣:《民营化后国家影响与管制义务之理论与实践——以组织私法化与任务私人化之基本型为中心》,《东吴法律学报》2003 年第 1 期。

④ 程明修:《行政法之行为与法律关系理论》,新学林出版股份有限公司 2005 年版,第 289 页。

从标准制定到政策运作的全过程。① 例如在环境规制过程中,改变原有的环境规制机构与作为被规制企业或个人之间的对立关系,采取契约形式发挥私主体自愿履行环保义务,从而更加灵活多元地执行强制性规制。在日本,地方公共团体和从事公害危险活动的企业主,就关于防止公害的措施进行交涉而签订,以让企业主采取防止各种公害的措施为内容的协定。政府部门经常敦促开发商和居民就工厂选址、设备装置、排污标准等按照"自愿性契约规制"的方式加以确定。总之,无论是"通过契约的规制"还是"社会合作规制",都显示出平等协商的重要性,从而与传统命令—控制型规制的单向性、强制性和对立性形成鲜明的对比。

(二)以高权管制措施为保障

虽然公私合作总体上说是实行以"合作规制"为核心的规制,但是这并不意味着国家或公共部门放任不管,而是应该在"合作规制"失灵或无效时,及时启动传统意义上的高权管制。这不仅是因为单方高权性管制手段具有明确、可强制执行等优点,能及时处理公私合作中各种违法、不合理现象的发生,而且更重要的是,它还是落实国家担保责任、担保行政的内在要求。正如有学者指出的,无论国家以何种方式与密度使社会得以参与管制行政,民主法治国家中之社会自我管制并非意味着国家可放弃私经济主体完全接管公益实现之管制责任;毋宁最低应设定——法规范框架作为私经济主体自我管制之基准与界限,必要时更须进一步采取积极之矫正措施或直接管制措施,国家享有最后决定权限。② 实际上,不仅针对类似社会合作管制这些治理型公私合作而言是如此,而且对其他民营化型公私合作也是这样。一般而言,根据公私合作具体种类的不同,

---

① Charles Caldert, Nicholas A. Ashford, "Negotiation as a Means of Developing and Implementing Environmental and Occupational Health and Safety Policy", Vol. 23 *Harv. Envtl. L. Rev.* (1999), pp. 141–193.

② 詹镇荣:《民营化后国家影响与管制义务之理论与实践——以组织私法化与任务私人化之基本型为中心》,《东吴法律学报》2003 年第 1 期。

可以分别采取或结合使用高权管制的一部分或全部。这些高权管制措施大体包括价格管制、质量管制、普遍服务监管、临时性管制等管制措施。

1. 价格管制

在公私合作之前,由公共部门自身提供公共产品或公共服务并由政府定价,而在公私合作之后,则主要由民间部门提供相应的公共产品或服务,而私人部门具有天然的涨价动机。为了将公共产品或服务的定价控制在一个合理和公正的范围内,需要对公私合作进行价格管制。对产品或服务的价格规制体现了福利经济学的理论蕴涵以及社会学、法学的某种价值取向,"反映着社会公平与经济效率的考虑"①。因此,价格规制是政府规制措施中一个非常核心的问题。从世界范围来看,定价监管方式主要有价格上限和成本加成两种方式:一是以英国为代表的最高限价方式。英国对公用事业价格的规制是控制其价格平稳,政府依法采用最高限价模型(RPI-X)来控制公用事业价格,价格调整主要取决于一定时期的通货膨胀率和企业效率的提高。② 二是以美国为代表的成本加成监管方式。比如美国调控公用事业价格以考虑经营者的收益、社会承受能力、透明度、对社会总体经济增长的影响,调价理由和措施的公开性为原则。③ 而在我国,《价格法》第23条只有政府定价、政府指导价以及实行价格听证的原则性规定,而没有规定政府机构等公共部门在定价、调价方面的程序,也没有就如何协调企业利益、消费者利益和国家之间作出规定,更没有对价格听证中代表的遴选等作出应有的规范,因此如何进一步完善价格法律法规和通过何种定价方法以便在公共产品和服务的"低价"与企业的"利润"之间寻找平衡是价格管制的关键所在和努力方向。正如有学者指出的,理想的价格监管机制应当是努力在二者之间寻求平

---

① [美]丹尼尔·史普博:《规制与市场》,余晖等译,上海三联书店1999年版,第147页。

② 刘光华:《国外公用事业价格规制》,《价格月刊》2002年第7期。

③ 王海玲:《西方公用事业价格管理》,《价格月刊》2002年第5期。

衡:既要维护公共事业的公共性特点,又要允许运营商合理利润的存在。为此,必须借助于价格听证等程序制度吸引各方利益集团参与价格的制定,通过这种面对面的直接交涉达至妥协,进而形成各方都比较满意的公用事业价格。[①]

2. 质量管制

由于公私合作实现的是国家或社会公共利益,私人部门在其中单独或合作提供的公共产品与服务直接与公众的日常生活紧密相关。而私人部门在公私合作中有可能从自身利益最大化出发而放任公共利益的损害,而且因受价格管制影响有可能通过降低产品与服务的质量以压低成本,从而损害国家或社会公共利益。为了让人们在公私合作中享受到"价廉物美"的公共产品或服务,几乎大多数国家都将确保质量作为进行公私合作的底线。以英国供水服务质量规制为例,英国水务行业完全市场化后,解决质量问题的一项措施就是由水务办公室与质量规制部门一起负责监督检查给水企业是否达到既定价格水平下的各种质量标准,如果企业不能实现规定的服务目标,将有可能被取消下一轮的价格增长资格或吊销其营业执照。此外,水务办公室还制定了"承诺标准计划",为给水企业不能实现其服务标准设定了固定的处罚金额。对于英国私营企业经营水务取得的成功,主要是因为由三个调节者(水务办公室、饮用水督察团、环境局)周期性地复查这些私营水务企业所提供的产品是否符合政府所确定的必要标准。其中饮用水督察团稽核并采取强制措施迫使水务企业遵守既定的标准,从而使调节系统基本上完全达到标准。[②] 此外,公共部门还必须确保私人主体的持续经营义务,即公私合作中私人部门未经有权公共部门同意不得自行停止服务。由此可见,政府管制部门不能因为民营化、公私合作之后就对公共产品和服务的质量不管不问,与

---

① 章志远:《公共行政民营化的行政法学思考》,《政治与法律》2005 年第 5 期。

② 参见周继秀:《民营企业的"未来水世界"》,《财经界》2003 年第 11 期。

之相反的是,要对私人部门进行类似绩效评估的方式不断进行绩效监管,从而克服私人部门的自利行为,确保公私合作目标的实现。

3. 普遍服务监管

普遍服务是指由于公私合作之后私人部门有义务广泛而公平地提供服务。也就是说,普遍服务监管是指国家在公私合作中必须担保私人部门向所有的人、以合理的价格提供公共产品和服务。具体而言,普遍服务监管主要包括两个方面:一是普遍服务的地域和对象担保,即不管消费者居住在何地,都应该向他们提供最低层次的现代意义的社会必需品。根据有关学者看法,普遍服务的对象主要有三种类型:经济发展落后、居民收入较低,居民无力以其他地区可以承受的价格购买公共服务;偏远地区或人口稀少的地区,公用事业建设投资过大,公共服务如以正常价格提供无法产生收益;由于疾病、伤残、失业等原因收入较低,无力承担正常的使用费用。① 二是价格合理,也即公共服务的价格是低收入阶层能够承受的范围之内。由于市场化条件下,盈利部门和亏损部门被分拆给不同的利益主体,新进入企业自然就会首先选择收益性高的地区及高收益的服务领域(即所谓的"撇奶油"或"挑奶皮")。为了避免这种现象的发生,有学者提出了普遍服务以外的三种方式:交叉补贴(即将某些产品或服务的价格定得高于成本,以补贴另外一些低于成本的服务)、建立专用的"普遍服务基金"和转移支付。② 由于我国特殊的情况,可以考虑首先实施政府补贴,对特定的低收入消费者进行财政补贴;与此同时,要对公私合作中提供公共产品或服务的私人部门之间进行交叉补贴。但是最为根本的办法还在于建立一个由公共部门、私人部门共同建立的"普遍服务基金",对最低层生活必需品进行普遍服务的建设。

---

① 朱慈蕴、李响玲:《基础设施特许经营与政府监管》,《月旦财经法杂志》2009 年第 16 期。

② 余晖、秦虹主编:《公私合作制的中国试验》,世纪出版集团、上海人民出版社 2005 年版,第 109—110 页。

4.临时性管制

以上所述的质量管制、价格管制、普遍服务监管等都是常态性的管制措施。但是，由于不可抗力等各种因素的影响，公共部门还可能使用临时性管制措施。这不仅是为了及时应对风险、回归理性的要求，而且是确保担保行政有效实施的需要。当市场失灵或万一私人无法履行其法定公共任务时，国家基于"补充责任"之法理要求，须确保结果上，公共任务仍被持续履行，所以国家即有接管、取回或撤回之选择权，以确保"弹性"之处理权限，这种国家对于未来难以预测的演变，所作事先预防性的法令措施，也是现代国家要求风险预防或风险管理的标准措施。① 在这方面，我国有关公用事业特许经营的立法规定的"临时性政府接管"即为典型的临时性管制措施之一。一般来说，临时接管是指行政主体为了维护社会公共利益，在具备法定情形时对特定对象采取的强制性接收和管理行为。按其性质来说，临时接管属于行政即时强制，具有强制性、临时性和即时性特点。② 当然实务中类似临时接管的临时性措施还有很多。为了避免临时性管制的随意性，维护公私合作中各方当事人的利益，促进公私合作的平稳发展，有必要对临时接管等临时性管制的条件、主体、程序以及终止等作出详细的规定。否则，任由国家或政府等公共部门作为，则无法真正促进公私合作的不断发展。

此外，公共部门还可以采用其他管制措施，比如在民营化语境下的市场准入、市场退出规制等措施，但是鉴于本书主旨，不再讨论。必须注意的是，虽然以上各种管制措施并非全部适用到各种公私合作之中，但诸如质量管制、价格管制措施对于民营化型公私合作而言是必备、经常使用措

---

① 林明昕：《担保国家与担保行政法——从 2008 年金融风暴与毒奶粉事件谈国家的角色》，载吴庚教授七秩华诞祝寿论文集编辑委员会主编：《政治思潮与国家法学——吴庚教授七秩华诞祝寿论文集》，元照出版有限公司 2010 年版，第 591 页。
② 章志远、李明超：《公用事业特许经营中的临时接管制度研究——从"首例政府临时接管特许经营权案"切入》，《行政法学研究》2010 年第 1 期。

施之一；与之相适应，特定的公私合作到底适用哪种管制措施，也需要根据具体情形而定。此外，如果使用"合作规制"措施能解决问题，那么就没有必要再使用高权管制措施。换言之，"合作规制"具有优先性，只有"合作规制"无效或无法解决时，才有可能运用高权管制措施。而且，即使使用高权管制措施，在当今也倾向于合作、柔性的色彩，更注重对方的参与，比如对价格、质量方面的规制就可以通过公私双方的协议加以解决。总而言之，由于担保行政内容的复杂性甚高，所以其管制之手段形式，即应视个别特殊领域之不同，而有极不相同之手段，例如：行政主体得使用许可手段，或从事进入市场之管制、经济监督、行政契约或其他空间、部门计划之手段自我管制或以提供信息、公开信息等方式为之，藉以确保公共利益之实现。[①]

四、公私合作的程序保障

面对公私合作中公私混合与交融的现象，无论承担履行公共任务的主体是公共部门还是私人部门，都要受如同正当法律程序的规制和保障。这不仅是为了确保它与公私合作中公私权力混合状况相互一致的需求，而且也是保障民主、公正性、透明、责任性等公法价值不致迷失的需要。因此，对公私合作进行程序规则，既是一种保障，又是一种约束。"国家与社会间之责任分配，即由履行责任到担保责任、自我管制的管制，被视为是对行政程序法的严重挑战。"[②]为了适应国家担保责任的要求，规制公私合作的行政程序法也将发生某种变化。公私合作中的程序具有私法化、柔性化、合作化的发展趋势，并需要在信息公开、公众参与等方面进行制度建构。

---

① 林明昕：《担保国家与担保行政法——从 2008 年金融风暴与毒奶粉事件谈国家的角色》，载吴庚教授七秩华诞祝寿论文集编辑委员会主编：《政治思潮与国家法学——吴庚教授七秩华诞祝寿论文集》，元照出版有限公司 2010 年版，第 591 页。

② ［德］Eberhard Schmidt-Aßmann：《行政法总论作为秩序理念——行政法体系建构的基础与任务》，林明锵等译，元照出版有限公司 2009 年版，第 388 页。

(一)公私合作是否适用行政程序法

随着公共产品和公共服务公私合作现象的兴起,许多原系行政机关实施的行为逐渐由私人主体来实施,由此对传统的行政程序法构成了严重的挑战。如果说传统的行政法只约束公权力机关或行政主体的话,那么对行政主体的程序监督机制的要求适用于私人主体是否具有合理性?或者说,在公私合作关系中,私人主体在完成行政任务时应不应受程序控制理念的约束?如果回答是肯定的,那么行政程序法适用公私合作时将会引发哪些重要的变化及其趋势?对于公私合作而言,应该建构哪些重要的程序法律制度?有学者认为,在公部门和私部门之间进行密切合作的背景下,行政程序无疑应当兼顾公权力的"有限"和"有效",同时也应在私部门完成行政任务时必要地渗透行政程序的运行规则,从而完整地刻画行政程序的双重面相。① 在德国,这一问题也并未因学者们对公私合作的讨论而得到解决。由于在传统行政程序法的立法框架中,高权行政是基本规制类型的行政,只有此种典型公法行为才是行政法的规范对象。虽然公法契约被承认,但对等契约及其行政与契约相对人在对待基础上共同参与公益具体化的情形,仍然非常不明确;而合作行政的要求,充其量也还只是在作理论的整合。②

尽管公私合作与传统的行政存在着多么巨大的差异,但是行政程序法并不因为公私合作的采用而不予采纳,其中理由主要有两个:一是确保公私合作的公法价值。在私人主体不断行使着传统公共职能,却又摆脱了通常与公权力行使相伴的严格审查的情况下,私人参与的确会引起对责任问题的关注,而使不受制约的行政裁量权问题相形见绌。私人主体也会威胁到其他公法价值,比如公开、公正、参与、一贯性、合理性和不偏

---

① 周敏:《治理现代化背景下的行政程序变革与走向——以公私协力为视角》,《法律科学》2015年第6期。

② [德]Eberhard Schmidt-Aßmann:《行政法总论作为秩序理念——行政法体系建构的基础与任务》,林明锵等译,元照出版有限公司2009年版,第386—387页。

私等。只有在这样一个广泛民营化和政府职能对外承包的时代,关注私人主体如何危及公法价值才得以强化。为了防止越来越多的私人活动带来威胁,一些学者建议我们将适用于行政机关的监督机制和程序控制延伸至私人主体,实际上把它们当作"公共的"来对待。① 二是私法不足于促使私人主体履行责任。一般而言,私人主体虽然要遵守公开的有关规定、股东会的决议程序、内容是否合法公正等私法上的规定,不过大多数情形下这种公开可能会与保护商业秘密的诉求相违背。鉴于民营化带来的失败教训,实践中人们往往通过立法、合同条款以及司法解释的方法来促使私人主体履行相应的责任,即在不动摇私法体系的架构的情况下,以新的社会事实为基础,对侵权法、合同法等作结构性调整。② 但是私法结构的调整并不能完全解决问题,而如今公法规范在合同法、物权法等私法领域的运用比以前更多。如德国《环境信息法》信息公开的适用范围也扩展到了"实施环境保护的公法事务并服从行政厅监督的自然人或私法法人",其勃兰登堡州的《文件阅览和获取信息法》也将承担行政任务的私人主体纳入到了信息公开的适用范围。③ 在美国,公私混合与交融的现象使得人们不得不重新审视正当程序的"公私二分法"尤其是政府行为理论。为了克服政府行为理论——"民营化"过程中扩展适用正当程序的主要阻碍——美国学界对此形成了各种改革意见,而不管理论如何变革以及其是否完全适应公私合作的实践需求,上述观点透露出的绝不允许由于规制缓和或"民营化",公私合作引入私人主体所产生的新"疆域"而脱离公法的拘束的主旨值得我们关注。④

---

① [美]乔迪·弗里曼:《私人团体、公共职能与新行政法》,晏坤译,《北大法律评论》2003 年第 5 卷。

② 参见苏永钦:《私法自治中的经济理性》,中国人民大学出版社 2004 年版,第 33 页。

③ [德]汉斯·J.沃尔夫、奥托·巴霍夫、罗尔夫·施托贝尔:《行政法》(第三卷),高家伟译,商务印书馆 2002 年版,第 400 页。

④ 高秦伟:《美国行政法中正当程序的"民营化"及其启示》,《法商研究》2009 年第 1 期。

(二)公私合作程序规制的发展趋势

公私合作要进行行政程序法的约束,但并不等于简单地将公法规则和程序扩展到承担公共任务的私人主体。正如有学者指出的,如果简单地将公法责任移植到私人领域,结果是不仅削弱公法价值存在的基础,而且也会降低私人主体的收益。[①] 行政机关与私人主体签订的合同虽然可以明确界定私人主体的义务,但合同的不完整性仍然会给私人主体留有广泛的裁量空间[②],他们在"制定政策"时并不受到行政程序与信息公开法的拘束,可能导致私人主体对于第三方的责任与回应性较低。为此,公法程序在规制公私合作之时应该做适当的调适,以契合最新的行政状况。由此,公私合作程序规制的发展趋势也体现为程序的私法化、柔性化与合作化的趋势。

1. 公私合作规制程序的私法化

由于公私合作多种性质行为的并存,单一的公法程序进行约束已经不合时宜,行政程序法将吸收私法的精神,呈现"私法化"或"民营化"的倾向。为了实现不以国家行政机关为关注焦点的程序方法设定的基本目标,我们有必要将行政程序法私法化,这不是要取消适用于公共主体的程序规则,而是要设计并扩展新的程序性方法适用于行使具有广泛社会影响的实质权力的非政府组织或私人实体。将程序性的要求扩展至民营部门或民营化了的公共部门,最好是通过法律改革而不是宪法解释来实现。[③] 在美国,正当程序是否适用于公私合作中的私人主体,以往的经验是看它是否是政府行为,只要是政府行为,就应该受到正当程序的制约。一般而言,法院对正当程序的适用涉及以下三个步骤:(1)发现政府行

---

① 高秦伟:《私人主体的行政法义务?》,《中国法学》2011 年第 1 期。

② 曾冠球:《"问题厂商"还是"问题政府"?——电子化政府公私合伙协力困境之个案分析》,《公共行政学报》2010 年第 34 期。

③ [美]Alfred C.Aman:《民营化和全球化下的民主问题:通过行政法让市场更负责任》,樊川译,《公法研究》2005 年第 4 卷。

为;(2)确定财产或自由性的利益;(3)判断程序是否正当。① 法院认为正当程序是有弹性的,在随着个别情况需要而要求程序保障时,必须考虑以下三个因素:(1)被政府行为影响的私人利益;(2)这些利益经所用程序而被错误剥夺的风险以及附加或替代的程序可能产生的价值;(3)政府的利益以及附加或替代的程序可能发生的财政与行政上的负担。从这三个因素来看,政府行为犹如一块"试金石",决定着正当程序是否适用。同样,在借助政府行为理论的基础上,根据正当程序的"公私二分法",公域适用公法,私域适用私法。很显然,这种理论在公、私相对明确的情况下可以运用自如。可是在政府服务不断"民营化"的今天,公、私区分变得不那么分明,被"民营化"的行为是否要接受正当程序的考验便成为问题了。② 政府行为理论更没有与政府职能"外包"的实践同步发展,也无法拘束一些承担公共任务、提供公共服务的私人机构,而这些私人机构可能会侵害个人的自由、财产等基本权益。为了避免因政府将其任务转移给私人主体而带来的程序"真空",美国有学者进行正当程序的"民营化",并由立法机关来解决有关问题:一是以替代性纠纷解决方法作为私人程序的救济方式。也就是说,仲裁、调解等均可以成为私人程序的救济方式。二是创设类似《美国联邦行政程序法》的程序法典——"美国私人联邦行政程序法",用以规范私人主体行使公共职能时所适用的程序,其目的在于弥补行政权力委任给私人后所留下的程序漏洞。③ 不仅如此,类似的程序民营化在德国则表现为"程序私法化"。在德国,企业的环境影响由私人的环境监督批准,就此一鉴定之监督与许可,此一监督之间的一个第三个阶段的本身,在欧体法下,不必然需要一个行政程序,而只是

---

① See Henry Paul Monaghan, Of "Liberty" and "Property", Vol.62 *Cornell L.Rev.* (1977), pp.406–407.

② 高秦伟:《私人主体的行政法义务?》,《中国法学》2011年第1期。

③ 高秦伟:《私人主体的行政法义务?》,《中国法学》2011年第1期。

要求一个独立与中立的任务履行而足。①

2. 公私合作规制程序的柔性化

公私合作是一种能促使公共部门和私人部门最大限度地发挥各自优势的机制,也是公私部门真正能得以平等、合作、协商的精神来实现公法任务的平台。公私合作的法律问题,与其说它主要涉及实体性问题,还不如说是程序问题。由于传统的行政程序刚性突出,并不完全符合混合行政的状况,所以为了契合公私合作的实际状况,行政程序不得不变得更加有弹性和非强制性。实际上,在合作国家背景下,公私部门之间的合同或者契约如此重要,以至于当今国家进入了所谓的"契约国家"。尽管在公私合作之中,公私部门之间的合同定性具有行政合同、行政私法合同以及私人合同等各种不同的定性,但都表明公共部门在合同中不能自行其是,不能一味采取传统的命令—禁止手段,而应更多地使用非强制性程序、非正式程序来达到相同或更好的行政目的。随着公私合作的推进,正式程序与非正式程序也可能发生转换。"有些正式程序可能变得不太重要,甚至成为非正式程序;有些非正式程序或是重要性逐步增强,或是非正式程序经过长期洗礼成熟起来由立法上升为普遍适用的一般性正式程序。"②虽然对于某些特定公私合作模式,比如公权力委托以及公私合作公司应遵循行政程序、信息公开等规制义务,人们一般没有疑问,但是对于大部分公私合作模式而言如果一味适用行政程序未必能达到良好的效果,而采用诸如协商、自我约束等非正式程序也许更能实现规制的目标。

3. 公私合作规制程序的合作化

由于传统行政程序的目的在于规范和控制行政权力的运行和保护相对人的合法权益,行政程序深刻地体现了"对抗式程序"的特质。而在公私合作中,公私部门合作完成公共任务的公私合作行为已经成为典型行

---

① [德]Eberhard Schmidt-Aßmann:《行政法总论作为秩序理念——行政法体系建构的基础与任务》,林明锵等译,元照出版有限公司 2009 年版,第 389—390 页。

② 敖双红:《公共行政民营化法律问题研究》,法律出版社 2005 年版,第 249 页。

为方式,私人部门独立或与公共部门合作行使公共权力的局面要求有关规制程序也作出回应,要求采用与公私合作行为相适应的"合作式程序",体现了公私合作规制程序合作化的趋势。虽然目前对合作式程序的内涵尚未型塑,也不局限于"行政机关将行政决定上的各种先前调查工作交给私人来做,即原先由行政机关负责的程序转由私人来负担,这特别见于行政程序中需要检验、鉴定或计划的情形"①,但是基于担保国家和合作国家的理论,公私合作的合作式程序应该注意以下问题。一是实行合同程序规制。鉴于合同对公私合作的重要性,有必要利用合同条款将双方权利义务具体化,甚至可以将当事人的有关程序权利进行详细的规范。合同程序规制要防止公私合作产生的弊端,并能促进公正、透明和参与的基本目标实现。二是实施公众协商程序规制。公私合作的起因主要是政府垄断公共行政管理事务所造成的绩效不佳,而导致政府绩效不佳的关键原因就在于公众参与的不足。离开了社会公众的积极参与,政府就不可能获得更多的管理技能和专业知识。从这个意义上来说,公私合作的过程也就是政府广泛听取公众意见的过程,是政府、市场与社会三方力量有效合作、良性互动的过程。无论是在民营化的前期酝酿阶段,还是在民营化的具体实施阶段,抑或是后民营化的监管阶段,主办行政机关都应当通过包括举行公听会、协商谈判会等在内的多种形式广泛听取各私人部门及社会公众的意见。三是避免私法程序、非正式程序弊端的需要。对于社会合作管制等治理型而言,重点关注的对象是克服由于大量采取私法程序、非正式程序可能造成的弊端而与公法程序的连接和合作。

(三)公私合作程序规制的重点制度

按照担保国家与合作国家的要求,公私合作要遵循公开原则、公平原则以及参与原则等基本行政程序原则,同时也要着力在有关制度上进行

---

① 陈军:《公私合作背景下行政程序变化与革新》,《中国政法大学学报》2013年第4期。

完善。在未来的"公私合作与伙伴关系法"中,至少需要经历公告、协商、选择、协定、执行、救济等程序①。尽管不同的公私合作具体类型,其规制的程序重点和方式不尽一致,但是信息公开制度、公众参与制度、理由说明制度等仍然是公私合作需要遵循的重点程序制度。

1. 信息公开制度

信息公开不仅是确保公共权力在阳光下运作,实现权力监督的有效途径,而且也是确保合作过程中信息充分、对称,实现理性制度选择的必要保证。在日本,有人认为,就行使权力之私人,亦应公开其相关资讯,以确保过程之透明性,而且此等私人公开资讯之必要性,可认为超过向来之行政组织。现在就更加层面之指定法人而言,虽然检讨修正资讯公开法制度,仍未完成准备;在某些地方公共团体,已出现将指定管理人作为资讯公开自治条例适用对象者。② 比如对于特许经营的程序而言,信息公开制度包括实施特许经营前的公开制度(包括公开实施特许经营的领域、公开实施方案、公布合作的私人部门条件资质等)、实施过程的公开(其中特别是招标投标过程的公开性)、特许经营遴选结果的公开(包括通过公平、公开竞争、确定政府的"合作伙伴"之后,有关主办机关应当及时将评定结果通知最终胜出者,以便双方及时签约;并应当将此结果一并通知其他参与竞争者,并向全社会予以公告)。再如,对于作为次生型公私合作主体,公私合作公司虽然从形式上是私法公司,但是不能以其商业秘密为由拒绝实行信息公开制度。问题的关键在于如何把握正当程序"民营化"与私人主体权益的平衡。正当程序"民营化"实际上是给私人主体施加了一定的程序义务,要求其在履行公共性职能时遵循最低限度的公正,包括作出不利决定时提供听证、禁止单方接触、回避、信息公开等

---

① 当然这只是针对民营化型公私合作而言提出的建议。参见高家伟:《论中国大陆煤炭能源监管中的公私伙伴关系》,《月旦法学杂志》2009 年第 174 期。

② [日]米丸恒治:《公私协力与私人行使权力——私人行使行政权限及其法之统制》,刘宗德译,《月旦法学杂志》2009 年第 173 期。

内容。但是,如果法律所课加的程序义务过于严格,又有可能影响私人主体的合法权益。对此,有学者认为这需要对涉及的相关利益进行权衡,对公法规范、原则与私法规范、原则进行对接,对公益与私益进行权衡。在立法技术上"民营化"的正当程序应更加注重调解、协商、仲裁的应用;在行政与司法实践上,需要结合具体的领域与事件特质进行判断是否要适用正当程序以及何为正当程序。[①] 2008年6月发生的三位学者要求行政机关依据《政府信息公开条例》的规定公布首都机场高速公路收费情况的事例就是明证。[②] 根据公私合作有关原理,如果首都高速公路发展有限公司系公私合作公司,那么毫无疑问它应该遵循《政府信息公开条例》,而不是像该公司人员所称的公司并非政府机关,政府信息公开与其没有关系。而且即使它仅仅为国有企业,它也是系私法形式的行政组织,根据《政府信息公开条例》第37条明确规定,参照执行《政府信息公开条例》等公法规则。[③] 今后,随着公私合作公司越来越普遍,如何保证公众的权利不受侵犯,成为我国信息公开制度必须解决的重大课题。

2. 公众参与制度

由于有效的公共参与,可以在一定程度上弥补规制机构的信息缺陷及规制机构的有限理性,进而有利于保证规制措施的科学性与合理性;可以形成强大的社会监督力量,能够在规制机构、被规制机构及公众之间形成一个有效的制衡机制,在一定程度上防范"规制俘虏"的风险;可以克服代议制中代理人机会主义行为的固有缺陷,使其作为原"委托人"的权

---

① 高秦伟:《美国行政法中正当程序的"民营化"及其启示》,《法商研究》2009年第1期。

② 参见郭爱娣:《北京大学三位教授申请公开首都机场高速收费》,《京华时报》2008年6月4日。

③ 参见《政府信息公开条例》第37条:"教育、医疗卫生、计划生育、供水、供电、供气、供热、环保、公共交通等与人民群众利益密切相关的公共企事业单位在提供社会公共服务过程中制作、获取的信息的公开,参照本条例执行,具体办法由国务院有关主管部门或者机构制定。"

利得到充分行使,所以公共参与日益成为广大公众监督公私合作的重要
制度保障。公众参与可以有多种形式,包括建立民意调查制度、举行公开
听证会、院外集团与游说制度、公民请愿与公民投票、协商谈判制度、关键
公众接触、公民大会、咨询委员会等。[①] 为此,需要对包括听证制度在内
的所有公众参与制度进行重新设计,防止受公私合谋而导致的制度变异,
公众参与制度只有真正建立在合作治理的基本精神之上才能真正发挥作
用。为此,需要构建与公私合作相配套的一系列有关实体与程序制度。

3. 理由说明制度

公私合作的成功与否,很大程度上取决于包括合作、协商在内的过程
和环节的重视程度。如果说,协商的最终结果必将由有特定价值偏好的
一方占据决策优势,那么理由说明对于协商性规制就十分重要,因为它为
决策者在相互冲突的利益之间进行价值取舍提供另一条规则,不然,协商
过程的形式就可能掩盖了单方决策的实质,因此说,理由说明制度嫁接了
程序与权利,同时确保决策基于确信与承认获得权威。[②] 无论是对于公
私合作的最初决策,还是对于公私合作的实施全过程,理由说明制度都具
有重要的意义。受担保国家、合作国家的影响,我国澳门地区行政程序法
第 7 条规定了行政当局与私人合作的原则,"它反映了现代民主法治国
家摒弃过去警察国家只注重国家单方管治,不问民意的专制独断,趋向开
放行政的发展方向"。[③] 可以说,公私伙伴关系的建立基础就是公私部门
之间互相信任,其中说明理由是促进、稳定这种合作关系的重要制度保
障。为此,不仅要借鉴行政机关说明理由制度因素,而且次生型公私合作
主体在履行公共任务时也要实行说明理由制度,尽管不排除对原有制度

①　宋国:《合作行政的法治化研究》,吉林大学博士学位论文,2009 年,第 87 页。
②　蒋红珍:《论协商性政府规制——解读视角和研究疆域的初步拟定》,《上海交通
大学学报(哲社版)》2008 年第 3 期。
③　罗传贤:《行政程序法基本理论》,五南图书出版有限公司 1991 年版,第 19—20
页。

进行适当改进,比如程序简化、程序加速等。

总而言之,尽管采取打破公私法二元框架的思维模式,对公私伙伴关系产生程序的规制体现在横跨公私法的程序规制的运用①,但是基于担保国家的理论,在公私法程序规制之间,公法程序规制在其中将起到更为重要的作用。因此,行政程序法无疑在公私合作中具有广泛适用的空间,但是公私合作的程序规制有其特质,将体现私法化、柔性化与合作化的趋势,由此公私合作的程序制度建构也将体现程序规制变化的最新发展态势。

第四节　公私合作的救济担保

国家或公共部门在公私合作中不再承担履行责任,而是承担确保私人履行公共服务时的公益担保责任。这一国家担保责任的思想是担保国家理论最为核心之所在,需要落实到包括公法救济在内的法治各环节。担保国家的新理论特别是国家担保责任的新思维为诠释公私协力法治担保提供了重要前提。② 为了更好地规范和约束公私合作,笔者提出了"救济担保"这一新的救济模式。该模式不仅体现了国家担保责任理论在司法权理论和救济理论中的具体内涵,而且也提出了制度革新和具体化制度的要求。从理念上、性质上、结构上、过程上等多个角度来看,担保国家背景下公私合作的公法救济实现了转型。不仅如此,面对公私合作对行政诉讼以及国家赔偿两大公法救济带来的挑战,我国行政法只有积极应对,促进有关制度的不断更新,才能从根本上对公私合作进行合法、有效

---

① 耿焰:《论行政公私伙伴关系的规制》,《法学论坛》2011年第2期。
② 邹焕聪:《论公私协力的公法救济模式及体系现代化——以担保国家理论为视角》,《政治与法律》2014年第10期。

的法律救济。总的来说,公私合作对公法救济带来了巨大的挑战,同时也给公法救济的转型和革新带来了难得的机遇。

一、公私合作的公法救济模式转型

在公私合作中,由于存在公私法的区分,其法律救济自有公法救济与私法救济之别。而公法救济系指个人、法人或者其他组织的合法权益受到公权力侵害或可能受到侵害时的防卫手段和申诉途径,也是通过解决公法争议,纠正、制止或矫正公权力侵权行为,使得受损害的合法权益得到公法上的补救制度。公法救济具有主体的公权力性、公法争议的具体性、救济对象的公法性等特点,各国公法救济主要包括行政复议、行政诉讼、刑事诉讼、国家赔偿、违宪审查、诉讼外替代性纠纷解决机制(ADR)等途径。鉴于本书主旨,笔者将着重分析公私合作对行政诉讼等公法救济机制带来的挑战以及我国行政诉讼等公法救济如何进行调整应付。

(一)从理念上看,这一创新是从"救济给付"发展到"救济担保"

在传统的救济制度中,司法救济当然不可或缺,但是,由于在不同国家理论下,其司法权的定位未必相同。在给付国家理论主导下,国家积极作为,担负起各项社会福利和有关服务,政府事必躬亲,承担了大量繁重的公共任务,而私人则无法参与到公共任务之中。在这种给付国家背景下,司法权也呈现出积极主动的功能,甚至违反不告不理的被动性原则而主动介入到各类争议之中。这种积极介入到各类争议的司法救济模式,可以称之为"救济给付"。但是这种"救济给付"模式当今担保国家下已经显得不合时宜。美国学者乔迪·弗里曼曾经提出,公私合作带来了美国行政法的新发展,把当代治理描述为"混合行政"体制最为合适。质言之,行政是一项以多个不同主体之间(如行政机关、私人公司、顾客、非营利组织和专业协会)相互作用为特征的事业,这种共同的治理事业要求具有一个灵活、便利的政府观念,即国家必须有能力在混合体制中扮演多重角色:经纪人、沟通者、监督者、执行者和合伙人等。任何一种主体的结合形式,只要被证明可以最好地实现利益最大化,并将特定公私安排带来的风险降至最低,国家在混合行政中的首要作用就是促成这种结合形式的介入。① 为此要适合国家角色的转换,包括司法权在内的国家权力都应该进行重新的定位。担保国家不仅要求立法者针对公私合作中私人执行公共任务进行框架性立法,要求执行者具体化国家担保责任,而立法者和执行者是否遵循国家担保责任、有无违宪或违法的情形,则需要接受司法审查。与"救济给付"不同的是,笔者主张的"救济担保"模式,是一种被动性、公法担保型、协商合作型救济模式。具体而言,首先,"救济担保"是一种被动性的救济模式,即回归到司法被动、中立的立场。其次,它又是一种私法救济优先、公法担保型的救济模式,在公私法都能救济的情形下尽量通过民事救济解决;如果私法救济无效,则国家要使用公法承担担保救济责任。当然有关法律已经对公法私法救济模式进行了规定,则自然按照法律规定即可。最后,它还是一种协商型、合作型的救济模式,要通过大量的协商对话进行有关争议的解决。这种"救济担保"对于各种公私合作都具有普遍的适用力,特别是对社会主体本着合作社会的理念就社会公共事务或国家事务与国家或政府进行合作共治的社会合作管制②引发的救济尤为重要。如果有关争议发生后,能够自我调解、自我解决则无必要进行行政诉讼,而当这些途径无效时,则要视情形采取包括行政复议、行政诉讼、行政赔偿等在内的公法救济。

（二）从性质上看,这一创新是从公私法救济分立发展到公私法救济合作

在传统的救济制度中,公法救济与私法救济犹如两条平行的轨道,没有交集、难以合作。对于大陆法系国家而言,进行法律救济首先的问题就是是否属于公法救济或私法救济的范围。"除刑事案件以外,大多数民

---

① ［美］乔迪·弗里曼:《私人团体、公共职能与新行政法》,晏坤译,《北大法律评论》2004 年第 5 卷。

② 参见邹焕聪:《社会合作管制:模式界定、兴起缘由与正当性基础》,《江苏大学学报》（社会科学版）2013 年第 2 期。

法法系国家的普通法院的管辖范围基本上限于私法之争。有关行政行为有效性或性质的争执(如拒绝签发或撤销商业许可)涉及公法问题,在它们的制度中将由一个具有独立系统的行政法院解决。"①而如今,基于民营化和合作治理而开展的公私合作新型活动,不断侵蚀着公法、私法截然划分的"鸿沟",公私法救济道路逐渐融合。从合作治理的角度看,公私合作不仅带来了公私权力的混合、行为法律性质的融合,而且也导致公法救济与私法救济的合作。正如美国学者所言,共同治理体制中的司法审查,在对公私安排带来的危险加以制约的同时,应该鼓励公私合作……法院有必要提供原则的灵活性以容纳新的公私混合体制。② 与公私合作这种典型的混合行政相适应,公私合作的救济方式也是混合救济、合作救济。比如对于社会合作管制这种公私合作而言,争议发生后,一般首先通过自我协商调解、内部化解等私法救济来解决冲突,由于自我救济程序简单、当事人自愿接受,所以它是各方乐意采行的方案;与此同时,如果自我协调失败,那么公法救济无疑应该介入,以免公法价值的丧失。为此,对于公私合作的救济不能再陷入公私法救济对抗的泥淖,而应该走向公法救济与私法救济良性合作的大道。可以说,这种合作治理下的救济制度是一种合作型救济,它在主体、途径、方式多方面展开——从解决主体上看,不仅包括传统国家或政府机关实施的救济,而且扩展到社会组织依法进行的救济;从救济途径上看,不仅包括行政复议、行政诉讼、行政赔偿等,还应将自我调解、民事仲裁等多种途径包括在内;从救济方式上看,不仅包括法律法规规定的责令履行责任、赔偿、补偿等正式机制,还包括自我协商、谈判、谴责、公布等非正式机制。当然,如何处理公私合作中的公法救济与私法救济合作关系,需要创新有关机制,完善有关法律制度。

---

① Peter H.Schuck, *Foundations of Administrative Law*, Oxford:Oxford Press,1994,p.339.
② [美]乔迪·弗里曼:《私人团体、公共职能与新行政法》,晏坤译,《北大法律评论》2004 年第 5 卷。

(三)从结构上看,这一创新是从"线型结构"对峙发展到"三角(平面)结构"互动

有关救济结构问题,它实际上包括了两大问题:一是参与解决争议的主体结构,主要涉及的是由单一的司法机关来处理还是由多元的主体来处理。二是处理的争议关系结构,主要涉及的是传统的行政机关与相对人之间的争议还是包括公共部门、实现公共任务的私人部门以及作为相对人的公众之间三面关系的争议。对于前一问题,在传统的结构中,救济机制的主体处于中立的地位,对整个机制的运行起主导作用,而当事人处于对峙的关系,在对抗式的程序中寻求最大保护;而随着协商民主的兴起,各国公法救济机制中协商性不断提升,参与性不断增强,开始出现"多元协商"的救济结构,比如英美法系国家大量存在的 ADR 制度(当事人可以要求采取某一形式的方法)、法国的调解专员(有行政机关以外的第三人处理)、日本的苦情处理(处理主体众多)等。[①] 这些制度实际上根据公私合作具体情形可以灵活加以运用。对于第二个问题,公私合作许多具体行为关系结构实际上已经突破了传统公法只关注行政机关与相对人之间争议的做法,而是将公法规范延展到履行公共任务的私人主体,导致三面法律关系及其争议——公共部门、实现公共任务的私人部门之间的争议、实现公共任务的私人部门与作为相对人的公众之间的争议、作为相对人的公众与国家的争议都纳入公法的视野。由此,如果这些争议发生,那么这三面主体之间的争议都要考虑到,要对权利义务的所有法主体进行整体性观察,主体之间的关系向多边关系发展,而诉讼结构也从传统的"线型结构"对峙发展到"三角结构"互动。

由此可见,从上述公法救济理念、救济性质以及救济结构来看,"救济担保"模式完成了对"救济给付"模式的超越,实现了对公私合作的公

---

① 韩春晖:《现代公法救济机制的整合——以统一公法学为研究路径》,北京大学出版社 2009 年版,第 124—126 页。

法救济转型,是契合公私合作治理特殊情形的现代公法救济理论模型。

二、公私合作的公法救济体系现代化

在某种程度上说,包括行政诉讼、国家赔偿等在内的公法救济体系的现代化,与国家治理体系的现代化具有同构性,它们是一体两面的关系。而实现国家在公私合作中的治理体系现代化,意味着要实现公私合作公法救济体系的现代化。实际上,无论是国家治理体系的现代化,还是公私合作公法救济体系的现代化,其关键都在于实现法治化,使治理活动在法治的轨道上运行。本书认为,要从以下方面实现我国公私合作公法救济体系的现代化。

(一)按照修正后的法律关系理论实现全方位的救济

与一般行政法律关系只存在行政主体——行政相对人两面法律关系不同的是,公私合作的法律关系存在三面关系,即公共部门与履行公共任务的私人部门的关系、履行公共任务的私人部门与公众的关系以及公众对履行行政任务的私人部门之关系。尽管这三者之间的关系及地位问题可以立足于组织法角度来分析,但是其中背后的法律关系理念具有普遍的意义,同样可以用以分析公私合作复杂的救济制度。有的学者在分析公私协力救济时试图运用德国的"双阶理论"(或"两阶段理论"),将政府职能合同外包的公共给付分为是否给予给付和履行授益之细节两部分①,但是,实际上双阶理论即使在德国也有被替代的趋势,所以,首先对这种观点进行评论,在此基础上论证法律关系理论的优势所在。

有关双阶理论,它源自于国家对公民的补助贷款;由于补助贷款行为属于私法行为,公民不得对其提起行政诉讼,而向民事法院起诉,却又因私法自治、契约自由而获败诉判决,致使公民几无救济途径可言。双阶理论系在私法性质的补助贷款法律关系之前,加入行政处分性质的同意决定,形成"行政处分+私法契约"模式。详言之,在第一阶段,行政机关对

①　参见杨欣:《论政府职能合同外包中的公法约束》,《法学论坛》2007年第5期。

当事人的贷款申请,首先在公法上以行政处分作为同意或拒绝的决定,行政机关作出同意的决定后,在第二阶段,与受补助人缔结私法性质的消费借贷契约,实际发给贷款补助,因此,公民对于行政机关是否给予贷款的决定不服的,可提起行政诉讼,请求权利保护。德国"两阶段理论"在补贴事务中提出,之后被推广到其他相关领域,特别是公共机构和设施准入。由于两阶段理论希望突破长久以来只对补贴行为进行私法解释,借助行政行为使作为批准决定的发放贷款决定受公法的约束,特别是置于基本权利保护和私法控制之下,所以得到很快的赞同和推广,不过,由于批准之后的贷款合同是一种杜撰、将原本统一的社会关系分成两个法律关系和救济途径以及两个阶段的关系值得怀疑等,两阶段理论遇到了很多的困境。① 由此可见,尽管其思维颇具可取性,但是双阶理论并不能为公私合作的公法救济提供良好的理论支持。

我国台湾地区有学者试图对双阶理论修补,在"行政处分+私法契约"模式之外,发展出"行政处分+行政契约"之新型态。双阶理论以"行政处分+私法契约"为典型,其部分原因在于:典型的行政契约以代替行政处分为主要类型,双方互负给付义务之双务契约,亦以行政机关给付"作成特定行政处分"为原则,是以,于平等地位上提供给付之双阶理论第二阶段,即无行政契约适用余地。惟公私合作以履行国家任务,成为时代趋势,在择定民间业者之阶段固为行政处分,但将行政任务委托民间业者执行,则是否能将其全部视为私法契约,则不能一概而论。详言之,双阶理论之第二阶段,如行政机关系将国家之公权力授予民间业者实施,则应解为行政契约,方符合前述公私法契约区别之理论,则双阶理论即有必要调整为"行政处分+行政契约"之新型态。② 台北"高等行政法院"曾经

---

① 〔德〕哈特穆特·毛雷尔:《行政法总论》,高家伟译,法律出版社2000年版,第423—429页。

② 参见董保城:《台湾行政组织变革之发展与法制面之挑战》,载台湾行政法学会主编:《国家赔偿与征收补偿/公共任务与行政组织》,元照出版有限公司2007年版,第234页。

对于台北高速公路电子收费系统(ETC)作出判决,即采"行政处分+行政契约"的见解,并受到诸多学者的支持。但尽管将公私协力中的公共部门与私人部门之间的契约扩展包括公法契约和私法契约两种形式,仍未囊括其他行为方式,比如事实上的公私协力等;更为重要的是,无论是"行政处分+私法契约"模式还是"行政处分+行政契约"新型态,都还是局限于公共部门与私人部门之间的关系,而没有将视角扩展到私人部门与公众的关系以及公共部门与公众的关系。而后者的关系对于公私合作而言,更加具有实际意义。如果要对公私合作构建救济制度,就要正视所有主体之间可能发生的争议。笔者认为应在扬弃双阶理论基础上,引入法律关系理论来分析公私合作中的多方法律争议问题。

实际上,法律关系理论也是来自于德国,虽非全新的理论,不过由于它与国家担保责任理论存在内在的关联(都探究两个以上主体之间关系,但就特定事务所扮演的角色或者任务范围、义务而言,需要国家担保责任理论来弥补),因此成为分析特许经营、公共服务外包及公权力委托等民营化型公私合作的法律约束的最优工具。简言之,法律关系理论最初是针对行为形式理论观察模式的不足而提出的理论。该理论将规制对象放宽到整体法律事实中"与行政有关"所有法主体,并将视角触及三面法律关系主体、行为多样性(如私法行为及非形式行为的运用)、程序的状态取向以及法规范的发展等有关法律问题。[1] 笔者在此试图运用法律关系理论这个新视角来分析公私合作的全方位救济问题。我们知道,传统的典型法律关系是由行政主体与行政相对人两面关系构成。虽然从这种架构来看,公私合作特别是民营化型公私合作仍然以公共部门与私人部门两分法的构架及两面关系架构为前提,但是,公私部门在公私合作中交错形成了三面关系,即公共部门与履行公共任务的私人部门之间的关

---

① 张锟盛:《行政法学另一种典范的期待:法律关系理论》,《月旦法学杂志》2005年第121期。

系、履行公共任务的私人部门与公众之间以及公共部门与公众之间的三面关系。假若仅仅将传统的公法制度适用于三面关系有关争议,势必导致对这种三面关系及其争议复杂性的忽视,而且也与公私合作实际情形不符。以公权力委托或日本学者所称的"委任私人行使行政权限(特许)"①为例,它们之间三面法律关系的争议就极为复杂。

首先,公权力委托人与公权力受托人之间的法律争议,主要包括以下争议:通过法律法规、合同还是其他方式而导致的公法上委任或信托关系争议;公共部门对私人部门的监督所导致的争议;私人部门对公共部门的请求权受侵害而导致的争议;私人部门违反法定或约定对公共部门的义务而产生的争议;等等。而上述争议中,有的属于公权力委托决定中的争议,有的则属于公权力委托履行过程中的争议。但是,无论上述哪种争议,都应该纳入行政诉讼的范畴之列,因为它们从根本上说都是公法上的关系。值得指出的是,在公共部门与私人部门之间的法律救济而言,传统意义上的所谓特别权力关系理论已经不具有妥当性。该理论认为,私人部门与公共部门之间的法律关系属于传统的特别权力关系,与其有关的争议,法院不能提供权利保护。但是,将公权力委托人与公权力受托人之间的关系视为特别权力关系已不妥当,且该理论在大多数国家实际上已被抛弃。

其次,在私人主体与广大公众之间,其法律争议主要包括:承担公共任务的私人主体侵害相对人的实体或程序权利而产生的争议;承担公共任务的私人主体侵害作为公法消费者权利而导致的争议;承担公共任务的私人主体违反行使其他公法上权力而产生的争议;公众或相对人要求赔偿引发的争议;等等。对此,因为公权力委托行使过程中对公众或公法

① 值得注意的是,日本学者所谓的"特许"并不是一般所认为的"特许经营",而是实际上等同于"公权力委托",即将公共权力委托给企业等私法组织来行使。参见[日]米丸恒治:《私人行政——法的统制的比较研究》,洪英等译,中国人民大学出版社2010年版,第28页。

消费者作出有关活动是基于公共部门与私人部门之间的公法上的法律关系作出的,所以,"特许者的行为如果以公法上的行为形式进行,那么可以将特许者作为被告提起行政诉讼。这种情况下,特许者以自己的名义进行活动,属于'行政法院法'第78条意义上的具备当事人资格的团体或行政厅。"①当然,公权力委托的公法性质较为容易判断,其法律救济也不是难题,但许多公私合作的救济远非公权力委托那样容易,许多争议都处于灰色地带。

最后,公权力委托人与广大公众之间的争议包括公权力受托人无法提供公共产品(或公共服务)或者发生其他损害无法承担时国家与公众之间的法律争议;公众对国家不履行监督职能而引发的有关法律争议等。由于在公权力委托人(或国家)与公众之间并无直接的行政行为、契约等显性的法律关联,人们往往会误认两者之间没有任何关系,或者是"虚拟的争议"。但是,从担保国家、国家担保责任的理念出发,公权力委托人(或国家)在公权力委托中虽然并不执行具体的行政任务,但是它最终是行政任务的担保人。如果履行行政任务的私人无力提供公共产品或公共服务,或者发生其他私人履行行政任务导致其他损害等事件时,那么国家应该及时介入和监督,对广大的社会公众承担其由于私人部门无力提供公共产品或公共服务而导致的一切责任。也就是说,具体到公权力委托的具体公法救济实践来说,如果私法救济途径无法实现公众对承担行政任务的私人主体的权利救济,那么此时国家应该及时介入,提供包括行政诉讼、国家赔偿等公法救济方式来弥补公权力受托人所造成的损害。就国家担保责任的法理而言,国家与公民之间仍存有争议发生的基础。根据德国行政法院的一般见解,国家不得因将公行政任务托付给私人,而避开已存在之人民要求给付或要求对其给予作无瑕疵裁量决定的公法上请

---

① ［日］米丸恒治:《私人行政——法的统制的比较研究》,洪英等译,中国人民大学出版社2010年版,第47页。

求权。但"给予给付请求权"转变为"使获得给付的请求权",也就是对私人给付主体施加影响。给付受领人对国家,主张有此种影响权存在且要求其执行而提起的诉讼,得寻求法律途径为之。最重要的案例,要属地方自治法上,请求进入公共设施之请求权。①

可以说,以国家担保责任理论修正后的法律关系理论为我国完善公私合作的公法救济制度指明了方向。比如在特许经营中,同样存在着三方法律关系,包括公共部门与特许经营者的关系、特许经营者与公众的关系以及公共部门与公众的关系。但是,目前我国出台的有关公用事业特许经营的地方性法规、规章等大多没有对其救济途径进行全面规范,当然由于立法权限问题,有的立法也无权规定,目前只有北京、河北、深圳等地的地方性法规或规章对市和区、县人民政府及其有关行政主管部门作出的具体行政行为或者收回特许经营权的决定这两种情形规定了特许经营者申请行政复议或者提起行政诉讼的权利。比如《北京市城市基础设施特许经营条例》第33条规定:"特许经营者对市和区、县人民政府及其有关行政主管部门作出的具体行政行为,认为侵犯其合法权益的,有陈述、申辩的权利,并可以依法申请行政复议或者提起行政诉讼。"又如《河北省市政公用事业特许经营管理办法》第28条规定:"收回特许经营权的决定由主管部门书面通知特许经营者。特许经营者可以在收到书面通知后30个工作日内提出书面申辩或要求举行听证会。特许经营者要求举行听证的,主管部门应当组织听证。特许经营者对收回特许经营权的决定不服的,可依法申请行政复议或提起行政诉讼。"但是令人遗憾的是,这些现有的规定只是规范了特许经营者对公共部门的救济权利,但是却忽视了特许经营者与公众之间以及公共部门与公众之间发生争议时的救济途径。根据法律关系理论,很有必要对三面法律关系可能发生的争议

---

① 参见 Eyermannn:《德国行政法院法逐条释义》,陈敏等译,台湾地区"司法院"印行2002年版,第236—237页。

和侵权及时作出规定,防范于未然。不仅如此,我们还要按照当今国家担保责任的新理念,努力彰显国家或公共部门这一担保人的地位,完善国家或公共部门与公众之间无直接行为链接的争议解决机制,必将成为未来立法或修法中有待大力加以解决的重大课题。

(二)构建对未型式化公私合作的公法救济担保机制

笔者认为,根据公私合作是否具有法律依据,公私合作可以划分为型式化公私合作行为与未型式化公私合作行为。行政委托(公权力委托)、特许经营等都可以说是型式化公私合作行为的典型形态;政府参股、社会合作管制、公共服务外包等都是比较典型的未型式化公私合作行为的具体形态。对于这两种公私合作,法律救济的情形不尽一致,即使各种型式化公私合作行为之间的法律规制密度、种类也未必相同。由于公权力受托人依照法律规定直接授予或给予法律授权等,可以自己名义对外独立行使权力,并在私人行使公权力时具有行政主体资格,所以一般而言,对于公权力委托"首先应利用现行法上以行政处分或公权力行使为前提之行政救济制度"。① 而对于特许经营,目前也有少数地方性法规或规章对有关诉讼途径进行了规定,虽然不尽完善。因此,这些型式化公私合作行为需要遵循法律法规所规定的救济渠道,不过这并非本书所要探讨的重点内容。

而对于未型式化公私合作行为而言,虽然没有法律法规或规章的规定,但是实际上单独或与国家一起行使着国家公权力或社会公权力,那么此时如果发生争议,应该按照何种诉讼方式进行诉讼呢? 国家在其中是否就放任不管呢? 答案是否定的。以社会合作管制作为典型的未型式化公私合作行为为例,它实际上在德国等国家以"国家规制的社会合作管制"的方式得以大力展开,但是从担保国家的观点看,社会合

① [日]米丸恒治:《公私协力与私人行使权力——私人行使行政权限及其法之统制》,刘宗德译,《月旦法学杂志》2009 年第 173 期。

作管制并非毫无界限,毋宁仍然需在国家所设置的法制框架内运作才具有正当性和合法性。社会合作管制本身并非目的,而是实现公私合作的一种手段,因此由社会组织甚至个人等社会主体作为管制国家或社会公共事务对于法学的意义,绝非国家解除管制、撒手不管,而是在国家与私人之间进行责任分配和责任阶层化,同时要兼顾第三人的基本权利保障以及公共利益的维护。为此,社会合作管制的主体地位判断对于诉讼地位的判断已经不再那么重要,更应该重视的是社会合作管制主体行使公共权力的功能的强度:如果行使公共权力的功能的强度很强,那么该私人主体应该作为行政诉讼的被告,提起行政诉讼;如果行使公共权力的功能的强度很弱,那么该私人主体应该作为民事诉讼的被告,提起民事诉讼(同时该私人也可以提起民事诉讼)。有鉴于此,传统的诉讼类型"一刀切"的做法可能于实务无益,关键是要看社会合作管制中私人主体行使公共权力的功能强度。不过,由此产生的问题是如何判断这种功能强度?这有待理论的进一步探讨和实务的摸索。如果无法判断出功能强度,那么笔者基本主张应该提起行政诉讼,不仅因为它实际行使了公共权力,而且因为行政诉讼的特殊规则对于约束公私合作更为有效,也更能体现担保国家的理念,从而一并解决由此发生的国家赔偿问题。

实际上,对于社会合作管制主体"公私混合体"及其行为的定性不准,往往导致司法介入的困难。比如,在当下中国,对于社会合作管制主体的司法监督依然呈现出一种"模糊"甚或"缺失"的状态。究其缘由,一方面,在司法介入的过程中,社会合作管制主体时而以实施公权力的行业管理者之身份来规避民事法律制裁,时而又以民主自治社团之身份来摆脱行政法律规制。事实上,不少社会组织(法律法规授权的组织除外)往往有其一家行使公、私两家的权力,无疑加大了司法介入的难度。另一方面,如果司法机关面对私人主体与实现公共任务主体这一"公私混合体",因无法摆脱"公私法域绝然对立"这一桎梏,自然无法演化出有效的控制机制。① 为此,对于社会合作管制主体虽然是私人主体,但是在行使权力的功能强度很强时,其行为应该视为"行政行为",所以也要受到如同与行政行为一般的司法约束;而若功能强度很弱时,则提起民事诉讼。但是,无论私人部门被提起民事诉讼或行政诉讼,国家在其中都应起着担保者的最终责任。

(三)整合基于公私合作行为性质的公私法救济途径

虽然公私合作都要通过行为来表现出来,但是公私合作行为严格来说并不等同于公私合作,系指公、私部门之间为了合作完成公共任务而平等地进行协商、谈判、合作所形成的所有正式与非正式的行为总称。由于公私合作行为实际上是一种集合的概念,从性质上说它包括了公法行为、行政私法行为、私法行为以及性质难以定位的行为,尽管从数量上而言后两者远比不上前两者。公私合作行为的复合法律性质不仅革新了传统的公法、私法二元区分的理论,而且给传统的单一救济制度带来了严峻的挑战。为此,根据担保国家理论,结合公私合作行为性质,需要整合公私法救济途径。

1.公法或私法性质的公私合作行为:一元化公法救济或一元化私法救济

与一般行为一样,公私合作行为发生争议后,其权利救济的路径不外乎私法救济(含民事诉讼、民事赔偿)和公法救济(含行政诉讼、行政复议、国家赔偿)。作为与传统行政行为存在种种差异的另类行为,公私合作行为到底是遵循一元化救济,即在私法救济和公法救济两者间选择其一? 还是实行二元化救济,即既适用私法救济,又可能实行公法救济? 关于这一问题,中外理论和实务尚处于不成熟的探索阶段,并且观点不一,颇有争议。笔者认为,对于公私合作行为的救济,首先要看能否具体区分

---

① 参见冯之东:《社会公权力的司法救济与民间化——以公私法域交融背景下的足球协会为研究个案》,《南京大学法律评论》2010年秋季卷。

行为的法律性质,如果能够清晰地或至少理论上能够判断该行为为公法行为,那么此时毫无疑问应该纳入公法救济轨道;相反地,如果能够断定公私合作行为为十足的私法行为,那么此时一般而言要进行民法诉讼的渠道救济。如果以上推论能够成立的话,那么有可能在同一的公私合作行为中,根据不同的法律关系可以提起不同的诉讼,比如就特许经营而言,由于特许经营契约系公私法双重性质的行为,所以要实行由性质主导的私法、公法二元化救济,而对于特许经营者与公众之间的私法争议则只能进行民事诉讼救济。而对于公权力委托而言,无论是公权力委托人与公权力受托人之间,还是与公众之间的争议,由于它们均以公法方式为行为特征,所以相对人对之如有争执,自应循公法救济途径,谋求解决。

2. 公法私法双重性质的公私合作行为:"私法救济优先、公法救济担保"的二元化救济

对于双重性质的公私合作行为,其法律救济从理论上说可能存在一元化救济或二元化救济的理论争议。前者是指对于该类公私合作行为发生争议,要么进行私法救济,要么进行公法救济;后者则指对于该类公私合作行为发生争议,既可能进行私法救济,又可能进行公法救济。在我国台湾地区,对于民间活动运用的行政私经济活动,因介有行政处分及契约之形成,所以行为的救济得视争议事项遵循民事诉讼(含调处)及行政争诉(含申诉)之途径处理,如政府采购法和促进民间参与公共建设法即是。笔者认为,无论是一元化私法救济还是一元化公法救济,都是无视该类公私合作行为的复杂性,只观察到硬币的一面,不免遁入私法以逃避司法审查或者无视该类行为的混合行政状况,而二元化救济的观点则需要避免将统一的事实现象分割成公法及私法两个领域,以免陷入"法学上之虚构"。笔者曾经对于作为双重性质的公私合作行为,认为要在坚持统一法律事实的前提下,具体考察行为目的行政性和手段私法性之间关系和比重,并由占主导地位的性质决定该争议的诉讼路径——如果其目的行政性占主导地位,应该将由此引起纠纷纳入行政诉讼;反之,如果手

段私法性占主导地位,应该将由此引发的纠纷纳入民事诉讼①。但是,问题在于目的行政性与手段私法性之间往往无法判断何者占主导地位,所以绝大部分行为均被推定为公权力行为。而今,笔者认为,根据担保国家理论的新思路,要对公私合作行为实行私法救济优先、公法救济担保型的二元化救济,即在公私法都能救济的情形下尽量首先通过民事救济解决,如果民事诉讼等私法救济无效,则由公法救济制度对当事人承担担保救济。总之,这种新的救济,不仅是对于公法、私法救济制度之间关系重新认识的结果,而且是基于合作治理理念的逻辑演绎的结论。

需要指出的,如果对双重性质的公私合作行为进行公法救济,行政诉讼调解是一个可选择项。在国家治理体系现代化以及担保国家理论背景下,作为政府等公共部门与私人部门之间、私人部门与广大公众之间的协商、合作、和解本应为题中之义。与之相适应,构建以解决公私合作中公私各方之间的"行政争议"和促进官民关系和谐为宗旨的行政诉讼调解制度亦为大势所趋。为此,除了要修改《行政诉讼法》有关行政诉讼不能和解的规定之外,应该完善人民调解、行政调解、司法调解联动工作体系,建立调处化解矛盾纠纷综合机制。对于公私合作中的法律争议,行政诉讼调解尤其要注意:在调解主体上,行政诉讼调解不仅包括人民法院,而且囊括与当事人有特定关系或者与案件有一定联系的企业事业单位、社会团体或者其他组织,以及具有专门知识、特定社会经验、与当事人有特定关系并有利于促成调解的个人;在调解范围上,行政诉讼调解虽然除禁止情形外的案件均可调解,但是切勿以调解逃避司法审查;在调解程序上,行政诉讼调解要建立一套的程序规则,特别是遵循合法、自愿以及有限调解的原则;在结案方式上,行政诉讼调解应由双方当事人达成调解协议。通过以上制度的创新,实现对公私合作行为的更为有效的公法救济。

① 王太高、邹焕聪:《论给付行政中行政私法行为的法律约束》,《南京大学法律评论》2008 年春秋合卷。

3. 无直接链接而产生的争议和无法定性的公私合作行为:公法救济

在公私合作蓬勃发展的当今时代,公私合作所涉及之行为类型,已非传统的行政行为或行政处分所能含括。在公私合作行为中,不仅包括行政行为,而且涵盖了行政私法行为、私法行为甚至性质不明的行为;更为重要的是,这些行为可能同时存在于同一公私合作之中。比如,就特许经营而言,它存在着许多性质不同的行为,其中公共部门与特许经营者之间的特许经营协议是公法私法双重性质的契约;特许经营者与公众之间的契约则是私法性质的契约。而公法私法双重性质的契约与私法性质的契约的救济途径是不同的。以上无论公私合作行为的性质多么复杂,但总是可以归类到公法、私法或者行政私法之列,但是有些行为的性质判断却非易事,需要运用新的理论进行定位和救济。

这里值得注意的是以下两类争议:一是无法定性或者性质不明的公私合作行为。对于社会合作管制行为这种新的另类的公私合作行为,虽然可以另定公法行为的判断标准,但是目前似乎很难一概将之定义为公法行为。对此,有学者指出,由于公私协力行为适用范围广泛,类型众多,难以进行完整的定义,更不易区分在何种情形下,应将公私协力行为所缔结之契约定位为行政契约;并应不分公私协力行为是否涉及公法、民法、政府采购法,甚至公司法等领域,一律在行政程序法中予以必要的规范。其具体方式是脱离在既有的行政契约法制下架构公私协力合作契约的思考模式,甚至在行政程序法中另定一节予以规范①。此种行政契约之改革模式,与法国公共建设契约的理念颇有相似之处。法国行政契约法制范围广阔、运作灵活,向为学界讨论的话题,将公私协力行为向行政契约方向靠近,似乎成为一种新的研究方向。② 这种方案的可贵之处在于看

① 吴志光:《ETC 裁判与行政契约——兼论德国行政契约法制之变革方向》,《月旦法学杂志》2006 年第 135 期。

② 参见董保城:《台湾行政组织变革之发展与法制面之挑战》,载台湾行政法学会主编:《国家赔偿与征收补偿/公共任务与行政组织》,元照出版有限公司 2007 年版,第 234 页。

到公私合作行为的复杂性以及受到国家公法约束的必须性,从某种意义上体现了担保国家的思维,但是它仍然局限在行政契约这一狭小的范围内,而且具有浓厚的理想主义色彩。

二是国家与公众之间并无直接的行为或契约相连接而产生的争议。对于这类争议,由于国家在其中不负履行责任,与公众也不直接发生法律关系,但是,正如担保责任理论所揭示的那样,国家应该负担担保责任。比如电信基础设施系满足民生基本需求的设施,以前由国家负责提供,而今采取公私合作方式进行提供,从而形成了国家(行政机关)——提供需求给付之私人、给付满足对象所构成的三角关系。而作为给付满足对象的人民,若无法由私经济场域中获致适当的生存需求之满足时,是否、如何以及多大程度上得向国家主张需求满足目的之实现? 在此涉及的是担保行政任务之发展,甚至担保国家图像逐渐明朗化后,国家对于给付满足对象的人民,是否仍负有原先其自为履行相关给付任务时之满足人民相关需求的义务? 此等义务是否随着国家退居担保立场而有所改变? 关键仍在国家在宪法上所负的义务为何及其范围。假如国家藉由任务民营化的方式转移人民任意承担的给付义务,其内涵之实现仍属宪法所设定之国家目标或是课予国家义务时,即便是国家合宪将该等行政任务转移由私法主体为之,亦不当然影响国家在宪法上的义务。以基础民生需求而言,若所谓生存照顾任务属于宪法上社会国原则所支配并课予国家担保义务者,则无论国家是否自为提供该生存照顾需求,均仍负有宪法上终局的需求满足义务,人民自仍得享有宪法相关保障。此外,国家与给付满足对象间存有担保其需求获得满足的关系,亦应属为公法关系。① 也正基于公法关系或公法性质的考虑,对于国家与公众之间并无直接的行为或契约相连接而产生的争议,应该纳入到行政诉讼等公法救济途径。

---

① 蔡宗珍:《从给付国家到担保国家——以国家对电信基础需求之责任为中心》,《台湾法学杂志》2009 年第 122 期。

（四）发展与公私合作模式相符的新型行政诉讼种类

我国目前尚未实现真正意义上的行政诉讼类型化,诉讼类型数量过少、划分粗糙以及不承认法官通过个案实践的创造即是非类型化的集中表现;这个格局的形成既是我国行政诉讼整体上的强制性制度变迁模式的必然结果,同时也与传统的行政行为形式论的局限性、以撤销诉讼为中心的立法结构的限制和粗放式学术研究的负面效应息息相关。① 但是,随着行政任务的急剧变化以及国家与社会关系的合作趋势更趋明显,国家为了实现公共任务,不仅采用传统的手段,而且大量使用民营化、公私合作等新型手段以及其他无法形式化的多种手段。行政任务的繁重预示着行政权运用的空间日趋扩大,行政审判权的范围将进一步扩宽、行政诉讼的类型也进一步细致化。而公私合作新型活动方式的兴起预示着司法救济的具体方法也需要随之作出调整,有必要在立法上针对不同表现形式的争议设置相应的救济方法,从而编织出一张严密的司法救济之网。

1. 实现公私责任分配,构建与公私合作适应的行政公益诉讼

我们知道,当今公共任务的实现不再局限于国家自己亲自来执行,随着公共事务的复杂化和市场化改革,越来越多的国家及社会公共事务转移到民间参与、合作,私人履行公共事务的现象已经成为一种不可逆转的发展趋势。其实,这种由公共部门与私人部门合作完成公共任务的公私合作,不仅被广泛使用于行政任务领域,而且也存在于诸如检察、审判等其他公共领域发展的可能,比如西方所谓借"私人检察官"力量来弥补国家资源不足的情形已经不在少数。可以说,与公私合作的基本精神紧密契合的诉讼类型首先应该是行政公益诉讼。按照担保国家理论,行政公益诉讼实际上是在行政诉讼类型上对公共部门与私人部门进行了适当的责任分配,集中表现在提起诉讼的原告资格上不再限于与之具有直接法律关系,而是其主体范围不仅可以是作为公共部门的检察机关、行政机关

---

① 参见章志远:《行政诉讼类型构造研究》,法律出版社 2007 年版,第 15 页。

等,更可以是广大的社会公众——公民、法人或其他社会组织。虽然依据被诉对象或客体的不同,公益诉讼可划分为民事公益诉讼和行政公益诉讼,但两者的区分仅具形式上的意义,因为现有的诉讼制度框架内对民事公益诉讼已经提供了相关的救济渠道,而且民事公益诉讼论者主张行政程序前置的观点实际上还不如实行行政公益诉讼那样经济以及符合我国行诉法的基本精神。

所谓行政公益诉讼作为公民、法人或其他社会组织针对损害社会公共利益的行为提起的行政诉讼,具有以下特点:原告是非法律上的直接利害关系人;诉讼的对象是公共权力部门;诉讼的目的是为了维护公共利益;诉讼的功能具有明显的预防性质;判决的效力未必仅限于诉讼当事人,而是遍及所有享有原告资格的人。① 2017 年 6 月 27 日全国人大通过《关于修改〈中华人民共和国民事诉讼法〉和〈中华人民共和国行政诉讼法〉的决定》,规定检察机关提起公益诉讼,标志着公益诉讼制度正式建立,但是对于公私合作模式能否提起行政公益诉讼、如何提起行政公益诉讼,仍然值得进一步研讨。结合公私合作,行政公益诉讼的诉讼目的也是为了维护公共利益;诉讼的功能具有明显的预防性质;判决的效力及于所有享有原告资格的人。但是,公私合作中的行政公益诉讼在以下几个方面是不同的:其一,行政公益诉讼的原告包括不仅与自己权利无直接法律利害关系的检察机关,而且也可以包括公民、法人或其他社会组织等。其二,行政公益诉讼的对象未必是传统的公共权力部门。只要行使公权力,无论是公共部门、还是私人部门,原告都可以对他们进行行政公益诉讼。其三,公私合作中的行政公益诉讼起诉条件可归结为:公私合作主体的行为违法使公共利益受损;必须存在一个能够代表公共利益的诉讼主体;代表公共利益提起公益诉讼的主体与公私合作主体的作为或不作为无直接利害关系;必须有法律的特别规定。对公私合作主体提起行政公益诉讼,

---

① 参见王太高:《论行政公益诉讼》,《法学研究》2002 年第 5 期。

需要在原告资格、起诉条件、司法审查的范围、举证责任以及其他程序上进行修改完善，以全面体现担保国家责任分配的思想。

2. 围绕国家担保责任理念，优化其他行政诉讼类型之构造

正如有学者指出的，在担保国家中，国家由公共任务的"执行者"转变成为公共任务的"担保者"；为了使国家能够扮演善尽职责之担保者角色，而非仅仅是单方面由公共任务撤退脱离者的形象，国家仍有监督及促进私人公共任务履行之责任。① 而这种"监督"和"促进"的责任不仅表现在立法和执法上，更要表现在司法救济及其类型构造之中。尽管2014年修正的《行政诉讼法》有关条款作了相应的规定，但是专门针对公私合作的条文仍然缺失，需要在PPP立法中对此作出符合国家担保责任理念的专门规定。

（1）要完善给付诉讼和确认诉讼。公私合作的大力推行，意味着服务型政府理念的更加深入人心，意味着政府治理和行为方式的革新。更好地为广大公众给付更好更多的公共产品和公共服务已经成为公私合作的时代要求。在没有司法压力的情形下，政府部门不作为引发的有关争议势必大幅增加，给付诉讼完全有可能取代撤销诉讼而成为行政诉讼类型新的中心。正如德国学者在分析行政任务的变化对于行政诉讼类型的意义时所言："这就使得一直铁板一块的诉的种类系统开始松动——它已经开始排斥仅仅专注于点对点调整的撤销之诉和义务之诉，并使给付之诉和确认之诉获得了重要性，因为这两类诉就上述那些新型行政方式而言，显得更加灵活。"② 由此可见，给付诉讼以及确认诉讼的兴起并非偶然，实际上与担保国家理论有关担保给付理念的转换与行政任务的变迁

---

① 林明昕：《担保国家与担保行政法——从2008年金融风暴与毒奶粉事件谈国家角色》，载吴庚教授七秩华诞祝寿论文集编辑委员会主编：《政治思潮与国家法学——吴庚教授七秩华诞祝寿论文集》，元照出版有限公司2010年版，第17页。

② ［德］弗里德赫尔穆·胡芬：《行政诉讼法》，莫光华译，法律出版社2003年版，第17页。

息息相通。给付诉讼,是请求法院命令行政主体作出具体行政行为以外的给付行为,通常为财产的给付或非公权力行为的非财产性给付行为,而根据给付诉讼标的的不同可以将其分为财产给付之诉和非财产给付之诉。① 2014 年修正的《行政诉讼法》第 73 条规定了给付判决,给付的标的物不仅包括物,还包括行为,既可能是积极的作为行为,也可能是消极的不作为行为;既可能是一种行政行为,又可能是一种非行政行为,同时,给付诉讼和确认诉讼的关系是给付诉讼包含确认诉讼,确认诉讼寓于给付诉讼中。② 而确认诉讼是行政相对人要求法院确认处于争议状态的具体行政行为是否无效、违法以及行政法关系是否存在的一种诉讼形式。虽然确认诉讼有利于解决争议,有助于落实国家赔偿制度,但是,为了更好地体现担保国家理论,不仅需要对新《行政诉讼法》第 74—76 条的有关规定进行细化,比如原告范围的扩大、诉讼标的的扩展等,而且需在专门出台的公私合作(PPP)立法中明确规定以上行政诉讼种类。

(2)要新增课予义务诉讼。担保国家的图像意味着国家或政府角色的转变和重塑,从公共任务的履行者转变为公共任务的担保者。特别是要针对公私合作中私人主体不履行公共任务或拒绝履行公共任务的情形,承担监督和保障责任。为此,在未来的 PPP 法律之中,除了要规定上述给付诉讼和确认诉讼之外,还需要根据实际情形新增行政诉讼类型。在日本,所谓课予义务诉讼系指在行政机关应当作出一定的处分但没有作出时,或者在基于对行政机关请求一定的处分或裁决的法令作出申请或审查请求的情况下,该行政机关应当作出该处分或裁决的诉讼。③ 它可以分为直接型课予义务诉讼与申请型课予义务诉讼。有法官认为,新《行政诉讼法》第 72 条规定的实际上为"义务诉讼"或"课予义务诉讼",认为作出义务之诉判决的实体要件包括依法申请、被动适格(行政权能

① 马怀德主编:《行政诉讼原理》,法律出版社 2003 年版,第 139—140 页。
② 梁凤云:《新行政诉讼法讲义》,人民法院出版社 2015 年版,第 443—444 页。
③ 参见江莉红:《日本行政诉讼法》,知识产权出版社 2008 年版,第 528 页。

的存在)、请求权基础、虽有请求权仍被拒绝、合法权益受到侵害、裁判时机成熟六大要件。① 课予义务诉讼作为体现国家担保责任的行政诉讼类型,具有诉讼救济以及使人民利益尽快得到终局解决的优点,应该作为公私合作中重要的行政诉讼类型。可以说,课予义务诉讼特别适合公共任务承担主体由国家转为私人而可能导致的不履行或拒绝履行公共任务的情形,对于促进公共任务承担体积极履行职责,具有重要的司法制约功能。为此有必要在 PPP 立法中引入这一新行政诉讼类型并结合公私合作加以完善。

公私合作是实现公私部门合作治理公共事务的最新模式,是国家治理体系现代化的重要组成部分,其最终目标是为了实现公私合作共治。但是,作为一种治理模式,无限生长的公私合作也给既有的公法理论和公法救济体系带来了挑战,需要根据公私合作的特殊性实现公法理论与制度的革新。国家在公私合作中的责任转变,与其蕴藏的国家图像转换相伴而行;与之具有同构性的是,当代公法救济的转型,与其背后的国家模型变迁关联互动。为此,一方面,我们要借鉴德国担保国家理论及图像,着眼于国家在公私合作中不是公共任务的履行者而是公共服务的担保人这一角色与责任变迁,从理念上、性质上、结构上等多个方面具体化建构公私合作的公法"救济担保"模式。另一方面,要根据担保国家模型下的"救济担保"模式,追寻三面法律关系理论下的全方位救济,未型式化公私合作的救济担保机制构建,基于行为性质的公私法救济途径整合以及不同模式下新型行政诉讼种类的发展等路径,从而实现我国公私合作的公法救济体系的现代化。

三、公私合作的国家赔偿制度约束

由于在公私合作中,虽然国家的责任承担方式发生了改变,总体上转变为担保者的角色,但是,国家并没有完全说再见,对于公私合作中损害

---

① 李广宇:《新行政诉讼法逐条解释(下)》,法律出版社 2015 年版,第 613—618 页。

造成的赔偿应当承担最终责任。不过,基于担保责任理念的改变,公私合作中国家赔偿约束有其特殊性。可以说,对公私合作进行国家赔偿约束,在我国甚至全球范围内都是一个全新的课题,同时也对我国的法治理论和法律制度构成了严重的调整。我国台湾地区学者认为,检讨公私协力所生国家赔偿责任归属之问题,就我国台湾地区法制而言,私人因行使公权力之相关任务,如生有因而致他人损害之结果时,其责任应如何追究? 在学理上容有讨论实益。从"行政程序法"、"诉愿法"和"行政诉讼法"更可推断出受托者在行使公权力之范围内应当负公法上之责任,不能因不具有公法人格而免除其公法上法律责任之立法意图,因此现行"国家赔偿法"和"国家赔偿法修正草案"规定的合理性及妥适性,仍有深究之余地。① 笔者认为,为了实现对公私合作的国家赔偿约束,不仅在理念上要落实担保责任理论,在归责原则上要进行重构,而且在责任方式要进行公私分配,在赔偿权行使上也需处理好有关关系。

(一)从公私合作赔偿理念上看,应将国家担任责任理论落到实处

如前所述,公私合作背后蕴含着深刻的国家责任理论特别是其中的国家担保思想。在国家责任理论下,无论公共部门还是私人部门都可以作为实现公共利益的责任主体,但是国家应该对公私合作中私人部门实现公益承担担保责任,并通过责任分配和责任阶层来实现这种担保责任。由此,在公私协力中,公共部门不再如同传统国家责任那样由其自身负担全部责任,而是与私人部门合作并且共同分担责任风险;不仅如此,国家等公共部门要对公私协力中私人部门有关行为承担其最终的担保责任,担保私人执行公共任务时的公益取向。也就是说,国家虽然可以从自己的给付责任中解放,但是代之而承担的通常是监督的责任,同时还有可能

① 参见刘宗德:《公私协力所生国家赔偿责任归属之研究》,《行政法学研究》2015年第1期。

是保证的责任或组织化的责任。① 为此要改变国家的角色定位、法律法规以及监督管制模式等。接下来的问题是,担保国家理论与公私合作中国家赔偿的关系到底如何? 这的确是一个令人深思的问题。对此,我们可以从两个思路进行分析:

一是《国家赔偿法》能否调整公私合作? 如果能,如何调整? 迄今为止,无论是我国大陆国家赔偿只适用于国家机关和国家机关工作人员行使职权的情形,还是我国台湾地区国家赔偿适用公务员于执行职务行使公权力时因故意或过失不法侵害人民自由或权利和公有公共设施因设置或管理有欠缺致人民生命、身体或财产受损害这两种情形,都是公共部门以其自身完成任务,国家以任务履行者的角色站在第一线面对人民。但现今的情况是,公共部门或者并不亲自履行任务,而由民间机构完成(如民营化型公私合作),或者与私人部门合作履行(比如组织型公私合作中的公私合作公司等),国家在其中要肩负担保责任,此时国家赔偿法是否能适用? 有学者认为应将私人违法行使公权力纳入作为行政法的分支《国家赔偿法》的范围,以适应公私合作行政的发展需要。② 对此,笔者的基本看法是国家赔偿法能够适用,这不仅是一般责任理论的推论,而且也是落实担保责任理念的要求。但是,与传统的国家赔偿不同,公私合作中的国家赔偿需要结合各种具体情形进行具体分析,同时要注意到国家赔偿与民事赔偿结合使用的问题。因此与此相关的问题是,我国是否要制定统一的体现担保责任理念的专门法律即"担保行政法"? 由于该法的基本理念之一是框架立法,因此近期应无可能对国家赔偿作出详细的规定。在我国台湾地区,虽然有"促进民间参与公共建设法",但里面也没有相关国家赔偿的规定。因此,通过修改《国家赔偿法》,把公私合作引

---

① 程明修:《经济行政法中"公私协力"行为形式的发展》,《月旦法学杂志》2000 年第 60 期。

② 陈军:《私人违法行使公权力亦应纳入国家赔偿范围——透过公私合作视角考察》,《云南大学学报(法学版)》2012 年第 3 期。

起的国家赔偿责任纳入其中是一个比较务实的做法。

二是如何在公私合作中处理国家赔偿与民事赔偿的关系? 应该说,公私合作各种具体行为具有复杂性,在各种具体的公私合作模式中的差异很大,比如特许经营与公权力委托之间赔偿问题就不是一体化的国家赔偿所能解决,甚至在公私合作中如果民事赔偿能解决问题,其效果可能更好,但是国家或政府无疑应该承担最终的担保责任。仅就特许经营中的 BOT 而言,公共部门与私人部门之间的特许经营契约性质是行政私法合同,但是私人部门与消费者之间一般而言却是私法契约关系,因此,在特许经营下,要区分不同阶段进行赔偿①。如果特许经营契约发生侵害,国家赔偿责任仍然需要追究,但是在私人部门与消费者之间的私法契约是否一定要纳入国家赔偿(虽然在笔者看来,私法契约也可能发生国家赔偿责任),则未必是优选方案。如果私法赔偿能合理解决当事人之间的争议,则民事赔偿应该说是首先选择的方案。不过,如果民事赔偿无法实现救济,或者说救济无效,那么必须要考虑到国家基于其担保责任,应该要监督民间机构是否可以给予民众的权利做适度完整的救济,并且在维护一般民众的考虑下,或许国家赔偿是应该在人民对民间机构求助无效后,得以发挥其功能,担保任务的履行。② 实际上,有关公私合作中的国家赔偿问题,日本学界与实务界的看法并非一致,比如对于制度机关而言,盐野宏认为应该由经制定的私人本身负损害赔偿责任,而米丸恒治则认为对于指定机关委托权限之行机关,作为该行政事务之主体(即该委托之国家或地方公共团体)必负损害赔偿责任③;并且国家或地方公共团

---

① 在此,也可类推适用多阶段理论。有关多阶段理论,请参见蔡震荣:《多阶段行政处分与行政救济》,载台湾行政法学会主编:《行政法争议问题研究》(上),五南图书出版有限公司 2000 年版,第 495—518 页。

② 吴孟樵:《公私协力模式与国家赔偿责任之研究》,台湾政治大学硕士学位论文,2009 年,第 49 页。

③ [日]米丸恒治:《公私协力与私人行使权力——私人行使行政权限及其法之统制》,刘宗德译,《月旦法学杂志》2009 年第 173 期。

体应该负担最终的责任,承担责任后可以向私人求偿。

(二)从公私合作归责原则来看,应由国家职权归责原则向公共权力归责原则转变

在我国《国家赔偿法》修改以前,我国国家赔偿的归责原则一般认为是"违法归责原则",只有行使国家职权,而且只有违法行使国家职权的行为才有可能引起国家赔偿。这一"违法归责原则"不仅被普遍认为给国家赔偿范围的拓展设置了障碍,而且也与我国履行国家职权的实际状况不甚符合。2010 年 4 月 29 日我国最新修订的《国家赔偿法》第 2 条删除了"违法"二字,这意味着哪怕是国家机关的合法行为,只要造成了相对人的权益损害,受害人都有可能获得国家赔偿,这一变化充分反映了国家赔偿法归责原则多样化的发展趋势,也与我国宪法宣示的"尊重和保障人权"的基本精神高度一致。[1] 不过,即使这种"违法归责原则"被抛弃,我国国家赔偿法的归责原则也属于"国家职权归责原则"之列,实际上仍然没有涵盖到当今公私合作中公私权力混合行使的局面、公私合作行使权力也可能侵害到第三人合法权益的情况。

国家是否承担赔偿责任不仅是国家机关以及公务员行使国家职权的结果,而且还可能是公权力委托私人行使、公私部门合作行使所导致。权力,无论是国家权力,还是公共权力,只要行使公共权力者造成了实际侵害,就应当由实际的责任承担者进行赔偿。在行使公共权力的过程中,国家应否负责并非取决于执行任务之人的法律地位,对于国家赔偿请求权来说,具有决定性的是执行任务的人是否行使公权力。[2] 只要有人行使了公共权力,无论行使公共权力的人是国家机关及其公务员,还是纯粹意义上的私人,抑或是共同行使公共权力的公私部门,都应该由国家承担赔偿责任。但是,由国家承担赔偿责任并非意味着是从终极意义或最终意

---

① 王太高:《国家赔偿法修正案亮点与不足》,《检察风云》2010 年第 12 期。
② 董保城:《国家责任法》,神州图书出版有限公司 2002 年版,第 66 页。

义上来说的,因为在公私部门之间可能存在各种复杂的责任方式。当然,国家无疑应当承担担保责任,这也是与担保国家的责任理念相互一致的。有鉴于此,笔者主张针对公私合作的最新状况,国家赔偿法应该实行"公共权力归责原则",也就是说在公私合作中无论是公共部门,还是私人部门,只要行使了公共权力——包括国家公权力、社会公权力都应该纳入国家赔偿法范围之中;无论是具有法定依据行使公共权力,还是事实上行使公共权力,都应该纳入国家赔偿法的范围之列。

(三)从公私合作责任方式来看,应由国家与私人进行责任分配

长期以来,国家只通过其设置的公法组织并利用公务人员及财力履行公共任务,即使有借用私人的力量,也不过是拟制为行政机关,所以公共任务的执行责任全部保留在国家。与之相适应,如果发生国家公务人员侵权事件,国家自然不能推卸其执行责任带来的后果,无疑应独揽国家赔偿责任。而今,随着公私合作的大力推行,国家担保责任理念的不断凸显,公共任务由私人履行,私人承担履行责任,但是国家并非一概不负责任,而是在公、私部门之间存在责任分工或责任分配——私人部门承担履行责任,而公共部门承担国家或政府担保责任。在这种理念下,公私合作中私人部门侵犯第三人权利时是否存在国家赔偿? 如果存在国家赔偿的话,如何在公、私部门之间进行责任分配? 公私部门是否一律承担国家赔偿责任? 诸如此类的问题,不断拷问我国国家赔偿制度的正当性。一般而言,如果公共任务原本属于公共部门,或者说公共权力原本属于公共部门行使,那么一般而言即使在公私合作之后,其国家赔偿责任是不能放弃的,但是实际情形中公共任务归属主体并不是那么容易区分。笔者认为,根据公、私部门对第三人的责任能否进行准确区分,公私合作中的国家赔偿可以分为以下三种情况:

第一,无法分离时,国家负国家赔偿责任,私人负民事侵权责任。也就是说,如果法律法规以及当事人协议等没有就公共权力行使造成对第三人的责任进行明确规定的话,那么国家应该同时负有责任,不过国家承

担的是国家赔偿责任,而私人承担的是过错侵权责任(若私人没有过错,则私人不承担侵权责任)。比如,公私合作公司在德国系公私部门以私法组织之共同结合方式进行的合作,由于其执行的任务不再视为"自家业务"或者"内部业务",从而改变长期不适用政府采购法以及招标程序法局面①,加上公共部门自始就并未放弃执行有关公共任务,因而公私合作公司适用国家赔偿法自然顺理成章。而私人在公私合作公司中虽然权利能力受到限制,但是仍然保持其私人地位,该公司本身也为私法组织,因此假如私人造成第三人损害,应该由私人负有关民事侵权责任。日本学者山本隆司曾经针对该国最高法院 2007 年有关养育监护儿童"安置措施"引发的国家赔偿案,认为:"法律上无法明确分离时,国家或地方公共团体应负国家赔偿责任,民间事业者则仅因组织过失,负民法第 709 条之侵权行为责任。"②

第二,可以分离时,私人负国家赔偿责任,国家负补充性国家赔偿责任。如果法律法规或者公私部门合作协议就他们对第三人的责任进行了明确的规定,那么此时国家赔偿责任由私人部门承担,而国家只是负担补充责任。这样的安排实际上深刻地体现了担保责任的新理念。这种责任方式在公权力委托、特许经营等公私合作中表现尤为突出。比如公权力委托中,公权力受托人依据法律或基于法律授权,以行政行为或行政契约将授予的公权力以自己名义对外独立行使,私人行使公权力时实际上具有行政主体资格。但私人仍然保留其私人的法律地位,只有在执行授权的特定行政任务时,才具有公权力主体地位。以德国学界一般通说,授权私人行使公权力是指国家依据法律,或基于法律之授权,以行政处分或公法契约将国家之高权授予私人以自己名义行使之,国家授予之事项系

① 参见刘淑范:《行政任务之变迁与"公私合资事业"之发展脉络》,《"中研院"法学期刊》2008 年第 2 期。

② [日]山本隆司:《日本公私协力之动向与课题》,刘宗德译,《月旦法学杂志》2009 年第 172 期。

"国家权限"而经授权执行职务之私人系以自己之名义,对外独立行使国家高权,而完成一定之国家任务,其法律地位相当于行政主体,具有实质行政机关之性质。① 受委托行使公权力之人因具有行政主体之地位,故于执行职务行使公权力时,倘因故意或过失不法侵害人民自由或权利者,自应有国家赔偿法之适用;在德国法上,其赔偿义务机关通常是授权之行政主体。② 但是,由于私人部门致第三人的损害往往超过自身财力承受范围,因此鉴于担保责任理论,公共部门应该承担担保人的责任,在私人部门无法承担国家赔偿责任之时,应该担负其补充性的国家赔偿责任。

第三,在其他情形,私人负民事侵权责任,国家负特定国家赔偿责任。如果无法判断法律法规或者公私部门合作协议是否就他们对第三人的责任进行规定,那么此时公私部门的责任承担情形应该是——私人并不负担国家赔偿责任而仅负民事侵权责任,国家应该承担国家赔偿责任。由于公私部门之间的责任无法通过法定途径或约定条件进行划分,那么根据担保国家理论,无论是私人还是国家都应该承担有关责任,成为责任共同体。不过,公私部门共担责任并非意味着两者承担同样的民事责任或者国家赔偿责任。以社会合作管制这种未型式化公私合作为例,社会合作管制主体等私人主体首先承担自我和/或合作管制的责任,基本上是一种民事责任;与此同时,私人主体与国家责任进行合作和责任分配,形成了公私责任阶层,国家在其中更多承担的是公法上的担保责任,而且是在国家有过错的情形下才承担有关的责任。又如,对于行政助手而言,一般认为其既系受行政机关的指示而行使公权力,其因此侵害第三人的权利

---

① 程明修:《行政受托人之选任应适用政府采购法或行政程序法?》,《月旦法学教室》2004 年第 21 期。

② 李建良:《因执行违规车辆拖吊及其保管所生之国家赔偿责任——兼论委托私人行使公权力之态样与国家赔偿责任》,《中兴法学》1995 年第 39 期。

时,国家即应负赔偿人民损害的责任①,同时行政助手之协助不良致生损害,必须视国家对其监督指挥有无尽其应尽之注意义务以为断,而决定国家应否负赔偿责任。而私人是否承担责任,与其是否承担功能意义有关,而且即使承担责任,也只能是民事责任。日本有学者认为,在其他情形下,民间事业者应负民法之雇佣人侵权行为责任,国家或地方公共团体限于有懈怠监督之过失时,方负国家赔偿责任。有懈怠监督之过失,包括课予民间事业者加入相当保险之义务等确保赔偿资力之监督。② 而无论是国家有无"尽其应尽之注意义务"或者有无"有懈怠监督之过失",都说明对于这些公私合作情形,国家只在特定情形下才负有国家赔偿责任。

(四)从公私合作赔偿程序上看,应该着力把握两个关系问题

从国家责任理论角度来看,公私合作虽然使国家与社会间角色界限模糊,但是,通过现行宪法的相关保障机制,国家与社会功能领域并不会导致本质的混同。此外,传统国家任务仅在完全任务民营化的情形下具有阻碍作用,功能民营化则不受其理论拘束。由于公私合作具有多样化形式,既有可能通过行政契约或私法契约形成,也可能以事实上协定或单方承诺为基础。为了确保国家任务责任的履行、公益的维护以及其他第三人基本权利,无论正式或非正式的合作行政行为,都应该在法律规制下实施。③ 为此,需要将国家赔偿法扩展适用到公私合作之中,同时也提出了进一步完善国家赔偿法的问题。仅就国家赔偿程序而言,应该注意以

---

① 不过有关行政助手的责任承担,现今德国有抛弃以"工具说"为判断国家赔偿的标准的趋势,认为私人对于委托机关是否具有独立性已经无关宏旨,关键在于私人在对外关系中所具有的功能意义。只是行政助手一般而言并不具有对第三人发生直接关系,所以其讨论也就失去了前提。参见刘淑范:《行政任务之变迁与"公私合资事业"之发展脉络》,《"中研院"法学期刊》2008年第2期。

② [日]山本隆司:《日本公私协力之动向与课题》,刘宗德译,《月旦法学杂志》2009年第172期。

③ 詹镇荣:《论民营化类型中之"公私协力"》,《月旦法学杂志》2003年第102期。

下亟待解决的两个问题：

一是国家赔偿求偿权行使由两方关系向三面关系发展。在传统的国家赔偿中，求偿权的发生仅仅在国家与受到损害的主体这两者之间，而在公私合作中，求偿权涉及的部门则扩展到国家、私人部门与请求权人这三个主体。根据法律关系理论，要对权利义务的所有法主体进行整体性观察，主体之间的关系向多边关系发展。① 因此，法律关系理论也可扩展到公私合作中的国家赔偿请求权行使上。以 BOT 这种最常见特许经营为例，BOT 是指在政府授予的特许权下，私人部门可以融资、建设、经营这些基础设施，在特定的经营期限内，有权向用户收取费用，以回收成本并获得一定的利润回报。特许期限结束后，基础设施的所有权就要无偿转让给政府。如果在特许经营期间由于私人部门过失发生对第三人损害事件，并且私人部门与第三人（请求权人）之间存在私法契约②，那么请求权人仍然可以向私人部门请求国家赔偿，原因在于私人部门履行私法契约是否具有国家赔偿责任之判断，不应简单地认为私法契约就不负国家赔偿责任，应以该私人部门所执行行为，对于政府完成任务是否属重要功能判断进行综合判断；而如果在国家与请求权人并无直接的契约关系，那么要求国家承担契约责任显然于理不合，只能要求国家承担侵权责任。问题在于损害是发生在基础设施所有权转移给国家之前，此时因公共设施既非国家所有，也非国家设置或管理，无论设置或管理，皆归属民间机构负责，所以倘若因设置或管理有欠缺导致人民权利受损，当然没有国家赔偿的适用。然国家倘若怠于履行其监督义务，根据大法官释字第 469 号

---

① 张锟盛：《行政法学另一种典范的期待：法律关系理论》，《月旦法学杂志》2005 年第 121 期。

② 一般认为，私人部门或民间业者履行私法契约是否具有国家赔偿责任之判断，不应简单地认为私法契约就不负国家赔偿责任，应以该私人部门所执行或推动行为，对于政府完成任务是否属重要功能判断之，再辅以德国学者与法院发展出的"工具理论"与"内外部紧密关联理论"，进行综合判断。参见董保城：《行政助手与委外办理国家赔偿案例之研究》，载董保城：《法治与权利救济》，元照出版有限公司 2006 年版，第 101—104 页。

解释,仍有负担赔偿责任的可能。[①] 当然如果损害是发生在基础设施所有权转移给国家之后,惟若其后民间机构将该设施移转给国家,由其取得所有权时,此时整个公共设施都处在国家控制之下,于此则有关设置所产生的瑕疵责任,民间机构则形同与国家签订承揽契约兴建该公共设施,关于设置所产生的瑕疵,仍应由国家来负责。[②] 类似这种多面法律求偿关系的问题,实际上在诸多公私合作形态中均存在。

二是处理好国家赔偿与责任保险的关系。在我国台湾地区有关公私合作开展的实践来看,如果是契约型公私合作,一般都会约定有关保险契约条款。比如,在特许委外契约中订立诸如"民间机构对于县政府提供使用之建物、场地、设施等,应于使用前,投保产物责任保险,其费用由县政府依照一般公立学校方式办理,保险受益人为县政府"之类的条款。对此,有学者认为,在目前国家赔偿责任未明确之下,并不用强行认为在公私协力的情况一定要成立我国台湾地区国家赔偿规定第3条责任,可以透过保险机制来分担政府赔偿责任。[③] 那么在保险给付之后,是否就不存在国家赔偿责任,仍需探讨。由于保险具有通过危险共同体填补该团体成员所受损害的功能,达成分散风险的目的,因此,关于损害赔偿责任的请求,国家赔偿与民法侵权行为规定,同样在填补被害人损害的目的并无二致。如此,则当保险给付后,国家赔偿责任仍不因此而消失,对国家而言,基于法律所规范的责任仍须对被害人负责。我国台湾地区有判例认为按保险制度,旨在保护被保险人,非为减轻损害事故加害人之责任。保险给付请求权之发生,系以定有支付保险费之保险契约为基础,与

① 参见许宗力:《论行政任务之民营化》,载翁岳生教授祝寿论文编辑委员会编:《当代公法新论(中)——翁岳生教授七秩诞辰祝寿论文集》,元照出版有限公司2002年版,第609页。

② 吴孟樵:《公私协力模式与国家赔偿责任之研究》,台湾政治大学硕士学位论文,2009年,第107页。

③ 董保城、湛中乐:《国家责任法——兼论大陆地区行政补偿与行政赔偿》,元照出版有限公司2005年版,第167—168、174页。

因侵权行为所生之损害赔偿请求权,并非出于同一原因。后者之损害赔偿请求权,殊不因受领前者之保险给付而丧失,两者除有保险法第53条关于代位行使之关系外,并不生损益相抵问题。应该说这一判例对于国家赔偿与责任保险关系的把握比较到位。

综上所述,面对公私合作的新景象,原有公法救济理论存在理论困境,行政法律制度供给不足,需要根据新的理念加以突破和完善。基于救济担保理念,公私合作的诉讼救济机制的具体重构方案是:按照三面法律关系的理论,实现对公私合作的全方位救济;依据行为法制化程度的不同,实现未型式化公私合作的救济担保;根据公私合作行为性质的不同,整合公法私法救济途径;结合公私合作实际模式的不同,融合新型行政诉讼具体种类。而公私合作中的国家赔偿有其特殊性,不仅在理念上要落实担保责任理论,在归责原则上由国家职权归责原则向公共权力归责原则转变,而且在责任方式进行了公私责任分配,在赔偿权程序上也需处理好两个关系。只有遵循新的理念,落实国家担保责任,进一步完善公法救济制度,才能真正发挥公私双方的巨大潜力,促进公私合作的蓬勃发展。

参考文献

一、著作类

1. [德]罗尔夫·施托贝尔:《经济宪法与经济行政法》,谢立斌译,商务印书馆 2008 年版。

2. [德]哈特穆特·毛雷尔:《行政法学总论》,高家伟译,法律出版社 2000 年版。

3. [德]汉斯·J.沃尔夫、奥托·巴霍夫、罗尔夫·施托贝尔:《行政法》(第一卷),高家伟译,商务印书馆 2002 年版。

4. [德]汉斯·J.沃尔夫、奥托·巴霍夫、罗尔夫·施托贝尔:《行政法》(第三卷),高家伟译,商务印书馆 2002 年版。

5. [德]Eberhard Schmidt-Aßmann:《行政法总论作为秩序理念——行政法体系建构的基础与任务》,林明锵等译,元照出版有限公司 2009 年版。

6. [德]魏伯乐、[美]奥兰·扬、[瑞士]马塞厄斯·芬格主编:《私有化的局限》,王小卫、周缨译,上海人民出版社 2006 年版。

7. [德]弗里德赫尔穆·胡芬:《行政诉讼法》,莫光华译,法律出版社 2003 年版。

8. [德]乌尔里希·贝克、[英]安东尼·吉登斯、[英]斯科特·拉什:《自反性现代化——现代社会秩序中的政治、传统与美学》,赵文书译,商务印书馆 2001 年版。

9. [德]乌尔里希·贝克:《风险社会》,何博闻译,译林出版社 2004 年版。

10. [德]施密特·阿斯曼:《秩序理念下的行政法体系建构》,林明锵

424

等译,北京大学出版社2012年版。

11.[日]室井力主编:《日本现代行政法》,吴微译,中国政法大学出版社1995年版。

12.[日]盐野宏:《行政组织法》,杨建顺译,北京大学出版社2008年版。

13.[日]盐野宏:《行政法》,杨建顺译,法律出版社1999年版。

14.[日]大桥洋一:《行政法学的结构性变革》,吕艳滨译,中国人民大学出版社2008年版。

15.[日]米丸恒治:《私人行政——法的统制的比较研究》,洪英、王丹红、凌维慈译,中国人民大学出版社2010年版。

16.[日]和田英夫:《现代行政法》,倪健民等译,中国广播电视出版社1993年版。

17.[美] E.S.萨瓦斯:《民营化与PPP模式:推动政府和社会资本合作》,周志忍等译,中国人民大学出版社2015年版。

18.[美]朱迪·弗里曼:《合作治理与新行政法》,毕洪海等译,商务印书馆2010年版。

19.[美]彼得·H.舒克编:《行政法基础》,王诚、曾刚、杨华、何渊译,法律出版社2009年版。

20.[美]珍妮特·邓哈特、罗伯特·邓哈特:《新公共服务:服务,而不是掌舵》,丁煌译,中国人民大学出版社2004年版。

21.[美]戴维·奥斯本、特德·盖布勒:《改革政府——企业精神如何改革着公营部门》,上海市政协编译室、东方编译所编译,上海译文出版社1996年版。

22.[美]詹姆斯·M.布坎南:《自由、市场和国家》,北京经济学院出版社1998年版。

23.[美]詹姆斯·W.费斯勒、唐纳德·F.凯特尔:《行政过程的政治——公共行政学新论》,陈振明等译,中国人民大学出版社2002年版。

24. [美]丹尼尔·史普博：《规制与市场》，余晖等译，上海三联书店1999年版。

25. [美]尼格罗等：《公共行政学简明教程》，郭晓来等译，中共中央党校出版社1997年版。

26. [英]达霖·格里姆赛、[澳]莫文·K.刘易斯：《PPP革命：公共服务中的政府和社会资本合作》，济邦咨询公司译，中国人民大学出版社2016年版。

27. [英]马丁·洛克林：《公法与政治理论》，郑戈译，商务印书馆2013年版。

28. [英]洛克：《政府论》（下篇），叶启芳、瞿菊农译，商务印书馆1964年版。

29. [英]卡罗尔·哈洛、理查德·罗林斯：《法律与行政》，杨伟东等译，商务印书馆2004年版。

30. [韩]金东熙：《行政法Ⅰ》（第9版），赵峰译，中国人民大学出版社2008年版。

31. [新西兰]迈克尔·塔格特编：《行政法的范围》，金自宁译，中国人民大学出版社2006年版。

32. [加]耶斯考比：《公共部门与私营企业合作模式：政策与融资原则》，杨欣欣译，中国社会科学出版社2012年版。

33. [瑞士]芭芭拉·韦伯、[德]汉斯·威廉·阿尔芬：《基础设施投资策略、项目融资与PPP》，罗桂连、孙世选译，机械工业出版社2016年版。

34. 敖双红：《公共行政民营化法律问题研究》，法律出版社2007年版。

35. 曹珊：《政府与社会资本合作（PPP）项目法律实务》，法律出版社2016年版。

36. 车峰：《我国公共服务领域政府与NGO合作机制研究》，中央民族大学出版社2013年版。

37. 陈敏:《行政法总论》(第三版),神州图书出版有限公司 2003 年版。

38. 程明修:《行政法之行为与法律关系理论》,新学林出版股份有限公司 2005 年版。

39. 陈天祥:《新公共管理:政府再造的理论与实践》,中国人民大学出版社 2007 年版。

40. 陈春生:《行政法学之学理与体系》(一),三民书局股份有限公司 1996 年版。

41. 陈军:《变化与回应:公私合作的行政法研究》,中国政法大学出版社 2014 年版。

42. 陈剩勇、汪锦军、马斌:《组织化、自主治理与民主——浙江温州民间商会研究》,中国社会科学出版社 2004 年版。

43. 陈新民:《公法学札记》,中国政法大学出版社 2001 年版。

44. 蔡志方:《行政法三十六讲》,三民书局股份有限公司 1995 年版。

45. 戴晶斌编:《现代城市公私伙伴关系概论》,上海交通大学出版社 2008 年版。

46. 丁保河:《中国 PPP 立法研究》,法律出版社 2016 年版。

47. 丁煌:《西方行政学理论概要》,中国人民大学出版社 2005 年版。

48. 董保城:《国家责任法》,神州图书出版有限公司 2002 年版。

49. 董保城:《法治与权利救济》,元照出版有限公司 2006 年版。

50. 董保城、湛中乐:《国家责任法——兼论大陆地区行政补偿与行政赔偿》,元照出版有限公司 2005 年版。

51. 杜静、仲伟俊、李启明:《私人主动融资(PFI)模式在公共项目中的应用》,东南大学出版社 2014 年版。

52. 傅宏宇、张秀:《政府与社会资本合作(PPP)法律问题国别研究》,中国法制出版社 2016 年版。

53. 顾功耘主编:《公私合作(PPP)的法律调整与制度保障》,北京大学出版社 2016 年版。

54. 顾功耘主编:《当代主要国家公私合作法》,北京大学出版社 2017 年版。

55. 关保英:《行政法教科书之总论行政法》,中国政法大学出版社 2009 年版。

56. 郭志斌:《论政府激励性管制》,北京大学出版社 2002 年版。

57. 国彦兵编:《新制度经济学》,立信会计出版社 2006 年版。

58. 关保英:《市场经济与行政法学新视野论丛》,法律出版社 1996 年版。

59. 贾康、孙洁:《公私合作伙伴关系理论与实践》,经济科学出版社 2015 年版。

60. 江必新:《法治政府的制度逻辑与理性构建》,中国法制出版社 2014 年版。

61. 江利红:《日本行政诉讼法》,知识产权出版社 2008 年版。

62. 姜明安主编:《行政法与行政诉讼法》(第 6 版),北京大学出版社、高等教育出版社 2015 年版。

63. 姜明安、余凌云主编:《行政法》,科学出版社 2010 年版。

64. 敬义嘉:《合作治理——再造公共服务的逻辑》,天津人民出版社 2009 年版。

65. 句华:《公共服务中的市场机制——理论、方式与技术》,北京大学出版社 2006 年版。

66. 黄恒学主编:《公共经济学》(第二版),北京大学出版社 2009 年版。

67. 黄娟:《行政委托制度研究》,北京大学出版社 2017 年版。

68. 韩春晖:《现代公法救济机制的整合——以统一公法学为研究路径》,北京大学出版社 2009 年版。

69. 何春丽:《基础设施公私合作(含跨国 PPP)的法律保障》,法律出版社 2015 年版。

70. 胡建淼:《行政法学》(第三版),法律出版社 2010 年版。

71. 孔繁斌:《公共性的再生产——多中心治理的合作机制建构》,江苏人民出版社 2008 年版。

72. 李广宇:《新行政诉讼法逐条解释》(下),法律出版社 2015 年版。

73. 李建良主编:《2011 年行政管制与行政争讼:民营化时代的行政法新局势》,新学林出版股份有限公司 2012 年版。

74. 李建良:《宪法理论与实践》(三),学林文化事业有限公司 2004 年版。

75. 李建良等:《行政法入门》,元照出版有限公司 2004 年版。

76. 李亢:《PPP 的法律规制——以基础设施特许经营为中心》,法律出版社 2017 年版。

77. 李金升编:《PPP 项目落地的法律之道——运作实务与法律分析》,中国法制出版社 2016 年版。

78. 李霞:《行政合同研究——以公私合作为背景》,社会科学文献出版社 2015 年版。

79. 李昕:《作为组织手段的公法人制度研究》,中国政法大学出版社 2009 年版。

80. 李以所:《德国公私合作制促进法研究》,中国民主法制出版社 2012 年版。

81. 廖义男教授六秩诞辰祝寿论文集编辑委员会编:《新世纪经济法制之建构与挑战——廖义男教授六秩诞辰祝寿论文集》,元照出版有限公司 2002 年版。

82. 廖义铭:《行政法基本理论之改革》,翰芦图书出版有限公司 2002 年版。

83. 黎波:《当代中国社会利益结构变化对政治发展的影响》,兰州大学出版社 2007 年版。

84. 梁凤云:《新行政诉讼法讲义》,人民法院出版社 2015 年版。

85. 林淑馨:《日本型公私协力理论与事务》,巨流图书股份有限公司2010年版。

86. 林万亿:《福利国家——历史比较分析》,巨流图书股份有限公司1994年版。

87. 刘尚希、王朝才等:《以共治理念推进 PPP 立法》,中国财政经济出版社 2016 年版。

88. 罗传贤:《行政程序法基本理论》,五南图书出版有限公司 1991年版。

89. 罗豪才主编:《行政法论丛》(第7卷),法律出版社 2004 年版。

90. 罗豪才等主编:《行政法学》(第 2 版),北京大学出版社 2006年版。

91. 罗豪才等:《软法与公共治理》,北京大学出版社 2006 年版。

92. 罗豪才、宋功德:《软法亦法——公共治理呼唤软法之治》,法律出版社 2009 年版。

93. 马怀德主编:《全面推进依法行政的法律问题研究》,中国法制出版社 2014 年版。

94. 马怀德主编:《行政法学》,中国政法大学出版社 2009 年版。

95. 马怀德主编:《行政诉讼原理》,法律出版社 2003 年版。

96. 孙国华主编:《法理学教程》,中国人民大学出版社 1994 年版。

97. 孙淘、魏济民等:《法国 PPP 的立法与实践:"一带一路"战略下指导中国海外 PPP 项目》,中国政法大学出版社 2017 年版。

98. 石佑启:《论公共行政与行政法学范式转换》,北京大学出版社2003 年版。

99. 苏永钦:《私法自治中的经济理性》,中国人民大学出版社 2004年版。

100. 谭静、翟盼盼等:《国内 PPP 立法分析》,中国财政经济出版社2017 年版。

101. 台湾行政法学会主编:《行政契约与新行政法》,元照出版有限公司 2002 年版。

102. 台湾行政法学会主编:《当事人协力义务/行政调查/国家赔偿》,元照出版有限公司 2006 年版。

103. 台湾行政法学会主编:《行政法争议问题研究》(上),五南图书出版有限公司 2000 年版。

104. 台湾行政法学会主编:《行政法人与组织改造、听证制度评析》,元照出版有限公司 2005 年版。

105. 台湾行政法学会编:《国家赔偿与征收补偿:公共任务与行政组织》,元照出版有限公司 2002 年版。

106. 翁岳生教授祝寿论文编辑委员会编:《当代公法新论(中)——翁岳生教授七秩诞辰祝寿论文集》,元照出版有限公司 2002 年版。

107. 翁岳生教授祝寿论文集委员会编:《当代公法理论——翁岳生教授六秩诞辰祝寿论文集》,月旦出版社有限公司 1993 年版。

108. 翁岳生编:《行政法 2000》(上)(下),中国法制出版社 2002 年版。

109. 翁岳生:《行政法》,翰芦图书出版有限公司 1998 年版。

110. 魏济民主编:《中国特色 PPP 法律实务与案例精选》,法律出版社 2016 年版。

111. 魏振瀛主编:《民法学》,北京大学出版社、高等教育出版社 2000 年版。

112. 黄学贤、王太高:《行政公益诉讼研究》,中国政法大学出版社 2008 年版。

113. 王从虎:《行政主体问题研究》,北京大学出版社 2007 年版。

114. 王建学:《作为基本权利的地方自治》,厦门大学出版社 2010 年版。

115. 王克稳:《经济行政法基本论》,北京大学出版社 2004 年版。

116. 王珉灿主编：《行政法概要》，法律出版社 1983 年版。

117. 王浦劬、[英]郝秋笛：《政府向社会力量购买公共服务发展研究》，北京大学出版社 2016 年版。

118. 王名扬：《美国行政法》（上），中国法制出版社 1995 年版。

119. 王名扬：《法国行政法》，北京大学出版社 2007 年版。

120. 王慎之：《西方经济思想库》（第 3 卷），经济科学出版社 1997 年版。

121. 王守清、王盈盈：《政企合作（PPP）：王守清核心观点》，中国电力出版社 2017 年版。

122. 王诗宗：《治理理论及其中国适用性》，浙江大学出版社 2009 年版。

123. 王铁崖主编：《国际法》，法律出版社 1995 年版。

124. 吴庚：《行政法之理论与实用》（增订 8 版），中国人民大学出版社 2005 年版。

125. 吴庚教授七秩华诞祝寿论文集编辑委员会主编：《政治思潮与国家法学——吴庚教授七秩华诞祝寿论文集》，元照出版有限公司 2010 年版。

126. 吴彤：《自组织方法论研究》，清华大学出版社 2000 年版。

127. 吴英明、张其禄：《全球化下的公共管理》，翰芦图书出版有限公司 2005 年版。

128. 吴忠泽：《发达国家非政府组织管理制度》，时事出版社 2001 年版。

129. 薛刚凌主编：《行政主体的理论与实践——以公共行政改革为视角》，中国方正出版社 2009 年版。

130. 薛晓源、周战超主编：《全球化与风险社会》，社会科学文献出版社 2005 年版。

131. 许宗力：《法与国家权力》，月旦出版社股份有限公司 1994

年版。

132. 杨海坤、章志远:《中国行政法基本理论研究》,北京大学出版社 2004 年版。

133. 杨海坤、章志远:《行政法学基本论》,中国政法大学出版社 2004 年版。

134. 杨海坤、黄学贤:《行政诉讼:基本原理与制度完善》,中国人事出版社 2005 年版。

135. 杨建顺:《日本行政法通论》,中国法制出版社 1998 年版。

136. 杨欣:《民营化的行政法研究》,知识产权出版社 2008 年版。

137. 余晖、秦虹主编:《公私合作制的中国试验》,世纪出版集团、上海人民出版社 2005 年版。

138. 叶必丰:《行政法的人文精神》,法律出版社 2005 年版。

139. 叶俊荣:《行政法案例分析与研究方法》,三民书局股份有限公司 1999 年版。

140. 应松年主编:《当代中国行政法》(上),中国方正出版社 2005 年版。

141. 应松年、朱维究:《行政法总论》,工人出版社 1985 年版。

142. 应松年、薛刚凌:《行政组织法研究》,法律出版社 2002 年版。

143. 于安:《外商投资特许权项目协议(BOT)与行政合同法》,法律出版社 1998 年版。

144. 袁曙宏主编:《公法学的分散与统一》,北京大学出版社 2007 年版。

145. 湛中乐:《现代行政过程论——法治理念、原则与制度》,北京大学出版社 2005 年版。

146. 詹镇荣:《民营化法与管制革新》,元照出版有限公司 2005 年版。

147. 詹镇荣:《公私协力与行政合作法》,新学林出版股份有限公司

2014 年版。

148. 张康之:《行政伦理的观念与视野》,中国人民大学出版社 2008
年版。

149. 张千帆主编:《宪法学》,法律出版社 2004 年版。

150. 张汝立等:《外国政府购买社会公共服务研究》,社会科学文献
出版社 2014 年版。

151. 张文显:《法理学》,法律出版社 1997 年版。

152. 张文显主编:《法理学》,高等教育出版社、北京大学出版社 1999
年版。

153. 章剑生:《现代行政法基本理论》,法律出版社 2014 年版。

154. 章志远:《行政任务民营化法制研究》,中国政法大学出版社
2014 年版。

155. 章志远:《行政诉讼类型构造研究》,法律出版社 2007 年版。

156. 赵成根:《新公共管理改革:不断塑造新的平衡》,北京大学出版
社 2007 年版。

157. 周林军:《公用事业管制要论》,人民法院出版社 2004 年版。

158. 周佑勇主编:《行政法专论》,中国人民大学出版社 2010 年版。

159. 周佑勇:《行政法原论》,中国方正出版社 2000 年版。

二、论文类

1. 毕洪海:《本质上政府的职能》,《行政法学研究》2015 年第 1 期。

2. 蔡宗珍:《从给付国家到担保国家——以国家对电信基础需求之
责任为中心》,《台湾法学杂志》2009 年第 122 期。

3. 陈爱娥:《国家角色变迁下的行政任务》,《月旦法学教室》2003 年
第 3 期。

4. 陈爱娥:《公私合作对行政契约法制影响——以德国法的引介为
中心》,《高雄大学"合作国家与新治理"学术研讨会论文集》(2007 年 6

月）。

5. 陈爱娥:《"政府业务委托民间办理"的法律规制——公私部门合作法治的建构》,《月旦法学教室》2003 年第 8 期。

6. 陈爱娥:《行政任务取向的行政组织法:重新建构行政组织法的考量观点》,《月旦法学教室》2003 年第 5 期。

7. 陈爱娥:《行政行为形式—行政任务—行政调控:德国行政法总论改革的轨迹》,《月旦法学杂志》2005 年第 5 期。

8. 陈峰:《协力行政的兴起与当代行政法的转型——基于"政府法治论"的视角》,《福建行政学院学报》2017 年第 2 期。

9. 陈峰、黄学贤:《协力行政的兴起及其行为形态探析》,《求是学刊》2010 年第 1 期。

10. 陈峰:《行政协力行为研究》,《东方法学》2009 年第 4 期。

11. 陈军:《公私合作行为初探》,《南都学坛》2010 年第 6 期。

12. 陈军:《公私合作背景下行政程序变化与革新》,《中国政法大学学报》2013 年第 4 期。

13. 陈军:《私人违法行使公权力亦应纳入国家赔偿范围——透过公私合作视角考察》,《云南大学学报(法学版)》2012 年第 3 期。

14. 陈家刚:《风险社会与协商民主》,《马克思主义与现实》2006 年第 3 期。

15. 程样国、韩艺:《西方公共服务市场化的启示与反思》,《江西社会科学》2004 年第 4 期。

16. 陈征:《公共任务与国家任务》,《学术交流》2010 年第 4 期。

17. 程明修:《公私协力行为对建构"行政合作法"之影响》,《月旦法学杂志》2006 年第 135 期。

18. 程明修:《公私协力契约与行政合作法——以德国联邦行政程序法之改革构想为中心》,《兴大法学》2010 年第 7 期。

19. 程明修:《行政行为形式选择自由——以公私协力行为为例》,

《月旦法学杂志》2005 年第 120 期。

20. 程明修：《经济行政法中"公私协力"行为形式的发展》，《月旦法学杂志》2000 年第 60 期。

21. 程明修：《行政受托人之选任应适用政府采购法或行政程序法？》，《月旦法学教室》2004 年第 21 期。

22. 陈英钤：《行政法院作为行政程序的守护神——评台北"高等行政法院"对 ETC 案裁判》，《月旦法学杂志》2006 年第 132 期。

23. 冯之东：《社会公权力的司法救济与民间化——以公私法域交融背景下的足球协会为研究个案》，《南京大学法律评论》2010 年秋季卷。

24. 高家伟：《论中国大陆煤炭能源监管中的公私伙伴关系》，《月旦法学杂志》2009 年第 174 期。

25. 高秦伟：《美国行政法中正当程序的"民营化"及其启示》，《法商研究》2009 年第 1 期。

26. 高秦伟：《私人主体的信息公开义务——美国法上的观察》，《中外法学》2010 年第 1 期。

27. 高秦伟：《对公众获取公用企业信息的法律分析》，《行政法学研究》2010 年第 4 期。

28. 高秦伟：《私人主体的行政法义务？》，《中国法学》2011 年第 1 期。

29. 皋华萍：《论行政委托》，苏州大学博士学位论文，2015 年。

30. 耿焰：《论行政公私伙伴关系的规制》，《法学论坛》2011 年第 2 期。

31. 葛云松：《法人与行政主体理论的再探讨——以公法人概念为重点》，《中国法学》2007 年第 3 期。

32. 贺乐民、高全：《论行政法的合作理念》，《法律科学》2008 年第 4 期。

33. 胡改蓉：《PPP 模式中公私利益的冲突与协调》，《法学》2015 年第 11 期。

34. 胡敏洁:《给付行政与行政组织法的变革——立足于行政任务多元化的观察》,《浙江学刊》2007 年第 2 期。

35. 胡敏洁:《论政府购买公共服务合同中的公法责任》,《中国法学》2016 年第 4 期。

36. 黄学贤:《行政程序中的协力行为研究——基于两岸理论与实践的比较》,《苏州大学学报》(哲学社会科学版)2006 年第 5 期。

37. 黄学贤、陈峰:《试论实现给付行政任务的公私协力行为》,《南京大学法律评论》2008 年春秋合卷。

38. 胡博砚:《保障国家的概念在德国的发展》,《玄奘法律学报》2009 年第 11 期。

39. 姜明安:《全球化时代的"新行政法"》,《法学杂志》2009 年第 10 期。

40. 江利红:《论宏观行政程序法与我国行政程序立法模式的选择——从行政过程论的视角出发》,《浙江学刊》2009 年第 5 期。

41. 江利红:《日本行政过程论研究》,中国政法大学博士学位论文,2008 年。

42. 江嘉琪:《ETC 契约之公、私法性质争议——以台北"高等行政法院"94 年停字第 122 号裁定与 94 年诉字第 752 号判决为中心》,《台湾本土法学》2006 年第 81 期。

43. 蒋红珍:《论协商性政府规制——解读视角和研究疆域的初步拟定》,《上海交通大学学报(哲社版)》2008 年第 3 期。

44. 蒋红珍:《非正式行政行为的内涵——基于比较法视角的初步展开》,《行政法学研究》2008 年第 2 期。

45. 解亚红:《"协同政府":新公共管理改革的新阶段》,《中国行政管理》2004 年第 5 期。

46. 李傲:《未型式化行政行为初探》,《法学评论》1999 年第 3 期。

47. 李东颖:《行政任务委托民间的宪法界限——以警察机关危害防

止任务作为观察对象》，台北大学硕士学位论文，2003 年。

48. 李海平：《风险社会背景下行政法重构的初步构想》，《行政与法》2004 年第 2 期。

49. 李建良：《因执行违规车辆拖吊及其保管所生之国家赔偿责任——兼论委托私人行使公权力之态样与国家赔偿责任》，《中兴法学》1995 年第 39 期。

50. 李显东：《市政特许经营中的双重法律关系》，《国家行政学院学报》2004 年第 4 期。

51. 李新春、王跃生：《联邦德国的公共企业及其管理》，《经济科学》1996 年第 1 期。

52. 李以所：《公私合作制在德国的构建与治理战略——历史性的考察和分析》，《经济与管理评论》2016 年第 6 期。

53. 李以所：《德国"担保国家"理念评介》，《国外理论动态》2012 年第 7 期。

54. 廖元豪：《政府业务外包后的公共责任问题研究——美国与我国的个案研究》，《月旦法学杂志》2010 年第 178 期。

55. 林淑馨：《日本地方政府与非营利组织协力关系之分析：以横滨市和箕面市为例》，《行政暨政策学报》2007 年第 45 期。

56. 林淑馨：《日本型公私协力之理论与实务：北海道与志木市的个案分析》，《公共行政学报》2009 年第 32 期。

57. 林明锵：《ETC 判决与公益原则》，《月旦法学杂志》2006 年第 134 期。

58. 刘飞：《试论民营化对中国行政法制之挑战——民营化浪潮下的行政法思考》，《中国法学》2009 年第 2 期。

59. 刘志刚：《论服务行政条件下的行政私法行为》，《行政法学研究》2007 年第 1 期。

60. 刘淑范：《行政任务之变迁与"公私合资事业"之发展脉络》，《"中研院"法学期刊》2008 年第 2 期。

61. 刘淑琼：《社会服务民营化再探——迷思与现实》，《社会政策与社会工作学刊》2001 年第 2 期。

62. 刘宗德：《公私协力所生国家赔偿责任归属之研究》，《行政法学研究》2015 年第 1 期。

63. 鲁鹏宇：《日本行政法学理构造的变革——以行政过程论为观察视角》，《当代法学》2006 年第 4 期。

64. 鲁鹏宇：《行政法学理论构造变革》，吉林大学博士学位论文，2007 年。

65. 莫永荣：《政府服务委托外包的理论与实务：台湾经验》，《行政暨政策学报》2004 年第 39 期。

66. 阮青：《联邦德国公共企业管理的若干特点》，《外国经济与管理》1992 年第 2 期。

67. 沈岿：《重构行政主体范式的尝试》，《法律科学》2000 年第 6 期。

68. 宋国：《合作行政的法治化研究》，吉林大学博士学位论文，2009 年。

69. 孙铭宗：《论日本公私协力的变革与动向》，《浙江学刊》2015 年第 4 期。

70. 孙学玉、杜万松：《政治民主向行政民主拓展的逻辑与保障》，《中共中央党校学报》2004 年第 3 期。

71. 任进：《行政组织法基本范畴与新课题》，《北方法学》2012 年第 3 期。

72. 韦森：《人类的道德禀赋与社会惯例的自发生成——从萨格登的〈权利、合作与福利的经济学〉谈起》，《学术月刊》2008 年第 6 期。

73. 王克稳：《政府业务委托外包的行政法认识》，《中国法学》2011 年第 4 期。

74. 王克稳、邹焕聪：《行政私法行为法律适用原理初探》，《东吴法学》2006 年春季卷。

75. 王太高:《国家赔偿法修正案亮点与不足》,《检察风云》2010 年第 12 期。

76. 王太高:《论行政公益诉讼》,《法学研究》2002 年第 5 期。

77. 王太高:《公共利益的范畴》,《南京社会科学》2005 年第 7 期。

78. 王太高、邹焕聪:《民生保障、民营化与国家责任的变迁》,《江海学刊》2011 年第 1 期。

79. 王太高、邹焕聪:《论给付行政中行政私法行为的法律约束》,《南京大学法律评论》2008 年春秋合卷。

80. 王天华:《行政委托与公权力行使——我国行政委托理论与实践的反思》,《行政法学研究》2008 年第 4 期。

81. 吴雷、杨解君:《风险社会下的政府监管制度建设》,《南京工业大学学报》(社会科学版)2010 年第 1 期。

82. 吴孟樵:《公私协力模式与国家赔偿责任之研究》,台湾政治大学硕士学位论文,2009 年。

83. 吴志光:《ETC 裁判与行政契约——兼论德国行政契约法制之变革方向》,《月旦法学杂志》2006 年第 135 期。

84. 肖巍:《风险社会中的协商机制》,《学术界》2007 年第 2 期。

85. 邢鸿飞:《政府特许经营协议的行政性》,《中国法学》2004 年第 6 期。

86. 徐琳:《法国公私合作(PPP 模式)法律问题研究》,《行政法学研究》2016 年第 3 期。

87. 徐显明:《风险社会中的法律变迁》,《法制日报》2010 年 6 月 23 日。

88. 徐筱菁:《民营化之法律概念》,《公营事业评论》1999 年第 4 期。

89. 熊樟林:《"非正式行政行为"概念界定——兼"非强制行政行为"评析》,《行政法学研究》2009 年第 6 期。

90. 薛刚凌:《我国行政主体力量之检讨》,《政法论坛》1998 年第

6 期。

91. 薛刚凌:《行政主体之再思考》,《中国法学》2001 年第 2 期。

92. 薛晓源、刘国良:《全球风险社会:现在与未来——德国著名社会学家、风险社会理论创始人乌尔里希·贝克教授访谈录》,《马克思主义与现实》2005 年第 1 期。

93. 许登科:《德国担保国家理论为基础之公私协力法制》,台湾大学博士学位论文,2008 年。

94. 许宗力:《基本权主体》,《月旦法学教室》2003 年第 4 期。

95. 杨春福:《风险社会的法理解读》,《法制与社会发展》2011 年第 6 期。

96. 杨海坤:《现代行政公共性理论初探》,《法学论坛》2001 年第 2 期。

97. 杨解君:《行政主体及其类型的理论界定与探索》,《法学评论》1999 年第 5 期。

98. 杨建顺:《关于行政行为理论与问题的研究》,《行政法学研究》1998 年第 3 期。

99. 杨彬权:《给付行政民营化后国家担保责任研究》,西南政法大学博士学位论文,2015 年。

100. 杨彬权:《论国家担保责任——担保内容、理论基础与类型化》,《行政法学研究》2017 年第 1 期。

101. 杨彬权:《论担保行政与担保行政法——以担保国家理论为视角》,《法治研究》2015 年第 4 期。

102. 杨欣:《论政府职能合同外包中的公法约束》,《法学论坛》2007 年第 5 期。

103. 叶金方:《私人在行政法上的地位初探》,《经济师》2009 年第 1 期。

104. 曾冠球:《"问题厂商"还是"问题政府"?——电子化政府公私

合伙协力困境之个案分析》,《公共行政学报》2010 年第 34 期。

105. 曾令发:《合作政府——后新公共管理时代英国政府改革模式探析》,《国家行政学院学报》2008 年第 2 期。

106. 詹镇荣:《论民营化类型中之"公私协力"》,《月旦法学杂志》2003 年第 102 期。

107. 詹镇荣:《德国法中的"社会自我管制"机制初探》,《政大法学评论》2004 年第 78 期。

108. 詹镇荣:《国家任务》,《月旦法学教室》2003 年第 3 期。

109. 詹镇荣:《基本权能力与释宪申请能力》,《法学讲座》2002 年第 5 期。

110. 詹镇荣:《民营化后国家影响与管制义务之理论与实践——以组织私法化与任务私人化之基本型为中心》,《东吴法律学报》2003 年第 1 期。

111. 詹镇荣:《促进民间参与公共建设法之现实与理论——评台北"高等行政法院"之 ETC 相关裁判》,《月旦法学杂志》2006 年第 134 期。

112. 湛中乐、刘书燃:《PPP 协议中的法律问题辨析》,《法学》2007 年第 3 期。

113. 张康之:《论合作》,《南京大学学报》(哲学·人文科学·社会科学)2007 年第 5 期。

114. 张康之:《论参与治理、社会自治与合作治理》,《行政论坛》2008 年第 6 期。

115. 张锟盛:《行政法学另一种典范的期待:法律关系理论》,《月旦法学杂志》2005 年第 121 期。

116. 张青波:《行政主体从事私法活动的公法界限——以德国法为参照》,《环球法律评论》2014 年第 3 期。

117. 张树义:《行政主体研究》,《中国法学》2000 年第 3 期。

118. 张桐锐:《行政法与合作国家》,《月旦法学杂志》2005 年第

121 期。

119. 张文郁:《行政委托(公权力之委托行使)》,《台湾本土法学》2002 年第 41 期。

120. 张翔:《论基本权利的防御权功能》,《法学家》2005 年第 2 期。

121. 张晓君:《略论 BOT 特许权经营协议的法律性质》,《法学家》2000 年第 3 期。

122. 张一雄:《论行政行为形式选择裁量及其界限——以公私合作为视角》,《行政法学研究》2014 年第 1 期。

123. 章志远:《私人参与警察任务执行的法理基础》,《法学研究》2011 年第 6 期。

124. 章志远:《公用事业特许经营中的临时接管制度研究——从"首例政府临时接管特许经营权案"切入》,《行政法学研究》2010 年第 1 期。

125. 章志远:《公用事业特许经营及其政府规制——兼论公私合作背景下行政法学研究之转变》,《法商研究》2007 年第 2 期。

126. 章志远:《公共行政民营化的行政法思考》,《政治与法律》2005 年第 5 期。

127. 章志远:《深化行政体制改革与行政组织法学研究的新课题》,《江淮论坛》2017 年第 2 期。

128. 章志远:《行政行为效力论》,苏州大学博士学位论文,2002 年。

129. 周敏:《治理现代化背景下的行政程序变革与走向——以公私协力为视角》,《法律科学》2015 年第 6 期。

130. 周游:《担保行政:公用事业公法治理模式探析》,苏州大学博士学位论文,2011 年。

131. 周佑勇:《公私合作语境下政府购买公共服务现存问题与制度完善》,《政治与法律》2015 年第 12 期。

132. 邹焕聪:《论调整公私协力的担保行政法——域外经验与中国建构》,《政治与法律》2015 年第 10 期。

133. 邹焕聪：《公私合作主体的兴起与行政组织法的新发展》，《政治与法律》2017 年第 11 期。

134. 邹焕聪：《论公私协力的公法救济模式及体系现代化——以担保国家理论为视角》，《政治与法律》2014 年第 10 期。

135. 邹焕聪：《社会合作管制：模式界定、兴起缘由与正当性基础》，《江苏大学学报（社会科学版）》2013 年第 1 期。

136. 邹焕聪：《社会合作规制的运作机理与行政法治回应》，《行政论坛》2013 年第 3 期。

137. 邹焕聪：《"私代履行人"的理论定位及规范建议》，《行政法学研究》2013 年第 1 期。

138. 邹焕聪：《我国辅警的理论悖论及其消解——从我国首部辅警地方政府规章切入》，《学术论坛》2012 年第 11 期。

139. 邹焕聪：《论行政私法行为的法律性质——兼及金融危机背景下政府救市行为的分析》，《行政法学研究》2010 年第 1 期。

140. 邹焕聪：《行政私法行为若干法律问题研究》，苏州大学硕士学位论文，2007 年。

141. 邹焕聪：《行政私法理论在合同制度中的展开——论行政私法合同的内涵、性质与界分》，《现代法学》2010 年第 3 期。

142. 邹焕聪、杨俊：《解读行政私法行为的功能》，人大复印资料《宪法学、行政法学》2007 年第 3 期。

143. ［美］Alfred C.Aman：《民营化和全球化下的民主问题：通过行政法让市场更负责任》，樊川译，《公法研究》2005 年第 4 卷。

144. ［美］乔迪·弗里曼：《私人团体、公共职能与新行政法》，晏坤译，《北大法律评论》2003 年第 5 卷。

145. ［英］格里·斯托克：《作为理论的治理：五个论点》，《国际社会科学杂志》（中文版）1999 年第 2 期。

146. ［英］斯科特·拉什：《风险社会与风险文化》，王武龙译，《马克思主义与现实》2002 年第 4 期。

147. ［德］乌尔里希·贝克：《从工业社会到风险社会》，王武龙译，《马克思主义与现实》2003 年第 3 期。

148. ［德］Jan Ziekow：《从德国宪法与行政法观点论公私协力——挑战与发展》，詹镇荣译，《月旦法学杂志》2010 年第 180 期。

149. ［日］山本隆司：《日本公私协力之动向与课题》，刘宗德译，《月旦法学杂志》2009 年第 172 期。

150. ［日］米丸恒治：《公私协力与私人行使权力——私人行使行政权限及其法之统制》，刘宗德译，《月旦法学杂志》2009 年第 173 期。

三、外文类
（一）外文著作

1. Albert N. Link，*Public/Private Partnerships：Innovation Strategies and Policy Alternatives*，New York：Springer，2006.

2. Carsten Greve & Graeme Hodge（eds.），*The Challenge of Public-Private Partnerships：Learning From International Experience*，Cheltenham and Northampton：Edward Elgar，2005.

3. Darrin Grimsey & Mervyn K. Lewis，*Public Private Partnerships：The Worldwide Revolution in Infrastructure Provision and Project Finance*，Cheltenham and Northampton：Edward Elgar，2004.

4. Graeme Hodge & Carsten Greve（eds.），*The Challenge of Public - Private Partnerships：Learning from International Experience*，Cheltenham and Northampton：Edward Elgar，2005.

5. Herwig C. H. Hofmann，Gerard C. Rowe & Alexander H. Türk，*Administrative Law and Policy of the European Union*，Oxford：Oxford Press，2011.

6. James Buchanan，*The Theory of Public Choice Ann Arbor. Michigan：The University of Michigan press*，1972.

7. Jeffrey Delmon, *Public-Private Partnership Projects in Infrastructure: An Essential Guide for Policy Makers*, Cambridge: Cambridge University Press, 2011.

8. Jeffrey Delmon, *Public-Private Partnership Programs: Creating a Framework for Private Sector Investment in Infrastructure*, Rotterdam: Kluwer Law International, 2013.

9. Marta Andrecka, *Public-Private Partnership in the Eu Public Procurement Regime*, Saarbrucken: Globeedit, 2014.

10. Maurizio Passerin D'entrèves(eds.), *Democracy as Public Deliberation: New Perspectives*, Manchester: Manchester University Press, 2002.

11. Nestor M. Davidson & Robin Paul Malloy(eds.), *Affordable Housing and Public-Private Partnerships(Law, Property and Society)*, Surrey: Ashgate Publishing Limited, 2009.

12. Paul R. Verkuil, *Outsourcing Sovereignty: Why Privatization of Government Functions Threatens Democracy and What We Can Do about It*, Cambridge: Cambridge University Press, 2007.

13. Peter H. Schuck, *Foundations of Administrative Law*, Oxford: Oxford Press, 1994.

14. Stephen Osborne, *Public-Private Partnerships: Theory and Practice in International Perspective*, London and New York: Routledge, 2000.

（二）外文论文

1. Adrian Brown, "The Impact of the New Procurement Directive on Large Public Infrastructure Projects: Competitive Dialogue or Better the Devil You Know", Vol.4 *Pub. Procurement L. Rev.* (2003).

2. Audrey G. McFarlane, "Putting the 'Public' back into Public-private Partnerships for Economic development", Vol.30 *W. New Eng. L. Rev.* (2007).

3. Briffault, Richard et al., "Public Oversight of Public/ Private Partner-

ships", Vol.28 *Fordham Urb. L. J.* (2001).

4. Carmen Palzer, "European Provisions for the Establishment of Co-Regulation Frameworks", Vol.13-FALL *Media L. & Pol'y* (2003).

5. Charles Caldert, Nicholas A Ashford, "Negotiation as a Means of Developing and Implementing Environmental and Occupational Health and Safety Policy", Vol.23 *Harv. Envtl. L. Rev.* (1999).

6. Christopher D. Carlson, "Public-private Partnerships in State and Local Highway Transportation Projects", Vol.55-DEC *Fed. Law* (2008).

7. David W. Gaffey, "Outsourcing Infrastructure: Expanding the Use of Public-private Partnerships in the United States", Vol.39 *Public Contract Law Journal* (2010).

8. Dima Jamali, "Success and Failure Mechanisms of Public Private Partnerships in Developing Countries: Insights from the Lebanese Context", Vol.17 *The International Journal of Public Sector Management* (2004).

9. D. Joseph Darr, "Current Trends in Public-private Partnership Laws", Vol.28-SUM *Construction Law* (2008).

10. Eva Lievens, Jos Dumortier, Patrick S. Ryan, "The Co-Protection of Minors in New Media: A European Approach to Co-Regulation", Vol.10 *U. C. Davis J. Juv. L. & Pol'y* (2006).

11. Gillian E. Metzger, "Privatization as Delegation", Vol.103 *Columbia Law Review*, (2003).

12. Henry Paul Monaghan, Of "Liberty" and "Property", Vol.62 *Cornell L. Rev.* (1977).

13. Jacques Cook, "Modern Enhancements for PPP Concession Agreements", Vol.28-FALL *Construction Law* (2008).

14. Jody Freeman, "The Contracting State", Vol. 28 *Florida State University Law Review* (2000).

15. Jody Freeman, "The Private Role in Public Governance", Vol. 75 *New York University Law Review* (2000).

16. Jody Freeman, "Collaborative Governace in the Administrative State", Vol.45 *UCLA Law Review* (1997).

17. John Linarelli, "Private Participation in Public Infrastructure", in-*Public Procurement: Global Revolution*, Sue Arrowsmith & Arwel Davies (eds.), Cheltenham: Edward Elgar, 1998.

18. Juliette Bennett, "Public Private Partnerships: The Role of The Private Sector in Preventing Funding Conflict", Vol.35 *Vand. J. Transnat'l L.* (2002).

19. Katharine Southard, "U.S. Electric Utilities: The First Public-private Partnerships?", Vol.39 *Public Contract Law Journal* (2010).

20. Kim Talus, "Public – private partnerships in energy-Termination of public service concessions and administrative acts in Europe", Vol.2 *Journal of World Energy Law & Business* (2009).

21. Nicholas J. Farber, "Avoiding The Pitfalls of Public Private Partnerships: Issues to be Aware of when Transferring Transportation Assets", Vol.35 *Transp. L. J* (2008).

22. Nike Beermann, "Legal Mechanisms of Public-private Partnerships: Promoting Economic development or Benefiting Corporate Welfare?", Vol.23 *Seattle U.L.Rev.* (1999).

23. R. David Walker, "Enabling the Privatizing of Toll Roads: A Public-private Partnership Model for New Jersey", Vol.6 *Rutgers J. L. & Pub. Pol'y* (2009).

24. S. Ghosh, "Informing and Reforming the Marketplace of Ideas: The Public-Private Partnership for Data Production and the First Amendment", Vol.2 *Utah Law Review* (2012).

25. Welber Barral, "Public-private Partnership(ppp) in Brazil", Vol.41 *Int'l Law* (2007).

26. Wendy Netter Epsteina1, "Public-Private Contracting and the Reciprocity Norm", 64 *Am. U. L. Rev.* (2014).

27. Wolfgang Kleinwoechter, "From Self-governance to Public-private Partnership: The Changing Role of Governments in the Management of the Internet's Core Resources", Vol.36 *Loy. L. A. L. Rev.* (2003).

后　记

本专著是在我的博士学位论文基础上修改多年而来的。2011 年从南京大学博士毕业时，我完成了一篇字数约 37 万字的博士学位论文，题目是《公私协力法律问题研究》。当时我便感到这个主题十分值得研究，并且做好了从事公私协力法治化研究的长期规划。近年来，特别是自从2015 年"PPP 元年"以来，我国公私协力即政府与社会资本合作（PPP）在各地得到迅猛发展，公私协力已经成为理论界和实务界一个炙手可热的法治话题。考虑到公私合作是我国大陆更为流行的概念，本书题目也与时俱进改为《公私合作（PPP）法律问题研究》，特别是内容也做了较大幅度的修改，不仅删除了一些不适当的表述，增加或修改了不少的内容，而且在很多方面发展和完善了相关学术观点。

作为从事学术研究以来出版的第一本个人学术专著，我对本书倾注了很多的精力，也得到了诸多学界前辈、老师及亲朋好友的关心、支持和帮助。借此机会，我谨致以最真诚的谢意。

衷心感谢我的博士后导师马怀德教授。马老师是我国著名法学家，现任中国法学会行政法学研究会会长，是我国行政法学界的领军人物。马老师正直高尚的品格、法学大家的风范、公平正义的追求以及求真务实的作风，无不让我受益匪浅！能够成为马老师的弟子，本人实为三生有幸。在从事博士后研究期间，马老师鼓励和支持我继续深入研究公私合作等问题，并在多个方面进行悉心指导；在拙著即将出版之际，马老师又拨冗写序。感激之余，我以后惟有倍加努力，以优秀的业绩报答恩师。

衷心感谢我的博士生导师王太高教授。王老师平易近人、严谨细致、追求卓越，给我为人、为学、为事等各方面树立了宝贵的榜样。王老师以前对我的博士毕业论文进行了精心指导,如今又为拙著撰写序言推荐。感激之情,非言词所能表达! 同时还要衷心感谢杨春福教授、周安平教授、张仁善教授、狄小华教授、龚廷泰教授(排名不分先后,下同)参加我博士论文开题或答辩时所提出的宝贵意见。衷心感谢为我们博士生同学进行精彩授课的各位教授——狄小华教授、范健教授、胡晓红教授、金俭教授、李友根教授、邵建东教授、孙国祥教授、陶广峰教授、王太高教授、吴建斌教授、肖冰教授、杨春福教授、叶金强教授、张淳教授、张仁善教授、周安平教授,他/她们的精彩授课拓展了我的学术研究视野。

衷心感谢给予我各种关心和帮助的行政法学界各位专家。感谢中国政法大学应松年教授、刘莘教授、薛刚凌教授(现华南师范大学教授)、王敬波教授,国家行政学院胡建淼教授,中国人民大学杨建顺教授、莫于川教授,中国社会科学院周汉华教授,北京大学姜明安教授、湛中乐教授,清华大学余凌云教授、于安教授,郑州大学沈开举教授,西北政法大学王周户教授,浙江大学朱新力教授、章剑生教授,上海政法学院关保英教授,广东外语外贸大学石佑启教授等行政法学界前辈及专家以各种不同方式给我及本书的指点。感谢我的硕士生导师王克稳教授对我的一直关心和帮助,感谢苏州大学杨海坤教授、黄学贤教授、上官丕亮教授,华东政法大学章志远教授,南京大学肖泽晟教授、赵娟教授等老师对我的多方帮助。

衷心感谢以各种方式给予我关心和帮助的各位师友。除了得到前面提到的教授的关心和帮助之外,还得到中国社会科学院李洪雷教授,中国政法大学刘飞教授,中央财经大学高秦伟教授,中国人民大学王贵松教授、王丛虎教授,清华大学何海波教授,首都师范大学李昕教授,东南大学孟鸿志教授,浙江大学胡敏洁教授,台湾政治大学詹镇荣教授,吉林大学于立深教授,南开大学宋华琳教授,复旦大学朱淑娣教授,南昌大学顾兴斌教授,广东外语外贸大学杨桦教授、朱最新教授,安徽大学陈宏光教授、尹权副教授,江南大学曾祥华教授,中国人民大学喻文光副教授,南京大学吴卫星副教授,华东政法大学渠滢副教授、陈越峰副教授,西北政法大学彭涛副教授等老师或朋友对我的各种关心和帮助。尤其是要感谢中国政法大学解志勇教授、王青斌教授、张莉教授、刘承韪教授、赵鹏副教授、曹鎏副教授、林华副教授以及张步洪、李迎宾、何忠凯、顾爱平、张清华、王翔、张新宇、朱智毅、王玎、汤磊、谢绍芬、曹达全、蔡金荣等老师或友人提供的诸多帮助!

衷心感谢南京大学法学院的诸位博士生同学。恕不再一一罗列姓名,但是还是要提及王建富博士、王思锋博士、曾凡燕博士、徐祖澜博士、闫瑞波博士、陈太清博士、李文军博士、孙文俊博士、包振宇博士、戴仁荣博士、周金刚博士、张洪波博士、鲁忠江博士等诸位同学在博士期间以及博士毕业后对我的多方支持和帮助。

衷心感谢对我提携和帮助的各位编辑老师。特别感谢《政治与法律》编辑部姚魏老师对本主题的厚爱,先后有三篇论文得以在该刊发表。同时感谢《现代法学》《行政法学研究》《行政论坛》《金陵法律评论》《天津法学》等杂志对本书部分前期成果的发表或对我的相关主题成果的刊发,感谢各位编辑的提携。当然还要特别鸣谢的是人民出版社张立编辑,没有张老师的付出和帮助,本书难以在短时间内付样出版。

衷心感谢任职单位江苏大学的领导和同事。感谢江苏大学党委书记袁寿其教授,江苏大学党委宣传部部长金丽馥教授,江苏大学实验室与设备管理处处长石宏伟教授,江苏大学马克思主义学院院长董德福教授等各位领导的关心和帮助,尤其是要感谢江苏大学法学院刘同君院长、于晓琪副院长、李炳烁副院长、张先昌教授、胡良荣教授、周国强教授、宫宝芝副教授、牛玉兵副教授、王春林副教授、孙建国副教授、朱发义副教授、尚清锋副教授、傅华忠老师等领导、同事的关心、支持和帮助。

最后,衷心感谢父母和家人一直以来对我的关心、支持,感谢其他尚未提及姓名的人们给予我多方的关心和帮助!

邹焕聪

2017 年 12 月 16 日于江苏大学法学院

责任编辑:张 立
版式设计:汪 阳
责任校对:陈艳华

图书在版编目(CIP)数据

公私合作(PPP)法律问题研究/邹焕聪 著. —北京:人民出版社,2017.12
(江苏大学专著出版基金资助出版)
ISBN 978-7-01-018713-6

Ⅰ.①公… Ⅱ.①邹… Ⅲ.①政府投资-合作-社会资本-法律-研究-
中国 Ⅳ.①D922.280.4

中国版本图书馆 CIP 数据核字(2017)第 314645 号

公私合作(PPP)法律问题研究
GONGSI HEZUO(PPP)FALÜ WENTI YANJIU

邹焕聪 著

人民出版社 出版发行
(100706 北京市东城区隆福寺街 99 号)

北京新华印刷有限公司印刷 新华书店经销

2017 年 12 月第 1 版 2017 年 12 月北京第 1 次印刷
开本:710 毫米×1000 毫米 1/16 印张:29.25
字数:430 千字

ISBN 978-7-01-018713-6 定价:92.00 元

邮购地址 100706 北京市东城区隆福寺街 99 号
人民东方图书销售中心 电话 (010)65250042 65289539